Novellierung der Abgeordnetenbestechung

Europäische Hochschulschriften

European University Studies

Publications Universitaires Européennes

Reihe II	**Rechtswissenschaft**
Series II	Law
Série II	Droit

Band/Volume **5868**

Moritz Eckhardt

Novellierung der Abgeordnetenbestechung

Die Strafbarkeit der Bestechlichkeit und Bestechung von Mandatsträgern gemäß § 108e StGB n.F.

PL ACADEMIC RESEARCH

Bibliografische Information der Deutschen Nationalbibliothek
Die Deutsche Nationalbibliothek verzeichnet diese Publikation in der Deutschen Nationalbibliografie; detaillierte bibliografische Daten sind im Internet über http://dnb.d-nb.de abrufbar.

Zugl.: Göttingen, Univ., Diss., 2016

D 7
ISSN 0531-7312

ISBN 978-3-631-67612-7 (Print) E-
ISBN 978-3-653-06946-4 (E-Book)
DOI 10.3726/ 978-3-653-06946-4

PL Academic Research ist ein Imprint der Peter Lang GmbH.
Peter Lang – Frankfurt am Main · Bern · Bruxelles · New York · Oxford · Warszawa · Wien

Diese Publikation wurde begutachtet.

www.peterlang.com

Vorwort

Die vorliegende Arbeit wurde im Sommersemester 2015 von der Rechtswissenschaftlichen Fakultät der Georg-August-Universität Göttingen als Dissertation angenommen. Rechtsprechung und Literatur wurden für die Veröffentlichung bis April 2016 berücksichtigt.

Mein Dank gilt Herrn Prof. Dr. Uwe Murmann, der die Promotion in idealer Weise betreut hat. Er war stets für die fachliche Diskussion ansprechbar und hat immer wieder durch konstruktive Denkanstöße maßgeblich zum Gelingen der Arbeit beigetragen. Zugleich hat er mir bei der Erstellung der Arbeit die größtmögliche wissenschaftliche Freiheit gelassen. Danken möchte ich zudem Herrn Prof. Dr. Dr. h.c. Kai Ambos für die freundliche Übernahme des Zweitgutachtens und Herrn Prof. Dr. Torsten Körber für den Vorsitz im Rigorosum.

Zu großem Dank bin ich all jenen Menschen verpflichtet, die auf ganz unterschiedliche Weise zum erfolgreichen Abschluss meiner Promotion beigetragen haben. Ohne die vielen kritischen und konstruktiven Diskussion sowie die unzähligen aufmunternden Gespräche wäre die Erstellung dieser Arbeit nicht möglich gewesen.

Oldenburg (Oldenburg), im April 2016 Moritz Eckhardt

Inhaltsverzeichnis

Literaturverzeichnis

Aaken, Anne van: Genügt das deutsche Recht den Anforderungen der VN-Konvention gegen Korruption? – Eine rechtsvergleichende Studie zur politischen Korruption unter besonderer Berücksichtigung der Rechtslage in Deutschland, ZaöRV 2005, S. 407 ff.

Alemann, Ulrich von: Politische Korruption: Ein Wegweiser zum Stand der Forschung, in: *Alemann, Ulrich von* (Hrsg.): Dimensionen politischer Korruption – Beiträge zum Stand der internationalen Forschung, Wiesbaden 2005, S. 13 ff. (zitiert: *von Alemann*, in: Dimensionen politischer Korruption)

Amelung, Knut: Die Anstiftung als korrumpierende Aufforderung zu strafbedrohtem Verhalten, in: *Hoyer, Andreas/Müller, Henning Ernst* u.a. (Hrsg.): Festschrift für Friedrich-Christian Schroeder zum 70. Geburtstag, Heidelberg 2006, S. 147 ff. (zitiert: *Amelung*, in: FS Schroeder)

Arnim, Hans Herbert von: Abgeordnetenkorruption, JZ 1990, S. 1014 ff.

– Der gekaufte Abgeordnete – Nebeneinkünfte und Korruptionsproblematik, NVwZ 2006, S. 249 ff.

– Der gekaufte Abgeordnete, in: *Arnim, Hans Herbert von* (Hrsg.): Korruption und Korruptionsbekämpfung- Beiträge auf der 8. Speyer Demokratietagung vom 27. und 28. Oktober 2005 an der Deutschen Hochschule für Verwaltungswissenschaften Speyer, Berlin 2007, S. 43 ff. (zitiert: *von Arnim*, in: Korruptionsbekämpfung)

– Nebeneinkünfte von Bundestagsabgeordneten – Die Rechtslage nach dem Urteil des Bundesverfassungsgerichts vom 4. Juli 2007, DÖV 2007, S. 897 ff.

Bannenberg, Britta/Schaupensteiner, Wolfgang: Korruption in Deutschland – Portrait einer Wachstumsbranche, 3, München 2007

Barton, Stephan: Der Tatbestand der Abgeordnetenbestechung (§ 108e StGB), NJW 1994, S. 1098 ff.

Battis, Ulrich/Kersten, Jens: Regelungsdefizite des neuen Parteispendenrechts, JZ 2003, S. 655 ff.

Becker, Michaela: Korruptionsbekämpfung im parlamentarischen Bereich – unter besonderer Berücksichtigung des § 108e StGB sowie der Verhaltensregeln des Bundstages, Diss. Universität Bonn, Bonn 1998

Binding, Karl: Systematisches Handbuch der Deutschen Rechtswissenschaft – Handbuch des Strafrechts – Erster Band, Leipzig 1885 (zitiert: *Binding*, Handbuch Strafrecht)

– Lehrbuch des gemeinen deutschen Strafrechts – Besonderer Teil, Zweiter Band, Zweite Abteilung, Leipzig 1905 (zitiert: *Binding*, Lehrbuch Strafrecht BT)

Bottke, Wilfried: Korruption und Kriminalrecht in der Bundesrepublik Deutschland, ZRP 1998, S. 215 ff.

Brodowski, Dominik: Strafrechtliche Bekämpfung politischer Korruption und das Erfordernis einer verwerflichen Mittel-Zweck-Relation, HRRS 2009, S. 277 ff.

Combrinck, Bodo: Wahldelikte, Diss. Universität Köln, Würzburg 1932

Dahs, Hans/Müssig, Bernd: Strafbarkeit kommunaler Mandatsträger als Amtsträger? – Eine Zwischenbilanz, NStZ 2006, S. 191 ff.

Dannecker, Gerhard: Die Dynamik des materiellen Strafrechts unter dem Einfluss europäischer und internationaler Entwicklungen, ZStW 117 (2005), S. 697 ff.

Dann, Matthias: Und immer ein Stück weiter – Die Reform des deutschen Korruptionsstrafrechts, NJW 2016, S. 203 ff.

Debus, Alfred G.: Verweisungen in deutschen Rechtsnormen, Diss. Universität Gießen, Berlin 2008

Deiters, Mark: Zur Frage der Strafbarkeit von Gemeinderäten wegen Vorteilsnahme und Bestechlichkeit, NStZ 2003, S. 453 ff.

– Die UN-Konvention gegen Korruption – Wegweiser für eine Revision der deutschen Strafvorschriften?, in: *Alemann, Ulrich von* (Hrsg.): Dimensionen politischer Korruption – Beiträge zum Stand der internationalen Forschung, Wiesbaden 2005, S. 424 ff. (zitiert: *Deiters*, in: Dimensionen politischer Korruption.)

Dell, Gillian: Eindämmung von Bestechung und Bestechlichkeit – Das Übereinkommen der Vereinten Nationen gegen die Korruption, VN 2004, S. 77 ff.

Dolata, Uwe: Gesetzliche Regelungen zur Korruptionsbekämpfung, Kriminalistik 2007, S. 217 ff.

Dölling, Dieter: Empfehlen sich Änderungen des Straf- und Strafprozessrechts, um der Gefahr von Korruption in Staat, Wirtschaft und Gesellschaft wirksam zu begegnen? – Gutachten C für den 61. Deutschen Juristentag, München 1996

– Die Neuregelung der Strafvorschriften gegen Korruption, ZStW 112 (2000), S. 334 ff.

Dölling, Dieter/Duttge, Gunnar/Rössner, Dieter (Hrsg.): Gesamtes Strafrecht – StGB, StPO, Nebengesetze, Handkommentar, 3. Aufl., Baden-Baden 2013 (zitiert: Dölling/Duttge/Rössner-*Bearbeiter*)

Dreher, Eduard: Das dritte Strafrechtsänderungsgesetz, JZ 1953, S. 421 ff.

Dürr, Hermann: Lücken oder Sackgasse – Strafvorschriften gegen Fehlverhalten von Abgeordneten? (zu Klein, ZRP 1979, 174), ZRP 1979, S. 264 ff.

Ebermayer, Ludwig/Lobe, Adolf/Rosenberg, Werner (Hrsg.): Leipziger Kommentar zum Reichsstrafgesetzbuch – Bd. 1: §§ 1 – 152, 6. Aufl., Berlin 1944 (zitiert: LK-RStGB-*Bearbeiter*)

Eckert, Florian: Lobbyismus – zwischen legitimem politischem Einfluss und Korruption, in: *Alemann, Ulrich von* (Hrsg.): Dimensionen politischer Korruption – Beiträge zum Stand der internationalen Forschung, Wiesbaden 2005, S. 267 ff.

Enderle, Bettina: Blankettstrafgesetze – Verfassungs- und strafrechtliche Probleme von Wirtschaftsstraftatbeständen, Diss. Universität Frankfurt am Main, Frankfurt am Main 2000

Epp, Ursula: Die Abgeordnetenbestechung – § 108e StGB, Diss. Universität Trier, Frankfurt am Main 1997

Erdsiek, Gerhard: Umwelt und Recht, NJW 1959, S. 25 ff.

Erläuternder Bericht zum Strafrechtsübereinkommen des Europarates, Hrsg.: Europarat, abrufbar unter: http://www.coe.int/de/web/conventions/ (Link: Gesamtverzeichnis > SEV Nr. 173 Strafrechtsübereinkommen über Korruption > Erläuternder Bericht)

Eser, Albin: „Sozialadäquanz“: eine überflüssige oder verzichtbare Rechtsfigur?, in: *Schünemann, Bernd/Achenbach, Hans* u.a. (Hrsg.): Festschrift für Claus Roxin zum 70. Geburtstag am 15. Mai 2001, Berlin/New York 2001, S. 199 ff. (zitiert: *Eser*, in: FS Roxin)

Essen, Jörg van: Contra: Schärfere Gesetze gegen Abgeordnetenbestechung?, ZRP 2013, S. 190 ff.

Fätkinhäuer, Hans Jürgen: Strafdrohung und Strafrechtslage in Deutschland, in: Korruption in Deutschland: Ursachen, Erscheinungsformen, Bekämpfungsstrategien – Dokumentation – Eine Tagung der Friedrich-Ebert-Stiftung am 16. und 17. Februar 1995 in Berlin, S. 71 ff.

Feinendegen, Markus: Vorteilsnahme ohne Folgen – Freibrief für kommunale Mandatsträger durch den BGH?, NJW 2006, S. 2014 ff.

Fischer, Thomas: Strafgesetzbuch und Nebengesetze, 61. Aufl., München 2014 (zitiert: *Fischer*, StGB, 61. Aufl. 2014)

Fischer, Thomas: Strafgesetzbuch mit Nebengesetzen, 63. Aufl., München 2016 (zitiert: *Fischer*, StGB, 63. Aufl. 2016)

Francuski, Ramona: Die Neuregelung der Abgeordnetenbestechung (§ 108e StGB), HRRS 2014, S. 220 ff.

Freudenthal, Berthold: Die Wahlbestechung – Eine strafrechtliche Untersuchung, Diss. Universität Breslau, Breslau 1896

Friauf, Karl Heinrich/Höfling, Wolfram (Hrsg.): Berliner Kommentar zum Grundgesetz, Berlin 2013 (zitiert: BerlKGG-*Bearbeiter*)

Fritz, Hans-Joachim: Erweiterung der Abgeordnetenbestechung, NJW-Spezial 2014, S. 184 ff.

Gänßle, Peter: Das Antikorruptionsstrafrecht – Balsam aus der Tube der symbolischen Gesetzgebung?, NStZ 1999, S. 543 ff.

Geerds, Friedrich: Über Änderungen der Bekämpfung krimineller Korruption, JR 1996, S. 309 ff.

Greeve, Gina: Korruptionsdelikte in der Praxis, München 2005

Härtl, Dominik: Wahlstraftaten – Die §§ 107 ff. StGB im System des Rechts, Diss. Universität München, Frankfurt am Main 2006

Hartmann, Marcus: Reformmodelle zur Abgeordnetenbestechung, Diss. Universität Berlin (HU), Berlin 2013

Hassemer, Winfried: Symbolisches Strafrecht und Rechtsgüterschutz, NStZ 1989, S. 533 ff.

Hauck, Pierre: Über Sinn und Widersinn der von GRECO unterbreiteten Vorschläge zur Änderung der Korruptionstatbestände in §§ 108e, 299 und 331 ff. StGB, wistra 2010, S. 255 ff.

Hecker, Bernd: Europäisches Strafrecht, 4. Aufl., Berlin/Heidelberg 2012

Heinig, Hans Michael: Sponsoring und Parteiveranstaltungen – Verfassungsrechtliche Vorgaben und parteiengesetzliche Konkretisierungen, JZ 2010, S. 485 ff.

Heinig, Hans Michael/Streit, Thilo: Die direkte staatliche Parteienfinanzierung: Verfassungsrechtliche Grundlagen und parteigesetzliche Rechtsfragen, Jura 2000, S. 393 ff.

Heinrich, Bernd: Die Problematik der Modifikation von Vorschriften des Strafgesetzbuches durch Nebengesetze, in: *Die Strafrechtsprofessoren der Tübinger Juristenfakultät/Justizministerium Baden-Württemberg* (Hrsg.): Gedächtnisschrift für Rolf Keller, Tübingen 2003, S. 103 ff. (zitiert: *Heinrich*, in: GS Keller)

Heintschel-Heinegg, Bernd von (Hrsg.): Strafgesetzbuch – Kommentar, 2. Aufl., München 2015

Heisz, Janina: Die Abgeordnetenbestechung nach § 108e StGB – Schließung einer Regelungslücke?, Diss. Universität Göttingen, Aachen 1998

Hellmann, Uwe/Beckemper, Katharina: Wirtschaftsstrafrecht, 4. Aufl., Stuttgart 2013

Helmes, Sebastian: Spenden an politische Parteien und an Abgeordnete des Deutschen Bundestages, Diss. Universität Berlin (HU), Berlin 2014

Herdegen, Matthias: Völkerrecht, 14. Aufl., München 2015

Hetzer, Wolfgang: Abschaffung der Korruptionsstrafbarkeit?, StraFo 2008, S. 489 ff.

Hilp, Ulrich: „Den bösen Schein vermeiden“ – Zu Ethos und Recht des Amtes in Kirche und Staat, Diss. Universität Bonn, Berlin 2004

Hippel, Eike von: Kampfplätze der Gerechtigkeit, Berlin 2009

Hoven, Elisa: Die Strafbarkeit der Abgeordnetenbestechung – Wege und Ziele einer Reform des § 108e StGB, ZIS 2013, S. 33 ff.

– Aktuelle rechtspolitische Entwicklung im Korruptionsstrafrecht – Bemerkungen zu den neuen Strafvorschriften über Mandatsträgerbestechung und Bestechung im geschäftlichen Verkehr, NStZ 2015, S. 553 ff.

Ipsen, Jörn: Abgeordnetenspenden – eine Regelungslücke des Parteiengesetzes?, NVwZ 2003, S. 14 ff.

Ipsen, Knut: Völkerrecht, 6. Aufl., München 2014

Isensee, Josef/Kirchhof, Paul (Hrsg.): Handbuch des Staatsrechts der Bundesrepublik Deutschland – Bd 3: Demokratie – Bundesorgane, 3. Aufl., Heidelberg 2005 (zitiert: HdbStR III-*Bearbeiter*)

Jäckle, Wolfgang: Abgeordnetenkorruption und Strafrecht – Eine unendliche Geschichte?, ZRP 2012, S. 97 ff.

– Sturzgeburt – „Hauruck“-Gesetzgebung bei der Mandatsträgerbestechung, ZRP 2014, S. 121 ff.

Jescheck, Hans Heinrich/Weigend, Thomas: Lehrbuch des Strafrechts – Allgemeiner Teil, 5. Aufl., Berlin 1996

Joecks, Wolfgang/Miebach, Klaus (Hrsg.): Münchener Kommentar zum Strafgesetzbuch, 2. Aufl., München 2011/2012/2014 (zitiert: $\text{MK}_{\text{Bandnummer}}$-*Bearbeiter*)

Jutzi, Siegfried: Verbotene Zuwendungen an Abgeordnete. Zum Urteil des Niedersächsischen Oberverwaltungsgerichts, ZParl 2008, S. 503 ff.

Käßner, Anne: Nebentätigkeiten und Nebeneinkünfte der Mitglieder des Deutschen Bundestages – Eine Untersuchung möglicher Regelungsinstrumente unter vergleichender Berücksichtigung der Besonderheiten der drei Staatsgewalten, Diss. Universität Heidelberg, Berlin 2010

Kempf, Eberhard: Sie wollen es einfach nicht – Überlegungen zu einer Neufassung der Abgeordnetenbestechung und -bestechlichkeit (§ 108e StGB), in: *Lüderssen, Klaus/Volk, Klaus* u.a. (Hrsg.): Festschrift für Wolf Schiller – Zum 65. Geburtstag am 12. Januar 2014, Baden-Baden 2014, S. 359 ff. (zitiert: *Kempf*, in: FS Schiller)

Kerner, Hans-Jürgen/Rixen, Stephan: Ist Korruption ein Strafrechtsproblem? – Zur Tauglichkeit strafgesetzlicher Vorschriften gegen die Korruption, GA 1996, S. 355 ff.

Kindhäuser, Urs/Neumann, Ulfried/Paeffgen, Hans-Ullrich (Hrsg.): Nomos Kommentar Strafgesetzbuch, 4. Aufl., Baden-Baden 2013 (zitiert: $NK_{Bandnummer}$-*Bearbeiter*)

Klein, Rolf: Straflosigkeit der Abgeordnetenbestechung – Einer Strafrechtslücke zum 25jährigen Bestehen, ZRP 1979, S. 174 ff.

Koch, Thorsten: Parteispenden – Abgeordnetenspenden – Nicht weitergeleitete Spenden, DÖV 2003, S. 451 ff.

König, Peter: Empfehlen sich Änderungen des Straf- und Strafprozessrechts, um der Gefahr von Korruption in Staat, Wirtschaft und Gesellschaft wirksam zu begegnen?, DRiZ 1996, S. 357 ff.

Koriath, Heinz: Zum Strafgrund der Anstiftung. Eine Skizze, in: *Bloy, René/Böse, Martin* u.a. (Hrsg.): Gerechte Strafe und legitimes Strafrecht – Festschrift für Manfred Maiwald zum 75. Geburtstag, Berlin 2010, S. 417 ff. (zitiert: *Koriath*, in: FS Maiwald)

Korte, Matthias: Der Einsatz des Strafrechts zur Bekämpfung der internationalen Korruption, wistra 1999, S. 81 ff.

Krause, Peter: Freies Mandat und Kontrolle der Abgeordnetentätigkeit, DÖV 1974, S. 325 ff.

Kubiciel, Michael: Core Criminal Law Provisions in the United Nations Convention Against Corruption, ICLR 9 (2009), S. 139 ff.

Kubiciel, Michael/Hoven, Elisa: Das Verbot der Mandatsträgerbestechung – Strafgrund und Umfang des neuen § 108e StGB, NK 2014, S. 339 ff.

– Neue strafrechtliche Spielregeln für das Verhältnis von Wirtschaft und Politik, NJW aktuell Heft 3 2015, S. 14 ff.

Kühne, Jörg-Detlef: Die Abgeordnetenbestechung – Möglichkeiten einer gesetzlichen Gegenmaßnahme unter dem Grundgesetz, Diss. Universität Bonn, Frankfurt am Main 1971

Kühn, Matthias K.: Verhaltensregeln für Bundestagsabgeordnete, Diss. Universität München, Berlin 2011

Lackner, Karl/Kühl, Kristian: Strafgesetzbuch Kommentar, 28. Aufl., München 2014

Laufhütte, Heinrich Wilhelm/Rissing-van Saan, Ruth/Tiedemann, Klaus (Hrsg.): Leipziger Kommentar zum Strafgesetzbuch, 12. Aufl., Berlin 2007/2008/2009 (zitiert: $LK_{Bandnummer}$-*Bearbeiter*)

Legislative guide for the implementation of the United Nations Convention against Corruption, Hrsg.: United Nations Office on Drugs and Crime Division for Treaty Affairs, New York/Wien, 2006

Lenski, Sophie-Charlotte: Parteiengesetz und Recht der Kandidatenaufstellung – Handkommentar, Baden-Baden 2011

Lesch, Max: Nur ein Feigenblatt?, HSFK-Standpunkte 7/2014, S. 1 ff.

Less, Günter: Der Unrechtscharakter der Anstiftung, ZStW 69 (1957), S. 43 ff.

Littwin, Frank: Maßnahmen zur Bekämpfung der nationalen und internationalen Korruption, ZRP 1996, S. 308 ff.

Malessa, Stephan: Beruf – Politik – Transparenz – Nebentätigkeiten-Regeln für Bundestagsabgeordnete im internationalen Vergleich, Wiesbaden 2012

Mangoldt, Hermann von/Klein, Friedrich/Starck, Christian (Hrsg.): Kommentar zum Grundgesetz, 6. Aufl., München 2010 (zitiert: von Mangoldt/Klein/Starck-*Bearbeiter*)

Marel, Knut: Die Strafbarkeit kommunaler Mandatsträger dem. §§ 331, 332 StGB, StraFo 2003, S. 259 ff.

Martiny, Anke: Die UN-Konvention gegen Korruption und ihre Auswirkungen auf Deutschland, in: *Arnim, Hans Herbert von* (Hrsg.): Korruption und Korruptionsbekämpfung – Beiträge auf der 8. Speyer Demokratietagung vom 27. und 28. Oktober 2005 an der Deutschen Hochschule für Verwaltungswissenschaften Speyer, Berlin 2007, S. 189 ff. (zitiert: *Martiny*, in: Korruptionsbekämpfung)

Matt, Holger/Renzikowski, Joachim (Hrsg.): Strafgesetzbuch – Kommentar, München 2013

Maunz, Theodor/Dürig, Günter: Grundgesetz Kommentar, Hrsg.: Roman Herzog, Rupert Scholz, Matthias Herdegen, Hans H. Klein, München, Loseblattsammlung, 75. Ergänzungslieferung, September 2015 (zitiert: Maunz/Dürig-*Bearbeiter*)

Mayer, Fabian: Abgeordnetenbestechung (§ 108e a.F. StGB) – eine Vorschrift auf dem Prüfstand – Betrachtungen im Lichte des aktuellen Meinungsstandes unter Berücksichtigung internationaler Übereinkommen, Diss. Universität Tübingen, Heidelberg 2014

Mayer, Max Ernst: Die Angriffe auf das politische Wahl- und Stimmrecht, in: *Birkemeyer, Karl/van Calker, Fritz* u.a. (Hrsg.): Vergleichende Darstellung des deutschen und ausländischen Strafrechts – Vorarbeiten zur deutschen Strafrechtsreform, Besonderer Teil, I. Band, Berlin 1906, S. 272 ff. (zitiert: *Mayer*, in: Vergleichende Darstellung des Strafrechts)

Meessen, Karl Matthias: Beraterverträge und freies Mandat, in: *Ehmke, Horst/Kaiser, Joseph H. u.a* (Hrsg.): Festschrift für Ulrich Scheuner zum 70. Geburtstag, Berlin 1973, S. 431 ff. (zitiert: *Meessen*, in: FS Scheuner)

Meier, Norbert/Nawrath, Jens: Gewährung von Vergünstigungen gegenüber Ratsvertretern in ihrer Funktion als Aufsichtsratsmitglied kommunaler Beteiligungsgesellschaften aus strafrechtlicher Sicht – Teil I, ZKF 2009, S. 121 ff.

Michalke, Regina: Abgeordnetenbestechung (§ 108e StGB), in: *Michalke, Regina/ Köberer, Wolfgang u.a* (Hrsg.): Festschrift für Rainer Hamm zum 65. Geburtstag am 24. Februar 2008, Berlin 2008, S. 459 ff. (zitiert: *Michalke*, in: FS Hamm)

– Der neue § 108e StGB – „Bestechlichkeit und Bestechung von Mandatsträgern", Compliance Berater 2014, S. 215 ff.

Möhrenschlager, Manfred Ernst: Die Struktur des Straftatbestandes der Abgeordnetenbestechung auf dem Prüfstand – Historisches und Künftiges, in: *Heinrich, Bernd/Hilgendorf, Eric u.a* (Hrsg.): Festschrift für Ulrich Weber zum 70. Geburtstag, 18. September 2004, Bielefeld 2004, S. 217 ff. (zitiert: *Möhrenschlager*, in: FS Weber)

Monsau, Dirk: Vereinte Nationen und Korruptionsbekämpfung, Frankfurt am Main 2010

Münch, Ingo von/Kunig, Philip (Hrsg.): Grundgesetz Kommentar, 6. Aufl., München 2012 (zitiert: von Münch/Kunig-*Bearbeiter*)

Niederschriften über die Sitzungen der Großen Strafrechtskommission – 13. Band: Besonderer Teil, Bonn, 1960 (zitiert: Niederschriften GrStrKom Bd. 13)

Niehaus, Holger: Zur Korruptionsstrafbarkeit kommunaler Mandatsträger – Zugleich Anmerkung zur Entscheidung des BGH vom 9.5.2006 – 5 StR 453/05, ZIS 2008, S. 49 ff.

Nolte, Jakob Julius: Das freie Mandat der Gemeindevertretungsmitglieder, DVBl. 2005, S. 870 ff.

Olderog, Rolf: Die Wahl- und Abgeordnetenbestechung – Eine strafrechtliche und kriminologische Untersuchung zum geltenden und künftigen Recht, Diss. Universität Kiel, Kiel 1965

Otto, Harro: Der Vorsatz, Jura 1996, S. 468 ff.

Peek, Markus: Strafrecht als Mittel der Bekämpfung politischer Korruption – Zur Reform des Tatbestandes der Abgeordnetenbestechung (§ 108e StGB), ZStW 120 (2008), S. 785 ff.

Piechaczek, Oliver: Lobbyismus im Deutschen Bundestag, Diss. Universität Frankfurt am Main, Tübingen 2014

Pohl, Dirk: Drittzuwendungen an Bundestagsabgeordnete, ZParl 1995, S. 385 ff.

Puppe, Ingeborg: Der objektive Tatbestand der Anstiftung, GA 1984, S. 101 ff.

Ransiek, Andreas: Strafrecht und Korruption – Zum Gutachten C für den 61. Deutschen Juristentag, StV 1996, S. 446 ff.

Richter, Carolin: Lobbyismus und Abgeordnetenbestechung – Legitimität und Grenzen der Einflussnahme von Lobbyisten auf Abgeordnete, Diss. Universität Bremen, Aachen 1997

Römer, Peter: Das strafrechtliche Problem der Abgeordnetenbestechung, Diss. Universität Marburg, Marburg 1964

Rübenstahl, Markus: Die Angehörigen kommunaler „Parlamente" als Amtsträger (§ 11 Abs. 1 Nr. 2 b StGB) und ihre Strafbarkeit nach den Bestechungsdelikten (§§ 331 ff. StGB), HRRS 2006, S. 23 ff.

Ruge, Kay: Neue Regeln gegen Abgeordnetenbestechung, Publicus 2014, S. 4 ff.

Sachs, Michael (Hrsg.): Grundgesetz – Kommentar, 7. Aufl., München 2014 (zitiert: Sachs-*Bearbeiter*)

Safferling, Christoph: Internationales Strafrecht – Strafanwendungsrecht, Völkerstrafrecht, Europäisches Strafrecht, Berlin/Heidelberg 2011

Saliger, Frank: Parteiengesetz und Strafrecht – Zur Strafbarkeit von Verstößen gegen das Parteiengesetz, insbesondere wegen Untreue gemäß 266 StGB, Habil. Universität Frankfurt am Main, Tübingen 2005

Saliger, Frank/Sinner, Stefan: Korruption und Betrug durch Parteispenden, NJW 2005, S. 1073 ff.

Sanchez-Hermosilla, Fernando: Rechtspolitik zur Korruptionsbekämpfung, Kriminalistik 2003, S. 74 ff.

Satzger, Helmut: Bestechungsdelikte und Sponsoring, ZStW 115 (2003), S. 469 ff.

– Der reformierte § 108e StGB – Bestechlichkeit und Bestechung von Abgeordneten nach neuem Recht, Jura 2014, S. 1022 ff.

Satzger, Helmut/Schluckebier, Wilhelm/Widmaier, Gunter (Hrsg.): StGB – Strafgesetzbuch Kommentar, 2. Aufl., Köln 2014 (zitiert: Satzger/Schluckebier/Widmaier-*Bearbeiter*)

Schaller, Heiner: Strafrechtliche Probleme der Abgeordnetenbestechung, Diss. Universität Tübingen, Tübingen 2002

Schaupensteiner, Wolfgang: Korruption in Deutschland, in: Korruption in Deutschland: Ursachen, Erscheinungsformen, Bekämpfungsstrategien – Dokumentation – Eine Tagung der Friedrich-Ebert-Stiftung am 16. und 17. Februar 1995 in Berlin, S. 95 ff.

– Bekämpfung von Korruptionsdelinquenz, Kriminalistik 1994, S. 514 ff.

– Wachstumsbranche Korruption – Lagebeschreibung – Korruption in Deutschland, Kriminalistik 2003, S. 9 ff.

– Erfolge und Blockaden bei der Korruptionsbekämpfung, in: *Arnim, Hans Herbert von* (Hrsg.): Korruption und Korruptionsbekämpfung- Beiträge auf der 8. Speyer Demokratietagung vom 27. und 28. Oktober 2005 an der Deutschen Hochschule für Verwaltungswissenschaften Speyer, Berlin 2007, S. 177 ff. (zitiert: *Schaupensteiner*, in: Korruptionsbekämpfung)

Schlüchter, Ellen: Zur (Un-)Lauterkeit in den Volksvertretungen, in: *Schlüchter, Ellen* (Hrsg.): Kriminalistik und Strafrecht- Festschrift für Friedrich Geerds zum 70. Geburtstag, Lübeck 1995, S. 713 ff. (zitiert: *Schlüchter*, in: FS Geerds)

Schmidt-Bleibtreu, Bruno/Klein, Franz/Hofmann, Hans/Henneke, Hans-Günter (Hrsg.): Kommentar zum Grundgesetz, 13. Aufl., Köln 2014 (zitiert: Schmidt-Bleibtreu/Hofmann/Henneke-*Bearbeiter*)

Schmitz, Roland: Vorteilsnahme durch Abgeordnete – internationale Verpflichtungen und nationale Schwierigkeiten, in: *Joerden, Jan C./Sheffler, Uwe u.a* (Hrsg.): Vergleichende Strafrechtswissenschaft – Frankfurter Festschrift für Andrzej J. Szwarc zum 70. Geburtstag, Berlin 2009, S. 367 ff. (zitiert: *Schmitz*, in: FS Szwarc)

Schneider, Hans-Peter/Schneider-Zeh (Hrsg.): Parlamentsrecht und Parlamentspraxis in der Bundesrepublik Deutschland – Ein Handbuch, Berlin 1989 (zitiert: Schneider/Zeh-*Bearbeiter*)

Schneidler, Carl: Die Delikte gegen das öffentliche Wahl- und Stimmrecht, RStGB §§ 107 – 109, Der Gerichtssaal 1888, S. 1 ff.

Schnell, Eric: Neuer Anlauf zur Bekämpfung der Abgeordnetenbestechung?, ZRP 2011, S. 4 ff.

Schönke, Adolf/Schröder, Horst (Hrsg.): Strafgesetzbuch Kommentar, 29. Aufl., München 2014 (zitiert: Schönke/Schröder-*Bearbeiter*)

Schulze, Burkhard: Zur Frage der Strafbarkeit der Abgeordnetenbestechung, JR 1973, S. 485 ff.

Schünemann, Bernd: Die Unrechtsvereinbarung als Kern der Bestechungsdelikte nach dem KorrBekG, in: *Dannecker, Gerhard/Langer, Winrich u.a* (Hrsg.): Festschrift für Harro Otto – Zum 70. Geburtstag am 1. April 2007, Köln/Berlin/München 2007, S. 777 ff. (zitiert: *Schünemann*, in: FS Otto)

Sirch, Christian A.: Die Strafbarkeit der Parteispendenakquisition – Ein Beitrag zum Tatbestand der Vorteilsannahme, Diss. Universität München, Frankfurt/New York 2008

Sommer, Ulrich: Korruptionsstrafrecht, Münster 2010

Stein, Katrin: Die Verantwortlichkeit politischer Akteure, Habil. Universität Osnabrück, Tübingen 2009

Stern, Klaus: Das Staatsrecht der Bundesrepublik Deutschland – Bd. 1: Grundbegriffe und Grundlagen des Staatsrechts, Strukturprinzipien der Verfassung, 2. Aufl., München 1984 (zitiert: *Stern*, StaatsR I)

– Das Staatsrecht der Bundesrepublik Deutschland – Bd. 2: Staatsorgane, Staatsfunktionen, Finanz- und Haushaltsverfassung, Notstandsverfassung, München 1980 (zitiert: *Stern*, StaatsR II)

Streit, Thilo: Entscheidung in eigener Sache, Diss. Universität Düsseldorf, Berlin 2006

– Kommunale Mandatsträger sind Abgeordnete, MIP 2007, S. 28 ff.

Stünker, Joachim: Strafbarkeit der Einflussnahme auf Volksvertreter, in: *Derra, Hans-Jörg* (Hrsg.): Freiheit, Sicherheit und Recht – Festschrift für Jürgen Meyer zum 70. Geburtstag, Baden-Baden 2006, S. 589 ff. (zitiert: *Stünker*, in: FS Meyer)

Szesny, Andre-M./Brockhaus, Andreas: Die Pflichtenstellung kommunaler Mandatsträger in Aufsichtsräten öffentlicher Versorgungsunternehmen, NStZ 2007, S. 624 ff.

Tinkl, Christina: Strafbarkeit von Bestechung nach dem EUBestG und dem IntBestG, wistra 2006, S. 126 ff.

Trips-Hebert: Die Neuregelung der Mandatsträgerbestechlichkeit und -bestechung, JR 2015, S. 372 ff.

Überhofen, Michael: Korruption und Bestechungsdelikte im staatlichen Bereich – Ein Rechtsvergleich und Reformüberlegungen zum deutschen Recht, Diss. Universität Freiburg im Breisgau, Freiburg im Breisgau 1999

Vahlenkamp, Werner/Knauß, Ina: Korruption – ein unscharfes Phänomen als Gegenstand zielgerichteter Prävention – Ergebnisse eines Forschungsprojektes, Wiesbaden 1995

Verjans, Renate: Kommunale Mandatsträger im Spannungsfeld zwischen § 108e und den §§ 331 ff. StGB, in: *Hassemer, Winfried/Kempf, Eberhard* u.a. (Hrsg.): In dubio pro libertate – Festschrift für Klaus Volk zum 65. Geburtstag, München 2009, S. 829 ff. (zitiert: *Verjans*, in: FS Volk)

Vitzthum, Wolfgang Graf/Proelß, Alexander: Völkerrecht, 6. Aufl., Berlin/Boston 2013

Vogler, Theo: Geltungsanspruch und Geltungsbereich der Strafgesetze, in: *Oehler, Dietrich/Pötz, Paul-Günter* (Hrsg.): Aktuelle Probleme des Internationalen Strafrechts – Beiträge zur Gestaltung des Internationalen und eines Supranationalen Strafrechts – Heinrich Grützner zum 65. Geburtstag, Hamburg 1970, S. 149 ff. (zitiert: *Vogler*, in: Aktuelle Probleme des Internationalen Strafrechts)

Volk, Klaus: Die Merkmale der Korruption und die Fehler bei ihrer Bekämpfung, in: *Gössel, Karl Heinz/Triffterer, Otto* (Hrsg.): Gedächtnisschrift für Heinz Zipf, Heidelberg 1999, S. 419 ff. (zitiert: *Volk*, in: GS Zipf)

Walther, Felix: Das Korruptionsstrafrecht des StGB, Jura 2010, S. 511 ff.

Weigend, Thomas: Internationale Korruptionsbekämpfung – Lösung ohne Problem?, in: *Pawlik, Michael/Zaczyk, Rainer* (Hrsg.): Festschrift für Günther Jakobs zum 70. Geburtstag am 26. Juli 2007, Köln/Berlin/München 2007, S. 747 ff. (zitiert: *Weigend*, in: FS Jakobs)

Wiehen, Michael: Nationale Strategien zur Bekämpfung der politischen Korruption, in: *Alemann, Ulrich von* (Hrsg.): Dimensionen politischer Korruption – Beiträge zum Stand der internationalen Forschung, Wiesbaden 2005, S. 397 ff. (zitiert: *Wiehen*, in: Dimensionen politischer Korruption)

Willems, Heiko: Die Neuregelung der Abgeordnetenbestechung und ihre Auswirkungen auf die Praxis, CCZ 2015, S. 29 ff.

With, Hans de: Zwischen Lobbyismus und politischer Korruption, Kriminalistik 1997, S. 400 ff.

Wolf, Gerhard: Straftaten bei Wahlen und Abstimmungen – Zur Problematik des strafrechtlichen Schutzes von Wahlen und Abstimmungen nach geltendem und künftigem Recht, Diss. Universität Bonn, Bonn 1961

Wolf, Sebastian: Die Modernisierung des deutschen Antikorruptionsstrafrechts durch internationale Vorgaben – Momentaufnahme und Ausblick, NJW 2006, S. 2735 ff.

– Internationalisierung des Antikorruptionsstrafrechts: Kritische Analyse zum Zweiten Korruptionsbekämpfungsgesetz, ZRP 2007, S. 44 ff.

– Parlamentarische Blockade bei der Korruptionsbekämpfung? Zur verschleppten Neuregelung des Straftatbestandes der Abgeordnetenbestechung, ZParl 2008, S. 493 ff.

– Regulierungsproblem Abgeordnetenbestechung: eine Analyse neuerer Entwicklungen, CCZ 2013, S. 99 ff.

Wolter, Jürgen (Hrsg.): Systematischer Kommentar zum Strafgesetzbuch – Bd. 2: §§ 46 – 122 StGB, begründet von Rudolphi, Hans-Joachim/Horn, Eckhard/Samson, Erich/Günther, Hans-Ludwig, 7./8. Aufl., Köln, Loseblattsammlung, 148. Ergänzungslieferung, Dezember 2014 (zitiert: SK-*Bearbeiter*)

– Systematischer Kommentar zum Strafgesetzbuch – Bd. 6: §§ 303 – 358 StGB, begründet von Rudolphi, Hans-Joachim/Horn, Eckhard/Samson, Erich/Günther, Hans-Ludwig, 9. Aufl., Köln 2016 (zitiert: SK-*Bearbeiter*)

Zieschang, Frank: Das EU-Bestechungsgesetz und das Gesetz zur Bekämpfung internationaler Bestechung, NJW 1999, S. 105 ff.

Zimmerling, Ruth: Politische Korruption: begrifflich-theoretische Einordnung, in: *Alemann, Ulrich von* (Hrsg.): Dimensionen politischer Korruption – Beiträge zum Stand der internationalen Forschung, Wiesbaden 2005, S. 77 ff. (zitiert: *Zimmerling*, in: Dimensionen politischer Korruption)

Zimmermann, Till: Korruption und Gubernation, ZStW 124 (2012), S. 1023 ff.

– Anmerkung zu BGH, Urt. v. 17.3.2015 – 2 StR 281/14, WiJ 2015, S. 238 ff.

Zippelius, Reinhold: Juristische Methodenlehre, 11. Aufl., München 2012

Abkürzungsverzeichnis

a. A.	andere Ansicht
AbgG	Gesetz über die Rechtsverhältnisse der Mitglieder des Deutschen Bundestages (Abgeordnetengesetz)
ABl.	Amtsblatt der Europäischen Union
Abs.	Absatz / Absätze
a.F.	alte Fassung
AG	Aktiengesellschaft
AG	Amtsgericht
AO	Abgabenordnung
Art.	Artikel
Aufl.	Auflage
Az.	Aktenzeichen
BauGB	Baugesetzbuch
BayLT	Bayrischer Landtag
BayVerf	Bayrische Verfassung
BBG	Bundesbeamtengesetz
Bd.	Band
BerlKGG	Berliner Kommentar zum Grundgesetz
BGB	Bürgerliches Gesetzbuch
BGBl.	Bundesgesetzblatt der Bundesrepublik Deutschland
BGH	Bundesgerichtshof
BGHSt	Entscheidungen des Bundesgerichtshofs in Strafsachsen, amtliche Sammlung
BKA	Bundeskriminalamt
BlnVerf	Berliner Verfassung
BMinG	Bundesministergesetz
BPräsWahlG	Gesetz über die Wahl des Bundespräsidenten durch die Bundesversammlung
BraVerf	Verfassung des Landes Brandenburgs
BR-Drs.	Drucksache des Bundesrates
BremBürgerschaft	Bremische Bürgerschaft
BremVerf	Bremische Verfassung
Bsp.	Beispiel
BT	Besonderer Teil
BT-Drs.	Drucksache des Deutschen Bundestages

BT-Prot.	Plenarprotokoll des Deutschen Bundestages
BVerfG	Bundesverfassungsgericht
BVerfGE	Sammlung der Entscheidungen des Bundesverfassungsgerichts, amtliche Sammlung
BVerfGG	Bundesverfassungsgerichtsgesetz
BW	Baden-Württemberg
BWG	Bundeswahlgesetz
bzgl.	bezüglich
bzw.	beziehungsweise
CCZ	Corporate Compliance Zeitschrift (Zeitschrift, zitiert nach Jahrgang)
CDU	Christlich Demokratische Union
CPI	Corruption Perceptions Index
CSU	Christlich Soziale Union
DDR	Deutsche Demokratische Republik
d. h.	das heißt
DJT	Deutscher Juristen Tag
DM	Deutsche Mark
Doc.	Document
Dok.-Nr.	Dokumenten-Nummer
DÖV	Die Öffentliche Verwaltung (Zeitschrift, zitiert nach Jahrgang)
DRiZ	Deutsche Richterzeitung (Zeitschrift, zitiert nach Jahrgang)
DVBl.	Deutsches Verwaltungsblatt (Zeitschrift, zitiert nach Jahrgang)
E	Entwurf
EG	Europäische Gemeinschaft
EU	Europäische Union
EuAbgG	Europaabgeordnetengesetz
EUBestG	Gesetz zu dem Protokoll vom 27. September 1996 zum Übereinkommen über den Schutz der finanziellen Interessen der Europäischen Union
EuWG	Europawahlgesetz
e. V.	eingetragener Verein
f. / ff.	folgend(e)
FDP	Freie Demokratische Partei
FS	Festschrift

GA	Goltdammers Archiv für Strafrecht (Zeitschrift, zitiert nach Jahrgang)
GemO	Gemeindeordnung
GG	Grundgesetz
GmbH	Gesellschaft mit beschränkter Haftung
GO	Geschäftsordnung
GOBT	Geschäftsordnung des Deutschen Bundestages
GOEP	Geschäftsordnung des Europäischen Parlaments
GOLT	Geschäftsordnung des Landtags
GRECO	Staatengruppe gegen Korruption (Group of States against Corruption)
GrStrK	Große Strafrechtskommission
GS	Gedächtnisschrift
GVG	Gerichtsverfassungsgesetz
HdbStR	Handbuch des Staatsrechts
HessLT	Hessischer Landtag
HessVerf	Hessische Verfassung
HmbVerf	Verfassung der Freien und Hansestadt Hamburg
HRRS	Online Zeitschrift für höchstrichterliche Rechtsprechung im Strafrecht, abrufbar unter www.hrr-strafrecht.de (Online-Zeitschrift, zitiert nach Jahrgang)
Hrsg.	Herausgeber
HSFK	Hessische Stiftung Friedens- und Konfliktforschung
ICLR	International Criminal Law Review (Zeitschrift, zitiert nach Band und Jahr gang)
IntBestG	Gesetz zu dem Übereinkommen vom 17. Dezember 1997 über die Bekämpfung der Bestechung ausländischer Amtsträger im internationalen Geschäftsverkehr
i. S. d.	im Sinne des/r
i. S. v.	im Sinne von
i. V. m.	in Verbindung mit
JR	Juristische Rundschau
JZ	Juristenzeitung (Zeitschrift, zitiert nach Jahrgang)
KorrBekG	Korruptionsbekämpfungsgesetz
LG	Landgericht
lit.	litera
LK	Leipziger Kommentar zum Strafgesetzbuch
LK-RStGB	Leipziger Kommentar zum Reichsstrafgesetzbuch

LSA	Sachsen-Anhalt
LVerbO NRW	Landschaftsverbandsordnung für das Land Nordrhein-Westfalen
LVerf	Landesverfassung
MdB	Mitglied des Bundestages
MIP	Mitteilungen des Instituts für Deutsches und Europäisches Parteienrecht und Parteienforschung (Zeitschrift, zitiert nach Jahrgang)
MK	Münchener Kommentar zum StGB
MVVerf	Verfassung des Landes Mecklenburg-Vorpommern
m.w.N.	mit weiteren Nachweisen
NdsKomVG	Niedersächsische Kommunalverfassung
NdsVerf	Niedersächsische Verfassung
n.F.	neue Fassung
NJW	Neue Juristische Wochenschrift (Zeitschrift, zitiert nach Jahrgang)
NK	Neue Kriminalpolitik (Zeitschrift, zitiert nach Jahrgang)
NK	Nomos Kommentar zum Strafgesetzbuch
Nr.	Nummer(n)
NRW	Nordrhein-Westfalen
NStZ	Neue Zeitschrift für Strafrecht (Zeitschrift, zitiert nach Jahrgang)
NStZ-RR	Neue Zeitschrift für Strafrecht – Rechtsprechungsreport (Zeitschrift, zitiert nach Jahrgang)
NVwZ	Neue Zeitschrift für Verwaltungsrecht (Zeitschrift, zitiert nach Jahrgang)
OECD	Organisation für wirtschaftliche Entwicklung und Zusammenarbeit (Organisation for Economic Co-operation an Development)
ParlStG	Gesetz über die Rechtsverhältnisse der Parlamentarischen Staatssekretäre
PartG	Parteiengesetz
PlrPr	Plenarprotokoll
RG	Reichsgericht
RGSt	Entscheidungen des Reichsgerichts in Strafsachen, amtliche Sammlung
Rn.	Randnummer
RP	Rheinland Pfalz

RStGB	Reichsstrafgesetzbuch
S.	Satz
S.	Seite(n)
SaVerf	Verfassung des Freistaats Sachsen
SHVerf	Verfassung des Landes Schleswig-Holstein
SK	Systematischer Kommentar zum Strafgesetzbuch
SLVerf	Verfassung des Saarlandes
SPD	Sozialdemokratische Partei Deutschlands
StaatsR	Staatsrecht
StGB	Strafgesetzbuch
StPO	Strafprozessordnung
StraFo	Strafverteidiger Forum (Zeitschrift, zitiert nach Jahrgang)
StV	Strafverteidiger (Zeitschrift, zitiert nach Jahrgang)
StVG	Straßenverkehrsgesetz
ThürVerf	Verfassung des Freistaats Thüringen
u. a.	und andere / unter anderem
UWG	Gesetz gegen den unlauteren Wettbewerb
v.	von / vom
Verf	Verfassung
VerhR	Verhaltensregeln (für Mitglieder des Deutschen Bundestages)
vgl.	vergleiche
VN	Vereinte Nationen
VN	Zeitschrift für die Vereinten Nationen und ihre Sonderorganisationen (Zeitschrift, zitiert nach Jahrgang)
WahlprüfungsG	Wahlprüfungsgesetz
WiJ	Journal der Wirtschaftsstrafrechtlichen Vereinigung e.V.
wistra	Zeitschrift für Wirtschafts- und Steuerstrafrecht (Zeitschrift, zitiert nach Jahrgang)
WVK	Wiener Konvention über das Recht der Verträge
ZaöRV	Zeitschrift für ausländisches öffentliches Recht und Völkerrecht (Zeitschrift, zitiert nach Band und Jahrgang)
z. B.	zum Beispiel
ZIS	Zeitschrift für internationale Strafrechtsdogmatik, abrufbar unter www.zis-online.com (Online-Zeitschrift, zitiert nach Jahrgang)
ZKF	Zeitschrift für Kommunalfinanzen (Zeitschrift, zitiert nach Jahrgang)

ZParl	Zeitschrift für Parlamentsfragen (Zeitschrift, zitiert nach Jahrgang)
ZRP	Zeitschrift für Rechtspolitik (Zeitschrift, zitiert nach Jahrgang)
ZStW	Zeitschrift für die gesamte Strafrechtswissenschaft (Zeitschrift, zitiert nach Band und Jahrgang)

1. Abschnitt – Einführung

Der „blinde Fleck", der Korruption noch Mitte der 80er-Jahre in Deutschland war,[1] ist längst keiner mehr und das gesellschaftliche Phänomen der Korruption ins helle Blickfeld von Bevölkerung und Gesetzgeber gerückt. Die Folgen von Korruption sind dabei hinlänglich bekannt. Im wirtschaftlichen Bereich stellt Korruption eine Beeinträchtigung der Marktwirtschaft und des fairen Wettbewerbs dar, die mit unwirtschaftlichen Mehrausgaben verbunden ist.[2] Im Bereich der Politik und der öffentlichen Verwaltung droht zudem ein Vertrauensverlust der Bürger in die Entscheidungen der staatlichen Organe, wodurch im äußersten Fall das politische System als Ganzes in Frage gestellt werden könnte.[3]

Das Thema wird allgemein, aber vor allem bei einem politischen Kontext, in der Öffentlichkeit immer wieder anlassbezogen diskutiert. Fälle, in denen Politikern Geschenke und Annehmlichkeiten gemacht werden,[4] undurchsichtige Finanzierung von Parteien durch Spenden,[5] Nebenverdienste von Abgeordneten oder Wechsel von Parlamentariern in die Wirtschaft[6] sind in unregelmäßigen

---

1 *von Alemann*, in: Dimensionen politischer Korruption, 13 (13). *Schaupensteiner*, in: Korruptionsbekämpfung, 177 (177), vertritt in diesem Zusammenhang die These, dass *„noch in den 80iger Jahren* [...] *kaum einer gewagt* [hätte] *zu behaupten, in Deutschland sei Korruption flächendeckend anzutreffen"*.

2 *Vahlenkamp/Knauß*, S. 334; *Bannenberg/Schaupensteiner*, S. 22, 44.

3 *Dölling*, C 28; *Littwin*, ZRP 1996, 308 (309).

4 Besondere Aufmerksamkeit erlangten in den letzten Jahren die Fälle von *Utz Claassen* und *Christian Wulff*. *Claassen* hatte als Vorstandsvorsitzender des Energieversorgers EnBW sechs Mitgliedern der baden-württembergischen Landesregierung sowie einem Staatssekretär Karten für Spiele bei der Fußballweltmeisterschaft 2006 in Deutschland geschenkt. Im Verfahren vor dem LG Karlsruhe wurde er von dem Vorwurf der Vorteilsgewährung freigesprochen. Ein Ermittlungsverfahren wegen Bestechlichkeit führte im Februar 2012 dazu, dass *Wulff* von seinem Amt als Bundespräsident zurücktrat. Im Verfahren vor dem LG Hannover wurde der Angeklagte vom Vorwurf der Vorteilsgewährung in Form zweier Urlaubsreisen nach Sylt und eines Oktoberfestbesuchs freigesprochen.

5 In der *„Kölner Spendenaffäre"* etwa veröffentlichte die Kölner SPD Parteispenden nicht in ihrem Rechenschaftsbericht.

6 Vgl. nur die in letzter Zeit medial begleiteten Fälle des sogenannten „Drehtür-Effekts": *Eckart von Klaeden* (zunächst Staatsminister im Bundeskanzleramt, dann Leiter der Abteilung Politik und Außenbeziehungen der Daimler AG), *Ronald Pofalla* (zunächst Bundestagsabgeordneter, dann Politik-Vorstand der Deutschen Bahn) oder *Katherina*

Abständen einerseits Katalysatoren für Debatten über Anstand, Moral und Ethik in der Politik. Es ist in der Folge nicht verwunderlich, dass die Öffentlichkeit Parteien und Parlamente zu den korruptesten Teilen der Gesellschaft zählt.[7] Andererseits sind die Fälle Auslöser für wiederkehrende Diskussionen über die Notwendigkeit der Ausweitung gesetzlicher Regelungen. Gesetze können aber nur dort einen effektiven Schutz bieten, wo die Regelungsmaterie eindeutig feststeht und klar beschrieben ist, welche Handlungsweisen durch die Rechtsordnung untersagt und notfalls sanktioniert werden sollen. Bei dem Begriff der Korruption handelt es sich nicht um einen ausschließlich normativ besetzten Begriff, sondern zunächst ganz allgemein um ein soziales Phänomen. Verschiedene Wissenschaften haben sich um eine allgemeingültige Definition bemüht, um Erklärungsansätze zu liefern und daraus Vermeidungsstrategien zu entwickeln. Eine einheitliche Präzisierung ist bisher nicht gelungen. Der Gesetzgeber verwendet weder den Begriff „Korruption" im Gesetz selber noch definiert er ihn. Das Strafrecht strebt, seinem fragmentarischen Charakter folgend, seit jeher ein engeres Verständnis an. *Volk* hat auf dem einundsechzigsten Deutschen Juristentag Korruption als *„Tausch von Vorteilen unter Regelverstoß"* definiert, dessen *„Essentiale* [...] *der vorteilhafte Verstoß gegen die Regeln* [ist], *die für die Entscheidung in der Sache gelten oder die bestimmen, daß eine sachgerechte Entscheidung nicht an rechtswidrige Gegenleistungen gekoppelt werden darf"*.[8] Einen ähnlichen Ansatz verfolgt das Bundeskriminalamt, das für seine Definition auch Ergebnisse der kriminologischen Forschung heranzieht. „Korruption" ist danach der *„Missbrauch eines öffentlichen Amtes, einer Funktion in der Wirtschaft oder*

Reiche (zunächst Staatssekretärin im Verkehrsministerium, dann Hauptgeschäftsführerin im Verband kommunaler Unternehmen).

7 Die Nichtregierungsorganisation Transparancy International hat im Jahr 2013 ein *„Globales Korruptionsbarometer"* veröffentlicht. Die befragten Personen sollten beschreiben, als wie korrupt sie einzelne Sektoren wahrnehmen, auf einer Skala von eins (überhaupt nicht korrupt) bis fünf (höchst korrupt). Politische Parteien (3,8) und Parlamente (3,4) belegten die Plätze 1 und 4 in Deutschland. Die Umfrage ist abrufbar unter: https://www.transparency.de (Link: Korruptionsindizes > Global Corruption Barometer > GCB 2013).

8 *Volk*, Referat auf dem 61. DJT, Karlsruhe 1996, L 51. Den Verstoß gegen die öffentlich akzeptierten Regeln des betreffenden Systems als wesentliches Element von Korruption betonen auch *von Alemann*, in: Dimensionen politischer Korruption, 13 (31), und *Zimmerling*, in: Dimensionen politischer Korruption, 77 (79). *Eckert*, in: Dimensionen politischer Korruption, 267 (271), verwendet den Begriff *„Missbrauch"*. *Hetzer*, StraFo 2008, 489 (490), definiert Korruption als einen *„Angriff auf die sachgerechte Aufgabenerfüllung durch eine regelwidrige Austauschbeziehung zwischen Geber und Nehmer"*.

eines politischen Mandats zugunsten eines anderen, auf dessen Veranlassung oder Eigeninitiative, zur Erlangung eines Vorteils für sich oder einen Dritten, mit Eintritt oder in Erwartung des Eintritts eines Schadens oder Nachteils für die Allgemeinheit (in amtlicher oder politischer Funktion) oder für ein Unternehmen (betreffend Täter als Funktionsträger in der Wirtschaft)".[9]

Der Gesetzgeber hat deshalb mit dem Korruptionsbekämpfungsgesetz vom 13. August 1997 die im StGB und UWG vorhandenen Tatbestände überarbeitet, die die unlautere Einflussnahme auf die öffentliche Verwaltung (§§ 331 ff. StGB) und in der Wirtschaft (§§ 298, 299 StGB) unter Strafe stellen. Die Straftatbestände, die zum Zweck der Bekämpfung von Korruption eingeführt bzw. erweitert wurden, haben die Gemeinsamkeit, dass sie Verhaltensweisen erfassen, in denen eine vorhandene Machtposition zum eigenen Vorteil ausgenutzt wird.

In der repräsentativen Demokratie stellen die Parlamente besondere Machtzentren der Gesellschaft dar. Dort erfolgt die Strukturierung und Ordnung aller gesellschaftlichen Verhältnisse und die dort ablaufenden Entscheidungsprozesse haben unmittelbare Auswirkung auf die gesamte Bevölkerung. Die Gefahr manipulativer und korrumpierender Eingriffe erscheint hier am größten. Dennoch tut sich der Gesetzgeber in diesem Bereich nicht durch besonderen Ehrgeiz und Regelungseifer hervor. Gegen den Gesetzgeber „in eigener Sache" wird deshalb nur allzu leicht die Verdächtigung erhoben, die Untätigkeit diene dem Selbstschutz der Parlamentarier. Dieser Vorwurf wird jedoch abgeschwächt vor dem Hintergrund, dass etwa auch die Große Strafrechtskommission bei ihren Verhandlungen in den Jahren 1954 bis 1959 keinen konsensfähigen Entwurf zur Regelung der Abgeordnetenbestechung vorzulegen vermochte.

Die Schwierigkeiten liegen in der Regelungsmaterie selbst begründet. Tauschverhältnisse – und als solches wird die Korruption im Strafrecht im Wesentlichen verstanden – sind der Politik immanent und ein substantielles Element. Dies gilt nicht nur für die politische Entscheidungsfindung, die überwiegend aus Kompromissen besteht, sondern vor allem auch für die Kommunikation zwischen Politik und Bürger. Ein Straftatbestand der Abgeordnetenbestechung bewegt sich deshalb immer im Spannungsfeld zwischen zulässigem – weil für das Funktionieren der repräsentativen Demokratie erforderlichem – Austausch zwischen Politik und organisierten Interessen einerseits und unlauterer Einflussnahme auf den politischen Entscheidungsprozess andererseits. Die Grenzziehung zwischen

---

9 *Vahlenkamp/Knauß*, S. 20 f.; die Definition findet sich jährlich im BKA-Bericht, zuletzt in „Bundeslagebild Korruption 2014", S. 3, abrufbar unter: www.bka.de (Link: Publikationen > Jahresberichte & Lagebilder > Lageberichte Korruption Mehr > Bundeslagebild Korruption 2014).

politisch und sozial adäquater Verhaltensweise und strafbarem Unrecht muss dabei unter Beachtung der von der Verfassung garantierten Freiheit des Mandats und der Vorgaben aus internationalen Abkommen zur Bekämpfung der Korruption erfolgen.

Zum 01. September 2014 ist der novellierte § 108e StGB in Kraft getreten und erfasst die Bestechlichkeit und Bestechung von Mandatsträgern. Die neue Fassung der Vorschrift stellt den vorläufigen Höhepunkt einer rechtspolitischen Diskussion dar, die seit mehreren Jahrzehnten in der Bundesrepublik Deutschland geführt wurde. Das erste mediale Echo für die breite Öffentlichkeit ist wenig schmeichelhaft gewesen. Das Gesetz wurde als „*Witz*“[10] und Ergebnis eines „*Kuhhandels auf Kosten der Steuerzahler*“[11] bezeichnet. Und auch in der juristischen Fachliteratur ist die Gesetzesänderung mit Zurückhaltung aufgenommen worden.[12]

Diese Arbeit möchte einen Beitrag zur wissenschaftlichen Auseinandersetzung mit dem reformierten § 108e StGB n. F. leisten. Überprüft werden soll dabei, ob die in den Tatbestand gesteckten Erwartungen erfüllt werden können und eine Strafnorm geschaffen wurde, die korruptive Einflussnahme auf Abgeordnete wirksam erfasst sowie die von der Verfassung zugedachte Rolle der Mandatsträger als Repräsentanten der Bevölkerung und Vertreter ihrer Interessen angemessen berücksichtigt.

Der Gang der Untersuchung ist damit vorgezeichnet: Zunächst wird im Abschnitt zum rechtshistorischen Hintergrund in knapper Darstellung auf die geschichtliche Entwicklung der Strafbarkeit der Abgeordnetenbestechung eingegangen und die Tatbestandsmerkmale des § 108e StGB a.F. untersucht. Anschließend wird der mehr als ein Jahrzehnt andauernden Reformdiskussion mit ihren unterschiedlichen Novellierungsansätzen und politischen Initiativen Raum gegeben.

Im Zentrum der Arbeit stehen eine Erörterung und inhaltliche Konkretisierung der neuen Tatbestände Bestechlichkeit und Bestechung von Mandatsträgern (§ 108e StGB n. F.) und ihre Eingliederung in das Korruptionsstrafrecht im engeren Sinne. Vor diesem Hintergrund wird eine kritische Würdigung des

---

10 *Fischer*, Dieses Gesetz ist ein Witz!, Die Zeit vom 26.06.2014, S. 8.

11 So *Gregor Hackmack*, Geschäftsführer von abgeordnetenwatch.de, Zitat aus *Müller*, Kritik an Plänen zur Korruptionsbekämpfung, abrufbar unter: https://www.spiegel.de (Link: Suche „Kuhhandel“ > 11.02.2014 „Kritik an Plänen zur Korruptionsbekämpfung: Kuhhandel auf Kosten der Steuerzahler“).

12 Vgl. nur *Michalke*, Compliance Berater 2014, 215 (220), und *Kubiciel/Hoven*, NK 2014, 339 (354).

novellierten § 108e StGB erfolgen und bestehender Anpassungsbedarf aufgezeigt. Zudem werden die Möglichkeiten einer künftigen Erweiterung der Strafbarkeit im Licht der verfassungsrechtlich garantierten Mandatsfreiheit diskutiert. Zum Abschluss werden die aus der Untersuchung gewonnenen Erkenntnisse zusammengefasst.

2. Abschnitt – Rechtshistorischer Hintergrund

Der rechtshistorische Hintergrund ist für die anschließende eingehende Analyse des Tatbestands der Bestechlichkeit und Bestechung von Mandatsträgern Fundament und Ausgangspunkt einer umfassenden Bewertung. Die Darstellung folgt der geschichtlichen Entwicklung der Strafbarkeit der Abgeordnetenbestechung und zeigt die rechtlichen Schwierigkeiten, einen konsensfähigen Tatbestand zu schaffen, der strafwürdiges Unrecht sprachlich bestimmt genug umschreibt und politisch übliche Verhaltensweisen ausspart. Neben der Vorgängernorm des § 108e StGB a.F. beinhaltet die Darstellung auch die verschiedenen Aspekte der Reformdiskussion, die schließlich zur Verabschiedung des § 108e StGB n.F. geführt haben.

A) Geschichtliche Entwicklung der Strafbarkeit der Abgeordnetenbestechung

I) Strafbarkeit nach dem RStGB

Im Deutschen Reich existierte kein eigener Straftatbestand der Abgeordnetenbestechung. Dies lag vor allem darin begründet, dass es mangels eines unabhängigen, vom Volk demokratisch legitimierten Parlaments auch keine Volksvertreter gab, auf die Einfluss hätte genommen werden können. Stattdessen enthielt das RStGB in seiner Fassung vom 15. Mai 1871 im Abschnitt „Verbrechen und Vergehen in Beziehung auf die Ausübung staatsbürgerlicher Rechte“ den folgenden Tatbestand:

> *§ 109 RStGB – Wahlstimmenkauf*
> *Wer in einer öffentlichen Angelegenheit eine Wahlstimme kauft oder verkauft, wird mit Gefängnis von einem Monat bis zu zwei Jahren bestraft; auch kann auf Verlust der bürgerlichen Ehrenrechte erkannt werden.*

Vorbild der Norm ist § 86 des preußischen StGB gewesen, der seinerseits wiederum Artikel 113 des code pénal („*qui aura dans les élections acheté ou vendu un saffrage* à *un prix quelconque*“) nachempfunden war.[13] § 109 RStGB erfasste unabhängig von der Beteiligung eines Abgeordneten Fälle, in denen eine Wahlstimme in einer öffentlichen Angelegenheit gekauft oder verkauft wurde.

---

13 *Becker*, S. 8; *Hartmann*, S. 27; *Mayer*, S. 8.

Das vom Tatbestand geschützte Rechtsgut war nach Auffassung des RG die freie Willensentscheidung des Wählers bei der Stimmabgabe und damit der Schutz der Freiheit des einzelnen Wählers gegen Beeinflussung.[14] In der Literatur wurde teilweise die Ansicht vertreten, dass die Lauterkeit des Wahlaktes selbst Schutzgut des § 109 RStGB sei, also die von Falschheit freie Stimmabgabe.[15] Diesen Aspekt stellte auch das RG in einer späteren Entscheidung in den Vordergrund, als es betonte, dass in der Wahl die ungetrübte Meinung der Wähler zum Ausdruck kommen und damit die Reinheit der Wahl gesichert werden solle.[16]

Die Reichweite und die Schutzrichtung des Tatbestands bestimmten sich dabei nach der Definition des Begriffs der „öffentlichen Angelegenheit". Das RG legte ein weites Verständnis zugrunde und verstand unter „öffentlichen Angelegenheiten" alle Angelegenheiten, die nicht ausschließlich einzelne physische oder juristische Personen und deren Privatinteressen, sondern im Gegensatz hierzu die Gesamtheit des Gemeinwesens und das gesamte öffentliche Wohl berührten.[17] Daraus folgte, dass nicht nur der Wahlvorgang, durch den eine gesetzgebende Versammlung oder eine kommunale Vertretung geschaffen wurde, geschützt wurde, sondern auch die Wahlen innerhalb dieser Organe (z. B. Wahl eines Vorsitzenden).[18]

Während die §§ 107, 108 RStGB[19] sowohl Wahl- als auch Stimmrechte schützten, stellte § 109 RStGB nur den Kauf oder Verkauf einer Wahlstimme unter Strafe. Während unter einer Wahl immer nur die Auswahl einer Person

---

14 RGSt 7, 223 (225); 17, 296 (298).

15 *Mayer*, in: Vergleichende Darstellung des Strafrechts, 272 (277); *Binding*, Lehrbuch Strafrecht BT, S. 832; *Combrinck*, S. 20; *Becker*, S. 8 mit Verweisen auf die entsprechende Literatur; ausführlich zum Rechtsgut des § 109 RStGB *Hartmann*, S. 27 f.

16 *Hartmann*, S. 28 mit Verweis in Fn. 14 auf RGSt 47, 71 (73).

17 RGSt 22, 337 (338 f.) (in Bezug auf den Begriff der „öffentlichen Angelegenheiten" im Versammlungs- und Vereinsrecht); in Teilen („*Gesamtheit des Gemeinwesens*") findet sich die Definition auch in RGSt 41, 121 (123).

18 *Mayer*, in: Vergleichende Darstellung des Strafrechts, 272 (273); *Combrinck*, S. 14; *Epp*, S. 41; *Schaller*, S. 6; *Möhrenschlager*, in: FS Weber, 217 (217); *Hartmann*, S. 31; *Mayer*, S. 8 f.

19 § 107 Abs. 1 RStGB: „*Wer einen Deutschen durch Gewalt oder durch Bedrohung mit einer strafbaren Handlung verhindert, in Ausübung seiner staatsbürgerlichen Rechte zu wählen oder zu stimmen, wird […] bestraft.*"
§ 108 Abs. 1 RStGB: „*Wer in einer öffentlichen Angelegenheit mit der Sammlung von Wahl- oder Stimm-Zetteln oder -Zeichen oder mit der Führung der Beurkundungsverhandlung beauftragt, ein unrichtiges Ergebniß der Wahlhandlung vorsätzlich herbeiführt oder das Ergebniß verfälscht, wird […] bestraft.*"

unter mehreren verstanden wurde, konnte eine Entscheidung über eine Sachfrage niemals als Wahl, sondern nur als Abstimmung bezeichnet werden.[20] § 109 RStGB fand – seinem Wortlaut nach und der Unterscheidung zwischen Wahl und Abstimmung folgend – also nur auf Personenwahlen Anwendung, nicht jedoch auf den Kauf einer Stimme bei einer Abstimmung über Sachfragen.[21] In einer Entscheidung zur Auslegung von § 108 RStGB hatte das RG 1927 diese Unterscheidung aufgegeben und festgestellt, dass unter „Wahlhandlung" auch „Abstimmungen" zu erfassen seien.[22] Diese Ansicht übertrug ein Teil der Kommentarliteratur später dann auch auf § 109 RStGB.[23] Zur Begründung verwies das RG in seiner Entscheidung zum einen auf den amtlichen Entwurf eines Allgemeinen Deutschen Strafgesetzbuches, das eine ausdrückliche Gleichstellung von Abstimmungen und Wahlen vorsah, zum anderen auf die Reichsstimmverordnung, die eine entsprechende Gleichsetzung enthielt.[24] Der Ansicht des RG stand aufgrund des eindeutigen Wortlauts des § 109 RStGB und des Umstandes, dass das RStGB beim Tatbestand der Stimmennötigung gemäß § 107 RStGB selbst zwischen Wahl und Abstimmung differenzierte, entgegen, dass es sich bei der vorgenommenen Gleichstellung um eine unzulässige Analogie zulasten des Täters handelte.[25]

In der Literatur gab es teilweise Stimmen, die § 109 RStGB auch auf ausländische Wahlen erstrecken wollten, sodass auch der Kauf der Wahlstimme eines Ausländers unter Strafe gestellt gewesen wäre.[26] Das RG trat dieser Auffassung jedoch schon früh in einem *obiter dictum* entgegen und erklärte, dass eine Tat

---

20 *Mayer*, in: Vergleichende Darstellung des Strafrechts, 272 (275).

21 *Freudenthal*, S. 51; *Schneidler*, Der Gerichtssaal 1888, 1 (8); *Combrinck*, S. 19; *Kühne*, S. 30; dieses „*unbefriedigende Ergebnis*" kritisiert *Mayer*, in: Vergleichende Darstellung des Strafrechts, 272 (275).

22 RGSt 62, 6 (7); *Kühne*, S. 30; *Mayer*, S. 9.

23 *Möhrenschlager*, in: FS Weber, 217 (218) mit Hinweisen auf die entsprechenden Kommentarfundstellen in Fn 6; *Hartmann*, S. 29; *Mayer*, S. 9.

24 *Becker*, S. 9 f.; *Hartmann*, S. 29 f.

25 So auch *Schaller*, S. 7. Mit differenzierter Ansicht *Hartmann*, S. 30 f., der auf die unter nationalsozialistischer Diktatur vorgenommene Änderung des Grundsatzes *nulla poena sine lege* und die Möglichkeit einer Bestrafung nach gesundem Volksempfinden eingeht und die Möglichkeit einer Begrenzung des § 109 RStGB auf Wahlen erst ab dem 20. Oktober 1945 darlegt.

26 *Schneidler*, Der Gerichtssaal 1888, 1 (1 ff.); *Möhrenschlager*, in: FS Weber, 217 (218) mit Nachweisen in Fn 7.

nach § 109 RStGB wegen seiner „*innere*[n] *Natur*" nur im Inland begangen werden könnte.[27]

Die Begriffe „kaufen" und „verkaufen" wurden nicht zivilrechtlich verstanden, sondern nach der „*Auffassung des gemeinen Lebens*" bzw. in einem „*volkstümlichen Sinne*".[28] Erforderlich war keine Einigung über die *essentialia negotii* eines Kaufvertrages, sondern die – auch konkludente – Einigung über einen gegenseitigen Leistungsaustausch, also für einen bestimmten materiellen Vorteil die Verfügungsbefugnis über die Stimmentscheidung abzugeben.[29] Für die Strafbarkeit gemäß § 109 RStGB war es deshalb unerheblich, ob der Stimmverkäufer seine Wahlstimme auch in der gleichen Weise abgegeben hätte, weil das strafwürdige Verhalten in der übernommenen Verpflichtung bestand, seine Stimme in einer bestimmten Weise abzugeben, und die Entschließungsfreiheit bei der Stimmabgabe beeinträchtigt wurde.[30] Konsequenterweise lag nach überwiegender Ansicht auch keine strafbare Handlung vor, wenn sich der Verkäufer heimlich vorbehalten hatte, seine Stimme nach seiner freien Überzeugung abzugeben, und nur zum Schein auf das Geschäft eingegangen war, weil er damit gerade nicht in seiner Willensfreiheit eingeschränkt war und die Lauterkeit der Wahl nicht betroffen war.[31] Ein einseitiges Versprechen des Käufers oder Verkäufers der Wahlstimme reichte nicht aus, um den Tatbestand zu verwirklichen, und stellte mangels Normierung einer Versuchsstrafbarkeit lediglich eine straflose Vorbereitungshandlung dar.[32]

Die Frage, worin der Gegenwert für die vom Verkäufer eingeräumte Verfügungsmacht über die Stimmentscheidung bestehen konnte, wurde nicht einheitlich beantwortet.[33] Es bestand nur insofern Einigkeit, als der gewährte Vorteil nicht auf Geldleistungen beschränkt werden durfte[34] und auch Drittzuwendungen möglich waren, durch die der Stimmverkäufer dann nur mittelbar profitieren

27 RGSt 8, 53 (56).

28 RGSt 17, 296 (297); 47, 71 (72).

29 *Becker*, S. 13; *Schaller*, S. 8; *Hartmann*, S. 32 f.

30 *Binding*, Lehrbuch Strafrecht BT, S. 835; *Römer*, S. 33; *Becker*, S. 13; *Schaller*, S. 9; *Freudenthal*, S. 53, spricht von einer „*moralische*[n] *Verpflichtung*", die der Wähler übernommen habe.

31 *Freudenthal*, S. 53 f.; *Römer*, S. 33; *Mayer*, in: Vergleichende Darstellung des Strafrechts, 272 (288); a. A.: LK-RStGB-*Ziegler*, S. 662, der als Argument die Verwandtschaft des § 109 RStGB zur Bestechung heranzieht; auf die sich dabei ergebenden Beweisschwierigkeiten weist *Becker*, S. 14, hin.

32 *Becker*, S. 14 f.; zur fehlenden Versuchsstrafbarkeit auch *Epp*, S. 41.

33 Ausführlich zu den unterschiedlichen Ansichten *Hartmann*, S. 33 ff.

34 *Freudenthal*, S. 54; *Schneidler*, Der Gerichtssaal 1888, 1 (21, 23).

würde.[35] Eine engere Auslegung orientierte sich am Wortlaut der Begriffe „kaufen" und „verkaufen" sowie an deren pekuniärem Aspekt, sodass der Vorteil nicht zwingend in einer unmittelbaren finanziellen Zuwendung bestehen, sich aber doch in Geld bemessen lassen musste.[36] Die bloße Befriedigung des Ehrgeizes oder der Eitelkeit genügte nicht.[37] Dagegen wurde vorgetragen, dass die Lauterkeit des Wahlaktes auch von demjenigen beeinträchtigt würde, der seine Überzeugung für einen höheren Rang, einen Titel oder Orden verkaufen würde.[38] Die besondere Schwierigkeit, den „Kaufpreis" bzw. gewährten Vorteil im Sinne von § 109 RStGB zu definieren, bestand darin, dass mit dem Tatbestand sowohl die Wähler- als auch (teilweise) die Abgeordnetenbestechung erfasst war. Eine weite Auslegung führte zwar dazu, dass eine Vielzahl denkbarer Beeinflussungen erfasst wurde – was im Hinblick auf die Wählerbestechung auch geboten erschien –, wodurch aber unter Umständen sozialadäquate Verhaltensweisen im politischen Geschäft im Hinblick auf die Abgeordnetenbestechung kriminalisiert wurden. Im Gegensatz dazu trug die enge Auslegung den politischen Besonderheiten zwar Rechnung, eröffnete aber im Bereich der Wählerbestechung erhebliche Strafbarkeitslücken. Legt man den gesetzgeberischen Willen zugrunde, dass mit § 109 RStGB in erster Linie die Wählerbestechung unter Strafe gestellt werden sollte, lag der Norm ein weites Verständnis zugrunde, sodass auch immaterielle Vorteile erfasst wurden.[39]

In der Weimarer Republik wurden zwar vereinzelt Änderungsentwürfe unterbreitet, um die vorhandenen Unklarheiten und Strafbarkeitslücken zu beseitigen, jedoch wurde keiner dieser Entwürfe verabschiedet.[40] In der Strafverfolgungspraxis besaß § 109 RStGB in Gestalt der Abgeordnetenbestechung infolge des sehr begrenzten Anwendungsbereichs keinerlei Bedeutung; im Zeitraum zwischen 1871 und 1953 kam es zu keiner einschlägigen Verurteilung.[41]

35 RGSt 47, 71 (72).
36 LK-RStGB-*Ziegler*, S. 663; *Römer*, S. 32; *Binding*, Lehrbuch Strafrecht BT, S. 836, nennt als Beispiele u. a. die (berufliche) Anstellung oder Beförderung.
37 LK-RStGB-*Ziegler*, S. 663; *Becker*, S. 16.
38 *Freudenthal*, S. 61.
39 So auch *Becker*, S. 17.
40 Ausführlicher auch zu einzelnen Vorschlägen *Epp*, S. 42 f., und *Hartmann*, S. 35 f.
41 *Schlüchter*, in: FS Geerds, 713 (724); *Becker*, S. 22 f.

II) Entstehen der Strafbarkeitslücke durch das dritte Strafrechtsänderungsgesetz

Nach dem Ende des Zweiten Weltkriegs und der Gründung der Bundesrepublik Deutschland war man sich einig, dass das Strafgesetzbuch einer Überarbeitung und Erneuerung bedurfte. Bereits die Entscheidung im Jahr 1950 über die künftige Hauptstadt der Bundesrepublik – bei der Entscheidung für Bonn (und gegen Frankfurt am Main) soll es zu hohen Geldzahlungen gekommen sein[42] – verdeutlichte die bestehende Lücke im Bereich der Wahldelikte: Mit der gewaltsamen Wahlhinderung (§ 107 StGB a.F.), der Wahlfälschung (§ 108 StGB a.F.) und dem Wahlstimmenkauf (§ 109 StGB a.F.) war die Beeinflussung bei einer Abstimmung über Sachfragen strafrechtlich nicht relevant.[43] Die Bundesregierung unter Konrad Adenauer war jedoch der Meinung, dass einer Verwilderung der politischen Sitten vorgebeugt werden müsse und die Ausübung der staatsbürgerlichen Rechte im Rahmen der neuen freiheitlich-demokratischen Grundordnung sichergestellt werden sollte.[44]

So sah ein Gesetzesentwurf aus dem September 1950 auch eine Neufassung der §§ 107–109 StGB a.F. vor, wobei die §§ 107b und 109 mit folgendem Inhalt verabschiedet werden sollten[45]:

§ 107b StGB-E (1950) – Stimmenkauf

Wer eine Stimme kauft oder verkauft oder wer sonst für die Ausübung des Wahlrechts oder die Wahlenthaltung oder für die Abgabe der Stimme in einem bestimmten Sinne ein Entgelt anbietet oder fordert, verspricht oder sich versprechen läßt, gewährt oder annimmt, wird mit Gefängnis und mit Geldstrafe bestraft.

Das Entgelt oder dessen Wert ist im Urteil einzuziehen.

§ 109 StGB-E (1950) – Anwendungsbereich

Die Vorschriften der §§ 107 bis 108 gelten für Wahlen und Abstimmungen in öffentlichen Angelegenheiten.

In den Fällen der §§ 107 bis 108 kann auf die Unfähigkeit zur Bekleidung öffentlicher Ämter und auf den Verlust des Wahlrechts und der Wählbarkeit auf die Dauer von einem

---

42 *von Arnim*, JZ 1990, 1014 (1014); *Römer*, S. 50, zu den Ergebnissen eines Untersuchungsausschusses, dass mehrere Abgeordnete Geldzahlungen erhalten hatten, ohne dass jedoch ein Zusammenhang zu der Abstimmung über die Bundeshauptstadt sicher nachgewiesen werden konnte.

43 Anders, wenn man der vom RG vertretenen Ansicht folgte und eine unzulässige Analogie zulasten des Täters annahm.

44 BT-Drs. 1/1307, S. 28.

45 BT-Drs. 1/1307, S. 12 f.

Jahr bis zu fünf Jahren sowie auf den Verlust der aus öffentlichen Wahlen hervorgegangenen Rechte erkannt werden.

Der Begründung des Gesetzesentwurfes zufolge sollte mit § 107b i. V. m. § 109 StGB-E (1950) der Tatbestand des § 109 StGB a.F. erweitert werden.[46] Der Anwendungsbereich sollte Wahlen sowie sachbezogene Abstimmungen umfassen. Im Gegensatz zur bisherigen Regelung sollten darüber hinaus auch Fälle erfasst werden, in denen es noch nicht zu einer endgültigen Einigung gekommen war, sondern lediglich ein Entgelt angeboten, versprochen oder gefordert worden sei. Da der Entwurf die bestehende Strafbarkeit des Wahlstimmenkaufs erweitern sollte, kann davon ausgegangen werden, dass „Wahlen und Abstimmungen in öffentlichen Angelegenheiten“ i. S. v. § 109 StGB-E (1950) auch die Wahlen in den Volksvertretungen erfassen sollten.[47] Der Bundesrat unterbreitete seinerseits Änderungsvorschläge zu diesem Entwurf, die Regelung des Stimmenkaufs fand sich nun in einem wortgleichen § 108b StGB-E (1950).[48]

In den Beratungen des Ausschusses für Rechtswesen und Verfassungsrecht wurde von einem Mitarbeiter des Bundesjustizministeriums darauf hingewiesen, dass die Beeinflussung einer politischen Entscheidung nicht nur durch die Stimmabgabe, sondern z. B. auch durch eine Rede im Parlament erfolgen könne.[49] Es wurde angedacht, auch im politischen Bereich einen Bestechungsbegriff zu schaffen, der sich an dem Eintreten für bestimmte Interessen aufgrund von Bezahlung orientieren sollte, und dafür eine besondere Vorschrift zur strafrechtlichen Ahndung der Abgeordnetenbestechung zu schaffen.[50] Diese Diskussionen über die Wahldelikte wurden jedoch aus Zeitgründen in den weiteren Beratungen zum Strafrechtsänderungsgesetz ausgelassen.[51]

Bevor der Rechtsausschuss das erste Strafrechtsänderungsgesetz vollumfänglich zu Ende beraten konnte, legte die Bundesregierung den Entwurf für ein drittes Strafrechtsänderungsgesetz vor, das vor allem der Strafrechtsbereinigung dienen sollte.[52] In dem am 04. August 1953 beschlossenen Gesetz wurden die Wahldelikte in Abänderung des Entwurfes von 1950 neu formuliert[53]:

46 BT-Drs. 1/1307, S. 41.

47 So auch *Epp*, S. 44, und *Hartmann*, S. 37.

48 BT-Drs. 1/1307, S. 64.

49 *Römer*, S. 50; *Möhrenschlager*, in: FS Weber, 217 (219 f.); *Mayer*, S. 11.

50 *Hartmann*, S. 38.

51 *Möhrenschlager*, in: FS Weber, 217 (220); *Mayer*, S. 11.

52 *Römer*, S. 53.

53 Entwurf in BT-Drs. 1/4250, S. 18–21; Verkündung in BGBl. 1953 I, 735, 740 f.

§ 108b StGB a.F.

Wer einem anderen dafür, daß er nicht oder nicht in einem bestimmten Sinne wähle, Geschenke oder andere Vorteile anbietet, verspricht oder gewährt, wird mit Gefängnis und mit Geldstrafe bestraft.

Ebenso wird bestraft, wer dafür, daß er nicht oder in einem bestimmten Sinne wähle, Geschenke oder andere Vorteile fordert, sich versprechen läßt oder annimmt.

Das Entgelt oder dessen Wert kann im Urteil eingezogen werden.

§ 109a StGB a.F.

Die Vorschriften der §§ 107 bis 109 gelten für Wahlen zu den Volksvertretungen und für sonstige Wahlen und Abstimmungen des Volkes im Bund, in den Ländern, Gemeinden und Gemeindeverbänden. Einer Wahl oder Abstimmung steht das Unterschreiben eines Wahlvorschlages oder das Unterschreiben für ein Volksbegehren gleich.

Damit waren nun – neben den bereits existenten Straftatbeständen der Wahlhinderung (§ 107) und der Wahlfälschung (§ 107a) – auch die Verletzung des Wahlgeheimnisses (§ 107c), die Wählernötigung (§ 108), die Wählertäuschung (§ 108a) und die in § 108b aufgezählten Vorbereitungshandlungen unter Strafe gestellt. Der bisherige Stimmenkauf (§ 109 StGB a.F.) wurde in § 108b StGB a.F. neu gefasst, wobei die Tathandlung erweitert und den Bestechungsdelikten angeglichen wurde.[54] Während § 109 StGB-E (1950) den Anwendungsbereich der Wahldelikte noch auf „Wahlen und Abstimmungen in öffentlichen Angelegenheiten" erstreckte und damit auch das Abstimmungsverhalten in den Volksvertretungen erfasst war, beschränkte § 109a StGB a.F.[55] den Geltungsbereich der Wahldelikte auf Wahlen zu den Volksvertretungen und auf sonstige Wahlen und Abstimmungen des Volkes. Die Einflussnahme auf die Stimmabgabe eines Abgeordneten bei Wahlen oder Abstimmungen innerhalb einer Volksvertretung sollte demnach straflos bleiben.[56] Die vom Ausschuss für Rechtswesen und Verfassungsrecht vorgenommene Eingrenzung – die gegen den ausdrücklichen Widerspruch der Bundesregierung erfolgte[57] – war keineswegs zufällig, sondern Konsequenz der Überlegung, dass eine solch schwierige Frage wie die der Abgeordnetenbestechung nicht im Rahmen der Wahldelikte zu lösen sei und deshalb einer eigenständigen Regelung bedürfe.[58]

54 *Dreher,* JZ 1953, 421 (427).

55 Mit dem vierten Strafrechtsänderungsgesetz von 1957 wurde er in den heutigen § 108d StGB umbenannt, vgl. *Schaller,* S. 11.

56 *Hartmann,* S. 40; *Mayer,* S. 12; *Stünker,* in: FS Meyer, 589 (591); *Möhrenschlager,* in: FS Weber, 217 (220). Zuvor auch schon *Olderog,* S. 48.

57 *Dreher,* JZ 1953, 421 (427); *Schulze,* JR 1973, 485 (486); *Schaller,* S. 11; *Hartmann,* S. 40.

58 *Klein,* ZRP 1979, 174 (174); *Epp,* S. 47; *Überhofen,* S. 184; *Schaller,* S. 12.

Während § 109 RStGB die Abgeordnetenbestechung zwar nicht in Bezug auf Abstimmungen über Sachfragen, so aber zumindest im Hinblick auf den Wahlstimmenkauf erfasste, stellte § 108b StGB allein die Wählerbestechung unter Strafe. Damit stand die Abgeordnetenbestechung in der Bundesrepublik ab dem 01. Oktober 1953 nicht mehr unter Strafe.[59]

III) Reformbestrebungen im Zeitraum 1953–1990

Die Straflosstellung der Abgeordnetenbestechung wurde vor allem in der Literatur von Anfang an stark kritisiert, wobei vorwiegend die Wehrlosigkeit von Abgeordneten gegenüber unerwünschten Zuwendungen betont wurde.[60] Erneut war erst ein öffentlich geäußerter Verdachtsfall Anlass für eine neue Gesetzesinitiative: Einem Abgeordneten des Landtags in Nordrhein-Westfalen wurden angeblich 100.000 DM angeboten, wenn er dafür im Gegenzug bei der Wahl des Ministerpräsidenten dem Wunschkandidaten des Anbieters seine Stimme gebe, und dem Geschäftsführer derselben Fraktion weitere 60.000 DM für jeden Abgeordneten, den er in diesem Sinne beeinflusse; die strafrechtlichen Ermittlungen mussten eingestellt werden, da eine Wahl in einer Volksvertretung betroffen gewesen sein soll, die seit dem dritten Strafrechtsänderungsgesetz nicht mehr geschützt wurde, und damit eine nicht strafbare Handlung vorlag.[61] Anders als der Vorschlag des Rechtsausschusses von 1953 sah der Gesetzesentwurf der Fraktion der FDP vom 17. April 1956[62] keinen selbstständigen Straftatbestand vor. Stattdessen sollte die Vorschrift über den Anwendungsbereich der Wahldelikte (§ 109a StGB a.F.) auch auf Wahlen und Abstimmungen in den Volksvertretungen erweitert werden. Mit dem Entwurf wollte man dem in der Öffentlichkeit aufgetretenen Verdacht entgegentreten, der Bundestag habe 1953 ganz gezielt eine Strafverfolgung von Korruption in den eigenen Reihen unmöglich gemacht; er wurde aber wegen des Ablaufs der zweiten Legislaturperiode im Bundestag nicht mehr beraten.[63]

Die Große Strafrechtskommission wurde in den Jahren 1954 bis 1959 mit der Neugestaltung des Strafgesetzbuches beauftragt. Bei der Erarbeitung ihres

---

59 Zur Strafbarkeit der Abgeordnetenbestechung in der DDR: *Möhrenschlager*, in: FS Weber, 217 (220).

60 *Erdsiek*, NJW 1959, 25 (26); *Dreher*, JZ 1953, 421 (427), spricht von einer *„einschneidenden Einengung"*.

61 Zum Ganzen *Schaller*, S. 13 f. m.w.N.; *Hartmann*, S. 41.

62 BT-Drs. 2/2310.

63 *Epp*, S. 48; *Becker*, S. 19; *Schaller*, S. 14; *Hartmann*, S. 42; *Mayer*, S. 15.

Entwurfs diskutierte sie auch verschiedenste Lösungsansätze für das Problem der Abgeordnetenbestechung.[64] Im Ausgangspunkt bestand Einigkeit darüber, einen Lösungsansatz zu finden, der gleichsam die 1953 entstandene Strafbarkeitslücke wieder schließen und dabei die besonderen Anforderungen erfüllen sollte, um den üblichen und sozial angemessenen Verhaltensweisen im politischen Raum gerecht zu werden und diese von der Strafbarkeit auszuklammern.[65] Dabei verwarf man zunächst den von der I. Unterkommission auf Hinweis des Strafrechtsausschusses des Deutschen Richterbundes erarbeiteten Vorschlag, die Abgeordnetenbestechung durch eine Ausweitung des Amtsträgerbegriffs unter Strafe zu stellen.[66] Einerseits bestanden Zweifel, ob ein solcher Vorschlag unter den Parlamentariern Zustimmung finden konnte,[67] andererseits betonte die Kommission den Unterschied zwischen Abgeordneten und Amtsträgern: Im Gegensatz zu den Aufgaben in der Verwaltungstätigkeit gebe es in sachlicher Hinsicht für die Ausübung des Stimmrechts keine eindeutigen Regeln und Vorschriften.[68] Zudem erfordere die Arbeit eines Abgeordneten nicht die gleiche Unabhängigkeit wie die eines Amtsträgers bzw. Beamten, denn die Gewährung und Annahme von Vorteilen, das Verhandeln, das Entgegenkommen und Nachgeben gehörten zum politischen Tagesgeschäft.[69]

Um das politisch angemessene Verhalten aus der Strafbarkeit auszuklammern, entwickelte man in der Kommission stattdessen die Idee, mithilfe einer Rechtswidrigkeitsklausel – der Regelung des § 240 Abs. 2 StGB nachgebildet – die Abgeordnetenbestechung einzuschränken. Ein Stimmenkauf sollte nicht rechtswidrig sein, wenn es unter Berücksichtigung des Gegenstands der Abstimmung, der Art des Vorteils und der für ihn vorgesehenen Verwendung verwerflich wäre, ihn als Gegenleistung anzunehmen. Nachdem die Klausel zunächst noch Zuspruch erfahren hatte, wurde im Verlauf der Beratungen verstärkt Kritik an ihr geäußert. Mit Sorge wurde betrachtet, dass sich die Frage der Verwerflichkeit und somit der Strafbarkeit des Verhaltens erst im Strafprozess klären ließe.[70]

---

64 Ausführlich zu den Beratungen der Großen Strafrechtskommission *Hartmann*, S. 42 ff.

65 *Tröndle*, in: Niederschriften GrStrKom Bd. 13, S. 258, 262; *Hartmann*, S. 42.

66 *Möhrenschlager*, in: FS Weber, 217 (220 f.): Danach sollte Amtsträger sein, *„wer berufen ist, auf dem Gebiet der Gesetzgebung, Verwaltung oder Rechtsprechung ein öffentliches Amt auszuüben oder obrigkeitliche Aufgaben wahrzunehmen"*. *Hartmann*, S. 43.

67 *Möhrenschlager*, in: FS Weber, 217 (221); *Römer*, S. 57.

68 *Tröndle*, in: Niederschriften GrStrKom Bd. 13, S. 264.

69 *Schulze*, JR 1973, 485 (486); *Schaller*, S. 15.

70 *Bockelmann*, in: Niederschriften GrStrKom Bd. 13, S. 264.

Dabei würde die Feststellung der Verwerflichkeit ein Werturteil des Strafrichters erfordern, für das es keine klare Richtschnur gebe und das den Richter deshalb überfordere, weil es nicht zu seinen Aufgaben gehöre, die *„politische Adäquanz"* eines Verhaltens zu beurteilen.[71] Daneben wurden in einer Stellungnahme aus der Praxis große Bedenken geäußert und die Rechtswidrigkeitsklausel für nahezu wertlos gehalten, weil kein Fall denkbar sei, in dem es nicht verwerflich wäre, seine Stimme gegen die Gewährung eines Vorteils in einem bestimmten Falle abzugeben.[72] Deshalb wurde in der Folge die Rechtswidrigkeitsklausel als Ansatz nicht weiterverfolgt und die Lösung über eine einschränkende Formulierung der Tatbestandsmerkmale gesucht.

Das Merkmal, das die Ausklammerung politisch zulässiger und nach allgemeinem Verständnis nicht strafwürdiger Verhaltensweisen sicherstellen sollte, war das Bestechungsmittel, dessen Gewährung einen Abgeordneten dazu veranlassen sollte, in einer bestimmten Weise seine Stimme abzugeben. Bereits früh entschied man sich gegen die Verwendung des reinen Vorteilsbegriffs, weil durch dessen weites Verständnis auch Bevorzugungen unter Strafe gestellt worden wären, die zu den allgemein anerkannten Regeln des politischen Lebens gehören.[73] Um beispielsweise das Inaussichtstellen eines politischen Amtes aus dem Bereich der Strafbarkeit herauszunehmen, wurde die Formulierung der *„Vermögenszuwendung von einem anderen"* vorgeschlagen, worunter ausschließlich unmittelbare Vermögenswerte zu verstehen sein sollten, die unmittelbar zwischen den Partnern der Unrechtsvereinbarung ausgetauscht werden.[74] Gegen diese Formulierung wurde die offensichtliche Umgehungsmöglichkeit durch Einschaltung eines Mittelsmanns vorgebracht.[75] Auch die Verwendung der Begriffe „Vermögensvorteil" oder „Entgelt"[76] vermochte nicht zu überzeugen. Es setzte sich die Auffassung durch, dass allein mit einem deskriptiven Merkmal die gewünschte Abgrenzung nicht zu erreichen sei.[77] Deshalb wurden normativ

71 *Krille*, in: Niederschriften GrStrKom Bd. 13, S. 265; *Hartmann*, S. 45.

72 *Rösch*, in: Niederschriften GrStrKom Bd. 13, S. 267.

73 *Tröndle*, in: Niederschriften GrStrKom Bd. 13, S. 262; *Epp*, S. 323.

74 *Bockelmann*, in: Niederschriften GrStrKom Bd. 13, S. 271.

75 *Gallas*, in: Niederschriften GrStrKom Bd. 13, S. 273. *Epp*, S. 326, kritisiert zudem die sprachliche Selbstverständlichkeit, dass der Vorteil von einem anderen als dem Abgeordneten selbst kommen muss.

76 *Neumayer*, in: Niederschriften GrStrKom Bd. 13, S. 265 (Vermögensvorteil), und *Dünnebier*, in: Niederschriften GrStrKom Bd. 13, S. 270 (Entgelt).

77 Kritik an einem deskriptiven Merkmal äußerten vor allem *Schafheutle*, in: Niederschriften GrStrKom Bd. 13, S. 273, 277, *Jescheck*, in: Niederschriften GrStrKom Bd. 13, S. 276, und *Schäfer*, in: Niederschriften GrStrKom Bd. 13, S. 277.

geprägte Tatbestandsformulierungen erwogen, wonach das Fordern bzw. Anbieten, Sich-versprechen-Lassen bzw. Versprechen, Annehmen bzw. Gewähren eines *„unangemessenen Vorteils“*, *„unlauteren Entgelts“* oder in pflichtwidriger oder einer den Gepflogenheiten eines ehrenhaften Abgeordneten widersprechenden Weise strafbar sein sollte.[78] Doch die Diskussion dieser verschiedenen Varianten macht deutlich, dass auch hier keine geeignete Möglichkeit zur Lösung des Problems in Aussicht stand. An dem Zusatz „unangemessen“ wurde kritisiert, dass er letztlich nichts anderes bedeute als die zuvor für untauglich befundene Rechtswidrigkeitsklausel.[79] Die Begriffe „pflichtwidrig“ und „unlauter“ seien letztlich eine Umschreibung dafür, dass es sich um ein unrechtmäßiges Verhalten handelt, ohne dabei jedoch die Maßstäbe dafür näher zu definieren.[80]

Die Schwierigkeiten, eine zufriedenstellende Tatbestandsformulierung zu finden, führten schließlich dazu, dass sich die Große Strafrechtskommission in ihren Diskussionen auf § 109 RStGB zurückbesann.[81] Angesichts des Fehlens einer eindeutig vorzugswürdigen Tatbestandsfassung wurde insbesondere gelobt, dass im Stimmenkauf der Gedanke der Käuflichkeit besonders stark hervorgehoben würde.[82] In der abschließenden Vorabstimmung stimmte die Mehrheit der Kommissionsmitglieder dann für einen Vorschlag, wonach bestraft werden sollte, *„wer es unternimmt, für eine bestimmte Abstimmung eine Stimme zu kaufen oder zu verkaufen“*[83]. Im Gegensatz zu § 109 RStGB war der Vorschlag als Unternehmensdelikt ausgestaltet, um damit auch die Vorstufen des Stimmenkaufs strafrechtlich sanktionieren zu können.[84] Einigkeit herrschte in der Kommission

---

78 *Schafheutle*, in: Niederschriften GrStrKom Bd. 13, S. 268, 270; *Dünnebier*, in: Niederschriften GrStrKom Bd. 13, S. 269; *Fränkel*, in: Niederschriften GrStrKom Bd. 13, S. 274. Dazu ausführlicher *Hartmann*, S. 49.

79 *Dreher*, in: Niederschriften GrStrKom Bd. 13, S. 269.

80 Das Merkmal *„pflichtwidrig“* sollte sich auf die Gewissensverpflichtung des Abgeordneten beziehen, vgl. *Dünnebier*, in: Niederschriften GrStrKom Bd. 13, S. 269. Neben Schwierigkeiten der Nachweisbarkeit, vgl. *Dreher*, in: Niederschriften GrStrKom Bd. 13, S. 269, erschien das Merkmal vor allem deshalb unbrauchbar, weil für den Abgeordneten neben seiner Gewissensbindung gerade keine weiteren Pflichten bestehen, vgl. *Schafheutle*, in: Niederschriften GrStrKom Bd. 13, S. 269. Zur Ungeeignetheit der Umschreibung als *„unlauter“* vgl. *Welzel*, in: Niederschriften GrStrKom Bd. 13, S. 275.

81 *Dreher*, in: Niederschriften GrStrKom Bd. 13, S. 267, brachte diese Möglichkeit schon früh ins Spiel.

82 *Jescheck*, in: Niederschriften GrStrKom Bd. 13, S. 276; *Gallas*, in: Niederschriften GrStrKom Bd. 13, S. 278 f.

83 *Hartmann*, S. 51.

84 Die Initiative dazu ging von *Gallas*, in: Niederschriften GrStrKom Bd. 13, S. 269, aus.

in Bezug auf den Anwendungsbereich der Norm. So sollten zweifellos nicht nur Wahlen und Abstimmungen zu den Volksvertretungen, sondern auch in den Volksvertretungen erfasst sein.[85]

Die Ergebnisse der Großen Strafrechtskommission bildeten schließlich die Grundlage für den Entwurf eines Strafgesetzbuches, den die Bundesregierung in der vierten Wahlperiode vorlegte[86] und der folgende Regelungen vorsah:

> *§ 404 StGB-E (1962) – Stimmbestechung*
> *Wer es unternimmt, für eine Abstimmung eine Stimme zu kaufen oder zu verkaufen, wird mit Gefängnis bis zu drei Jahren oder mit Strafhaft bestraft.*
>
> *§ 409 StGB-E (1962) – Anwendungsbereich*
> (1) *Die §§ 400 bis 404 gelten für folgende Abstimmungen, wenn sie auf bundes- oder landesrechtlichen Rechtsvorschriften beruhen und öffentliche Angelegenheiten betreffen:*
> 1. *Wahlen und andere Abstimmungen des Volkes im Bund und in den Ländern, Gemeinden und Gemeindeverbänden,*
> 2. *Wahlen und andere Abstimmungen in den Volksvertretungen und in anderen Einrichtungen des Bundes, der Länder, der Gemeinden, der Gemeindeverbände und der Körperschaften, Anstalten und Stiftungen des öffentlichen Rechts sowie Wahlen zu diesen Einrichtungen.*
>
> (2) *Die §§ 405 bis 407 gelten für die Wahlen und andere Abstimmungen nach Absatz 1 Nr. 1.*
> (3) *Einer Wahl oder Abstimmung steht das Unterschreiben eines Wahlvorschlages und das Unterschreiben für ein Volksbegehren gleich.*

In der Entwurfsbegründung wurde bekräftigt, dass kein den Bestechungsvorschriften für Amtsträger nachempfundener Tatbestand geschaffen werden sollte, weil die Abgeordneten bei der Stimmabgabe nach dem GG nur ihrem Gewissen unterworfen seien und eine Bindung an Rechts- und Verwaltungsvorschriften fehle.[87] Es wurde betont, dass nicht allein auf die Annahme eines Vorteils oder anderer Bevorzugungen abgestellt werden könne, da im politischen Kräftespiel das Annehmen und Fordern von Vorteilen, auch wenn sie unmittelbar zur Verbesserung der Lebensverhältnisse des Abstimmenden führen, zur Tagesordnung gehören und nicht den demokratischen Spielregeln widersprechen.[88] Allein das Merkmal der Käuflichkeit mache das Wesen der Stimmbestechung aus und erfasse von vornherein nur die strafwürdigen Fälle verwerflicher Gewährung oder

85 Ausführlich dazu *Hartmann*, S. 52 f.
86 BT-Drs. 4/650.
87 BT-Drs. 4/650, S. 589.
88 BT-Drs. 4/650, S. 589 f.

Annahme von Vorteilen.[89] Auch wenn mit dem neuen Entwurf eine Form von Rückbesinnung auf den Wahlstimmenkauf gemäß § 109 RStGB erfolgte, fanden sich doch zwei wesentliche Unterschiede bzw. Neuerungen. Zum einen war die Stimmbestechung gemäß § 404 StGB-E (1962) als Unternehmensdelikt ausgestaltet.[90] Zum anderen lag dem StGB-E (1962) ein geändertes Verständnis der Begriffe „Wahl“ und „Abstimmung“ zugrunde: War unter „Wahl“ bisher die Personenauswahl und unter „Abstimmung“ eine Abstimmung über Sachfragen verstanden worden, verwendete § 409 StGB-E (1962) „Abstimmung“ als Oberbegriff für „Wahlen“ und andere Abstimmungen.[91] Diese neue Terminologie wurde verwendet, um die sachliche Änderung, die in der Ausdehnung des Anwendungsbereichs auf die innerhalb der verschiedenen Körperschaften stattfindenden Abstimmungen zu sehen war, besser hervortreten zu lassen.[92] Weder der Entwurf der Bundesregierung 1962 noch ein Antrag der Fraktionen von CDU/CSU und FDP 1965 mit einem gleichlautenden Gesetzesentwurf zu den Wahldelikten wurden abschließend behandelt, sodass die Entwürfe aufgrund der Diskontinuität der Legislaturperiode verfielen.[93] Die in ihrem Anwendungsbereich sehr eng gefassten §§ 108b, 109a StGB a.F. blieben damit weiterhin in Kraft.

Unter dem neuerlichen Eindruck eines Bestechungsvorwurfes im Parlament[94] legte die Bundestagsfraktion der CDU/CSU 1974 einen neuen Gesetzesentwurf vor[95], bei dem eine Kehrtwende in der Normierung der Abgeordnetenbestechung vollzogen werden sollte: Der Vorschlag verzichtete auf einen gesonderten Straftatbestand der Abgeordnetenbestechung und sah vor, dass § 108d StGB a.F., der noch heute den Geltungsbereich der §§ 107–108c StGB für Straftaten bei Wahlen und Abstimmungen des Volkes festlegt, um einen Absatz erweitert werden sollte. § 108d StGB-E (1974) erklärte die Vorschrift der Wahlbestechung in § 108b StGB-E (1974) auch auf Wahlen und Abstimmungen in den

---

89 BT-Drs. 4/650, S. 590; *Schaller*, S. 19 f., kritisiert, dass auf die bekannten Probleme bei der Verwendung der Begriffe „kaufen“ und „verkaufen“ nicht eingegangen worden sei, sondern der Gesetzesentwurf als Lösung aller Schwierigkeiten bei der Tatbestandsfassung präsentiert wurde.

90 *Schulze*, JR 1973, 485 (487); *Epp*, S. 49.

91 *Epp*, S. 49.

92 BT-Drs. 4/650, S. 587.

93 *Heisz*, S. 5; *Überhofen*, S. 184 f.; *Schaller*, S. 20; *Epp*, S. 49 f.; *Möhrenschlager*, in: FS Weber, 217 (222); *Hartmann*, S. 55.

94 Vgl. *Möhrenschlager*, in: FS Weber, 217 (222), *Hartmann*, S. 55 f., und *Mayer*, S. 17 (sog. Steiner-Wienand-Affäre).

95 BT-Drs. 7/1883.

Volksvertretungen für anwendbar. Der Tatbestand selbst sollte zudem kleinere Änderungen erfahren: Im Gegensatz zur geltenden Gesetzesfassung sollte die Gegenleistung nicht mehr in „*Geschenke*[n] *oder andere*[n] *Vorteile*[n]" bestehen, sondern konkret in „*Geld oder anderen Vermögenswerten*".[96] Ebenso sollte mit § 108b Abs. 2 StGB-E (1974) klargestellt werden, dass der Abgeordnete die Geldzahlung „*für sich*" fordern oder annehmen müsse, wodurch zum Ausdruck gebracht wurde, dass nur die Zuwendungen strafrechtlich erfasst werden sollten, die dem Abgeordneten für seine persönliche Zwecke gemacht werden, nicht aber die in der Politik üblichen und notwendigen Spenden zur Unterstützung der politischen Arbeit und Partei des Abgeordneten.[97] Aber auch dieser Entwurf wurde aus Zeitgründen nicht verwirklicht.[98]

IV) Wiedereinführung der Abgeordnetenbestechung 1994

Die Wiedereinführung der Strafbarkeit der Abgeordnetenbestechung geht schließlich auf einen Gesetzesentwurf der SPD-Bundestagsfraktion aus dem Jahr 1991 zurück. Ausgangspunkt waren Bestechungsgerüchte im Zusammenhang mit der Abstimmung am 20. Juni 1991 über die Hauptstadtfrage zwischen Bonn und Berlin.[99] Der Entwurf[100] orientierte sich im Wesentlichen an dem Vorschlag der Großen Strafrechtskommission von 1962, wobei lediglich der Strafrahmen auf eine Freiheitsstrafe von bis zu 5 Jahren erhöht wurde. Die §§ 108b, 108d StGB für die Bestechung von Wählern bei Volkswahlen blieben unangetastet und sollten durch eine zusätzliche Norm für die Bestechung von Abgeordneten bei Wahlen und Abstimmungen innerhalb der Volksvertretungen ergänzt werden.[101] Der selbstständige Tatbestand war als Unternehmensdelikt ausgestaltet und durch die Verwendung des nicht zivilrechtlich zu verstehenden Kaufgeschäftes über die Stimme bei einer Wahl oder Abstimmung war es nicht erforderlich, die Gegenleistung genau zu bezeichnen.[102] Zwei Jahre später

96 *Epp*, S. 51; *Hartmann*, S. 56.
97 BT-Drs. 7/1883, S. 3.
98 *Becker*, S. 21; *Überhofen*, S. 184 f.; *Hartmann*, S. 57.
99 *Möhrenschlager*, in: FS Weber, 217 (222); *Schaller*, S. 23.
100 BT-Drs. 12/1630, § 108e Abs. 1 StGB: „*Wer es unternimmt, für eine Wahl oder Abstimmung in einer Volksvertretung des Bundes, der Länder, Gemeinden oder Gemeindeverbände eine Stimme zu kaufen oder zu verkaufen, wird mit Freiheitsstrafe bis zu 5 Jahren oder mit Geldstrafe bestraft.*"
101 *Hartmann*, S. 57.
102 *Epp*, S. 52; zu dem kurze Zeit später von der Gruppe Bündnis 90/Die Grünen vorgelegten alternativen Gesetzesentwurf *Epp*, S. 52 f., *Überhofen*, S. 185, und *Schaller*,

erweiterte der Gesetzesentwurf der Fraktionen von CDU/CSU und FDP den Vorschlag auf Wahlen und Abstimmungen im Europäischen Parlament.[103] Nach erfolgreichem Durchlaufen des Gesetzgebungsverfahrens[104] wurde mit dem 28. Strafrechtsänderungsgesetz vom 13. Januar 1994[105] die Strafbarkeit der Abgeordnetenbestechung wieder in das StGB aufgenommen und die bestehende Strafbarkeitslücke nach über 40 Jahren geschlossen.

B) Der Tatbestand der Abgeordnetenbestechung (§ 108e StGB a.F.)

Der Tatbestand der Abgeordnetenbestechung gemäß § 108e StGB a.F. trat schließlich am 22. Januar 1994 mit dem folgenden Wortlaut in Kraft:

> *§ 108e StGB a.F. – Abgeordnetenbestechung*
>
> (1) *Wer es unternimmt, für eine Wahl oder Abstimmung im Europäischen Parlament oder in einer Volksvertretung des Bundes, der Länder, Gemeinden oder Gemeindeverbände eine Stimme zu kaufen oder zu verkaufen, wird mit Freiheitsstrafe bis zu fünf Jahren oder mit Geldstrafe bestraft.*
>
> (2) *Neben einer Freiheitsstrafe von mindestens sechs Monaten wegen einer Straftat nach Absatz 1 kann das Gericht die Fähigkeit, Rechte aus öffentlichen Wahlen zu erlangen, und das Recht, in öffentlichen Angelegenheiten zu wählen oder zu stimmen, aberkennen.*

I) Rechtsgut und Deliktsstruktur

In der Gesetzesbegründung wurde auf die stark akzentuierte Nennung eines einzelnen von § 108e StGB a.F. zu schützenden Rechtsgutes verzichtet. Stattdessen wurden verschiedene Aspekte und Schutzrichtungen genannt, die in ihrem Zusammenwirken ein sehr komplexes Rechtsgut ergaben. Das strafwürdige Unrecht der Abgeordnetenbestechung bestehe in der unlauteren Einflussnahme auf den demokratischen Prozess, wodurch das aus der Verfassung abgeleitete Prinzip der demokratischen Gleichheit der Bürger und der damit verbundene

S. 23: Die Abgeordnetenbestechung sollte hierbei durch die Änderung der Stimmbestechung nach § 108b StGB („Geld oder andere Vermögenswerte" als benannte Gegenleistung) und des § 108d StGB (auch Wahlen und Abstimmungen in den Volksvertretungen sollten Abstimmungen i. S. v. § 108b StGB sein) unter Strafe gestellt werden.

103 BT-Drs. 12/5927.

104 Zum Gesetzgebungsverfahren ausführlicher: *Epp*, S. 54 f.; *Überhofen*, S. 185; *Schaller*, S. 24. Umfassend, insbesondere mit dezidierter Darstellung der vom Rechtsausschuss durchgeführten Sachverständigenanhörung, *Hartmann*, S. 57–62.

105 BGBl. 1994 I, 84.

Grundsatz der gleichen Möglichkeit, die Legislative zu beeinflussen, beeinträchtigt würden.[106] Folge dieser Beeinträchtigung sei dann zugleich die Verletzung des öffentlichen Vertrauens in die Integrität des parlamentarischen Meinungsbildungsprozesses und in die Unabhängigkeit der Mandatsinhaber, wodurch die Funktionsfähigkeit des repräsentativen Systems insgesamt geschwächt werde.[107]

§ 108e StGB a.F. war als Unternehmensdelikt ausgestaltet, wodurch gemäß § 11 Abs. 1 Nr. 6 StGB der – auch untaugliche – Versuch der Tat der Vollendung gleichgestellt war, sodass bereits das unmittelbare Ansetzen zum Abschluss einer Unrechtsvereinbarung ausreichte.[108] Damit war es nicht notwendig, die verschiedenen strafwürdigen Verhaltensweisen (anbieten, fordern, versprechen etc.) in den Tatbestand mit aufzunehmen[109], wie etwa bei der Wählerbestechung (§ 108b StGB) oder den Bestechungsdelikten (§§ 331 ff. StGB). Es genügte also bereits das Angebot zum Kauf bzw. Verkauf einer Stimme für eine bestimmte Wahl oder Abstimmung, ohne dass es auf den Abschluss einer Unrechtsvereinbarung oder deren Erfüllung ankam.[110] Der für den Verjährungsbeginn maßgebliche Zeitpunkt der Beendigung war der Augenblick, in dem der letzte Vorteil gewährt wurde, sofern die vereinbarte Stimmabgabe nicht nachfolgte.[111]

Die Charakterisierung als Unternehmensdelikt führte dazu, dass der Täter keine Möglichkeit hatte, strafbefreiend von einem Versuch der Tat zurückzutreten.[112] Bei anderen Unternehmensdelikten, wie etwa den Tatbeständen der §§ 83a, 314a Abs. 2, 320 StGB, hat der Gesetzgeber eine Vorschrift zur tätigen Reue vorgesehen, wenn der Täter freiwillig die Ausführung der weiteren Tat aufgibt oder sonst die Gefahr abwendet. Auch wenn teilweise gefordert wird, die

---

106 BT-Drs. 12/1630, S. 4; 12/5927, S. 4; *Kühn*, S. 270.

107 NK_3-*Wohlers/Kargl*, § 108e Rn. 3; LK_4-*Bauer/Gmel*, § 108e Rn. 1; *Lackner/Kühl*, § 108e Rn. 1; Dölling/Duttge/Rössner-*Hartmann*, §§ 105–108e Rn. 4; von Heintschel-Heinegg-*Trüg*, § 108e Rn. 3; MK_3-*Müller*, § 108e Rn. 1; Satzger/Schluckebier/Widmaier-*Rosenau*, § 108e Rn. 4; Schönke/Schröder-*Eser*, § 108e Rn. 1. Ebenso *Heisz*, S. 7, und *Schaller*, S. 25. *Epp*, S. 152, sieht allein die Sachbezogenheit der Wahlen und Abstimmungen in den Volksvertretungen geschützt.

108 MK_3-*Müller*, § 108e Rn. 2; *Heisz*, S. 17; *Epp*, S. 443, sieht die Grenze zwischen strafloser Vorbereitungshandlung und strafbarem Verhalten überschritten, wenn ein Abgeordneter *„sich objektiv auf ernsthafte Vertragsverhandlungen mit dem Interessenvertreter eingelassen hat und subjektiv einen Vertragsschluss anstrebt"*.

109 *Schaller*, S. 145.

110 LK_4-*Bauer/Gmel*, § 108e Rn. 2.

111 BGH, NStZ-RR 2009, 12 (Leitsatz).

112 *Heisz*, S. 17.

Regeln zur tätigen Reue auf alle Unternehmensdelikte analog anzuwenden[113], sprachen die zahlreichen Gesetzesentwürfe und Beratungen im Gesetzgebungsverfahren zu § 108e StGB a.F. gegen eine planwidrige Regelungslücke, sodass die Voraussetzungen für eine analoge Anwendung der tätigen Reue auf die Abgeordnetenbestechung nicht gegeben waren.[114]

II) Anwendungsfeld: Wahlen und Abstimmungen innerhalb der genannten Gremien

Der Tatbestand der Abgeordnetenbestechung fand Anwendung auf Wahlen oder Abstimmungen im Europäischen Parlament oder in einer Volksvertretung des Bundes, der Länder, Gemeinden oder Gemeindeverbände.

1) Wahlen und Abstimmungen

§ 108e StGB a.F. stellte den Stimmenkauf bei Wahlen und Abstimmungen in den aufgezählten Gremien unter Strafe. Unter einer Wahl war und ist das Verfahren zu verstehen, bei dem durch Stimmabgabe eine Person ausgewählt wird, während als Abstimmung die Entscheidung durch Stimmabgabe über eine sonstige Angelegenheit bezeichnet wird.[115] Im Gesetzesentwurf zu § 108e StGB a.F. wurden sowohl Wahlen als auch Abstimmungen aufgeführt, um Auslegungsprobleme zu vermeiden.[116] Damit wurde die Stimmabgabe bei Entscheidungen sowohl in Personal- als auch in Sachfragen geschützt. Der Tatbestand umfasste nicht die Einflussnahme auf einen Abgeordneten im Vorfeld der Entscheidungsfindung bei Beratung und Vorbereitung der Beschlussfassung.[117]

2) Das Europäische Parlament

Im Laufe des Gesetzgebungsverfahrens wurde der Anwendungsbereich der Abgeordnetenbestechung ohne nähere Begründung auf das Europäische Parlament

---

113 *Jescheck/Weigend*, S. 526, 548.

114 Ebenso *Epp*, S. 248 f.; *Mayer*, S. 32. A. A.: *Schaller*, S. 146.

115 Vgl. MK_3-*Müller*, § 108d Rn. 3; Schönke/Schröder-*Eser*, § 108e, Rn. 3. Dieses Begriffsverständnis lag auch schon § 109 RStGB zugrunde, vgl. *Schneidler*, Der Gerichtssaal 1888, 1 (8); *Freudenthal*, S. 51; *Mayer*, in: Vergleichende Darstellung des Strafrechts, 272 (275); *Römer*, S. 31, der seinem Wortlaut nach aber lediglich den Wahlstimmenkauf pönalisierte.

116 BT-Drs. 12/5927, S. 6.

117 MK_3-*Müller*, § 108e Rn. 12; von Heintschel-Heinegg-*Trüg*, § 108e Rn. 4; *Hartmann*, S. 64.

erweitert.[118] Der Formulierung des Tatbestandes war allerdings nicht eindeutig zu entnehmen, ob damit nur das unlautere Verhalten von deutschen Abgeordneten vom Tatbestand erfasst war oder auch das der nichtdeutschen Mitglieder des Europäischen Parlaments.[119]

Allein aus der systematischen Stellung des § 108e StGB a.F. im vierten Abschnitt des Besonderen Teils, der Straftaten gegen Verfassungsorgane sowie bei Wahlen und Abstimmungen enthält und sich damit nur auf inländische Einrichtungen bezieht, konnte noch nicht auf die Beschränkung auf den deutschen Teilausschnitt des Europäischen Parlaments geschlossen werden. Die Beschränkung der Wahldelikte der §§ 108 ff. StGB auf die deutschen Abgeordneten des Europäischen Parlaments wurde damit begründet, dass die Abgeordneten des Europäischen Parlaments nach dem Wahlrecht der jeweiligen Mitgliedstaaten gewählt werden und deren Schutz allein im Verantwortungsbereich des jeweiligen Staates liegt.[120]

Der Schutzzweck beim Tatbestand der Abgeordnetenbestechung war hingegen ein anderer als bei den Wahldelikten. Die Aufnahme des Europäischen Parlaments in den Tatbestand des § 108e StGB a.F. zeigte, dass auch die Integrität des parlamentarischen Meinungsbildungsprozesses als solche und die Integrität der Mandatsausübung sowie die Funktionsfähigkeit des repräsentativen Systems auch auf europäischer Ebene geschützt werden sollten. Ein optimaler Schutz dieser Rechtsgüter konnte jedoch nur erreicht werden, wenn das Parlament als Ganzes und nicht nur der deutsche Teilausschnitt von der Norm erfasst wurde.[121] Gleichzeitig war auch mit Blick auf den Telos der Norm kein Grund ersichtlich, warum der Stimmenverkauf eines deutschen Abgeordneten strafbar, der eines ausländischen hingegen straflos sein sollte.[122] Denn in beiden Fällen würde das zu schützende Rechtsgut beeinträchtigt. Unterstützt wird dies durch den Gesichtspunkt der aus der allgemeinen Unionstreue abgeleiteten Assimilierungspflicht, wonach unionistische Schutzgüter in den Schutzbereich nationaler Straftatbestände einzubeziehen sind und insofern ein Gebot der Gleichstellung

118 BT-Drs. 12/1630 (Gesetzesentwurf der SPD-Fraktion noch ohne Europäisches Parlament); BT-Drs. 12/5927.

119 *Überhofen*, S. 203 f., zeigt auf, dass sich im Laufe des Gesetzgebungsverfahrens über diese Frage auch keine weiteren Gedanken gemacht wurden.

120 Schönke/Schröder-*Eser*, § 108e Rn. 5; *Becker*, S. 32 f.; *Härtl*, S. 197.

121 *Becker*, S. 33.

122 MK_3-*Müller*, § 108e Rn. 15.

der Rechtsgüter besteht.[123] Der Tatbestand von § 108e StGB a.F. fand deshalb auf alle Abgeordneten des Europäischen Parlaments Anwendung.[124]

3) *Volksvertretungen des Bundes, der Länder, Gemeinden oder Gemeindeverbände*

Unter einer Volksvertretung ist eine Körperschaft zu verstehen, deren Mitglieder unmittelbar vom Volk gewählt werden.[125] Deshalb ist die Volksvertretung des Bundes ausschließlich der Bundestag, dessen Mitglieder gemäß Art. 38 Abs. 1 GG unmittelbar in allgemeiner, freier, gleicher und geheimer Wahl gewählt werden. Der Bundesrat, der sich aus Mitgliedern der Landesregierungen zusammensetzt, ist wie jedes andere Staatsorgan zwar mittelbar demokratisch legitimiert, damit aber keine Volksvertretung.[126] Die Volksvertretungen der Länder sind die 13 Landtage, die Hamburgische und Bremische Bürgerschaft sowie das Berliner Abgeordnetenhaus.[127]

Die kommunale Ebene wurde ganz bewusst mit in den Tatbestand aufgenommen, um dem Umstand Rechnung zu tragen, dass insbesondere in diesem Bereich angesichts der oft vorhandenen persönlichen Bekanntschaft zwischen Ratsmitgliedern und von den Entscheidungen betroffenen Gemeindeeinwohnern sowie der unmittelbaren Auswirkung der Ratsentscheidungen auf einzelne Bürger besonderer Bedarf an Schutz vor unlauterer Einflussnahme besteht.[128] Vom Begriff der Volksvertretung ausgehend sind alle kommunalen Gremien erfasst gewesen, die unmittelbar vom Volk gewählt werden.

Wahlen und Abstimmungen innerhalb der Volksvertretung waren auch solche, die in Teileinheiten des gesamten Plenums stattfanden. Während der Wortlaut diese Frage offen ließ, bestand in der Kommentarliteratur weitestgehend Einigkeit darüber, dass auch Ausschüsse und Kommissionen Volksvertretungen

---

123 Vgl. zum Assimilierungsprinzip *Hecker*, § 7 Rn. 1 f.; *Safferling*, § 11 Rn. 28.

124 *Lackner/Kühl*, § 108e Rn. 9; *Fischer*, StGB, 61. Aufl. 2014, § 108e Rn. 31; LK_4-*Bauer/Gmel*, § 108e Rn. 8; Schönke/Schröder-*Eser*, § 108e Rn. 5; *Überhofen*, S. 205; *Härtl*, S. 197; *Hartmann*, S. 68; *Mayer*, S. 24 f.

125 *Lackner/Kühl*, § 108e Rn. 2; *Heisz*, S. 8; *Schaller*, S. 32; *Kühn*, S. 271.

126 *Lackner/Kühl*, § 108e Rn. 2; MK_3-*Müller*, § 108e Rn. 10; LK_{13}-*Bauer/Gmel*, § 108e Rn. 9; *Becker*, S. 33; *Überhofen*, S. 63; *Kühn*, S. 271; *Hartmann*, S. 69. Aufgrund der fehlenden unmittelbaren Wahl ist auch die Bundesversammlung keine Volksvertretung, vgl. *Epp*, S. 418, und *Hartmann*, S. 69, in Fn. 36.

127 *Überhofen*, S. 198; *Epp*, S. 379.

128 BT-Drs. 12/5927, S. 6.

i. S. v. § 108e StGB a.F. sind, nicht aber Fraktionen.[129] Nur ganz vereinzelt wurde gefordert, den Tatbestand auf die Arbeit in Ausschüssen zu erweitern, da die Norm diese nicht erfassen würde.[130]

Mit der Definition einer Volksvertretung und dem Vergleich mit § 105 StGB ließen sich aber auch gute Argumente gegen eine Einbeziehung der Ausschüsse in den Schutzbereich des § 108e StGB a.F. anführen: Die Ausschussmitglieder werden – anders, als es die Definition einer Volksvertretung vorschreibt – nicht unmittelbar vom Volk gewählt, sondern regelmäßig von den Fraktionen bestimmt.[131] Auch der Blick auf § 105 StGB, in dem die Ausschüsse im Tatbestand ausdrücklich erwähnt werden, legt nahe, dass die Ausschüsse im Gesetzgebungsverfahren des § 108e StGB a.F. bewusst ausgelassen wurden.[132]

Trotz dieser bedenkenswerten Aspekte sprachen die besseren Argumente für eine Einbeziehung der Ausschüsse in den Tatbestand. Die Ausschüsse sind den Mehrheitsverhältnissen des gesamten Plenums entsprechende Teilorgane einer Volksvertretung.[133] Für die Ausschüsse des Bundestages ergibt sich dies direkt aus § 62 Abs. 1 S. 2 GOBT. Die Gesetzesbegründung klammerte zudem ausdrücklich nur die Arbeit in den Fraktionen aus, denn der Tatbestand sollte „*auf das Stimmverhalten in den parlamentarischen Gremien*“ beschränkt sein.[134] Die Verwendung des Plurals sprach dafür, dass zumindest einige Untergliederungen des Parlaments in den Tatbestand mit aufgenommen werden sollten.[135] Wäre eine Ausklammerung anderer Gremien (Ausschüsse, Kommission, Ältestenrat etc.) gewollt gewesen, hätte dies in der Gesetzesbegründung einfach aufgeführt werden können. Zudem sprach auch der Wortlaut „*in einer Volksvertretung*“ für die Einbeziehung von Untergliederungen, wenn die Verfassung oder Geschäftsordnung ihnen Aufgaben anstelle der Volksvertretung zuschreibt.[136]

---

129 Schönke/Schröder-*Eser*, § 108e Rn. 4; Satzger/Schluckebier/Widmaier-*Rosenau*, § 108e Rn. 10; LK_4-*Bauer/Gmel*, § 108e Rn. 9; NK_3-*Wohlers/Kargl*, § 108e Rn. 4; ohne Nennung von Kommissionen: MK_3-*Müller*, § 108e Rn. 13; *Lackner/Kühl*, § 108e Rn. 2. A. A.: *Fischer*, StGB, 61. Aufl. 2014, § 108e Rn. 3.

130 *Geerds*, JR 1996, 309 (312); *Schaupensteiner*, Kriminalistik 1994, 514 (523), und *Becker*, S. 34 f., sehen die Ausschüsse überhaupt nicht von § 108e StGB a.F. erfasst.

131 Vgl. *Becker*, S. 35. Für die Ausschüsse des Bundestages bestimmt dies § 57 Abs. 2 S. 1 GOBT.

132 *Becker*, S. 35.

133 BVerfGE 80, 188 (222); 84, 304 (323).

134 BT-Drs. 12/5927, S. 6.

135 *Überhofen*, S. 199; *Epp*, S. 394.

136 Für die Ausschüsse des Bundestages siehe Art. 41 GG (Ausschuss für Wahlprüfung, Immunität und Geschäftsordnung), Art. 44 GG (Untersuchungsausschüsse), Art. 45

Das Verbot unzulässiger Analogien führt dazu, dass Untergliederungen, die sich nicht ausschließlich aus Abgeordneten der jeweiligen Volksvertretung zusammensetzen, nicht erfasst waren.[137] Zusammenfassend zählten also auch die Gremien und Untergliederungen zu Volksvertretungen i. S. v. § 108e StGB a.F., die sich ausschließlich aus Mitgliedern der jeweiligen Volksvertretung zusammensetzen und die entweder Aufgaben des Parlaments wahrnehmen (Ausschüsse, Kommissionen) oder zur Verbesserung der Parlamentsorganisation dienen (Präsidium, Ältestenrat, Vorstand), nicht jedoch Fraktionen[138] und innerparteiliche Arbeitskreise. Dies galt auf Bundes- und Länderebene sowie für die Kommunalparlamente und auch für das Europäische Parlament[139].

III) Tathandlung: „Stimmenkauf“

Während § 108e StGB a.F. mit dem Begriff der Abgeordnetenbestechung überschrieben war und damit vorgab, möglichst umfassend korrupte Verhaltensweisen von Abgeordneten zu umfassen, war das tatbestandliche Verhalten ausschließlich der Kauf bzw. der Verkauf der Stimme eines Abgeordneten. Der Gesetzgeber entschied sich damit, aus dem weiträumigen Arbeits- und Wirkungskreis eines Abgeordneten nur einen kleinen Teilbereich strafrechtlich zu erfassen. Die Eingrenzung des Tatbestands auf die sprachliche Gesetzesfassung von 1953 erfolgte in Anlehnung an die Empfehlung der Großen Strafrechtskommission, um einerseits die verfassungsrechtlichen Vorgaben des Bestimmtheitsgebotes des Art. 103 Abs. 2 GG zu wahren und andererseits das strafwürdige

GG (Ausschuss für Angelegenheiten der Europäischen Union), Art. 45a GG (Ausschüsse für auswärtige Angelegenheiten und für Verteidigung), Art. 45c GG (Petitionsausschuss).

137 *Heisz*, S. 12; *Epp*, S. 411 f. (für den Gemeinsamen Ausschuss), S. 413 ff. (für den Vermittlungsausschuss) und S. 416 (für den Richterwahlausschuss). Im Ergebnis auch *Mayer*, S. 25.

138 Weil Fraktionen eine Zwitterstellung zwischen parteipolitischer und gesamtparlamentarischer Willensbildung einnehmen und nicht vom Wähler unmittelbar gewählt werden (*Becker*, S. 34; *van Aaken*, ZaöRV 2005, 407 (425); *Kühn*, S. 271), werden sie ganz überwiegend vom Anwendungsbereich ausgenommen, vgl. Fundstellen in Fn. 129; a. A. offenbar BGH, NJW 2006, 2050 (2054) in Rn. 43, der ohne weitere Begründung davon ausgeht, dass die Arbeit in den Fraktionen vom Tatbestand des § 108e StGB a.F. erfasst sei.

139 Art. 183 ff. GOEP regeln die Ausschüsse.

Verhalten vor allem für die Recht sprechenden Richter möglichst eindeutig zu benennen.[140]

1) *Kaufgegenstand: „Stimme" eines Abgeordneten*

Gemäß § 108e StGB a.F. wurde bestraft, wer eine „Stimme" eines Abgeordneten kauft bzw. verkauft. Die Formulierung erweckte den Eindruck, Kaufgegenstand sei die Stimme bei einer Wahl oder Abstimmung, und war insofern ungenau, als das Recht, seine Stimme abzugeben, allein dem gewählten Abgeordneten übertragen ist und nur von ihm selbst ausgeübt werden kann.[141] Der Abgeordnete verkauft vielmehr seine freie Gewissensentscheidung darüber, in welcher Weise das Stimmrecht von ihm ausgeübt werden soll.[142] Der Stimmkäufer geht nicht davon aus, anstelle des Abgeordneten an der Wahl oder Abstimmung teilzunehmen, sondern er will das Recht erwerben, anstelle des Abgeordneten die Entscheidung über dessen Abstimmungsverhalten zu treffen. Letzterer entledigt sich damit seiner Freiheit, bei einer Personenwahl oder Abstimmung über eine Sachfrage nach seiner eigenen inneren Überzeugung zu entscheiden.[143] Der Begriff der „Stimme" war deshalb unter Berücksichtigung des geschützten Rechtsgutes dahingehend zu verstehen, dass nicht der formale Wahl- bzw. Abstimmungsakt beschrieben und in der Folge geschützt war, also dass der formal berechtigte Abgeordnete wählt bzw. abstimmt, sondern die vorausgehende innere Freiheit, eine Entscheidung in eine bestimmte Richtung zu treffen.[144]

Daraus folgte zwingend, dass die in Rede stehende Wahl oder Abstimmung noch bevorstehen musste.[145] Die Vereinbarung musste dabei eine bestimmte Wahl oder Abstimmung betreffen, wobei dazu auch mehrere Wahl- oder Abstimmungsvorgänge zählen konnten, die in einem bestimmten sachlichen Zusammenhang standen oder in einer bestimmten Körperschaft vorgenommen

---

140 BT-Drs. 12/ 1630, S. 6 f.; BT-Drs. 12/5927, S. 6 f.

141 Vgl. *Schaller*, S. 51; *Epp*, S. 336.

142 In Bezug auf § 109 RStGB wurde von der *„Freiheit der Ausübung des Stimmrechts"* gesprochen, vgl. *Schneidler*, Der Gerichtssaal 1888, 1 (21); *Freudenthal*, S. 51; *Römer*, S. 33.

143 Vgl. *Epp*, S. 336, die davon spricht, dass *„dem Abgeordnete wie einem Stellvertreter oder Boten Weisungen"* erteilt werden.

144 So auch *Epp*, S. 337.

145 BT-Drs. 12/5927, S. 6; *Lackner/Kühl*, § 108e Rn. 4; Dölling/Duttge/Rössner-*Hartmann*, §§ 105–108e Rn. 4; von Heintschel-Heinegg-*Trüg*, § 108e Rn. 4; *Hartmann*, S. 65.

wurden.[146] Die Rechtsprechung erkannte das betreffende Abstimmungsverhalten als bestimmt genug an, „*wenn dieses nach seinem sachlichen Gehalt in groben Umrissen erkennbar und festgelegt*“ war.[147] Der Schutz des Meinungsbildungsprozesses musste im Hinblick auf das leicht zu erschütternde Vertrauen in die Sachbezogenheit der Wahlen und Abstimmungen auch möglichst umfassend sein. Deshalb bestand in Bezug auf § 108e StGB a.F. Einigkeit, dass nicht nur eine bestimmte aktive Stimmabgabe, sondern auch die Stimmenthaltung Gegenstand der Vereinbarung sein konnte.[148]

Hätte der Abgeordnete ein bestimmtes Abstimmungsverhalten versprochen und hätte er gleichwohl, auch unabhängig von der getroffenen Unrechtsvereinbarung, in gleicher Weise abgestimmt, ließe sich eine Strafbarkeit mit dem Argument verneinen, dass die „verkaufte“ Abstimmung schließlich nicht im Widerspruch zur freien Gewissensentscheidung des Abgeordneten stand.[149] Abgesehen davon, dass damit einer kaum widerlegbaren Schutzbehauptung Tür und Tor geöffnet worden wäre, kam es – unter dem Blickwinkel des zu schützenden öffentlichen Vertrauens in die Sachbezogenheit der parlamentarischen Wahlen und Abstimmungen – darauf nicht an. Wie dargelegt ist ein Strafgrund des § 108e StGB a.F. gewesen, dass der Abgeordnete sich seiner Entschlussfreiheit entledigt. Unabhängig davon, wie er gewählt oder abgestimmt hätte, wird dem Abgeordneten durch die Vereinbarung im Vorfeld der Wahl oder Abstimmung

---

146 LK_4-*Bauer/Gmel*, § 108e Rn. 12; Matt/Renzikowski-*Sinner*, § 108e Rn. 9; *Lackner/Kühl*, § 108e Rn. 4.

147 LG Köln, Urteil v. 07. August 2008 – 106 – 16/06 (114 Js 105/03) – S. 126; LG Wuppertal, Urteil v. 09. Oktober 2009 – 22 KLs 835 Js 19/01 – 23/06 – Rn. 152 (zitiert nach juris).

148 Vgl. *Schaller*, S. 52; *Hauck*, wistra 2010, 255 (255); Matt/Renzikowski-*Sinner*, § 108e Rn. 8; *Hartmann*, S. 66. Gleicher Ansicht auch *Epp*, S. 338 f., die außerdem Nachweise zu den unterschiedlichen Ansichten bei dieser Frage im Hinblick auf den alten § 109 RStGB gibt. – Die gegenteilige Situation, dass der Abgeordnete veranlasst werden soll, überhaupt an der Wahl oder Abstimmung teilzunehmen, unabhängig davon, wie er sich in der Frage entscheidet, stellt jedoch kein strafwürdiges Unrecht dar. Anders ist die Situation nach *Wolf*, S. 238, zu beurteilen, wenn ein Abgeordneter nur deshalb zur Teilnahme bewegt wird, weil der Zuwendende sicher weiß, dass der Abgeordnete seine Stimme – wenn überhaupt – nur in einer bestimmten Weise abgeben würde. Daran anknüpfend spricht *Epp*, S. 342, davon, dass in diesem Fall nicht nur eine stillschweigende Absprache über die Teilnahme an der Wahl oder Abstimmung, sondern auch über die Art der Stimmabgabe vorliege, sofern beide Beteiligte wissen, dass die Zuwendung nur zu diesem Zweck erfolgt.

149 Vgl. *Schaller*, S. 53.

die Möglichkeit genommen, frei in der Sache zu entscheiden.[150] Ein Abgeordneter verkaufte demnach auch dann seine „Stimme", wenn er ohnehin im Sinne des Zuwendenden wählen oder abstimmen wollte.[151]

2) Der „Kauf" einer Stimme als Unrechtsvereinbarung

Mit dem Begriffspaar „kaufen" und „verkaufen" einer Stimme entschied sich der Gesetzgeber dafür, die Tathandlung des § 108e StGB a.F. mit einem normativen Tatbestandsmerkmal zu erfassen. Das strafwürdige Unrecht wurde vom Gesetzgeber darin gesehen, dass die Stimme eines Abgeordneten wie eine Ware zum Gegenstand eines Geschäftes gemacht werde.[152] In der Gesetzesbegründung heißt es, dass der Kaufbegriff nicht zivilrechtlich zu verstehen sei, sondern *„im Sinne des allgemeinen Sprachgebrauchs"* aufgefasst werden solle, wobei *„im Einzelfall"* über das tatsächliche Vorliegen eines strafwürdigen Stimmenkaufs zu entscheiden sei.[153] Diese Erläuterung des Gesetzgebers gab indes wenig Aufschluss über die genaue Beschaffenheit des Vertrags, sodass der Tatbestand mangels inhaltlicher Konkretisierung zuweilen als zu unbestimmt kritisiert wurde.[154]

Es bestand Einigkeit darüber, dass der Stimmenkaufvertrag strukturell eine konkrete Unrechtsvereinbarung darstellen musste.[155] Die verkaufte Stimme und die Gegenleistung mussten sich in einem Gegenseitigkeits- oder Äquivalenzverhältnis gegenüberstehen. Dieses Element entsprach sehr deutlich dem für einen zivilrechtlichen Kaufvertrag so bestimmenden *„Do-ut-des"*-Verhältnis. Es bedeutete, dass der gewährte Vorteil die Gegenleistung für das Wahl- bzw.

---

150 So auch *Epp*, S. 344; *Schaller*, S. 54, konkretisiert das strafbare Unrecht des Abgeordneten dahingehend, dass er sich durch die Vereinbarung selbst bindet.

151 *Schlüchter*, in: FS Geerds, 713 (730); *Hartmann*, S. 65 f. Zu § 109 RStGB schon *Schneidler*, Der Gerichtssaal 1888, 1 (22). Vgl. auch LG Wuppertal, Urteil v. 09. Oktober 2009 – 22 KLs 835 Js 19/01 – 23/06 – Rn. 154 (zitiert nach juris); a. A. ist in der Konsequenz *Kühne*, S. 102, wenn er nur eine solche Zuwendung als strafwürdig erachtet, die den Abgeordneten zu einer Stimmabgabe *„ohne oder gegen seine demokratisch gebildete Überzeugung"* bewegt.

152 BT-Drs. 12/5927, S. 7; *Lackner/Kühl*, § 108e Rn. 3; *Epp*, S. 265.

153 BT-Drs. 12/5927, S. 7. *Epp*, S. 256 ff., stellt richtigerweise fest, dass zivilrechtlich betrachtet der Verkauf einer Stimme ohnehin wegen Sittenwidrigkeit nach § 138 BGB bzw. wegen Unmöglichkeit der geschuldeten Leistung (Übertragung des Stimmrechts) nach § 306 BGB nichtig wäre.

154 *Becker*, S. 58; LK_4-*Bauer/Gmel*, § 108e Rn. 10.

155 MK_3-*Müller*, § 108e Rn. 20; Schönke/Schröder-*Eser*, § 108e Rn. 9; *Fischer*, StGB, 61. Aufl. 2014, § 108e StGB Rn. 6; LK_4-*Bauer/Gmel*, § 108e Rn. 12; NK_3-*Wohlers/Kargl*, § 108e Rn. 6.

Abstimmungsverhalten sein sollte.[156] Konsequenz davon war, dass solche Vorteile bzw. Zuwendungen aus dem Tatbestand ausgeklammert wurden, die nur deshalb gewährt werden, um sich das allgemeine Wohlwollen des Abgeordneten zu sichern.[157] Darüber hinaus war eine Kausalbeziehung dergestalt unabdingbar, wonach das Abstimmungs- bzw. Wahlverhalten nur wegen der Zuwendungsgewährung versprochen wurde.[158]

Die Arbeit eines Abgeordneten macht es erforderlich, dass eine Vielzahl von Absprachen unter den Parlamentariern, aber auch mit außerhalb der Volksvertretungen stehenden Interessenverbänden getroffen wird, und nicht jede dieser Absprachen stellt strafwürdiges Unrecht dar. Die Grenze zu strafbarem Verhalten war nach der Gesetzesbegründung erst dann überschritten, wenn der Abgeordnete sein demokratisch übertragenes Recht, seine Stimme bei einer Wahl oder Abstimmung in der Volksvertretung abzugeben, zum Gegenstand eines eigennützigen Geschäftes machte.[159] Eine Definition, wann ein eigennütziges Geschäft vorliegen sollte, lieferte die Gesetzesbegründung jedoch nicht. Deshalb wurde davon ausgegangen, dass die Eigennützigkeit des Geschäfts unter Abwägung aller Umstände des Einzelfalls bestimmt werden musste, wobei insbesondere Art und Höhe der Zuwendung, die zeitliche Abfolge zwischen Zuwendung und Stimmabgabe sowie die Zweck-Mittel-Relation bestimmende Kriterien sind.[160] Somit war nicht bereits die Einigung zwischen Stimmenkäufer und -verkäufer für das Vorliegen einer Unrechtsvereinbarung entscheidend, sondern der Inhalt der getroffenen Absprache.

---

156 LG Wuppertal, Urteil v. 09. Oktober 2009 – 22 KLs 835 Js 19/01 – 23/06 – Rn. 151 (zitiert nach juris); *Heisz*, S. 13.

157 MK_3-*Müller*, § 108e Rn. 20; NK_3-*Wohlers/Kargl*, § 108e Rn. 6; Schönke/Schröder-*Eser*, § 108e Rn. 9; *Epp*, S. 266; *Hartmann*, S. 65.

158 *Schlüchter*, in: FS Geerds, 713 (730); *Heisz*, S. 13; *Hartmann*, S. 65.

159 BT-Drs. 12/ 1630, S. 7; BT-Drs. 12/5927, S. 7. Wenig überzeugend ist der Hinweis in der Gesetzesbegründung, dass die Verhaltensregeln des Bundestages einen Anhaltspunkt liefern können, wann ein eigennütziges und damit strafbares Verhalten vorliegen könnte, vgl. dazu auch *Epp*, S. 271.

160 LK_4-*Bauer/Gmel*, § 108e Rn. 10; Schönke/Schröder-*Eser*, § 108e Rn. 8; *Hartmann*, S. 67. *Epp*, S. 272, schlug vor, die Eigennützigkeit anhand der Verwendungsmöglichkeit der Zuwendung zu bestimmen: Wenn die Zuwendung so beschaffen ist, dass kein Privatmann etwas mit ihr anzufangen weiß, diene sie ausschließlich politischen Interessen und sei Gegenstand einer zulässigen politischen Absprache. Ist sie hingegen so beschaffen gewesen, dass sie niemals Gegenstand einer politischen Absprache sein könne, dann sollte dies ein starkes Indiz für die Eigennützigkeit sein.

3) Die Gegenleistung

Bereits in der Gesetzesbegründung wurde festgestellt, dass in Anbetracht der politischen Praxis nicht jeder Vorteil eine tatbestandsmäßige Gegenleistung darstellen könne.[161] Diskutiert wurde demnach auch, an den Begriff der Gegenleistung ähnliche Maßstäbe wie an den Vorteilsbegriff der §§ 331 ff. StGB anzulegen. Gemeinhin wird unter einem solchen jede Leistung des Zuwendenden verstanden, auf die der Amtsträger keinen Rechtsanspruch hat und die ihn materiell oder auch immateriell in seiner wirtschaftlichen, rechtlichen oder auch nur persönlichen Lage objektiv besserstellt, wobei auch Drittvorteile erfasst werden.[162] Die Wahrnehmung seiner Aufgaben richtet der Amtsträger ausschließlich an den für seinen Tätigkeitsbereich maßgeblichen Gesetzen und Verwaltungsvorschriften aus. Entscheidungen werden unparteiisch, streng an sachlichen Entscheidungskriterien orientiert und frei von individuellen Interessen oder unsachlichen Einflüssen getroffen.[163] Allein das Fordern, Sich-versprechen-Lassen oder die Annahme eines irgendwie gearteten persönlichen Vorteils ist gemäß § 331 Abs. 1 StGB geeignet, den Eindruck zu erwecken, der Amtsträger orientiere sich bei seiner Entscheidungsfindung nicht mehr an Recht und Gesetz, und stellt damit nach Willen des Gesetzgebers strafwürdiges Unrecht dar. Die Stellung des Abgeordneten unterscheidet sich von der des Amtsträgers unter zwei Gesichtspunkten grundlegend: Die politische Arbeit und die Auseinandersetzung der Abgeordneten untereinander setzen zwingend eine Kompromissbreitschaft voraus, sodass bei der Entscheidungsfindung nicht selten aufeinander zugegangen wird, indem der anderen Seite Zugeständnisse gemacht werden. In diesem Kontext wird immer wieder die Vergabe politischer Ämter bei Koalitionsverhandlungen als Beispiel angeführt.[164] Solche Vorteile für einen Abgeordneten sollten nach dem Willen des Gesetzgebers nicht erfasst werden und schließlich ist darin auch kein strafwertes Unrecht zu erkennen.[165] Der zweite Aspekt ist, dass ein Abgeordneter im Parlament die Interessen derjenigen repräsentieren soll, die ihn durch eine Wahl demokratisch dazu legitimiert haben. Für diese Repräsentation ist ein

---

161 BT-Drs. 12/5927, S. 5.

162 Schönke/Schröder-*Heine/Eisele*, § 331 Rn. 14; Drittvorteile sind seit dem Gesetz zur Bekämpfung der Korruption vom 13. August 1997 tatbestandsmäßig.

163 Vgl. *Schaller*, S. 70 f.

164 NK_3-*Wohlers/Kargl*, § 108e Rn. 6; MK_3-*Müller*, § 108e Rn. 18.

165 BT-Drs. 12/5927, S. 5; *Heisz*, S. 126, spricht davon, dass die Vorteile vom Tatbestand ausgeschlossen sein müssen, die „*Ausdruck des in der Verfassung vorgesehenen parlamentarischen Prozesses sind*".

kommunikativer Austausch zwingend erforderlich, der sowohl im wirtschaftlichen als auch im politischen Leben mit Zugeständnissen und Gefälligkeiten einhergeht.[166] Wenn es sich dabei um alltägliche Aufmerksamkeiten im Rahmen eines gesellschaftlichen Miteinanders handelt, ist dies nicht als verwerflich zu erachten. Unter dem Aspekt der Repräsentation ist der Bereich dessen, was als zulässige Zuwendung an einen Abgeordneten in Betracht kommt, weiter zu ziehen als bei einem Amtsträger, der sich qua seiner Stellung nicht an individuellen Interessen zu orientieren hat. Eine Übertragung des Vorteilsbegriffs der §§ 331 ff. StGB auf § 108e StGB a.F. war deshalb nicht möglich, sodass die Gegenleistung im Tatbestand des § 108e StGB a.F. einen eigenständigen Sinngehalt aufwies.

Die Gegenleistung musste nicht notwendig in einer Geldzahlung bestehen, aber es musste nach weit überwiegender Ansicht eine materielle Gegenleistung für die Stimmabgabe vereinbart worden sein, sodass immaterielle Vorteile nicht erfasst waren, was bereits aus der Verwendung des Begriffs „kaufen" anstelle von „Vorteil" folgte.[167] Das Versprechen oder Gewähren von Geschenken und Zuwendungen in der allgemeinen Erwartung, der Abgeordnete werde sein generelles Stimmverhalten nach den Wünschen und Vorstellungen des Gebers ausrichten, genügte nicht; das sogenannte „Anfüttern" oder die allgemeine „politische Klimapflege" waren nicht strafbar.[168] Ebenso wurden – aus den dargelegten Gründen – Zuwendungen ausgeschlossen, die als sozialadäquat oder als politisch übliche Verhaltensweisen bewerten wurden.[169]

Nachträgliche Zuwendungen an den Abgeordneten waren ebenfalls aus dem Tatbestand ausgeschlossen, was sich bereits daraus schlussfolgern ließ, dass sich die konkrete Unrechtsvereinbarung auf ein künftiges Stimmverhalten beziehen musste.[170] Unterschieden werden musste davon aber die strafwürdige – und vom Tatbestand umfasste – Situation, dass die Unrechtsvereinbarung vor der

166 *Schaller*, S. 72.

167 *Lackner/Kühl*, § 108e Rn. 3; von Heintschel-Heinegg-*Trüg*, § 108e Rn. 5; *Schlüchter*, in: FS Geerds, 713 (730); a. A.: *Epp*, S. 297 ff., 321; MK_3-*Müller*, § 108e Rn. 17.

168 *Lackner/Kühl*, § 108e Rn. 3; Dölling/Duttge/Rössner-*Hartmann*, §§ 105–108e Rn. 4; *Hartmann*, S. 65.

169 *Lackner/Kühl*, § 108e Rn. 3; Matt/Renzikowski-*Sinner*, § 108e Rn. 9; LK_4-*Bauer/Gmel*, § 108e Rn. 12. Kritisch dazu infolge der gravierenden Abgrenzungsprobleme: NK_3-*Wohlers/Kargl*, § 108e Rn. 6. Zum Begriff der Sozialadäquanz ausführlich *Epp*, S. 289 ff.

170 Schönke/Schröder-*Eser*, § 108e Rn. 10; NK_3-*Wohlers/Kargl*, § 108e Rn. 6; *Heisz*, S. 15; *Barton*, NJW 1994, 1098 (1099); *Hartmann*, S. 65.

Stimmabgabe abgeschlossen wurde, die Zuwendung jedoch erst im Anschluss erfolgen sollte.[171]

Besondere Abgrenzungsschwierigkeiten bereiteten Vorteile, die nicht unmittelbar an den Abgeordneten flossen. In solchen Konstellationen stellte sich die Frage, ob dennoch eine Gegenleistung im Sinne von § 108e StGB a.F. vorgelegen haben könne. Zwei grundsätzliche Wertungen bestimmten die Diskussion: Für die Strafbarkeit konnte es keinen Unterschied machen, ob die geldwerte Gegenleistung zuerst an den Abgeordneten selbst gezahlt wurde, der diese dann weitergab, oder ob die geldwerte Gegenleistung gleich an einen Dritten gegeben wurde.[172] Außerdem konnte eine nach den Vorgaben des PartG ordnungsgemäß erfolgte Spende an eine politische Partei infolge der in Art. 21 GG verbürgten Rechte niemals eine tatbestandsmäßige Gegenleistung sein.[173] Denn ein verfassungsrechtlich erlaubtes Verhalten wie die Spendenakquise konnte nicht gleichzeitig strafbar sein. Die Unsicherheit über die Strafbarkeit von Drittvorteilen im Rahmen von § 108e StGB a.F. resultierte daraus, dass immaterielle Vorteile nach weit überwiegender Ansicht eine Strafbarkeit nicht begründeten und damit der zu § 331 StGB a.F. vertretene Gedanke, wonach ein materieller Drittvorteil zugleich einen immateriellen Eigenvorteil des Abgeordneten darstellen könnte, nicht übertragbar gewesen ist. Allerdings sind keine Gründe ersichtlich gewesen, weshalb der Verkauf der Abgeordnetenstimme nicht auch dergestalt verabredet werden konnte, dass die Gegenleistung direkt an einen Dritten fließen sollte.[174]

---

171 Ausführlich dazu *Schaller*, S. 87 ff.

172 *Epp*, S. 301.

173 A. A.: *Schaller*, S. 76 f., der eine Spende an eine Partei oder einen Interessenverband auch dann als tatbestandsmäßige Gegenleistung erachtet, wenn *„der zugeflossene Vorteil eher dem privaten Interesse“* als *„dem öffentlichen Wohl dienen soll“*.

174 MK_3-*Müller*, § 108e Rn. 17. Ablehnend zur Strafbarkeit von Drittvorteilen: *Lackner/Kühl*, § 108e Rn. 3; *Überhofen*, S. 195. Satzger/Schluckebier/Widmaier-*Rosenau*, § 108e Rn. 14, schloss Vorteile für Dritte aus dem Tatbestand aus, weil Kauf und Verkauf eine Zweierbeziehung bezeichnen würden. *Epp*, S. 307–313, schlug vor, die Möglichkeit der freien Verfügbarkeit durch den Abgeordneten als Kriterium für die strafbegründende Zuwendung an Dritte zu verwenden. Nach LK_4-*Bauer/Gmel*, § 108e Rn. 11, konnte eine Zuwendung, die an einen Dritten gewährt wurde, dann tatbestandsmäßig sein, wenn die Gegenleistung für den Abgeordneten nicht allein in einem immateriellen Vorteil bestand, wie etwa in einem gesteigerten Ansehen innerhalb der Partei wegen der Akquise finanzieller Mittel. Ähnlich auch *Mayer*, S. 30, wonach dem Abgeordneten selbst ein persönlicher materieller Vorteil entstehen müsse und nicht nur ein Vorteil zugunsten eines Dritten oder des Gemeinwohls.

IV) Zusammenfassung

Nachdem für mehr als 40 Jahre keine strafrechtliche Bestimmung die unzulässige Beeinflussung eines Abgeordneten sanktionierte, war § 108e StGB a.F. schließlich eine Rückbesinnung auf die Zeit vor der Straflosigkeit. Im Vergleich zur Vorschrift im RStGB wurde der Kreis möglicher Täter des Stimmenverkaufs zwar erweitert, in sachlicher Hinsicht blieb die Strafbarkeit aber eingeschränkt, indem wiederum lediglich die Stimmabgabe und keine anderen Verhaltensweisen eines Abgeordneten als Gegenleistung in Betracht kamen. Anders als bei § 109 RStGB war bei § 108e StGB a.F. aber zumindest auch das Stimmverhalten in Teileinheiten der Volksvertretungen (Ausschüssen, Kommissionen) erfasst.

C) Rechtspolitische Diskussion zur Reform des Tatbestands der Abgeordnetenbestechung

Der Tatbestand der Abgeordnetenbestechung wurde nach seiner Einführung ins Strafgesetzbuch 1994 weiter diskutiert. Die Entscheidung des Gesetzgebers für eine restriktive Tatbestandsfassung erhielt dabei nur wenig Zuspruch.[175] In der Reformdiskussion wurden teilweise bekannte Argumentationsmuster erneut eingebracht, die bereits im Zusammenhang mit § 109 RStGB und diesbezüglichen Überarbeitungsentwürfen geäußert wurden. Dies ist aus Sicht der Kritiker der eingeengten Strafbarkeit vor dem Hintergrund der Ähnlichkeit der beiden Vorschriften durchaus verständlich.

I) Argumente für eine Reform des § 108e StGB a.F.

Die Argumente, die für eine Überarbeitung des § 108e StGB a.F. angeführt wurden, fanden sich neben der Tatbestandsformulierung insbesondere in einem vergleichenden Blick auf andere nationale Bestechungsdelikte sowie zwei internationale Abkommen zur Bekämpfung der Korruption.

1) Unterschiedliche Regelungen für Amtsträger und Abgeordnete

Die öffentliche Diskussion über eine Reform der Abgeordnetenbestechung war geprägt von einem allgemeinen Unrechtsempfinden und dem generellen Misstrauen gegenüber politischen Entscheidungsträgern.[176] *Hans Herbert von Arnim*

---

175 Schönke/Schröder-*Eser*, § 108e Rn. 1, spricht von einem begrüßenswerten und überfälligen Fortschritt.

176 *Peek*, ZStW 120 (2008), 785 (792 f.).

fasste das pointiert zusammen: „*In Deutschland kann man theoretisch einem Abgeordneten einen ganzen Sack Geld auf den Tisch stellen, ohne mehr zu riskieren, als dass er einen rauswirft.*“[177]

Das Unverständnis verstärkte sich beim Blick auf die unterschiedlichen strafrechtlichen Vorschriften für Amtsträger.[178] So wird der Versuch der unsachlichen Beeinflussung einer Entscheidung gegenüber Amtsträgern in beinahe jeder denkbaren Form strafrechtlich sanktioniert, wohingegen zwischen Interessenvertretern und Abgeordneten sehr viel weitergehende und langfristige Abhängigkeitsverhältnisse aufgebaut werden könnten, ohne auch nur in die Nähe des § 108e StGB a.F. zu gelangen.[179] In Anbetracht der Machtfülle, die ein Abgeordneter durch den Erlass abstrakt genereller Regelungen hat, die einen ungleich größeren Wirkungskreis als die konkreten Einzelfallentscheidungen eines Amtsträgers haben, erschien die weitergehende Strafbarkeit für Letzteren kriminalpolitisch unschlüssig.[180] Die Unterscheidung entspreche auch nicht mehr dem internationalen Standard, denn in der überwiegenden Zahl der Unterzeichnerstaaten internationaler Abkommen zur Bekämpfung der Korruption falle ein Abgeordneter unter den allgemeinen Amtsträgerbegriff.[181] Deshalb wurde eine Angleichung oder sogar Gleichstellung der Abgeordneten und Amtsträger in Bezug auf die Bestechungstatbestände gefordert, um den vereinzelt erhobenen Vorwurf des „*Zwei-Klassen-Korruptionsrechts*“[182] zu entkräften.[183]

---

177 *von Arnim*, NVwZ 2006, 249 (252); *von Arnim*, in: Korruptionsbekämpfung, 43 (52).

178 *von Arnim*, NVwZ 2006, 249 (252); *von Arnim*, in: Korruptionsbekämpfung, 43 (52): „*Während man schon mit einem Bein im Gefängnis steht, wenn man einem Beamten auch nur ein paar Flaschen Wein anbietet, kann man einen Abgeordneten also straflos bestechen.*“

179 *Peek*, ZStW 120 (2008), 785 (793). *Schlüchter*, in: FS Geerds, 713 (725), benennt in diesem Zusammenhang auch den Gleichheitsgrundsatz aus Art. 3 Abs. 1 GG, der einen Straftatbestand der Abgeordnetenbestechung verlange.

180 *Deiters*, in: Dimensionen politischer Korruption, 424 (437); *Käßner*, S. 199; *Hartmann*, S. 80. Vgl. auch *Heisz*, S. 113; *Schaupensteiner*, Kriminalistik 1994, 514 (523).

181 *Sanchez-Hermosilla*, Kriminalistik 2003, 74 (77); *Hartmann*, S. 80.

182 *Jäckle*, ZRP 2012, 97 (97).

183 *Hartmann*, S. 80, mit Nachweis auf die verschiedentlich vertretenen Positionen in Fn. 95.

2) *Schwächen des Tatbestands der Abgeordnetenbestechung*

Nicht nur in der gesellschaftlichen Wahrnehmung, sondern auch in der juristischen Bewertung war die Auffassung weit verbreitet, dass eine Überarbeitung des Straftatbestandes dringend angezeigt war.

Der grundlegende Vorwurf an § 108e StGB a.F. war, dass die Vorschrift infolge ihrer restriktiven Fassung kaum geeignet erschien, einen wirklichen Beitrag zur Bekämpfung der Abgeordnetenbestechung zu leisten,[184] und ihr deshalb ausschließlich symbolische Bedeutung zukäme.[185] Der Tatbestand bot für diesen Verdacht durchaus Anknüpfungspunkte.

a) *Eingeschränkter Anwendungsbereich*

Zunächst wurde der Anwendungsbereich in zweifacher Hinsicht als zu eingeschränkt kritisiert. Die Beschränkung auf die Tätigkeit innerhalb der genannten Volksvertretungen sowie die ausschließliche Fokussierung auf die Stimmabgabe bei Wahlen und Abstimmungen ließen einen Großteil der Tätigkeit eines Abgeordneten außer Betracht. Einerseits haben Abgeordnete bereits im vorhergehenden Gesetzgebungsverfahren die Möglichkeit, auf Gesetzesentwürfe Einfluss zu nehmen und Änderungen anzustreben.[186] Andererseits finden die politische Meinungsbildung und die Weichenstellung für parlamentarische Entscheidungen überwiegend gerade in den – vom Tatbestand ausgeklammerten[187] – Arbeitskreisen und Fraktionen statt.[188] Dort, wo eine unlautere Einflussnahme auf Abgeordnete am wahrscheinlichsten erscheint, konnte ein solches Verhalten strafrechtlich gar nicht geahndet werden.[189]

---

184 *Barton,* NJW 1994, 1098 (1098), zitiert die im Verlauf des Gesetzgebungsverfahrens geäußerte Hoffnung, § 108e StGB a.F. werde einen *„Beitrag zur politischen Hygiene“* leisten.

185 *Barton,* NJW 1994, 1098 (1100).

186 *Wolf,* ZParl 2008, 493 (495); *Schaupensteiner,* in: Korruption in Deutschland, 95 (102). *Überhofen,* S. 195, schlägt deshalb eine Erweiterung der erfassten Verhaltensweisen auf das Rede- und Antragstellungsrecht vor.

187 Vgl. oben unter 2. Abschnitt B) II) 3).

188 *Barton,* NJW 1994, 1098 (1099 f.); *Dölling,* C 83; *de With,* Kriminalistik 1997, 400 (402); *van Aaken,* ZaöRV 2005, 407 (425 f.); *von Arnim,* NVwZ 2006, 249 (252); *Käßner,* S. 203; *Schaupensteiner,* Kriminalistik 1994, 514 (523); *Hoven,* ZIS 2013, 33 (36); *Mayer,* S. 39. Die Ausdehnung auf Fraktionen und Arbeitskreise befürworten *Heisz,* S. 109, und *Schaller,* S. 31.

189 *Becker,* S. 182; *Weigend,* in: FS Jakobs, 747 (753).

b) Ungenaue Beschreibung der Tathandlung

Beanstandet wurden weiterhin die Umschreibung der Tathandlung als „Stimmenkauf“ sowie die sich daraus ergebenden Einschränkungen für die in Frage kommenden Vorteile.

Der Begriff selbst sei aufgrund seiner Vagheit nicht geeignet gewesen, zwischen strafwürdigem Unrecht und straflosem, politisch adäquatem Verhalten zu unterscheiden.[190] Die Unschärfe führe insbesondere deshalb auch zu Rechtsunsicherheit, da der Begriff nach Vorstellung des Gesetzgebers gerade nicht zivilrechtlich verstanden werden sollte.[191] Dadurch, dass es an einem klaren Maßstab für die Bewertung des Verhaltens von Abgeordneten fehlte, wurden zum Teil verfassungsrechtliche Bedenken im Hinblick auf das Bestimmtheitsgebot des Art. 103 Abs. 2 GG geäußert.[192] Dieser Auffassung ist der BGH jedoch entgegengetreten und stellte schlicht fest, dass § 108e StGB a.F. *„keinen grundsätzlichen verfassungsrechtlichen Bedenken begegnet“*[193].

Neben der Ungenauigkeit des Kaufbegriffs erschien zudem das Erfordernis einer konkreten Unrechtsvereinbarung problematisch. Der geforderte kausale Zusammenhang, dass der gewährte Vorteil Bedingung für die Abgabe der Stimme in der gewünschten Form war, schloss alle mittelbaren Beeinflussungen aus dem Strafbarkeitsbereich aus.[194] Das sogenannte „Anfüttern“ oder die „politische Klimapflege“ stellten somit keine Vorteilszuwendungen im Sinne des § 108e StGB a.F. dar, obwohl sie getätigt werden (könnten), um sich die allgemeine Gewogenheit des Abgeordneten zu sichern, und damit auch strafwürdig erschienen.[195] Ebenfalls nicht erfasst waren Abschlüsse von Beraterverträgen, Nebentätigkeiten oder Honorarvereinbarungen mit einem Abgeordneten, die auf eine langfristige

---

190 *Barton*, NJW 1994, 1098 (1099); *Richter*, S. 42. *Dölling*, C 83, sieht *„eine gewisse Unschärfe“*.

191 *Barton*, NJW 1994, 1098 (1099), spricht davon, dass der Begriff *„seiner rechtlichen Substanz entkleidet wird“*.

192 NK_3-*Wohlers/Kargl*, § 108e Rn. 6; MK_3-*Müller*, § 108e Rn. 19; LK_4-*Bauer/Gmel*, § 108e Rn. 10; *Becker*, S. 58; *Überhofen*, S. 194.

193 BGH, NJW 2006, 2050 (2056) = NStZ 2006, 389 (392). Der Unbestimmtheit widerspricht auch *Kühn*, S. 276 f.

194 *Barton*, NJW 1994, 1098 (1099); auf die Schwierigkeit, den auf die konkrete Unrechtsvereinbarung bezogenen Vorsatz nachweisen zu können, verweisen *Deiters*, in: Dimensionen politischer Korruption, 424 (425), und *Stein*, S. 619.

195 *van Aaken*, ZaöRV 2005, 407 (427); *Lackner/Kühl*, § 108e Rn. 3; *Fischer*, StGB, 61. Aufl. 2014, § 108e Rn. 8a; *Wolf*, ZParl 2008, 493 (495); *Heisz*, S. 49. *Vahlenkamp/Knauß*, S. 289, verwenden den Begriff des *„Geneigtmachens“*, *Bottke*, ZRP 1998, 215 (220), den der *„politischen Empathie“*.

Interessenvertretung abzielten und zu einer Abhängigkeit aufgrund materieller Zuwendungen führten, infolge derer ein Abgeordneter mehr als in Versuchung geführt werden könnte, Partikularinteressen einseitig über die Interessen der Allgemeinheit zu stellen.[196]

Aus der Umschreibung der Tathandlung als „Stimmenkauf" und dem Erfordernis einer konkreten Unrechtsvereinbarung ergaben sich zwei weitere Einschränkungen des Tatbestands. Nach überwiegendem Verständnis des § 108e StGB a.F. wurden immaterielle Vorteile nicht erfasst, wobei insbesondere die Aufnahme in angesehene Vereinigungen oder die Verleihung einer Ehrendoktorwürde eine einer Geldzahlung vergleichbare Wirkung erzielen könnten und ihre Ausklammerung aus dem Tatbestand wenig überzeugend erschien.[197] Die Gefahr der Umgehung der Strafbarkeit wurde darüber hinaus vor allem darin gesehen, dass nachträgliche Vorteilsgewährungen, sogenannte „Dankeschön-Spenden", vom Tatbestand nicht erfasst waren, weil die Unrechtsvereinbarung zeitlich vor der Stimmabgabe erfolgen musste und ein entsprechender Nachweis in der Verfolgungspraxis schwierig sein konnte.[198]

3) *Ungleichbehandlung de lege lata*

Ein weiteres Argument für die Reformbedürftigkeit des § 108e StGB a.F. fand sich mit Blick auf Art. 2 § 2 IntBestG, der die Bestechung von Mitgliedern ausländischer Parlamente unter Strafe stellt. Diese muss sich dabei jedoch nicht ausschließlich auf die Stimmabgabe des ausländischen Abgeordneten beziehen, sondern lediglich auf eine Handlung, die im Zusammenhang mit dem Mandat oder den Aufgaben des Abgeordneten steht. Nicht unerwähnt bleiben darf, dass Art. 2 § 2 IntBestG auf subjektiver Seite im Vergleich mit § 108e StGB a.F. insofern höhere Anforderungen stellt, als der Täter mit der Absicht handeln muss, sich oder einem Dritten einen Auftrag oder einen unbilligen Vorteil im internationalen geschäftlichen Verkehr zu sichern, und lediglich die aktive Bestechung

---

196 LK_{13}-*Bauer/Gmel*, § 108e Rn. 3; MK_{3}-*Müller*, § 108e Rn. 7, kritisiert, dass *„politisch übliche"* Verhaltensweisen demokratischen Grundregeln zuwiderlaufen. Schönke/Schröder-*Eser*, § 108e Rn. 8, will eine Strafbarkeit beim *„Zuschanzen"* lukrativer Nebentätigkeiten allenfalls dann annehmen, wenn der Abgeordnete de facto keine adäquate Gegenleistung – abgesehen von dem Stimmverhalten – erbringen muss.

197 *Hoven*, ZIS 2013, 33 (36).

198 *Becker*, S. 182; *Hoven*, ZIS 2013, 33 (36). Die Straflosigkeit des „nachträglichen Belohnens" kritisieren auch *van Aaken*, ZaöRV 2005, 407 (427 f.); *von Arnim*, NVwZ 2006, 249 (252); *Martiny*, in: Korruptionsbekämpfung, 189 (199); *Überhofen*, S. 196, 208, und *Schaller*, S. 89.

unter Strafe stellt.[199] Die gleichwohl in einigen Konstellationen weitreichendere Strafbarkeit ausländischer Abgeordneter im Vergleich zu inländischen Abgeordneten hat viel Unverständnis hervorgerufen.[200]

4) Argumentation des BGH

Neben den kritischen Stimmen in der Literatur sprach sich auch der BGH für eine Reform des Tatbestands der Abgeordnetenbestechung aus. Im Urteil vom 09. Mai 2006 musste der 5. Strafsenat des BGH die Frage entscheiden, ob kommunale Mandatsträger Amtsträger im Sinne von § 11 Abs. 1 Nr. 2 StGB sind und die Vorschriften der §§ 331 ff. StGB auf sie Anwendung finden oder ob sie als Abgeordnete in den Anwendungsbereich von § 108e StGB a.F. fallen. Die Richter waren der Auffassung, dass kommunale Mandatsträger grundsätzlich keine Amtsträger seien,[201] und betonten die strukturellen Unterschiede zwischen beiden Gruppen. Während beim Amtsträger die Eingliederung in die Verwaltungshierarchie zu einer Substituierbarkeit des jeweiligen Entscheidungsträgers führe und die Aufgabenwahrnehmung im Vordergrund stehe, sei die Stellung des Abgeordneten an die gewählte Person gebunden.[202] Eine Ausnahme von diesem Grundsatz erkennt der BGH an, wenn der kommunale Mandatsträger über seine Arbeit in der Volksvertretung hinaus mit einer konkreten Verwaltungsfunktion

---

199 *Härtl*, S. 217; *Zieschang*, NJW 1999, 105 (107), befürchtet, dass der Tatbestand von Art. 2 § 3 IntBestG zu weit gefasst ist.

200 *Peek*, ZStW 120 (2008), 785 (803), nennt es eine *„Kuriosität“*, *Hartmann*, S. 81, bezeichnet es sogar als Systemwidrigkeit. *Van Aaken*, ZaöRV 2005, 407 (429), hält den Rechtszustand, bestimmte korruptive Praktiken für ausländische, nicht aber inländische Abgeordnete unter Strafe zu stellen, für *„rechtspolitisch unhaltbar“*. Die Differenzierung kritisieren ebenfalls *Dannecker*, ZStW 117 (2005), 697 (730); *Deiters*, in: Dimensionen politischer Korruption, 424 (435); *Dölling*, ZStW 112 (2000), 334 (354); *Heinrich*, in: GS Keller, 103 (118); *Hoven*, ZIS 2013, 33 (39); *Käßner*, S. 200; *Möhrenschlager*, in: FS Weber, 217 (228); *Stünker*, in: FS Meyer, 589 (592); *von Arnim*, DÖV 2007, 897 (907); *Wiehen*, in: Dimensionen politischer Korruption, 397 (410); *Wolf*, NJW 2006, 2735 (2737); *Wolf*, ZRP 2007, 44 (45); *Wolf*, ZParl 2008, 493 (496), und *Francuski*, HRRS 2014, 220 (224). Die Notwendigkeit der Harmonisierung der Rechtsvorschriften mahnen *Korte*, wistra 1999, 81 (87); *Schmitz*, in: FS Szwarc, 367 (379); *Schaller*, S. 47, und *Zieschang*, NJW 1999, 105 (107), an.

201 BGH, Urt. v. 9.5.2006 – Az.: 5 StR 453/05 = NJW 2006, 2050 = NStZ 2006, 389. Eine knappe Gegenüberstellung der unterschiedlichen Ansichten zu der Frage findet sich bei *Peek*, ZStW 120 (2008), 785 (795), m.w.N. in den Fußnoten 52 bis 55.

202 BGH, NJW 2006, 2050 (2052) = NStZ 2006, 390 (391).

(z. B. Aufsichtsratsmitglied eines kommunalen Versorgungsunternehmens) betraut ist.[203]

Der BGH belässt es in dem Urteil jedoch nicht dabei, die genannte Frage zu entscheiden, sondern äußert sich sehr grundsätzlich zum Tatbestand des § 108e StGB a.F.[204] Aus Sicht der Richter führte die Gesetzesfassung dazu, weite Teile von als strafwürdig empfundenen Manipulationen im Zusammenhang mit Wahlen und Abstimmungen in Volksvertretungen der Gemeinden und Gemeindeverbände straflos zu stellen. Während in allen anderen Bereichen des öffentlichen und privaten Lebens das gewandelte öffentliche Verständnis der Sozialschädlichkeit der Korruption zu einer erheblichen Ausweitung der Strafbarkeit geführt habe, sei diese Entwicklung bislang am Tatbestand der Abgeordnetenbestechung vorbeigegangen. Aus diesem Grund mahnte der fünfte Senat einen gesetzgeberischen Handlungsbedarf an, den er bereits aufgrund der nationalen Begebenheiten und damit losgelöst von völkerrechtlichen Entwicklungen für notwendig erachtete.[205]

5) *Vorwurf der symbolischen Gesetzgebung*

Die dargestellten Schwächen und insbesondere der enge Anwendungsbereich des Tatbestandes führten zu erheblichen Zweifeln an einer wirksamen Bekämpfung der Abgeordnetenbestechung und gipfelten schließlich in der kritischen Bemerkung, § 108e StGB a.F. sei schlicht ein Akt „*symbolischer Gesetzgebung*".[206] Der damit erhobene Vorwurf bezieht sich auf eine Täuschung durch den Gesetzgeber, der einer Norm einen Regelungsgehalt beimisst, der sich in der Realität nicht verwirklichen lässt und sich im ungünstigsten Falle sogar ins Gegenteil verkehrt.[207] Bezogen auf § 108e StGB a.F. wurde kritisiert, dass der Begriff der Abgeordnetenbestechung vorgebe, eine Vielzahl denkbarer Korruptionsfälle zu pönalisieren, wohingegen tatsächlich nur die ausgesprochen auffällige Form

---

203 BGH, NJW 2006, 2050 (2054) = NStZ 2006, 390 (391).

204 BGH, NJW 2006, 2050 (2055) = NStZ 2006, 390 (392).

205 „*Im Zusammenhang mit der ohnehin auf Grund internationaler Abkommen notwendigen Modifizierung des Straftatbestands der Abgeordnetenbestechung sollte der Gesetzgeber deshalb nach Auffassung des Senats für entsprechende Abhilfe sorgen*", vgl. BGH, NJW 2006, 2050 (2055) = NStZ 2006, 390 (392). Vgl. auch *Peek,* ZStW 120 (2008), 785 (796).

206 Als erster *Barton,* NJW 1994, 1098 (1100). *Dolata,* Kriminalistik 2007, 217 (217), gebraucht den Begriff „*Placebo-Gesetz*".

207 Vgl. *Hassemer,* NStZ 1989, 533 (556).

des Stimmenkaufs erfasst sei.[208] Die Norm sei daher kein taugliches Instrument für die Strafverfolgungspraxis.[209] Die Einführung der Abgeordnetenbestechung stellte sich für einige deshalb eher als gesetzgeberische Ersatzreaktion dar, um die Gemüter zu beruhigen und der öffentlichen Forderung nach einer Sanktionierung politischer Korruption nachzukommen, anstatt eine wirkliche Problemlösung zu erzielen und das tatsächliche Privileg der Straffreiheit aufzugeben.[210] Dass der Tatbestand jemals Bedeutung erlangen würde und es zu einer entsprechenden Verurteilung kommen würde, wurde deshalb sehr stark angezweifelt.[211]

Auch wenn die Schwächen des Tatbestands nicht von der Hand zu weisen waren, so ist der Vorwurf der rein symbolischen Gesetzgebung insoweit unzutreffend, als im Laufe der Zeit fünf Verurteilungen wegen Abgeordnetenbestechung erfolgt sind.[212] Dem Tatbestand jegliche Existenzberechtigung abzuerkennen[213], war ein voreiliger Schluss. Allerdings sticht auch ins Auge, dass in allen vier Fällen der Stimmenkauf auf kommunaler Ebene erfolgt ist.

6) Umsetzung internationaler Abkommen

Eine neue Facette der Kritik am Tatbestand der Abgeordnetenbestechung wurde durch die internationalen Bemühungen zur Eindämmung von Korruption geschaffen. Die internationalen Diskussionen und politischen Anstrengungen betrafen dabei nicht nur den privaten Sektor, in dem Korruption naturgemäß eine Gefahr für die wirtschaftliche Entwicklung bedeutet, sondern auch den öffentlichen Sektor.[214] Das Strafrecht als ein mögliches Mittel der Korruptionsbekämpfung kann dabei nicht mehr allein in nationalen Grenzen gedacht werden,

---

208 *Barton*, NJW 1994, 1098 (1100), nennt es *„nur ausgesprochen krude, krasse und simple Formen der Bestechung bzw. Bestechlichkeit“*.

209 *Schaupensteiner*, Kriminalistik 1994, 514 (523); *Hoven*, ZIS 2013, 33 (39).

210 *Heisz*, S. 115; *Richter*, S. 131; *Hoven*, ZIS 2013, 33 (39). A. A.: *Schaller*, S. 115.

211 *Becker*, S. 182; *Richter*, S. 65; *Wiehen*, in: Dimensionen politischer Korruption, 397 (411).

212 LG Neuruppin, Urteil v. 02.04.2007 – Az.: 13 KLs 365 Js 30366/06 (16/06); LG Köln, Urteil v. 07.08.2009 – Az.: 106 – 16/06 (114 Js 105/03); LG Wuppertal, Urteil v. 09.10.2009 – Az.: 22 KLs 835 Js 19/01 – 23/01; AG Karlsruhe, Urteil v. 12.11.2009 – Az.: 6 Ds 640 Js 17217/09. Mit kurzer Darstellung des den vier Verurteilungen jeweils zugrunde liegenden Sachverhalts *Hartmann*, S. 74 ff. Als Fünftes: LG Meiningen, Urteil v. 08.01.2014 – Az.: 620 Js 27798/11 1 KLS.

213 Noch 2009 forderte *von Hippel*, S. 62, *„dass endlich auch in Deutschland die aktive und passive Abgeordnetenbestechung unter Strafe gestellt wird“*, und ließ damit die Existenz von § 108e StGB a.F. vollständig außer Acht.

214 *van Aaken*, ZaöRV 2005, 407 (409); *Hoven*, ZIS 2013, 33 (33 f.).

sondern wird in der Folge entscheidend mitbestimmt und geprägt durch internationale Übereinkommen.[215] Zwei dieser internationalen Verträge und die zur Umsetzung erforderliche Änderung des deutschen Strafrechts sind das vermutlich am häufigsten in der gesellschaftlichen Diskussion vorgebrachte Argument für die Reformbedürftigkeit des § 108e StGB a.F.

a) Übereinkommen des Europarates

Nach fast fünfjähriger Beratungsphase wurde das Strafrechtsübereinkommen über Korruption den Mitgliedstaaten des Europarates und den weiteren an der Ausarbeitung beteiligten Staaten am 27. Januar 1999 zur Unterzeichnung vorgelegt.[216] Nachdem bereits zu diesem Zeitpunkt die Hälfte der Mitgliedstaaten des Europarates, zu der auch die Bundesrepublik Deutschland zählte, das Übereinkommen unterzeichnete, trat es schließlich am 01. Juli 2002 in Kraft.[217] In Ergänzung dazu hat das Ministerkomitee in seiner 102. Sitzung am 04. Mai 1998 die Einrichtung einer Kommission beschlossen, die sowohl Umsetzung als auch Anwendung des Übereinkommens sowie weiterer Instrumente zur Korruptionsbekämpfung in den Mitgliedstaaten überwachen soll. Die „*Group of States against Corruption*", kurz GRECO, fungiert als Überwachungsmechanismus und hat mittlerweile vier Evaluationsberichte zum Stand der Korruptionsbekämpfung in den einzelnen Mitgliedstaaten veröffentlicht.[218]

In seinen zentralen Vorschriften regelt das Strafrechtsübereinkommen die aktive (Art. 2) und passive (Art. 3) Bestechung von inländischen Amtsträgern.

---

215 *Zieschang*, NJW 1999, 105 (105). *Sanchez-Hermosilla*, Kriminalistik 2003, 74 (76), spricht von den internationalen Verträgen als „*Motor der Fortentwicklung*".

216 Als Nichtmitgliedstaaten des Europarates sind Weißrussland, der Vatikan, Japan, Kanada, Mexiko und die Vereinigten Staaten von Amerika an der Entstehung des Übereinkommens beteiligt gewesen. Zur zeitlichen Entwicklung des Übereinkommens vgl. *Hartmann*, S. 90.

217 European Treaty Series (ETS) Nr. 173. Die Bedingung für das Inkrafttreten gemäß Art. 32 des Übereinkommens, dass 14 Länder es ratifiziert haben, ist mit der Ratifikation durch Litauen am 03. März 2002 erfüllt worden. Insgesamt fünf Länder haben das Übereinkommen bisher unterzeichnet, aber noch nicht ratifiziert (Deutschland, Liechtenstein, San Marino sowie Mexiko und die Vereinigten Staaten von Amerika). Eine Übersicht über den Stand der Ratifizierung ist abrufbar unter: http://www.coe.int/de/web/conventions (Link: Gesamtverzeichnis > SEV Nr. 173 Strafrechtsübereinkommen über Korruption > Unterzeichnungen und Ratifizierungen).

218 Die Berichte aus den Jahren 2000, 2003, 2007 sowie der aktuellste vom 01. Januar 2012 sind abrufbar unter: http://www.coe.int (Link: Rechtsstaatlichkeit > Bedrohung der Rechtsstaatlichkeit > Korruption – GRECO > Evaluations).

Nach Vorgabe der beiden Artikel treffen die Vertragsparteien die gesetzgeberischen Maßnahmen, dass das unmittelbare oder mittelbare Versprechen, Anbieten oder Gewähren bzw. Fordern, Sich-versprechen-Lassen oder Annehmen des Angebots oder Versprechens eines ungerechtfertigten Vorteils für einen Amtsträger selbst oder einen Dritten als Gegenleistung dafür, dass er eine Handlung bei der Wahrnehmung seiner Aufgaben vornimmt oder unterlässt, von einer Strafvorschrift umfasst werden. Die Definition des Amtsträgerbegriffs ist gemäß Art. 1 des Strafrechtsübereinkommens dem jeweiligen nationalen Strafrecht zu entnehmen. Die Artikel 2 und 3 des Strafrechtsübereinkommens des Europarates sind deshalb nur dann auch auf Abgeordnete anwendbar, wenn das innerstaatliche Recht einer Vertragspartei des Strafrechtsübereinkommens Abgeordnete als Amtsträger einstuft. Art. 4 des Strafrechtsübereinkommens enthält jedoch zusätzlich die Maßgabe, die in den Artikeln 2 und 3 beschriebenen Tathandlungen der aktiven und passiven Bestechung auch nach nationalem Recht unter Strafe zu stellen, wenn sie unter Beteiligung eines Mitglieds einer öffentlich-rechtlichen Vertretungskörperschaft, die Gesetzgebungs- oder Verwaltungsbefugnisse ausübt, erfolgen. Damit verlangt das Strafrechtsübereinkommen jedenfalls eine den für Amtsträger entsprechende strafrechtliche Regelung auch für Abgeordnete. Durch Verweisung auf die beiden Vorschriften zur Strafbarkeit aktiver und passiver Bestechung sind deren Vorgaben zudem auf die Mitglieder ausländischer (Art. 6) und internationaler parlamentarischer Versammlungen (Art. 10) anzuwenden.

Damit reichten die Anforderungen weit über die beiden Straftatbestände des § 108e StGB a.F. und Art. 2 § 2 IntBestG, der die Bestechung von ausländischen Abgeordneten – mit der Absicht, sich oder einem Dritten einen unbilligen Vorteil im internationalen geschäftlichen Verkehr zu sichern – regelt, hinaus[219]: In Bezug auf nationale Abgeordnete wird nicht nur der Stimmenverkauf unter Strafe gestellt, sondern jede Handlung oder jedes Unterlassen *„bei Wahrnehmung seiner Aufgaben“* als Gegenleistung für einen *„ungerechtfertigten Vorteil“*. Hinsichtlich der ausländischen Abgeordneten soll nun auch die Bestechlichkeit, also das Annehmen, Fordern und Sich-versprechen-Lassen eines *„ungerechtfertigten Vorteils“*, strafbar und nicht mehr nur auf den internationalen geschäftlichen Verkehr beschränkt sein. Eine automatische Gleichstellung von Amtsträgern und Abgeordneten verlangt das Strafrechtsübereinkommen des Europarates nicht. In den von Art. 2 und 3 gesondert aufgeführten Regelungen der Art. 4, 6 und 10 zeigt sich der Sonderstatus von Mitgliedern öffentlich-rechtlicher Versammlungen oder einer

219 Ebenso *Möhrenschlager*, in: FS Weber, 217 (229); *Hartmann*, S. 92.

parlamentarischen Vertretung. Eine Umsetzung des Strafrechtsübereinkommens des Europarates setzt deshalb nicht zwingend eine Einbeziehung von Abgeordneten in die Straftatbestände für Amtsträger voraus, sondern wäre auch durch eine eigenständige Strafnorm für Abgeordnete möglich gewesen.

Art. 37 Abs. 1 des Strafrechtsübereinkommens des Europarates sieht die Möglichkeit vor, dass eine Vertragspartei einen Vorbehalt erklärt, die Abgeordnete betreffenden Strafvorschriften (Art. 4, 6 und 10) nicht oder nur teilweise zu schaffen. Zwar dürfen maximal fünf Vorbehalte gegen einzelne Strafbestimmungen des Übereinkommens erklärt werden (Art. 37 Abs. 4) und ein Vorbehalt ist zeitlich auf drei Jahre bei einmaliger Verlängerungsmöglichkeit begrenzt (Art. 38), doch der Harmonisierungsdruck auf die Mitgliedstaaten wurde damit deutlich reduziert.[220] Aus Sicht der Bundesrepublik Deutschland war die Ratifizierung bei gleichzeitiger Erklärung eines Vorbehalts gegen einzelne Regelungen keine realistische Option: Abgesehen davon, dass dieses Vorgehen politisch ein völlig falsches Signal bedeutet hätte, war ein solcher Vorbehalt auch nicht mit den Umsetzungsverpflichtungen aus einem weiteren internationalen Vertrag, nämlich der VN-Konvention gegen Korruption, vereinbar.[221]

b) VN-Konvention gegen Korruption

Das wichtigste internationale Abkommen zur Bekämpfung der Korruption wurde auf Ebene der Vereinten Nationen beschlossen. Die Bedeutung der Konvention ergibt sich aus ihrem Ansatz, Korruption umfassend und nicht allein mit repressiven Maßnahmen zu begegnen,[222] und ihrem Status als weltweites

---

220 *Peek*, ZStW 120 (2008), 785 (801). *Hartmann*, S. 93, bezeichnet es als eine „*deutliche Relativierung*" des Ansatzes, Korruption international und umfassend bekämpfen zu wollen. Von der Vorbehaltsmöglichkeit haben eine Reihe von Ländern Gebrauch gemacht, vgl. Ratifikationsübersicht aus Fn. 217.

221 *Möhrenschlager*, in: FS Weber, 217 (230); *Peek*, ZStW 120 (2008), 785 (801); *Mayer*, S. 55 f.

222 *Dell*, VN 2004, 77 (79). Zu den präventiven Ansätzen, die im zweiten Abschnitt der Konvention enthalten sind, gehören vornehmlich Maßnahmen im Bereich der Organisation des öffentlichen Dienstes der Vertragsparteien, aber auch der Entwurf von Verhaltenskodizes und -regeln oder die Einrichtung einer Stelle für Korruptionsprävention. Darüber hinaus enthält die VN-Konvention Regeln zur internationalen Zusammenarbeit (vierter Abschnitt), zur Wiedererlangung von Vermögenswerten aus Korruptionsstraftaten (fünfter Abschnitt), zu technischer Hilfe und Informationsaustausch (sechster Abschnitt) sowie Mechanismen zur Durchführung der Konvention (siebter Abschnitt). Überblicksartig zu den jeweiligen Regelungsbereichen *Monsau*, S. 32 ff.

Abkommen[223]. Nach langen Verhandlungen eines Ad-Hoc-Ausschusses in Wien von Februar 2002 bis Oktober 2003 nahm die Generalversammlung der Vereinten Nationen als Resolution 58/4 das „*Vereinte Nationen Übereinkommen gegen Korruption*“ (im Folgenden: VN-Konvention) an. Auf der Konferenz von Merida vom 09. bis 11. Dezember 2003 wurde sie von einem Großteil der Mitgliedstaaten unterzeichnet und trat am 14. Dezember 2005 in Kraft.[224]

Trotz ihres auch präventiven Ansatzes ist der dritte Abschnitt der VN-Konvention mit den Strafbestimmungen und Rechtsdurchsetzungsmechanismen in den Art. 15 bis 42 der umfangreichste Teil des Vertragswerkes. Dem Abschnitt vorangestellt ist in Art. 15 der Tatbestand der aktiven und passiven Bestechung von Amtsträgern. Anders als das Strafrechtsübereinkommen des Europarates überlässt die Konvention die Definition des Amtsträgers nicht den nationalen Rechtsordnungen, sondern enthält in Art. 2 lit. a eine eigenständige Definition. Im Sinne der VN-Konvention sind Amtsträger alle Personen, die eine Funktion im Bereich der Gesetzgebung, Exekutive, Verwaltung oder Justiz innehaben, gleich, ob sie dazu ernannt oder gewählt wurden und ob sie diese Tätigkeit befristet oder unbefristet und bezahlt oder unbezahlt ausüben. Der der VN-Konvention zugrunde liegende Amtsträgerbegriff schließt Abgeordnete mit ein und entspricht damit international üblichen Definitionen.[225] Art. 15 VN-Konvention pönalisiert das unmittelbare oder mittelbare Versprechen, Anbieten oder Gewähren eines ungerechtfertigten Vorteils für den Amtsträger oder eine andere Person, damit der Amtsträger in Ausübung seiner Dienstpflichten eine Handlung vornimmt oder unterlässt. Spiegelbildlich ist das Fordern oder Annehmen eines solchen Vorteils umfasst. In Art. 16 VN-Konvention werden aktive und passive Bestechung auf ausländische Amtsträger und Amtsträger internationaler Organisationen ausgeweitet.

Während das deutsche Strafrecht damit im Bereich der Amtsträgerdelikte der §§ 331 ff. StGB den Anforderungen der VN-Konvention genügt, ist die

---

223 *van Aaken,* ZaöRV 2005, 407 (409).

224 United Nations Convention against Corruption (UNCAC), Doc. A/58/422; gemäß Art. 68 Abs. 1 VN-Konvention ist die Konvention am 90. Tag nach der Hinterlegung der 30. Ratifizierungsurkunde in Kraft getreten, was mit der Ratifikation durch Kirgisistan, Liberia und Lesotho am 16. September 2005 erfolgte. Zur historischen Entstehung der Konvention *Möhrenschlager*, in: FS Weber, 217 (229 f.); *Monsau*, S. 30, und ausführlich *Hartmann*, S. 93–96. Zu den vorhergehenden Anstrengungen der Vereinten Nationen im Kampf gegen Korruption *Dell*, VN 2004, 77 (78 f.).

225 *Hartmann*, S. 96; *van Aaken*, ZaöRV 2005, 407 (410).

Ausweitung des auf den Stimmenkauf begrenzten § 108e StGB a.F. die entscheidende Hürde für die Ratifikation gewesen.[226]

c) *Verpflichtung zur Gesetzesänderung?*

Die Notwendigkeit einer Anpassung der deutschen Rechtslage an die Vorgaben von Strafrechtsübereinkommen und VN-Konvention ist getrennt zu betrachten von der Frage nach der Verpflichtung, die entsprechende Gesetzesänderung tatsächlich vorzunehmen. Hat sich die Bundesrepublik Deutschland bereits mit Unterzeichnung der beiden Abkommen rechtlich bindend dazu bereit erklärt, die gemeinsam mit anderen Staaten ausgearbeiteten Verträge vollumfänglich in nationales Recht umzusetzen, oder verbleibt ihr die Möglichkeit, von den Bestimmungen abzuweichen? Diesbezüglich ist es sinnvoll, zwischen einer rechtlichen Verpflichtung und einer politischen Bindung zu differenzieren.

(a) Rechtliche Verpflichtung durch Unterzeichnung?

Sowohl das Strafrechtsübereinkommen des Europarates als auch die VN-Konvention bestehen aus aufeinander bezogenen, sich deckenden, vom Völkerrecht bestimmten Willenserklärungen zwischen mindestens zwei Völkerrechtssubjekten und sind gerichtet auf Begründung, Abänderung oder Aufhebung bestimmter völkerrechtlicher Beziehungen, sodass es sich jeweils um völkerrechtliche Verträge handelt.[227] Die Antwort auf die Frage, ob und ab wann eine rechtliche Bindungswirkung eines völkerrechtlichen Vertrages besteht, gibt darum das Recht der völkerrechtlichen Verträge. Dieses ist in der Wiener Vertragsrechtskonvention von 1969 niedergelegt, die das bis dato bestehende Völkergewohnheitsrecht kodifizierte und durch die Bundesrepublik Deutschland mit Gesetz vom 03. August 1985[228] angenommen wurde.[229] Bei der Frage der Bindungswirkung sind die Zeitpunkte der Unterzeichnung, der (völkerrechtlichen) Ratifikation und des Inkrafttretens des Vertrages zu unterscheiden.

Für den Abschluss von völkerrechtlichen Verträgen haben sich zwei unterschiedliche Verfahren herausgebildet. Während bei schlichten Verwaltungsabkommen sowie weniger bedeutenden Verträgen das einfache Verfahren gewählt

---

226 *Peek*, ZStW 120 (2008), 785 (802); *van Aaken*, ZaöRV 2005, 407 (423 f.). Die Bundesrepublik Deutschland hatte die Konvention bereits am 09. Dezember 2003 in Merida unterzeichnet.

227 Vgl. *Vitzthum/Proelß*, S. 43; *Hartmann*, S. 99.

228 BGBl. 1985 II, S. 926. Dort ist auch der Text des Wiener Übereinkommens über das Recht der Verträge abgedruckt.

229 Vgl. *Herdegen*, § 15 Rn. 4; *Hartmann*, S. 99.

wird und die Verträge bereits mit Unterzeichnung durch das abschlussbefugte Organ Bindungswirkung entfalten, wird im Übrigen das zusammengesetzte Verfahren durchlaufen.[230] Dabei schließt die Unterzeichnung die vorangehende Verhandlungsphase ab und legt den Vertragstext als amtlich und unveränderlich fest.[231] Für die abschließende Vertragsbindung ist im zusammengesetzten Verfahren ein nationales Zustimmungsverfahren erforderlich, das mit der (völkerrechtlichen) Ratifikation endet.[232] Dabei handelt es sich gemäß Art. 2 Abs. 1 lit. b) WVK um die Abgabe einer förmlichen Erklärung des beteiligten Staates, mit der er im internationalen Bereich Zustimmung bekundet, an den Vertrag gebunden zu sein.[233] Erst ab diesem Zeitpunkt ist der Vertrag für den jeweiligen Staat bindend, unabhängig davon, ob der Vertrag durch die Ratifizierung anderer Vertragsteilnehmer bereits früher in Kraft getreten ist.[234]

Der auf den ersten Blick bestehende Konflikt mit dem auch im Völkerrecht verankerten Grundsatz der Vertragstreue (*pacta sunt servanda*, Art. 26 WVK) besteht nicht. In Art. 24 Abs. 3 WVK heißt es dazu, dass, sofern die Ratifikation von einem Staat erst nach dem Zeitpunkt des Inkrafttretens erfolgt, der Vertrag für diesen Staat erst zu diesem Zeitpunkt in Kraft tritt, sofern nichts anderes im Vertrag vereinbart wurde. Dieses grundsätzliche Verständnis kommt auch in Art. 68 Abs. 2 VN-Konvention zum Ausdruck, wonach die Konvention erst am dreißigsten Tag nach Hinterlegung der Ratifikation für den jeweiligen Staat in Kraft tritt, sofern es sich um einen Zeitpunkt nach Hinterlegung der dreißigsten Ratifikationsurkunde und dem allgemeinen Inkrafttreten des Vertrages handelt.

Auch unter dem Blickwinkel des völkerrechtlichen Frustrations- und Vereitelungsverbots, niedergelegt in Art. 18 WVK, ergibt sich kein anderes Ergebnis. Danach ist ein an einem völkerrechtlichen Vertrag beteiligter Staat nach Unterzeichnung – aber vor Ratifikation – verpflichtet, „*sich aller Handlungen zu enthalten, die Ziel und Zweck eines Vertrages vereiteln würden*“. Dies bedeutet jedoch keine Verpflichtung zur Vertragserfüllung vor Eintritt der Bindungswirkung, sondern eine Untersagung solcher Handlungen, die das Erreichen des Vertragsziels nach Ratifikation unmöglich machen würden.[235]

---

230 *Ipsen*, § 11 Rn. 8; *Herdegen*, § 15 Rn. 9 f.

231 *Ipsen*, § 11 Rn. 16; *Vitzthum/Proelß*, S. 44.

232 Vgl. Art. 14 WVK und *Vitzthum/Proelß*, S. 44.

233 *Ipsen*, § 11 Rn. 18; *Hartmann*, S. 100. In der Bundesrepublik Deutschland ist gemäß Art. 59 Abs. 1 S. 2 GG der Bundespräsident für die Abgabe einer solchen Erklärung zuständig.

234 Vgl. *Vitzthum/Proelß*, S. 44; *Ipsen*, § 11 Rn. 18.

235 *Ipsen*, § 13 Rn 17.

Damit bestand für die Bundesrepublik Deutschland infolge der Unterzeichnung des Strafrechtsübereinkommens 1999 und der VN-Konvention 2003 keinerlei rechtliche Bindungswirkung.[236] Weder mussten die Vorgaben des Strafrechtsübereinkommens oder der Konvention zwingend umgesetzt werden noch bestand eine Pflicht zur Ratifizierung der beiden völkerrechtlichen Verträge.

(b) Politische Bindung an die völkerrechtlichen Verträge

Auch wenn keine rechtliche Pflicht zur Ratifikation bestand, könnte es sich bei der Verpflichtung zur Änderung des Strafrechts im Bereich der Abgeordnetenbestechung um ein politisch unumgängliches Vorhaben gehandelt haben. Um die Notwendigkeit der Ratifizierung der VN-Konvention gegen Korruption hervorzuheben, wurde in der Öffentlichkeit wiederholt betont, dass sich die Bundesrepublik Deutschland mit der fehlenden Ratifizierung in „guter Gesellschaft" mit Ländern wie Syrien, Saudi-Arabien oder dem Sudan befinde.[237] Dass die begrüßenswerte Forderung nach einer Umsetzung der Konvention mit dem Stand der Ratifizierung in anderen Ländern verbunden wurde, ist in Anbetracht der Liste derjenigen Staaten, die die Konvention bereits umgesetzt hatten, nicht völlig überzeugend. Die Ratifizierung der Konvention allein ist kein ausreichender Indikator und ermöglicht keine Aussage über die Effektivität der Korruptionsbekämpfung in den jeweiligen Ländern insgesamt.[238] Auch wenn „auf dem Papier" gesetzliche Regelungen zur Eindämmung von Korruption bestehen, sind die Wirksamkeit und der Erfolg dieser Maßnahmen schließlich von der tatsächlichen Umsetzung in der Gesellschaft und der Kontrolle durch die entsprechenden staatlichen Organisationen abhängig. Gleichwohl ist das Bestehen entsprechender Regeln notwendige Bedingung, damit sie tatsächlich Geltung beanspruchen und die Forderung nach ihrer Einhaltung erhoben werden kann.

---

236 So auch *Mayer*, S. 74.

237 Vgl. nur MdB *Montag* (Bündnis90/Die Grünen), PlrPr 17/103, S. 11866C, und MdB *Högl* (SPD), PlrPr 17/114, S. 13068B. Saudi-Arabien hat die Konvention am 29. April 2013, der Sudan am 05. September 2014 ratifiziert.

238 Als Gradmesser, wie Korruption von Politik und Amtsträgern wahrgenommen wird, gilt der von der Nichtregierungsorganisation Transparancy International jährlich veröffentlichte „*Corruption Perceptions Index*" (CPI). Deutschland wird hier zuletzt im Jahr 2014 auf Platz 12 und für 2015 auf Platz 10 geführt. Die VN-Konvention umgesetzt haben jedoch u. a. auch Länder, die in den Rankings der Jahre 2014 und 2015 die hintersten Plätze einnehmen: Afghanistan (Platz 172 des CPI 2014/Platz 166 des CPI 2015), Irak (170/161), Turkmenistan (169/154), Libyen (166/161), Usbekistan (166/153), Haiti (161/158) und Venezuela (161/158).

Die Auswirkungen der fehlenden Ratifizierung auf das politische Ansehen der Bundesrepublik Deutschland in der Welt sind deshalb eher negativer Natur gewesen. Auch wenn die Betonung der Beispiele, an denen dieser Umstand deutlich wurde, für die Öffentlichkeit weniger einprägsam war als der oft zitierte Vergleich mit anderen Staaten, die die VN-Konvention ebenfalls noch nicht umgesetzt hatten. Deutschlands Position als Mitglied der Staatengemeinschaft, die sich aktiv für den Kampf gegen Korruption einsetzt, war dadurch geschwächt, dass man infolge der fehlenden Ratifizierung lediglich einen Beobachter-Status bei den VN-Korruptionskonferenzen hatte und sich nicht aktiv einbringen durfte, sowie durch den Umstand, dass die eigene Glaubwürdigkeit aufgrund der fehlenden Implementierung international anerkannter Standards zumindest teilweise verloren ging.[239] Auf die Auswirkungen für deutsche Wirtschaftsunternehmen wies auch der Bundesverband der Deutschen Industrie e. V. in einem offenen Brief an die Politik im August 2012 hin und betonte, dass die Defizite im nationalen Recht zu einem Ansehensverlust deutscher Wirtschaftsunternehmen im Ausland führen würden.[240] Die Notwendigkeit zur Anpassung des deutschen Strafrechts an die Vorgaben internationaler Verträge ist nicht rechtlicher, sondern rechtspolitischer Natur gewesen.[241]

Die Nicht-Ratifizierung konnte die Bundesrepublik Deutschland auch nicht mit der Verletzung nationalen Rechts begründen, wie Art. 27 WVK eindeutig festlegt. Eine Ausnahme besteht nach Art. 46 Abs. 1 WVK nur für den Fall, dass die Verletzung nationalen Rechts offenkundig und sachlich gravierend ist.[242] Eine solche Verletzung wäre allenfalls dann anzunehmen gewesen, wenn das Strafrechtsübereinkommen oder die VN-Konvention eine strafrechtliche Gleichstellung von Abgeordneten mit Amtsträgern zwingend vorschreiben und dies mit deutschem Verfassungsrecht offensichtlich in Widerspruch stehen würde. Das Strafrechtsübereinkommen des Europarates differenziert im Vertragstext ausdrücklich zwischen Amtsträgern und Mitgliedern parlamentarischer Versammlungen und erkennt damit eine Unterscheidung zwischen beiden Gruppen an. Auch wenn die VN-Konvention in Art. 2 lit. a Amtsträger und Abgeordnete gleichstellt und in Art. 15 die aktive und passive Bestechung von beiden verlangt, ist damit keine Aussage über die Art und Weise der Regelung getroffen. Den Mitgliedstaaten blieb es überlassen, wie sie die Anforderungen erfüllen und ob sie

---

239 *Jäckle*, ZRP 2012, 97 (100); *Hoven*, ZIS 2013, 33 (39); *Stein*, S. 190.

240 *Hoven*, ZIS 2013, 33 (39).

241 So auch Satzger/Schluckebier/Widmaier-*Rosenau*, § 108e Rn. 8; *Möhrenschlager*, in: FS Weber, 217 (230); *Mayer*, in: Vergleichende Darstellung des Strafrechts, 272 (77 f.).

242 *Vitzthum/Proelß*, S. 45; *Hartmann*, S. 100.

beide Gruppen formal getrennt behandeln oder in einer einheitlichen Strafvorschrift erfassen.[243] Die Bundesrepublik konnte sich also nicht auf die Ausnahme des Art. 46 Abs. 1 WVK berufen.

II) Argumente gegen eine Erweiterung der Abgeordnetenbestechung

Diejenigen, die sich eher zurückhaltend oder gar ablehnend gegenüber einer Erweiterung der Abgeordnetenbestechung äußerten, stützten ihre Bedenken einerseits auf die verfassungsrechtliche Stellung der Abgeordneten und die Sorge, dass mit einer Neuregelung negative Folgeerscheinungen verbunden sein könnten, andererseits auf die Vorstellung, Fälle politischer Korruption durch außerstrafrechtliche Mechanismen effektiver kontrollieren und sanktionieren zu können.

1) Die Freiheit des Abgeordnetenmandats

Art. 38 Abs. 1 S. 2 GG und die darin garantierte Freiheit des Mandats, die eine unabhängige Ausübung der Mandatstätigkeit sicherstellt und eine ausschließliche Orientierung am eigenen Gewissen vorsieht, waren das maßgebliche Argument, das in den Reformdiskussionen gegen eine Erweiterung der Abgeordnetenbestechung vorgebracht wurde. Die gemeinwohlorientierten Gestaltungsmöglichkeiten eines Abgeordneten, der nicht zur Neutralität verpflichtet ist, sondern auch Partikularinteressen vertritt, dürften nicht beschränkt werden, indem die Spielräume der Gestaltung von zulässigen Beziehungen und erlaubter Kontaktpflege zu stark eingeengt würden.[244] Strafrechtliche Reglementierungen des politischen Handelns würden der Freiheit des Willensbildungsprozesses in einer repräsentativen Demokratie widersprechen.[245] Diese Argumentation erscheint zunächst widersprüchlich, denn Art. 38 Abs. 1 S. 2 GG soll die Unabhängigkeit des Abgeordneten schützen, sodass Entscheidungen, die nicht auf der politischen Überzeugung des Abgeordneten, sondern der Annahme von Vorteilen beruhen, gerade kein Ausdruck freier Mandatsausübung sind.[246] Diesen Umstand stellten die Kritiker der Reformbestrebungen jedoch nicht in Abrede. Sie betonten hingegen, dass § 108e StGB a.F. nur den Extremfall evident gemeinwohlwidrigen Verhaltens pönalisiere, das das von der Verfassung statuierte normative Idealbild

243 *Möhrenschlager*, in: FS Weber, 217 (231); *Jäckle*, ZRP 2012, 97 (100); *Hartmann*, S. 100.
244 *Kerner/Rixen*, GA 1996, 355 (373); *Hoven*, ZIS 2013, 33 (37); *Hartmann*, S. 130.
245 *Nolte*, DVBl. 2005, 870 (879); *Hartmann*, S. 130.
246 *Heisz*, S. 109; *Hoven*, ZIS 2013, 33 (37); *Francuski*, HRRS 2014, 220 (223).

eines Abgeordneten bedrohe.[247] Eine Ausdehnung der Strafbarkeit über den Anwendungsbereich des § 108e StGB a.F. wurde jedoch als problematisch erachtet, weil eine faktische Hemmung der politischen Arbeit und ein Verzicht auf einen gesellschaftlichen Dialog mit Interessenvertretern befürchtet wurden.[248] Diese Bedenken waren zwar grundsätzlich beachtenswert, jedoch kein überzeugendes Argument, um auf eine Reform vollständig zu verzichten. Die Kritik richtete sich gerade darauf, dass neben dem von § 108e StGB a.F. erfassten Stimmenkauf auch andere strafwürdige Fälle von Abgeordnetenbestechung denkbar sind. Der Sorge um eine möglicherweise zu weit gehende präventive Wirkung der Korruptionsstrafbarkeit, wenn dadurch zulässige Formen politischer Interaktion behindert würden, konnte im Rahmen des Gesetzgebungsprozesses bei der konkreten Ausgestaltung des erweiterten Tatbestands ausreichend entgegengewirkt werden.[249]

2) Beweisschwierigkeiten

Gegen die Erweiterung des § 108e StGB a.F. wurde zudem vorgebracht, dass es bei einem nur seinem Gewissen unterworfenen Abgeordneten kaum möglich sei, den Nachweis zu erbringen, dass sein Tätigwerden oder Unterlassen einer Handlung ausschließlich auf eine vorangegangene Gewährung eines Vorteils zurückzuführen sei und nicht ohnehin auf seiner subjektiven Überzeugung beruhe, weshalb in diesen Fällen nicht davon gesprochen werden könne, der Abgeordnete habe irgendetwas verkauft.[250] Und auch eine sprachliche Angleichung an die §§ 331 ff. StGB wäre keine Lösung gewesen, denn eine Unrechtsvereinbarung sei kaum festzustellen, wenn Vorteilsgeber und -nehmer auch ansonsten eine persönliche Beziehung unterhielten, die die Vorteilsgewährung plausibel machen würde.[251]

---

247 *Kerner/Rixen*, GA 1996, 355 (373); *Hartmann*, S. 130. Nach *Streit*, MIP 2007, 28 (33), tritt in den vom Tatbestand umfassten Evidenzfällen das korruptive Verhalten von beiden Seiten so offensichtlich zutage, dass eine Nichtbestrafung unbillig erschiene.

248 *Kerner/Rixen*, GA 1996, 355 (387); *Hoven*, ZIS 2013, 33 (37); *Mayer*, S. 38. *van Essen*, ZRP 2013, 190 (190), sah keine Möglichkeit, die Freiheit des Mandatsträgers auf eine das Bestimmtheitsgebot wahrende Weise einzuschränken.

249 So auch *Hoven*, ZIS 2013, 33 (37).

250 *Ransiek*, StV 1996, 446 (452); *Hartmann*, S. 102.

251 *Ransiek*, StV 1996, 446 (452); *Hartmann*, S. 102. Auch *Schaller*, S. 98, weist darauf hin, dass die Feststellung, ob die Vorteilsgewährung oder das Gewissen des Abgeordneten bei einer Entscheidung überwogen haben, im Einzelfall schwierig zu treffen sei.

3) Gefahr politisch initiierter Strafverfolgung

Weiterhin wurde die Sorge geäußert, dass das Strafrecht mit einem ausgedehnten Tatbestand der Abgeordnetenbestechung als Instrument für eine politisch initiierte Strafverfolgung missbraucht werden könne. Insbesondere zu Zeiten des Wahlkampfes könne das Strafrecht zum Spielball für politische Machtintrigen verkommen, dessen einzige Verwendung darin bestünde, dem politischen Gegner zu schaden.[252] Die Möglichkeit und Gefahr einer falschen Verdächtigung bestehen jedoch grundsätzlich unabhängig vom Tatbestand der Abgeordnetenbestechung, ohne dass eine besondere Praxis des Missbrauchs von Strafverfolgung zur Diskreditierung des politischen Gegners zu beobachten gewesen ist.[253]

4) Kontrolle durch Medien und Zivilgesellschaft als sinnvollere Alternative

Zusätzlich zu den entstehenden rechtlichen Nachweisschwierigkeiten und Einschränkungen der Mandatsausübung sahen die Kritiker eine Reform der Abgeordnetenbestechung auch deshalb nicht als unumgänglich an, weil aus ihrer Sicht eine außerstrafrechtliche Kontrolle unerwünschter, weil korruptiver Verhaltensweisen bereits sinnvoll möglich gewesen sei. Eine Selbstregulierung sei sowohl über parlamentsinterne Kontrolle durch Abgeordnetengesetze und Verhaltensregeln[254] als auch durch die mediale Öffentlichkeit möglich, da Abgeordnete aus reinem Eigeninteresse die ihre politische Existenz vernichtende Berichterstattung über öffentliche Skandale vermeiden wollen würden,[255] weil diese letzten Endes auch auf die Wahlentscheidung der Bevölkerung Einfluss nehmen kann.

Auch wenn im politischen Bereich außerstrafrechtlichen Regulierungs- und Sanktionsmechanismen eine besondere Bedeutung zukommt, kann eine mediale Kontrolle das Strafrecht nicht vollständig ersetzen. Mediale Berichterstattung, die selbst nicht frei von Partikularinteressen ist bzw. nicht im politikfreien Raum erfolgt, kann keine Alternative zur unabhängigen Arbeit staatlicher Ermittlungsbehörden und Gerichte sein, die strafrechtliche Sachverhalte nach Maßgaben,

252 *Michalke*, in: FS Hamm, 459 (474); MdB *Heveling* (CDU), PlrPr 17/163, S. 19406D. Zuvor schon *Dürr*, ZRP 1979, 264 (264).

253 *Hoven*, ZIS 2013, 33 (38).

254 *Streit*, MIP 2007, 28 (33 f.); *Michalke*, in: FS Hamm, 459 (474); MdB *Heveling* (CDU), PlrPr 17/163, S. 19407C.

255 *Nolte*, DVBl. 2005, 870 (879 f.); *Schmitz*, in: FS Szwarc, 367 (383); *Hartmann*, S. 130. Als richtige und dem Strafrecht vorzugswürdige Reaktion auf unlauteres Verhalten erachtet Satzger/Schluckebier/Widmaier-*Rosenau*, § 108e Rn. 7, demokratische Wahlen und Abstimmungen.

die von einem demokratisch legitimierten Gesetzgeber aufgestellt wurden, ermitteln und ahnden.[256]

III) Unterschiedliche Reformmodelle

Ausgehend von den dargelegten Gründen, die für eine Erweiterung der Strafbarkeit der Abgeordnetenbestechung angeführt wurden, und den beachtenswerten Bedenken gegen eine Strafbarkeitserweiterung wurden bei der rechtspolitischen Debatte um die Reform des § 108e StGB a.F. im Wesentlichen vier verschiedene Modelle mit ihren Vor- und Nachteilen diskutiert.[257] Eine Aufhebung des § 108e StGB a.F. und gleichzeitige Nichtnormierung der Abgeordnetenbestechung wurde dabei nicht einmal von den Kritikern einer Ausweitung der Strafbarkeit erwogen. Ein solches Unterfangen wäre gesellschaftlich und angesichts der politischen Verpflichtung aus den beiden völkerrechtlichen Verträgen auch keinesfalls zu realisieren gewesen.

1) Einbeziehung in die Amtsträgerdelikte

Ein Modell, die Abgeordnetenbestechung gesetzestechnisch zu erfassen, wurde darin gesehen, Abgeordnete mit Amtsträgern in strafrechtlicher Hinsicht gleichzustellen. Das wurde von einigen wenigen in der Literatur pauschal gefordert, ohne dass jedoch konkrete Regelungsmodelle vorgeschlagen wurden.[258] Für die Umsetzung der Forderung waren grundsätzlich zwei unterschiedliche Alternativen denkbar. Zum einen hätte man die Mitglieder der Volksvertretungen in Europa, dem Bund, den Ländern und auf kommunaler Ebene in den Amtsträgerbegriff des § 11 Abs. 1 Nr. 2 StGB aufnehmen können. Die andere Möglichkeit hätte darin bestanden, den Anwendungsbereich der §§ 331 ff. StGB auf Abgeordnete auszudehnen, indem in § 336 StGB oder § 337 StGB ein Absatz 2 eingefügt worden wäre, der Abgeordnete im Rahmen der §§ 331 bis 335 StGB den Amtsträgern gleichgestellt hätte.[259]

---

256 *Heisz*, S. 114; *Hoven*, ZIS 2013, 33 (38); *Hartmann*, S. 131.

257 Eine umfassende Darstellung und Bewertung der grundsätzlich denkbaren Reformmodelle liefert *Hartmann*, S. 115 ff.

258 *Fätkinhäuer*, in: Korruption in Deutschland, 71 (77); *Deiters*, in: Dimensionen politischer Korruption, 424 (425); *Sanchez-Hermosilla*, Kriminalistik 2003, 74 (77); *Schaupensteiner*, in: Korruptionsbekämpfung, 177 (188).

259 So der Vorschlag von *Peek*, ZStW 120 (2008), 785 (810). *Hartmann*, S. 191 ff., prüft außerdem die Möglichkeit, lediglich kommunale Mandatsträger in die §§ 331 ff. StGB einzubeziehen.

Die vollständige strafrechtliche Gleichstellung von Amtsträgern und gewählten Mandatsträgern durch Erweiterung des § 11 Abs. 1 Nr. 2 StGB wurde nicht ernsthaft als mögliche Option in Erwägung gezogen. Mit Hinweis darauf, dass auf Abgeordnete gerade die beamtenrechtlichen Bestimmungen keine Anwendung finden und sie auch keine beamtenähnliche Stellung innehaben, wurden Überlegungen zur strafrechtlichen Gleichbehandlung im Ergebnis zu Recht als verfassungsrechtlich unzulässig abgelehnt.[260] Für eine (zumindest partielle) Gleichstellung im Rahmen der §§ 331 ff. StGB wurden – neben der Forderung, die bestehende Ungleichbehandlung zwischen Amtsträgern und Abgeordneten zu beseitigen – im Wesentlichen zwei Argumente genannt. Die VN-Konvention ordnet die Abgeordneten dem Amtsträgerbegriff zu und auch in anderen ausländischen Rechtsordnungen sind beide Personengruppen im Bereich der Bestechungstatbestände strafrechtlich gleichgestellt.[261] Das der VN-Konvention zugrunde liegende Rechtsverständnis zur Strafwürdigkeit der Bestechung von Amts- und Mandatsträgern und die Rechtslage in anderen Staaten sind jedoch lediglich Zeichen dafür, dass eine Gleichstellung nicht generell ausgeschlossen ist. Als überzeugendes Argument für eine Gleichstellung auch im deutschen Strafrecht kann es allerdings nicht gesehen werden.

In der rechtspolitischen Diskussion konnten die stärkeren Argumente gegen eine strafrechtliche Gleichstellung vorgetragen werden. Oftmals wurde in diesem Zusammenhang betont, dass für Abgeordnete im Gegensatz zu Amtsträgern kein genau umgrenzter Pflichtenkreis feststehen würde.[262] Während ein Amtsträger beim Gesetzesvollzug stets unparteiisch und frei von äußeren Beeinflussungen die bestehenden Normen anwenden müsse, sei die Mandatsausübung immer der individuellen Gestaltung des einzelnen Abgeordneten überlassen, bei der auch die Zugehörigkeit zu einer gesellschaftlichen Gruppe und die Wahrnehmung von deren Interessen zu einer persönlichen Besserstellung führen können.[263] In dieser Allgemeinheit ist diese Aussage jedoch wenig überzeugend, denn dabei wurde verkannt, dass mit der Stellung als Abgeordneter nicht nur

---

260 *Peek*, ZStW 120 (2008), 785 (810) in Fn. 117; *Hartmann*, S. 185.

261 Ausführlich zur Rechtslage in Frankreich, Italien und Österreich *Hartmann*, S. 179–184. Zum französischen Recht und der Regelung der Abgeordnetenbestechung in anderen Ländern mittels einer Einbeziehung in den Amtsträgerbegriff auch *Heisz*, S. 73 ff.

262 So bereits in der Gesetzesbegründung zur Einführung von § 108e StGB a.F. in BT-Drs. 12/5927, S. 5. Vgl. aber auch *Käßner*, S. 206; *Schlüchter*, in: FS Geerds, 713 (725); *Stünker*, in: FS Meyer, 589 (596); *van Essen*, ZRP 2013, 190 (190).

263 *Dölling*, C 82; *Hoven*, ZIS 2013, 33 (40); *Hartmann*, S. 187.

Rechte, sondern auch Pflichten verbunden sind.[264] Zuzustimmen ist ihr nur insoweit, als die Pflichten der Abgeordneten nicht durch Verhaltensregeln derart ausgeprägt sind wie die entsprechenden Regeln für Amtsträger.[265] Gleichzeitig spricht aber auch das vermeintliche Fehlen eines klar umgrenzten Pflichtenkreises nicht unausweichlich gegen eine Einbeziehung der Abgeordneten in die §§ 331 ff. StGB. Mangels eines genau festgelegten Pflichtenkreises lässt sich nicht eindeutig feststellen, ob eine Handlung pflichtgemäß oder pflichtwidrig gewesen ist.[266] Diese Entscheidung ist jedoch nur im Rahmen der §§ 332, 334 StGB Voraussetzung der Strafbarkeit, sodass Abgeordnete durchaus in die §§ 331, 333 StGB hätten mit aufgenommen werden können.[267]

Dass dies jedoch nicht sinnvoll war, liegt an der Kombination aus dem freien Mandat des Abgeordneten und der infolge des Korruptionsbekämpfungsgesetzes gelockerten Unrechtsvereinbarung in den §§ 331, 333 StGB, wonach der Vorteil nicht mehr für eine bestimmte künftige oder erbrachte Diensthandlung gewährt werden muss. Diese Lockerung lässt sich mit Blick auf die unerlässliche Neutralität eines Amtsträgers rechtfertigen.[268] Mit der Aufgabe eines Abgeordneten als Interessenvertreter, bei dem Parteilichkeit einen wesentlichen Teil seiner Stellung ausmacht, ist dies jedoch schwerlich zu vereinbaren.[269] Es hätte die Gefahr bestanden, nicht nur unbedenkliche, sondern sogar erwünschte und sinnvolle Verhaltensweisen in der Politik unter Strafe zu stellen. Beispielsweise wären Direktspenden an einen Abgeordneten dann ebenso strafbar gewesen, wie diejenigen Spenden an eine Partei, die erkennbar für die Tätigkeit eines Mandatsträgers gezahlt worden sind.[270]

Das Modell einer strafrechtlichen Gleichstellung durch Einbeziehung von Abgeordneten in die Bestechungsdelikte für Amtsträger wurde deshalb im Ergebnis als nicht angemessen beurteilt, denn der Status eines gewählten Volksvertreters

264 Vgl. für Bundestagsabgeordnete nur BVerfGE 76, 256 (341); BVerfGE 118, 277 (325).
265 So auch *Dölling*, C 82; *Hartmann*, S. 188.
266 Vgl. *Stünker*, in: FS Meyer, 589 (596 f.).
267 *Peek*, ZStW 120 (2008), 785 (811); *Hartmann*, S. 188.
268 Entsprechendes gilt für die in § 331 Abs. 2 StGB unter Strafe gestellte Vorteilsgewährung an einen Richter.
269 *Peek*, ZStW 120 (2008), 785 (813).
270 So auch für die Form der Vorteilsgewährung an einen Dritten (hier die Partei) *Hartmann*, S. 190. Anschauliches Beispiel zur Spendenproblematik bei *Peek*, ZStW 120 (2008), 785 (813).

ist nicht ohne weiteres mit der Struktur der Tatbestände der Vorteilsgewährung und Vorteilsannahme von Amtsträgern in Einklang zu bringen gewesen.[271]

2) *Ausweitung der Strafbarkeit im Rahmen eines Sondertatbestands der Abgeordnetenbestechung*

Auch wenn aus den dargestellten Gründen eine Einbeziehung der Abgeordneten in die Amtsträgerdelikte nicht überzeugen konnte, erschien es wünschenswert, durch einen eigenen – für Mandatsträger gesonderten – Tatbestand einen zumindest gleichwertigen bzw. entsprechenden strafrechtlichen Schutz sicherzustellen.[272] Deshalb gab es in Bezug auf § 108e StGB a.F. bereits seit dessen Einführung 1994 verschiedene Vorschläge, die Strafbarkeit durch Änderung einzelner Tatbestandsmerkmale zu erweitern.[273]

a) *Ausweitung der strafbaren Gegenleistung über den Stimmenverkauf hinaus*

Als Konsequenz der Kritik an der ausschließlichen Pönalisierung des Verkaufs der Stimme bei einer Wahl oder Abstimmung in einer Volksvertretung wurde gefordert, den Kreis möglicher Gegenleistungen des Abgeordneten zu erweitern. Dabei wurde es zunächst als sinnvoll erachtet, den Anwendungsbereich des Stimmen(ver)kaufs über Volksvertretungen – und Ausschüsse sowie Kommissionen als deren Teileinheiten – hinaus auf Fraktionen und Arbeitskreise sowie die Bundesversammlung, den Vermittlungsausschuss, den Gemeinsamen Ausschuss und den Richterwahlausschuss zu erweitern.[274] Daneben wurden verschiedene Formulierungsvorschläge vorgebracht, um die gesamte Mandatstätigkeit sinnvoll in den Tatbestand mit aufzunehmen: Für strafbar erklärt werden sollte ein

---

271 So auch *Überhofen*, S. 235; *Peek*, ZStW 120 (2008), 785 (813); *Kühn*, S. 281; *Hartmann*, S. 191; *Kempf*, in: FS Schiller, 359 (367 f.).

272 Vgl. *Heisz*, S. 128 f. *Schaupensteiner*, Kriminalistik 2003, 9 (12), wollte den Tatbestand der Abgeordnetenbestechungen den §§ 331 ff. StGB angleichen.

273 Statt vieler sich gegen eine Erweiterung aussprechend: *Richter*, S. 137, und *Kerner/Rixen*, GA 1996, 355 (387). *Michalke*, in: FS Hamm, 459 (472 ff.), forderte eine *„Rückbesinnung auf § 108e StGB in der geltenden Fassung"*. Zurückhaltend gegenüber einer Erweiterung auch *Nolte*, DVBl. 2005, 870 (879 f.); *Überhofen*, S. 190; *Streit*, MIP 2007, 28 (35).

274 *Epp*, S. 412 f., 415 f., 418 f., 499; *Heisz*, S. 131–135, 145; *Mayer*, S. 136, 138. Für die Erfassung von Fraktionen und Arbeitskreisen: *Dölling*, C 83; *Schaller*, S. 160, und *Kühn*, S. 283.

Vorteil, der dem Abgeordneten *„für die Ausübung seines Mandats“*[275], *„bei Wahrnehmung seines Mandats“*[276] oder *„im Zusammenhang mit dem Mandat oder seinen Aufgaben“*[277] angeboten oder gewährt wird. An der Aufnahme der gesamten Mandatstätigkeit wurde kritisiert, dass eine solche Formulierung unter mangelnder Bestimmtheit leide und neue Abgrenzungsprobleme aufwerfen würde.[278] Zudem sei das zu schützende Rechtsgut des öffentlichen Vertrauens in die Integrität des parlamentarischen Meinungsbildungsprozesses und die Unabhängigkeit der Mandatsinhaber erst dann bedroht und der Schutz durch das Strafrecht erst dann angezeigt, wenn ein Mandatsträger an einer Wahl oder Abstimmung teilnähme, die als Mehrheitsentscheidung von zentraler Bedeutung im demokratischen Rechtsstaat sei.[279] Unter diesen Gesichtspunkten war es nachvollziehbar, dass einige die Erweiterung auf die parlamentarischen Betätigungsformen des Mandatsträgers begrenzen wollten.[280]

b) Modifikation des Vorteilsbegriffs

Die Vorschläge zur Modifikation des Vorteilsbegriffs bezogen sich in erster Linie auf die Schließung von Strafbarkeitslücken, die im Zusammenhang mit der Abgeordnetenbestechung vielfach als sehr problematisch empfunden wurden. So wurde dafür plädiert, dass sowohl immaterielle[281] als auch nachträglich[282] und mittelbar[283] gewährte Vorteile eine Strafbarkeit begründen sollten. Damit war die Erwartung verbunden, dass eine Reihe zum Teil sehr offensichtlicher und die Strafbarkeit umgehende Konstellationen wirksam verhindert werden könnten.

Während damit einerseits ein breiteres Verständnis des Vorteilsbegriffs als notwendig erachtet wurde, bestand andererseits Konsens darüber, die möglichen strafbaren Leistungen an Abgeordnete sinnvoll auf die strafwürdigen Fälle

---

275 *Dölling*, C 113; *Becker*, S. 192; *Heisz*, S. 137 (*„für die Mandatsausübung“*); *Mayer*, S. 136.

276 *Stünker*, in: FS Meyer, 589 (597); *van Aaken*, ZaöRV 2005, 407 (430); *Hartmann*, S. 269, 276.

277 *Möhrenschlager*, in: FS Weber, 217 (232).

278 *Epp*, S. 280 ff.; *Schaller*, S. 106 f.; *Kühn*, S. 282.

279 *Epp*, S. 282; *Schaller*, S. 107.

280 *Schaupensteiner*, Kriminalistik 1994, 514 (523); *Schaupensteiner*, Kriminalistik 2003, 9 (12); *Dölling*, C 83; *Peek*, ZStW 120 (2008), 785 (825).

281 *Epp*, S. 313, 498; *Heisz*, S. 138; *van Aaken*, ZaöRV 2005, 407 (428); *Kühn*, S. 283; *Hoven*, ZIS 2013, 33 (42); *Hartmann*, S. 273.

282 *Überhofen*, S. 208; *Schaller*, S. 159 f.; *van Aaken*, ZaöRV 2005, 407 (427 f.); *Peek*, ZStW 120 (2008), 785 (825); *Hoven*, ZIS 2013, 33 (44); *Helmes*, S. 347.

283 *Epp*, S. 313, 498; *Heisz*, S. 138; *van Aaken*, ZaöRV 2005, 407 (430).

einzugrenzen. Erforderlich wurde damit eine tatbestandliche Abgrenzung zwischen erlaubten und unerlaubten Zuwendungen, die unter Verwendung normativer Begriffe erfolgen sollte.[284]

c) Lockerung der Unrechtsvereinbarung

Diejenigen, die den Bereich der möglichen Gegenleistungen des Abgeordneten auf die gesamte Mandatsführung ausdehnen wollten, sprachen sich teilweise dafür aus, auf das Erfordernis einer konkreten Unrechtsvereinbarung zu verzichten. Wenn der Vorteil für die Wahrnehmung bzw. Ausübung des Mandats gewährt würde, sollte der Nachweis, den Abgeordneten zu einem ganz konkreten Handeln oder Unterlassen bewegt zu haben, nicht mehr erforderlich sein.[285] Mit der damit erfolgenden Angleichung an die §§ 331 Abs. 1, 333 Abs. 1 StGB, bei denen der Vorteil vergleichbar lediglich *„für die Dienstausübung“* gewährt werden muss, wäre auch die politische „Klimapflege“ bzw. das „Anfüttern“ eines Abgeordneten unter Strafe gestellt worden. Aus der praktischen Sicht der Strafverfolgung wären damit mögliche Beweisschwierigkeiten verringert worden, die angesichts der Normstruktur von § 108e StGB a.F. als große Hürde bei der Bestrafung der Abgeordnetenbestechung gesehen wurden.

3) Hinzufügen einer Rechtswidrigkeitsklausel

Ein anderer Versuch, den als zu weit empfundenen Bereich der Strafbarkeit einzuschränken und die Besonderheiten des Abgeordnetenmandats zu berücksichtigen, wurde bereits von der Großen Strafrechtskommission 1962 mit dem Einfügen einer Rechtswidrigkeitsklausel unternommen.[286] Die Abgeordnetenbestechung sollte dann nicht rechtswidrig sein, wenn es unter Berücksichtigung des Gegenstandes der Abstimmung, der Art des Vorteils und der für ihn vorgesehenen Verwendung nicht verwerflich wäre, ihn als Gegenleistung anzunehmen.[287]

---

284 *Möhrenschlager*, in: FS Weber, 217 (232), verwies auf die Begriffe *„corruptly“* bzw. *„nicht gebührender Vorteil“* in ausländischen Rechtsordnungen. *Stünker*, in: FS Meyer, 589 (597), und *Peek*, ZStW 120 (2008), 785 (824), wollten die Strafbarkeit auf *„unbillige Vorteile“*, *Hartmann*, S. 146 f., 273, in Anlehnung an die VN-Konvention auf *„ungerechtfertigte Vorteile“* beschränken.

285 *Becker*, S. 190; *Heisz*, S. 136. Anders *Stünker*, in: FS Meyer, 589 (600 f.), und *Hartmann*, S. 271 f., die ausdrücklich am Erfordernis einer konkreten Unrechtsvereinbarung festhielten.

286 Siehe zuvor schon 2. Abschnitt A) III).

287 Zur Ausarbeitung der genauen Klausel-Formulierung im Rahmen der Großen Strafrechtskommission *Hartmann*, S. 44 f.

In der 16. Legislaturperiode legte die Fraktion Bündnis 90/Die Grünen einen Gesetzesentwurf zur Änderung von § 108e StGB a.F. vor, wonach nur ein rechtswidriger Vorteil strafbar sein sollte.[288] Nach der Definition in Abs. 3 des Entwurfs sollte ein rechtswidriger Vorteil dann vorliegen, „*wenn seine Verknüpfung mit der Gegenleistung als verwerflich anzusehen ist*". Während die Große Strafrechtskommission die Klausel erst auf der Ebene der Rechtswidrigkeit der Tat zur Anwendung kommen ließ, sah der Entwurf von Bündnis 90/Die Grünen mit der Formulierung „*rechtswidriger Vorteil*" bereits auf Tatbestandsebene ein Korrektiv vor. Trotz dieses Unterschiedes wurde in beiden Fällen der Versuch unternommen, mit Hilfe des Begriffs der Verwerflichkeit[289] und in Anlehnung an den Tatbestand der Nötigung gemäß § 240 Abs. 1 StGB eine Einschränkung des strafbaren Verhaltens vorzunehmen. In der Rechtsprechung hat sich für den Begriff der Verwerflichkeit die Formel entwickelt, darunter ein Verhalten mit einem „*erhöhten Grad sittlicher Missbilligung*" zu verstehen, wobei jedoch nicht auf moralische oder Gesinnungsmaßstäbe abzustellen ist, sondern auf die Sozialwidrigkeit des Handelns.[290]

In Anbetracht der anhaltenden Diskussionen um die Verfassungsmäßigkeit der Rechtswidrigkeitsklausel im Nötigungstatbestand[291] erschien es problematisch, bei der strafrechtlichen Regelung der Abgeordnetenbestechung auf ein entsprechendes Instrument zurückzugreifen. Die Frage nach der Bestimmtheit einer solchen Klausel hätte sich bei den genannten Formulierungen verstärkt gestellt: Bei der Nötigung enthält der Tatbestand mit den Nötigungsmitteln der Gewalt oder Drohung sowie dem Nötigungszweck Maßstäbe für die Bewertung der Verwerflichkeit, an denen es bei der Abgeordnetenbestechung gerade fehlte.[292]

---

288 BT-Drs. 16/6726. Die Gesetzesinitiative blieb jedoch erfolglos.

289 Einen Überblick über die Tatbestände des StGB, in denen ebenfalls der Begriff der Verwerflichkeit verwendet wird (§§ 240 Abs. 2, 253 Abs. 2, 170 Abs. 2, 129b StGB), bietet *Hartmann*, S. 164 ff.

290 Vgl. *Fischer*, StGB, 61. Aufl. 2014, § 240 Rn. 41, und Schönke/Schröder-*Eser/Eisele*, § 240 Rn. 17, jeweils mit Hinweisen auf die Rechtsprechung.

291 Vgl. nur Schönke/Schröder-*Eser/Eisele*, § 240, Rn. 1b. BVerfGE 73, 206 (238 f.), hingegen hat die Verfassungsmäßigkeit von § 240 Abs. 2 StGB aufgrund der zugunsten des Täters tatbestandskorrigierenden Funktion festgestellt.

292 *Michalke*, in: FS Hamm, 459 (470); *Peek*, ZStW 120 (2008), 785 (822); *Schmitz*, in: FS Szwarc, 367 (381). Auf die fehlenden Maßstäbe weist bereits *Baldus*, in: Niederschriften GrStrKom Bd. 13, S. 265, bei den Gesprächen der Großen Strafrechtskommission hin. *Heisz*, S. 120, hingegen ist der Meinung, dass die Verfassungsordnung ausreichende Rückschlüsse auf die Abgeordnetenpflichten zulässt.

Die Befürworter hielten die Klausel hingegen für vorzugswürdig. Das tatbestandsmäßige Gewähren oder Hinnehmen des Vorteils sei nicht an sich strafwürdig, sondern nur, wenn dies aufgrund weiterer Umstände als verwerflich zu bewerten sei, wobei dieses Urteil auf Grundlage der umfassenden Würdigung des Sachverhalts zu treffen sei.[293] Bereits der gewährte Vorteil könne für sich genommen das Verwerflichkeitsurteil begründen, wenn er in einer erheblichen Zuwendung bestehe, er dem persönlichen Nutzen des Mandatsträgers zu dienen bestimmt sei oder der Abgeordnete durch die Vorteilsgewährung der Abhängigkeit des Zuwendenden ausgeliefert würde.[294] Ebenso sollten Vorteile unter Verstoß gegen Publizitätspflichten oder Spendenverbote verwerflich sein.[295] Weiterhin möglich sollte die Konstruktion der Verwerflichkeit in einer solchen Konstellation sein, in der eine enge inhaltliche Verknüpfung zwischen Vorteil und Gegenleistung besteht, wobei für deren Feststellung auf die rechtliche Missbilligung einer derartigen Verknüpfung unter Anwendung der Wertungen und Leitlinien des Parteiengesetzes abzustellen sei.[296]

Trotz dieser einzelnen Beispiele gelang es nicht, hervorzuheben, worin der besondere Vorteil der Verwendung einer Rechtswidrigkeitsklausel bestehen sollte, abgesehen von einer Flexibilität bei der Beurteilung eines Sachverhalts. Das zeigt aber, dass eine Rechtswidrigkeitsklausel keine wirkliche Lösung für die Frage anbietet, wie politisch Erlaubtes von strafwürdigem Verhalten abgegrenzt werden kann. Zudem ist eine gesonderte Prüfung der Verwerflichkeit zweifelhaft, wenn man gleichzeitig eine konkrete Unrechtsvereinbarung als strafbegründende Voraussetzung verlangt. Denn wurde eine solche vereinbart, stellte die Annahme des Vorteils per se Unrecht dar und ist im Sinne einer Verwerflichkeit sozialschädlich.[297]

4) Blanketttatbestand

Ein weiteres Modell bestand darin, den Tatbestand der Abgeordnetenbestechung als Blankettnorm auszugestalten, die mit den für Abgeordnete geltenden

---

293 *Tröndle*, in: Niederschriften GrStrKom Bd. 13, S. 263. Das Argument, durch das Einfügen der Rechtswidrigkeitsklausel sei ein Irrtum über die Erlaubtheit des Vorgehens im Gegensatz zur Variante der Tatbestandseinschränkung ein Verbots- und kein Tatbestandsirrtum, hat daneben nur untergeordneten Charakter.

294 *Tröndle*, in: Niederschriften GrStrKom Bd. 13, S. 263.

295 *Brodowski*, HRRS 2009, 277 (282).

296 *Brodowski*, HRRS 2009, 277 (282).

297 So auch *Jäckle*, ZRP 2012, 97 (99).

Verhaltensregeln oder Abgeordnetengesetzen verknüpft werden sollte.[298] Durch den Verweis im Tatbestand wären Verletzungen der Anzeige- oder Veröffentlichungspflichten, die in den für die jeweilige Volksvertretung geltenden Verhaltensregeln normiert sind, für strafbar erklärt worden. Eine solche gesetzestechnische Umsetzung wäre insoweit konsequent gewesen, als bereits in Bezug auf § 108e StGB a.F. die Verhaltensregeln des Deutschen Bundestages Anhaltspunkte bieten sollten, um die Begriffe des Kaufs bzw. Verkaufs einer Stimme auszulegen.[299] Der große Vorteil dieser Regelungstechnik wurde darin gesehen, dass die Regeln in ihrer Bestimmtheit und Verständlichkeit klarer seien als jeder Versuch der Umschreibung des verbotenen Verhaltens mit normativen Tatbestandsmerkmalen.[300] Zudem wurde die Chance betont, Umgehungsmöglichkeiten und Beweisschwierigkeiten zu reduzieren, wenn der Nachweis einer konkreten Unrechtsvereinbarung beim Stimmenkauf nicht mehr erforderlich gewesen wäre.[301]

Die Variante, die Abgeordnetenbestechung als Blanketttatbestand auszugestalten, ist jedoch nicht unproblematisch. Zunächst muss festgehalten werden, dass der Verweis einer Blankettnorm auf Verhaltensregeln als parlamentarisches Innenrecht[302] verfassungsrechtlich unzulässig ist, sodass der vereinzelt erhobene Vorwurf der Rechtsunsicherheit[303] nicht weiter ins Gewicht fiel. Könnte der Bundestag strafrechtliche Vorschriften allein als Teil seiner Geschäftsordnung erlassen, würden die im Grundgesetz vorgesehenen Beteiligungsrechte des Bundesrates umgangen.[304] Die Verhaltensregeln, auf die ein Straftatbestand als Blankettnorm verweisen sollte, hätten deshalb mit Gesetzesqualität erlassen werden müssen. Das ist grundsätzlich möglich und beispielsweise als Teil des Abgeordnetengesetzes auch denkbar. Die Gesetzgebungskompetenz besitzt der Bund jedoch ausschließlich für Regelungen in Bezug auf die Abgeordneten des Deutschen Bundestages. Für die Mitglieder des Europäischen Parlaments,

---

298 So die Idee von *Schmitz*, in: FS Szwarc, 367 (384). Dem Gedanken eher skeptisch gegenüber *Möhrenschlager*, in: FS Weber, 217 (232).

299 So bereits die Gesetzesbegründung zu § 108e StGB a.F. in BT-Drs. 12/5927, S. 7.

300 *Schmitz*, in: FS Szwarc, 367 (384); *Hartmann*, S. 174. *Becker*, S. 187, spricht von *„klareren Konturen"* eines solchen Tatbestands.

301 *Becker*, S. 187; *Hartmann*, S. 174 f.

302 So *Becker*, S. 115. Ausführlich zur Rechtsnatur der Verhaltensregeln *Kühn*, S. 39 ff., der als Konsequenz von BVerfGE 118, 277 die Verhaltensregeln in Anlage 1 zur GOBT als Rechtform sui generis einordnet.

303 *Becker*, S. 187, beschreibt, dass infolge der Diskontinuität die Verhaltensregeln in jeder Legislaturperiode neu beschlossen werden müssten. Die Möglichkeit einer jeweiligen Neugestaltung bedeutet für sie eine *„nicht hinzunehmende Rechtsunsicherheit"*.

304 *Hartmann*, S. 175.

der Parlamente der Bundesländer sowie der kommunalen Volksvertretungen müssten jeweils entsprechende Regelungen erlassen werden. Der Verfassungsgrundsatz eines in Deutschland einheitlichen Strafrechts verlangt, dass dabei gleichwertige Regeln formuliert werden.[305] Es besteht jedoch infolge der dann zahlreichen Verhaltensregeln für die verschiedenen Abgeordneten die Gefahr, dass unterschiedliche strafrechtliche Maßstäbe gelten könnten.

Aber selbst für den Fall, dass die formale Voraussetzung mit dem Verweis auf Verhaltensregeln mit Gesetzesqualität erfüllt worden wäre, bestand im Hinblick auf die inhaltliche Ausgestaltung der Regeln das identische Abgrenzungsproblem, das bei der Neufassung in einem selbstständigen Straftatbestand hätte gelöst werden müssen. Auch in den dann neu zu erlassenden Verhaltensregeln hätte die Grenze zwischen im politischen Alltag erlaubten und strafrechtlich zu sanktionierenden Zuwendungen gezogen werden müssen. Das eigentliche Problem, strafwürdiges von straffreiem Verhalten abzugrenzen, wäre damit nur auf eine andere Ebene verlagert worden. Dass diese Abgrenzung auf Ebene der Verhaltensregeln erfolgreicher vorzunehmen gewesen wäre, war nicht zwingend anzunehmen. Als weitere Möglichkeit erschien außerdem, dass im Rahmen der Verhaltensregeln eine Art Generalklausel aufgenommen worden wäre, die „*unlauteres Verhalten der Abgeordneten*" oder die „*Entgegennahme unangemessener Zuwendungen*" untersagt hätte, wobei eine solche Formulierung mit Blick auf das Bestimmtheitsgebot des Art. 103 Abs. 2 GG fragwürdig erschien.[306]

Die Abgeordnetenbestechung gesetzestechnisch mithilfe eines Blanketttatbestands zu erfassen, erschien aus diesen Gründen verfassungsrechtlich kaum zu realisieren und wurde deshalb nicht weiterverfolgt.

IV) Politische Initiativen zur Neuregelung in der 17. Legislaturperiode

Neben Überlegungen und Vorschlägen in der juristischen Literatur schien die Thematik in der politischen Diskussion lediglich eine untergeordnete Rolle einzunehmen. In der 17. Legislaturperiode wurde eine Reihe von Gesetzesentwürfen zur Reform der Abgeordnetenbestechung vorgelegt, um die Vorgaben der

---

305 *Hartmann*, S. 176.

306 Die gleichen Bedenken äußert *Hartmann*, S. 176. *Michalke*, in: FS Hamm, 459 (471), hält in Bezug auf § 44a Abs. 2 S. 2 und 3 AbgG aus strafrechtlicher Sicht das Kriterium der „*Vertretung von Interessen*" bzw. das spiegelbildliche „[E]*rwarten*" einer solchen Vertretung für zu unbestimmt sowie das Merkmal der „*Angemessenheit der Gegenleistung*" für „*wenig fassbar*".

VN-Konvention sowie des Strafrechtsübereinkommens des Europarates umzusetzen und die beiden internationalen Verträge zu ratifizieren. Während die Oppositionsparteien des 17. Deutschen Bundestages ihre Gesetzesvorschläge vorlegten, die sie bereits in der vorangegangenen Legislaturperiode eingebracht hatten, wurde die politische Diskussion zur Abgeordnetenbestechung durch zwei weitere Gesetzesinitiativen im Frühjahr 2013 gefördert.

1) *Entwurf der Bundestagsfraktion Die Linke (BT-Drs. 17/1412)*

Der Entwurf eines Gesetzes zur Bekämpfung der Abgeordnetenbestechung von der Fraktion Die Linke bemühte sich um eine weitreichende Änderung des § 108e StGB a.F. und eine größtmögliche Angleichung an die Tatbestände der §§ 331 ff. StGB. Letzteres kam bereits dadurch zum Ausdruck, dass der geänderte § 108e StGB-E (Linke) mit „*Abgeordnetenbestechlichkeit*" überschrieben sein sollte und ausschließlich die passive Seite der Bestechung erfasste, während der neue § 108f StGB-E (Linke) als „*Abgeordnetenbestechung*" spiegelbildlich die aktive Seite unter Strafe stellte. Sowohl die fehlende Versuchsstrafbarkeit für die Vorteilsgewährung als auch der geringere Strafrahmen bei §108f StGB-E (Linke) sollten zum Ausdruck bringen, dass derjenige, der einen unzulässigen Vorteil anbietet, sich nicht wie derjenige, der einen solchen Vorteil annimmt, in einer besonderen Pflichtenstellung befindet.[307]

Strafbar machte sich nach dem Entwurf dasjenige „*Mitglied einer Volksvertretung […], das für eine Handlung oder Unterlassung, die im Zusammenhang mit der Ausübung seines Mandats steht, einen Vorteil für sich oder einen Dritten fordert, sich versprechen lässt oder annimmt […], wenn dies seiner aus dem Mandat folgenden rechtlichen Stellung widerspricht*". In den jeweiligen Absätzen 2 folgten dem bestehenden Stimmenkauf angelehnte Qualifikationstatbestände mit einem erhöhten Strafrahmen. Ausweislich der Begründung zu dem Gesetzesentwurf sollte die auf den ersten Blick sehr weit gefasste Formulierung „*im Zusammenhang mit der Ausübung seines Mandats*" auf ein Verhalten der Mandatsträger im Sinne von § 13 GOBT sowie auf die Arbeit in Fraktionen und Arbeitskreisen beschränkt sein.[308] Neben immateriellen Vorteilen sollten dem Entwurf nach auch nachträgliche Vorteilsgewährungen unter Strafe gestellt werden.

Im Vergleich zu den Amtsträgerdelikten sollte den Besonderheiten der parlamentarischen bzw. politischen Arbeit dadurch Rechnung getragen werden, dass die Verknüpfung der Vorteilsgewährung als Gegenleistung für die

---

307 BT-Drs. 17/1412, S. 7.
308 BT-Drs. 17/1412, S. 6.

Mandatsausübung mit der rechtlichen Stellung des Abgeordneten unvereinbar sein muss. Durch diese normative Voraussetzung wurden Vorteile aus dem strafbaren Bereich herausgenommen, die nach allgemeiner Lebenserfahrung von vornherein nicht den Eindruck illegitimer Einflussnahme erwecken würden, wie die Annahme symbolischer Geschenke oder Einladungen zu einem gemeinsamen Abendessen, oder aber Ausdruck des in der Verfassung vorgesehenen parlamentarischen Prozesses, wie die Vergabe politischer Ämter, seien.[309]

2) Entwurf der Bundestagsfraktion Bündnis 90/Die Grünen (BT-Drs. 17/5933)

Die Gesetzesinitiative der Fraktion Bündnis 90/Die Grünen regelte die Tatbestände der Bestechlichkeit (Abs. 1) und Bestechung (Abs. 2) von Abgeordneten wiederum in einer gemeinsamen Norm. Für strafbar erklärte der Gesetzesentwurf das Fordern, Sich-versprechen-Lassen oder Annehmen bzw. das Anbieten, Versprechen oder Gewähren eines rechtswidrigen Vorteils als Gegenleistung dafür, dass der Abgeordnete „*in Ausübung seines Mandats in der Volksvertretung oder im Gesetzgebungsorgan eine Handlung zur Vertretung oder Durchsetzung der Interessen des Leistenden oder eines Dritten vornehme oder unterlasse*". In Abs. 3 wurde erläutert, dass ein rechtswidriger Vorteil dann vorliege, „*wenn seine Verknüpfung mit der Gegenleistung als verwerflich anzusehen*" sei. Mit der Feststellung einer besonderen Verwerflichkeit sollten Fälle politischer Tausch- oder Gegenseitigkeitsgeschäfte aus der Strafbarkeit herausgenommen werden, denn sie seien, wie das Beispiel der Koalitionsverhandlungen zeige, in der deutschen parlamentarischen Kultur grundsätzlich sozialadäquat und würden das Rechtsgut des Schutzes der freien Willensbildung und -betätigung des Parlaments vor illegitimer Einflussnahme nicht beeinträchtigen.[310] Die Beschreibung, dass die Handlung „*zur Vertretung oder Durchsetzung der Interessen des Leistenden*" dienen müsse, war § 44a Abs. 2 S. 2 AbgG nachempfunden.[311]

Beachtenswert war § 108e Abs. 4 StGB-E (Grüne), der den Mitgliedern einer Volksvertretung die Bewerber um ein solches Mandat gleichstellte. Damit sollte der gleichheitswidrige Vorteil von Wahlbewerbern im politischen Wettbewerb beseitigt werden, wenn diese sich nicht mehr sanktionsfrei finanzielle Mittel für

309 BT-Drs. 17/1412, S. 7.
310 BT-Drs. 17/5933, S. 5.
311 BT-Drs. 17/5933, S. 5.

ihren Wahlkampf durch Zusagen über ein späteres Handeln als gewählter Abgeordneter sichern könnten.[312]

3) *Entwurf der Bundestagsfraktion der SPD (BT-Drs. 17/8613)*

Dem Entwurf der SPD-Fraktion für einen reformierten § 108e StGB n.F. nach sollte bestraft werden, *„wer als Mitglied einer Volksvertretung […] einen Vorteil für sich oder einen Dritten dafür fordert, sich versprechen lässt oder annimmt, dass er bei der Wahrnehmung seines Mandats eine Handlung im Auftrag oder auf Weisung vornehme oder unterlasse"*. Vergleichbar zu dem Entwurf der Grünen sollte die Bestimmtheit – oder zumindest Bestimmbarkeit – der Norm durch eine Beschreibung der Tathandlung gewährleistet werden, die sich am Wortlaut eines anderen Gesetzes orientierte. Der Rückgriff auf Art. 38 Abs. 1 S. 2 GG (*„im Auftrag oder auf Weisung"*) sollte gerade das Wesen des strafwürdigen Verhaltens zum Ausdruck bringen, wenn sich der Abgeordnete entgegen seinem verfassungsmäßigen Status des freien Mandats verhalte und seine Gewissensfreiheit aufgebe.[313]

Als Wahrnehmung des Mandats sollten sämtliche Tätigkeiten in den Parlaments- und Fraktionsgremien zu verstehen sein, nicht jedoch das Verhalten innerhalb der Parteigremien oder die Situation, wenn der Mandatsträger kraft seiner *„Autorität"* Verwaltungsabläufe in seinem Wahlkreis beeinflusse.[314] Die aktive Seite der Bestechung wurde wiederum in Abs. 2 erfasst.

Die sehr weite Strafbarkeit wurde dann durch Abs. 3 des Entwurfes eingeschränkt. Dieser lautete:

> *„Ein politisches Mandat oder eine politische Funktion stellen keinen Vorteil im Sinne dieser Vorschrift dar. Auch eine nach dem Parteiengesetz oder entsprechender Gesetze zulässige Parteispende stellt keinen Vorteil dar. Auch eine Zuwendung, die im Rahmen der Wahrnehmung des Mandates parlamentarischen Gepflogenheiten entspricht, stellt keinen Vorteil dar."*

Mit dieser Negativdefinition des Vorteilsbegriffs wurden die nicht als strafwürdig empfundenen Fälle der zulässigen Parteispenden sowie die Vergabe politischer Ämter im Rahmen eines politischen Tauschgeschäfts ausgegrenzt. Gleiches galt für die parlamentarischen Gepflogenheiten entsprechenden Zuwendungen, wobei es sich um die im Zusammenhang mit Informations- und

---

312 BT-Drs. 17/5933, S. 5.
313 Vgl. BT-Drs. 17/8613, S. 3.
314 BT-Drs. 17/8613, S. 3 f.

Festveranstaltungen üblicherweise verbundene Bewirtung sowie die Teilnahme an kulturellen oder sportlichen Veranstaltungen handeln sollte.[315]

4) Kompromissvorschlag der Mitglieder von vier Parteien

Bereits früh nach dem Unterzeichnen der VN-Konvention waren der Wunsch und die Hoffnung geäußert worden, dass eine Änderung des § 108e StGB a.F. aus der Mitte des Bundestages kommen sollte, um auf eine breite Basis der Zustimmung der Parlamentsmitglieder bauen zu können. Bei Mitgliedern der CDU und FDP bestanden jedoch erhebliche Zweifel, das strafwürdige Verhalten in angemessener Weise in einem Tatbestand fassen zu können, ohne den verfassungsrechtlichen Status eines Abgeordneten zu stark einzuschränken.[316]

Unerwartet unterbreiteten Anfang März 2013 vier Rechtspolitiker einen gemeinsamen interfraktionellen Vorschlag.[317] Verzichtet wurde auf ein eingrenzendes normatives Merkmal oder die Rechtswidrigkeitsklausel. Bestraft werden sollte dasjenige Mitglied einer Volksvertretung, das *„für die Ausübung des Mandats als Gegenleistung einen Vorteil für sich oder einen anderen fordert, sich versprechen lässt oder annimmt"*. Spiegelbildlich wurden nach Abs. 2 angebotene, versprochene und vollzogene Vorteilsgewährungen unter Strafe gestellt. Eingeschränkt wurde der Vorteilsbegriff des mit *„Vorteilsannahme von Mandatsträgern, Vorteilsgewährung an Mandatsträger"* überschriebenen § 108e StGB-E (interfraktionell) durch zwei folgende Absätze. Anders als bei den vorangehenden drei Entwürfen waren immaterielle Zuwendungen[318] von der Strafbarkeit ausgenommen, denn gemäß Abs. 3 waren Vorteile im Sinne des Tatbestands ausschließlich *„geldwerte Zuwendungen"*. Als Begründung wurde angeführt, dass die *„Mandatsträger von einem schwer kalkulierbaren Strafbarkeitsrisiko"* entlastet werden sollten. Zusätzlich sollte die Vorteilsgewährung gemäß Abs. 5 nicht rechtswidrig sein, wenn sie auf einen Vorteil gerichtet ist, *„der im Einklang mit gesetzlich geregelten Verhaltensregeln steht"*. Anders als bei § 108e Abs. 3 StGB-E

315 BT-Drs. 17/8613, S. 4.

316 Vgl. nur Stellungnahmen von MdB *Kauder* (CDU) und MdB *van Essen* (FDP) zu den Gesetzesinitiativen der Oppositionsparteien, siehe PlrPr 17/103, S. 11867A – S. 11869C; PlrPr 17/114, S. 13069B – S. 13071C; PlrPr 17/163, S. 19395D – S. 19399A.

317 Der Entwurf der Abgeordneten *Siegfried Kauder* (CDU), *Raju Sharma* (Die Linke), *Burkhard Lischka* (SPD) und *Jerzy Montag* (Bündnis 90/Die Grünen) ist abrufbar unter: https://www.abgeordnetenwatch.de/blog (Link: Suche „fraktionsübergreifender Gesetzentwurf" > 06.03.2013 „Abgeordnetenbestechung: Mit Ihrer Unterschrift die FDP überzeugen!" > Hyperlink im Text „Gesetzentwurf").

318 BT-Drs. 17/1412, S. 6; BT-Drs. 17/5933, S. 4; BT-Drs. 17/8613, S. 3.

(SPD) wurden die Ausnahmen vom Vorteilsbegriff also nicht im Strafgesetzbuch selbst geregelt, sondern es wurde auf andere gesetzliche Bestimmungen wie etwa § 44a AbgG verwiesen.[319]

5) Entwurf im Bundesrat (BT-Drs. 17/13968)

Ebenfalls im Frühjahr 2013 brachte die nordrhein-westfälische Landesregierung eine Gesetzesinitiative in den Bundesrat ein. Der Gesetzesentwurf der sozialdemokratischen Landesregierung orientierte sich dabei am Entwurf der Bundestagsfraktion der SPD, wies aber auch einige weitergehende Änderungen auf.

Neben dem geänderten § 108e StGB („*Bestechlichkeit und Bestechung der Mitglieder von Volksvertretungen*") enthielt der Entwurf auch einen neuen § 108f StGB („*Bestechlichkeit und Bestechung der Mandatsbewerber*") sowie § 108g StGB („*Nebenfolgen*"). Letzterer entsprach dem § 108e Abs. 2 StGB a.F., der zukünftig aber auch auf Mandatsbewerber Anwendung finden sollte. Neben der neu aufgenommenen Strafbarkeit von Mandatsbewerbern erweiterte der Entwurf die Strafbarkeit im Vergleich zum ursprünglichen SPD-Entwurf auch auf nachträgliche Zuwendungen.[320] Die Versuchsstrafbarkeit nach § 108e Abs. 3 StGB-E (BR) wurde mit aufgenommen, um die Möglichkeit eines strafbefreienden Versuchs nach § 24 StGB zu geben, was bei § 108e StGB a.F. wegen der Ausgestaltung als Unternehmensdelikt nicht der Fall gewesen war.[321] Die Negativdefinition des Vorteilsbegriffs in Abs. 4 wurde sprachlich umgestaltet, beinhaltete aber weiterhin politische Funktionen, dem Gesetz nach zulässige Parteispenden sowie anerkannten Gepflogenheiten entsprechende Zuwendungen.

6) Zusammenfassende Betrachtung

Aus einer vergleichenden Betrachtung der fünf Gesetzesentwürfe ergibt sich die folgende Übersicht[322]:

---

319 *Wolf*, CCZ 2013, 99 (103).

320 Strafbar sollte eine Vorteilszuwendung dafür sein, dass das Mitglied einer Volksvertretung „*bei der Wahrnehmung seines Mandats eine Handlung im Auftrag oder auf Weisung vorgenommen oder unterlassen hat oder künftig vornehme oder unterlasse*".

321 BT-Drs. 17/13968, S. 9. Der Rücktritt erscheint jedoch nur in ganz wenigen Ausnahmesituationen überhaupt möglich, denn die Tathandlung (fordern bzw. anbieten) setzt bereits in einem sehr frühen Stadium an.

322 Die Übersicht ist *Wolf*, CCZ 2013, 99 (103), nachgebildet und erweitert.

	Die Linke – Entwurf (BT-Drs. 17/1412)	**Bündnis 90/Die Grünen – Entwurf (BT-Drs. 17/5933)**	**SPD – Entwurf (BT-Drs. 17/8613)**	**4-Parteien-Kompromiss-Vorschlag**	**BR – Entwurf (BT-Drs. 17/13968)**
Handlung	Handlung im Zusammenhang mit der Ausübung des Mandats	Handlungen in Ausübung des Mandats zur Vertretung oder Durchsetzung der Interessen eines Leistenden oder Dritten	Handlung bei Wahrnehmung des Mandats im Auftrag oder auf Weisung	Gegenleistung für Ausübung des Mandats	Handlung bei Wahrnehmung des Mandats im Auftrag oder auf Weisung
Unterlassen	(+)	(+)	(+)	(–)	(+)
vergangene Handlungen	wohl* (+)	(–)	(–)	(+)	(+)
immaterielle Vorteile	(+)	(+)	(+)	(–)	(+)
Versuch	(+)	(–)**	(–)**	(–)**	(+)
Mandatsbewerber	(–)	(+)	(–)	(–)	(+)
Qualifikation: Stimmenkauf	(+)	(–)	(–)	(–)	(–)
Ausnahmen	Vorteile, die der rechtlichen Stellung nicht widersprechen, Bsp.: - symbolische Geschenke oder Essenseinladungen - politische Ämter - Bagatell-Vorteile, die den Anschein einer unsachlichen Beeinflussung ausschließen	Vorteile, deren Verknüpfung mit der Gegenleistung als nicht verwerflich anzusehen ist	kein Vorteil i. S. d. Vorschrift: - politisches Mandat bzw. politische Funktion - zulässige Parteispende - Zuwendung, die parlamentarischen Gepflogenheiten entspricht	- nicht geldwerte Vorteile - Vorteile im Einklang mit gesetzlich geregelten Verhaltensregeln	kein Vorteil i. S. d. Vorschrift: - politisches Mandat bzw. politische Funktion - zulässige Parteispende - Zuwendung, die parlamentarischen Gepflogenheiten entspricht

* missverständliche Formulierung

** dafür aber die Handlungsvarianten „fordern" bzw. „anbieten"

3. Abschnitt – Bestandsaufnahme der geänderten Rechtslage

A) Gesetzgebungsverfahren

Die Neuregelung der Abgeordnetenbestechung ist eines der ersten Gesetzgebungsverfahren in der 18. Legislaturperiode des Deutschen Bundestages gewesen. Die Fraktionen der CDU/CSU und SPD legten am 11. Februar 2014 den Gesetzesentwurf BT-Drs. 18/476 zur Erweiterung der Strafbarkeit der Abgeordnetenbestechung als Teil eines Regelungspakets zur Rechtsstellung der Abgeordneten vor. Der zweite Gesetzesentwurf des Pakets betraf die Änderung des Abgeordnetengesetzes sowie des Europaabgeordnetengesetzes und sah eine Anpassung der Abgeordnetendiäten vor.[323] Diese Koppelung der beiden Gesetzesvorhaben wurde von der Opposition in der ersten Lesung kritisiert, ebenso wie die knapp bemessene Zeitabfolge im Gesetzgebungsverfahren.[324] Der für den Gesetzesentwurf federführend agierende Ausschuss für Recht und Verbraucherschutz führte in seiner Sitzung vom 17. Februar 2014 eine kurzfristig angesetzte Sachverständigenanhörung durch. In deren Rahmen wurden die Stellungnahmen von Rechtsprofessoren und Vertretern von Interessengruppen, aber auch von Juristen aus der Strafverfolgungspraxis und Vertretern der ebenfalls betroffenen kommunalen Ebene eingeholt, um bestehende Lücken im Gesetzesentwurf der Regierungsfraktionen zu identifizieren und schließen zu können.

Der Sachverständige *Hackmack* begrüßte ausdrücklich, dass alle Fraktionen des Bundestages nicht nur den Regelungsbedarf bezüglich § 108e StGB a.F., sondern auch die Möglichkeit, das Problem juristisch in einem Straftatbestand zu regeln, erkannt hätten.[325] Er appellierte aber auch an die in der Sitzung anwesenden Mitglieder des Bundestags, anstelle von Sondergesetzen eindeutig und

---

323 Nach dem Entwurf in BT-Drs. 18/477 sollten die Diäten zunächst in zwei Stufen zum 01. Juli 2014 und zum 01. Januar 2015 um je 415 € auf 9082 € erhöht werden. Die weitere Entwicklung der Diätenhöhe soll anschließend an die tatsächliche Entwicklung der Nominallöhne in Deutschland geknüpft werden.

324 MdB *Keul* (Bündnis90/Die Grünen) stellte die Frage, ob die Strafbarkeit der Abgeordnetenbestechung die Diätenerhöhung besser aussehen lassen sollte, vgl. PlrPr 18/15, S. 1118C. Kritik zum engen Zeitplan von MdB *Haßelmann* (Bündnis90/Die Grünen) (PlrPr 18/15, S. 1113C) und MdB *Wawzyniak* (Die Linke) (PlrPr 18/15, S. 1116B-C).

325 *Hackmack*, Protokoll der Sachverständigenanhörung vom 17. Februar 2014 (Protokoll-Nr. 18/7), S. 8.

transparent die Abgeordnetenbestechung unter Strafe zu stellen, um damit das Vertrauen der Bevölkerung in die Politiker zu stärken.[326] Auch der Sachverständige *Dr. Humborg*, als Vertreter von Transparency International Deutschland e. V., zeigte sich sehr angetan von „*dieser Möglichkeit eines Durchbruchs*", um die gesetzgeberischen Voraussetzungen zur Ratifikation der VN-Konvention zu schaffen.[327] Zugleich zeigte er sich enttäuscht davon, dass mit dem Gesetzesentwurf lediglich die Minimalanforderungen der VN-Konvention umgesetzt würden, und erinnerte daran, dass auch über Direktspenden an Abgeordnete große Einflussmöglichkeiten bestehen würden und der Bundestag über eine Änderung des Abgeordnetengesetzes und der Verhaltensregeln beraten sollte.[328]

Prof. Dr. Heinrich gelangte, trotz ein paar kleinerer Ergänzungsvorschläge wie etwa der Änderung der amtlichen Überschrift, insgesamt zu einem positiven Urteil über den Gesetzesvorschlag. Mit dem Entwurf sei es gelungen, eine dem Bestimmtheitsgebot genügende Norm zu schaffen, die einerseits den verfassungsrechtlichen Status eines Abgeordneten im Vergleich zu einem Amtsträger berücksichtige und andererseits durch tatbestandliche Einschränkungen die Gefahr vorschneller Ermittlungsverfahren, gerade in Wahlkampfzeiten, begrenze.[329] Demgegenüber äußerte der Sachverständige *Prof. Dr. Jäckle* stärkere Bedenken hinsichtlich der konkreten Formulierung des Entwurfs. Er kritisierte nachdrücklich, dass der Gesetzgeber den Gesetzestext umgangssprachlich verstanden wissen wolle, und betonte, dass diese Gesetzestechnik zwar schon bei § 108e StGB a.F. angewandt wurde, dies aber keine Rechtfertigung dafür sein könne, einen solchen „*Sündenfall*" zu wiederholen.[330] Insgesamt kam aber auch er zu dem Ergebnis, dass mit dem Gesetzesentwurf ein „*wirklich befriedigender Zustand geschaffen wäre*".[331] Im Vergleich zu seinen beiden Kollegen zog *Prof. Dr. Schwarz* ein eher zurückhaltendes Resümee. Zwar lobte er die Tatbestandsformulierung,

---

326 *Hackmack*, Protokoll der Sachverständigenanhörung vom 17. Februar 2014 (Protokoll-Nr. 18/7), S. 9.

327 *Humborg*, Protokoll der Sachverständigenanhörung vom 17. Februar 2014 (Protokoll-Nr. 18/7), S. 10.

328 *Humborg*, Protokoll der Sachverständigenanhörung vom 17. Februar 2014 (Protokoll-Nr. 18/7), S. 11.

329 *Heinrich*, Protokoll der Sachverständigenanhörung vom 17. Februar 2014 (Protokoll-Nr. 18/7), S. 9 f.

330 *Jäckle*, Protokoll der Sachverständigenanhörung vom 17. Februar 2014 (Protokoll-Nr. 18/7), S. 11 f.

331 *Jäckle*, Protokoll der Sachverständigenanhörung vom 17. Februar 2014 (Protokoll-Nr. 18/7), S. 12.

anders als *Prof. Dr. Jäckle*, für ihre sprachliche Orientierung am Grundsatz des freien Mandats, kam insgesamt jedoch zur Einschätzung, es handle sich um einen *„Akt symbolischer Gesetzgebung"*, der in der Praxis wohl kaum handhabbar sei.[332]

In eine ähnliche Richtung argumentierte auch die auf Korruptionsfälle spezialisierte Strafverteidigerin *Dr. Michalke*, wobei sie die Schwächen der Straftatbestände auf Ebene der tatsächlichen Beweisschwierigkeiten hervorhob. Da die neu geschaffene Norm nicht mehr wie die Vorgängervorschrift des § 108e StGB a.F. allein an das Abstimmungsverhalten im Plenum anknüpfe, sondern bereits an das weite Vorfeld des parlamentarischen Willensbildungsprozesses, in dem noch gar keine endgültige Gewissensentscheidung getroffen sein müsse, gebe es keinen validen Ansatz für den Nachweis, dass der Abgeordnete, motiviert durch die Vorteilszuwendung, gegen sein Gewissen oder seine Überzeugung gehandelt habe.[333] Daraus ergeben sich für die Sachverständige zwei Konsequenzen: Zum einen müsste die Staatsanwaltschaft bei ihren Ermittlungen nahezu sämtliche parlamentarischen und außerparlamentarischen Äußerungen des betreffenden Abgeordneten heranziehen, um daraus Indizien für die jeweilige Gewissenshaltung vor und nach der vermeintlichen Unrechtsvereinbarung zu ziehen.[334] Zum anderen erscheine es vor diesem Hintergrund zumindest fraglich, ob es sich ein Abgeordneter überhaupt noch leisten könne, seine Meinung zu ändern oder sich von Bürgern oder Interessenvertretern aus dem anderen Lager von der Gegenansicht überzeugen zu lassen.[335] Diese Bedenken teilte die Sachverständige *Dr. Wimmer* nicht. Aus Sicht einer Staatsanwältin handle es sich um einen auch *„in der Praxis weitgehend handhabbaren, gut durchführbaren Entwurf, um eine Erweiterung des Tatbestands der Abgeordnetenbestechung zu schaffen"*.[336] Allerdings sprach sie sich dafür aus, dass infolge der Eigenheiten von Korruptionsfällen und des Vorhandenseins des erforderlichen Fingerspitzengefühls von Staatsanwälten bei der Entscheidung darüber, ob ein Anfangsverdacht für ein Korruptionsdelikt

---

332 *Schwarz*, Protokoll der Sachverständigenanhörung vom 17. Februar 2014 (Protokoll-Nr. 18/7), S. 16.

333 *Michalke*, Protokoll der Sachverständigenanhörung vom 17. Februar 2014 (Protokoll-Nr. 18/7), S. 13.

334 *Michalke*, Protokoll der Sachverständigenanhörung vom 17. Februar 2014 (Protokoll-Nr. 18/7), S. 13.

335 *Michalke*, Protokoll der Sachverständigenanhörung vom 17. Februar 2014 (Protokoll-Nr. 18/7), S. 14.

336 *Wimmer*, Protokoll der Sachverständigenanhörung vom 17. Februar 2014 (Protokoll-Nr. 18/7), S. 16.

vorliege oder nicht, Expertise und Erfahrung auf Seiten der Strafverfolgungsbehörde nötig seien, die durch die Einrichtung von Schwerpunktstaatsanwaltschaften und die Konzentration der gerichtlichen Zuständigkeit zu erreichen seien.[337]

Als Vertreter der Bundesvereinigung kommunaler Spitzenverbände äußerte *Dr. Ruge* sein Bedauern darüber, dass infolge des sehr hohen Tempos, welches der Gesetzgeber vorgelegt habe, eine flächendeckende Abstimmung mit den kommunalen Mitgliedern nicht möglich gewesen sei.[338] Zwar trete man als Spitzenverband keinesfalls dafür ein, die kommunalen Mandatsträger aus dem Anwendungsbereich der Strafbarkeit herauszunehmen, doch wolle man zu bedenken geben, dass die Furcht vor einer Instrumentalisierung des erweiterten Straftatbestands in Wahlkampfzeiten es schwieriger machen könne, überhaupt kommunale Mandatsträger zu gewinnen.[339] Trotz dieser Zweifel kam auch der Sachverständige *Dr. Ruge* zu der abschließenden Bewertung, dass der vorgelegte Gesetzesentwurf ein tragfähiger Kompromiss und ein Schritt in die richtige Richtung sei und die angesprochene Problematik der Instrumentalisierung durch eine sachgerechte und sensible Herangehensweise der Staatsanwaltschaft zu lösen sei.[340]

In der auf die Sachverständigenanhörung folgenden Sitzung am 19. Februar 2014 sprachen sich die Mitglieder des Ausschusses für Recht und Verbraucherschutz ohne Gegenstimmen und bei lediglich zwei Enthaltungen dafür aus, dass der Bundestag dem Gesetzesentwurf mit kleineren Änderungen zustimmen sollte. Die Beschlussempfehlung folgte den Hinweisen der Sachverständigen und sah eine sprachliche Anpassung der amtlichen Überschrift sowie die Einführung einer Sonderzuständigkeit der Oberlandesgerichte vor. Im Anschluss an die zweite und dritte Lesung im Bundestag wurde der Gesetzesentwurf BT-Drs. 18/476 in der Fassung der Beschlussempfehlung des Rechtsausschusses (BT-Drs. 18/607) am 21. Februar 2014 mit sehr großer Mehrheit vom Parlament

---

337 *Wimmer*, Protokoll der Sachverständigenanhörung vom 17. Februar 2014 (Protokoll-Nr. 18/7), S. 17 f.

338 *Ruge*, Protokoll der Sachverständigenanhörung vom 17. Februar 2014 (Protokoll-Nr. 18/7), S. 18. Zu dieser Kritik auch *Ruge*, Publicus 2014, 4 (5), und *Jäckle*, ZRP 2014, 121 (122).

339 *Ruge*, Protokoll der Sachverständigenanhörung vom 17. Februar 2014 (Protokoll-Nr. 18/7), S. 18.

340 *Ruge*, Protokoll der Sachverständigenanhörung vom 17. Februar 2014 (Protokoll-Nr. 18/7), S. 19.

verabschiedet.[341] Nach einer über zehn Jahre andauernden Diskussion wurde damit in einem nicht einmal zweiwöchigen Gesetzgebungsverfahren die Grundlage für die Möglichkeit der Ratifizierung des Europaratsübereinkommens und der VN-Konvention durch die Bundesrepublik Deutschland geschaffen.[342]

B) Der Tatbestand der Bestechlichkeit und Bestechung von Mandatsträgern (§ 108e StGB n. F.)

Seit dem 01. September 2014 stellt § 108e StGB n.F. damit die Bestechlichkeit und Bestechung von Mandatsträgern wie folgt unter Strafe:

(1) *Wer als Mitglied einer Volksvertretung des Bundes oder der Länder einen ungerechtfertigten Vorteil für sich oder einen Dritten als Gegenleistung dafür fordert, sich versprechen lässt oder annimmt, dass er bei der Wahrnehmung seines Mandates eine Handlung im Auftrag oder auf Weisung vornehme oder unterlasse, wird mit Freiheitsstrafe bis zu fünf Jahren oder mit Geldstrafe bestraft.*

(2) *Ebenso wird bestraft, wer einem Mitglied einer Volksvertretung des Bundes oder der Länder einen ungerechtfertigten Vorteil für dieses Mitglied oder einen Dritten als Gegenleistung dafür anbietet, verspricht oder gewährt, dass es bei der Wahrnehmung seines Mandates eine Handlung im Auftrag oder auf Weisung vornehme oder unterlasse.*

(3) *Den in den Absätzen 1 und 2 genannten Mitgliedern gleich stehen Mitglieder*

1. *einer Volksvertretung einer kommunalen Gebietskörperschaft,*
2. *eines in unmittelbarer und allgemeiner Wahl gewählten Gremiums einer für ein Teilgebiet eines Landes oder einer kommunalen Gebietskörperschaft gebildeten Verwaltungseinheit,*
3. *der Bundesversammlung,*
4. *des Europäischen Parlaments,*

---

341 Von 593 an der namentlichen Abstimmung teilnehmenden Abgeordneten stimmten 583 dem Gesetz zu. Sieben Abgeordnete enthielten sich ihrer Stimme, drei stimmten gegen den Entwurf. Der Änderungsantrag der Fraktion Bündnis90/Die Grünen (BT-Drs. 18/624) wurde mit den Stimmen der Regierungsfraktionen CDU/CSU und SPD abgelehnt.

342 Der von der Bundesregierung eingebrachte Gesetzesentwurf (BT-Drs. 18/2138) zu dem Übereinkommen der Vereinten Nationen vom 31. Oktober 2003 gegen Korruption wurde von den Mitgliedern des Deutschen Bundestages am 25. September 2014 einstimmig angenommen. Die Ratifikation der VN-Konvention erfolgte am 12. November 2014. Ein Gesetzesentwurf zur Ratifikation des Strafrechtsübereinkommens wurde bisher noch nicht erarbeitet. Um die Anforderungen des Strafrechtsübereinkommens vollständig zu erfüllen, hat die Bundesregierung am 18. März 2015 einen Gesetzesentwurf vorgelegt (BT-Drs. 18/4350), der die entsprechenden Anpassungen beinhaltet und mit Gesetz v. 20.11.2015 zur Bekämpfung der Korruption, BGBl. 2015 I, S. 2025 ff., verkündet wurde.

5. *einer parlamentarischen Versammlung einer internationalen Organisation und*
6. *eines Gesetzgebungsorgans eines ausländischen Staates.*

(4) *Ein ungerechtfertigter Vorteil liegt insbesondere nicht vor, wenn die Annahme des Vorteils im Einklang mit den für die Rechtsstellung des Mitglieds maßgeblichen Vorschriften steht. Keinen ungerechtfertigten Vorteil stellen dar*
1. *ein politisches Mandat oder eine politische Funktion sowie*
2. *eine nach dem Parteiengesetz oder entsprechenden Gesetzen zulässige Spende.*

(5) *Neben einer Freiheitsstrafe von mindestens 6 Monaten kann das Gericht die Fähigkeit, Rechte aus öffentlichen Wahlen zu erlangen, und das Recht, in öffentlichen Angelegenheiten zu wählen oder zu stimmen, aberkennen.*

I) Rechtsgut

Ausweislich der Gesetzesbegründung ist das durch § 108e StGB n.F. geschützte Rechtsgut das öffentliche Interesse an der Integrität parlamentarischer Prozesse und der Unabhängigkeit der Mandatsausübung sowie der Sachbezogenheit parlamentarischer Entscheidungen.[343] Die Legitimität politischer Entscheidungsprozesse soll auf diese Weise erhalten werden.[344] Damit wird zum Ausdruck gebracht, dass die Bestechlichkeit und Bestechung eines Mandatsträgers keinen isoliert zu betrachtenden Akt individueller Bereicherung und Vorteilssicherung darstellt, sondern das System des repräsentativen Parlamentarismus insgesamt zu gefährden vermag. Es gehört zum Wesen der repräsentativen Demokratie, dass die Führung des Staates in die Hände von einigen wenigen gewählten Vertretern gelegt wird, die Entscheidungen zum Vorteil und Wohle der Gesellschaft insgesamt treffen sollen. Der gewählte Mandatsträger hat dadurch eine im Vergleich zu anderen Bürgern exponierte Stellung. Für sich allein betrachtet liegt darin ein Verstoß gegen das Prinzip der demokratischen Gleichheit aus Art. 20 GG, wonach die Staatsmacht von jedem Bürger gleichermaßen auszugehen hat. Doch diese hervorgehobene Position des Mandatsträgers erhält ihre Legitimation letztlich dadurch, dass die übrigen Bürger ihm das Vertrauen entgegenbringen, integer am politischen Meinungsbildungsprozess mitzuwirken und nach einer sachbezogenen Debatte Entscheidungen zu treffen, ohne dabei einzelne Sonderinteressen zu verfolgen. Geht dieses Vertrauen verloren, weil sich herausstellt, dass der Mandatsträger ausschließlich aus persönlicher Gewinnsucht eine bestimmte Entscheidung getroffen hat, wird damit gleichsam das Vertrauen

---

343 BT-Drs. 18/476, S. 6.

344 *Fischer*, StGB, 62. Aufl. 2015, § 108e Rn. 2. SK-*Sinn/Rudolphi*, § 108e Rn. 8, bezeichnen als Schutzgut die Institution der Volksvertretung in ihren inneren und äußeren Funktionsbedingungen.

in die übrigen Repräsentanten geschwächt. Das Vertrauen in die Lauterkeit der Mandatsausübung ist in Form einer allgemeinen Sozialmoral jedoch zu unpräzise, sodass § 108e StGB n. F. nur insoweit den Schutz des Vertrauens der Bürger zu gewährleisten vermag, wie es durch einfachgesetzliche Normen im Verfassungs-, Parteien- und Abgeordnetenrecht ausgestaltet und garantiert ist.[345]

Zugleich soll nach dem Willen des Gesetzgebers die freie Mandatsausübung des Abgeordneten geschützt werden.[346] Dieser Aspekt mag für die Bestechung von Mandatsträgern gemäß § 108e Abs. 2 StGB n. F. bedenkenswert erscheinen. Den Mandatsträger jedoch als Opfer seiner eigenen Bestechlichkeit (§ 108e Abs. 1 StGB n. F.) zu begreifen, verkehrt die eigentliche Schutzrichtung ins Gegenteil.[347] Die freie Ausübung des Mandats ist deshalb kein geschütztes Rechtsgut des § 108e StGB n. F.

II) Persönlicher Anwendungsbereich

Während § 108e StGB a.F. über die Anknüpfung an den Stimmenkauf für Wahlen und Abstimmungen in bestimmten Volksvertretungen einen sachlichen Anknüpfungspunkt für den Anwendungsbereich des Tatbestands vorsah, knüpft § 108e StGB n. F. an die persönliche Eigenschaft der Mitgliedschaft in einer der abschließend aufgezählten Versammlungen an. Das hat zur Folge, dass die noch im Rahmen von § 108e StGB a.F. diskutierte Frage, ob – und wenn ja, welche – Untergliederungen bzw. Teileinheiten ebenfalls als Volksvertretungen im Sinne der Norm galten, für § 108e StGB n. F. obsolet geworden ist. Ob die Verhaltensweisen in Ausschüssen oder Untergliederungen der Versammlungen tatbestandlich sein können, ist bei der geänderten Rechtslage unter dem Gesichtspunkt zu diskutieren, ob es sich um ein Handeln oder Unterlassen bei der Wahrnehmung des Mandats handelt.

Im Vergleich zu § 108e StGB a.F. ist der persönliche Anwendungsbereich der reformierten Norm zum Teil erweitert worden. Dies war erforderlich, um die Anforderungen des Strafrechtsübereinkommens und der VN-Konvention zu erfüllen.

---

345 *Kubiciel/Hoven,* NK 2014, 339 (342 f.), die zudem hinterfragen, ob in Anbetracht einer großen Politikverdrossenheit in der Gesellschaft überhaupt ein hinreichendes Maß an Vertrauen vorhanden ist.

346 BT-Drs. 18/476, S. 6, 8.

347 *Fischer,* StGB, 62. Aufl. 2015, § 108e Rn. 2.

1) *Anforderungen der internationalen Verträge*

Der sowohl vom Strafrechtsübereinkommen des Europarates als auch von der VN-Konvention verfolgte Ansatz, einen möglichst umfassenden Schutz gegen Korruption im öffentlichen Sektor zu gewährleisten, wurde bereits bei den Vorgaben zum Anwendungsbereich einer Strafnorm zur Ahndung von Abgeordnetenkorruption zum Ausdruck gebracht. Gemäß Art. 4 des Strafrechtsübereinkommens hat jeder Mitgliedstaat die erforderlichen gesetzgeberischen Mittel zu ergreifen, um die Tatbestände der aktiven und passiven Bestechung auch auf die Mitglieder einer *„inländischen öffentlich-rechtlichen Vertretungskörperschaft, die Gesetzgebungs- oder Verwaltungsbefugnisse ausübt"*, anzuwenden. Davon umfasst sind sämtliche parlamentarischen Versammlungen auf Bundes-, Landes- oder kommunaler Ebene.[348] Eine vergleichbare Weite hat auch die VN-Konvention durch ihre Amtsträgerdefinition in Art. 2 lit. a (i), wozu alle gewählten oder ernannten Personen gehören, die eine Funktion im Bereich der Gesetzgebung, Exekutive, Verwaltung oder Justiz innerhalb des Staates bekleiden. Darüber hinaus sollten die Tatbestände der Bestechung und Bestechlichkeit nicht ausschließlich auf die inländischen Abgeordneten Anwendung finden, sondern auch auf ausländische Mandatsträger sowie Mitglieder einer parlamentarischen Versammlung einer internationalen oder supranationalen Organisation.[349]

2) *Mitglied einer Volksvertretung gemäß Abs. 1 und 2*

Die Volksvertretungen des Bundes und der Länder sind die unmittelbar vom Volk gewählten parlamentarischen Versammlungen. Wie schon bei § 108e StGB a.F. sind darunter der Bundestag und seine Pendants auf Länderebene (Landtage, Bürgerschaften und Abgeordnetenhaus) zu verstehen.[350]

Der Bundesrat stellt keine Volksvertretung im Sinne von § 108e StGB n.F. dar, weil er nicht unmittelbar von den Bürgern gewählt wird. Der vom Strafrechtsübereinkommen verwendete Begriff der *„inländischen öffentlich-rechtlichen Vertretungskörperschaften, die Gesetzgebungs- oder Verwaltungsbefugnisse ausüben"*, ist jedoch weiter gefasst als der Begriff der Volksvertretung in § 108e StGB n.F. Legt man das deutsche staatsrechtliche Verständnis zugrunde, ist auch die Ländervertretung im Bundesrat eine solche *„öffentlich-rechtliche Vertretungskörperschaft"*

---

348 Vgl. Erläuternder Bericht zum Europaratsübereinkommen, Nr. 44.

349 Im Strafrechtsübereinkommen finden die Tatbestände der Bestechung (Art. 2) und Bestechlichkeit (Art. 3) über die Verweisung in Art. 6 und 10 Anwendung. Die VN-Konvention erfasst sie im eigenständigen Art. 16.

350 BT-Drs. 18/476, S. 6.

im Sinne von Art. 4 des Strafrechtsübereinkommens.[351] Zugleich handelt es sich bei den Mitgliedern des Bundesrates um Personen im Sinne von Art. 2 lit. a (i) der VN-Konvention, die eine Aufgabe im Bereich der Gesetzgebung und Verwaltung des Staates wahrnehmen.[352] Beide völkerrechtlichen Abkommen sehen damit vor, dass auch die aktive und passive Bestechung von Bundesratsmitgliedern strafrechtlich sanktioniert werden muss. Eine Einbeziehung des Bundesrates in den Anwendungsbereich des § 108e StGB n.F. ist jedoch nur dann notwendig, wenn die Mitglieder des Bundesrates nicht als Amtsträger im Sinne von § 11 Abs. 1 Nr. 2 StGB zu qualifizieren sind und ein solches Verhalten deshalb nicht schon durch die §§ 331 ff. StGB abgedeckt ist. Die Mitglieder des Bundesrates sind zwingend Mitglieder der jeweiligen Landesregierung und als solche Amtsträger im Sinne von § 11 Abs. 1 Nr. 2 lit. b StGB[353]. Diese Akzessorietät allein ist jedoch nicht ausreichend, um die generelle Amtsträgereigenschaft zu begründen, denn infolge der verfassungsrechtlichen Stellung des Bundesrates als Organ des Bundes handeln die Mitglieder nicht in Ausübung ihres Landesamtes, sondern als Organwalter eines Bundesorgans.[354] Für eine Amtsträgereigenschaft bei der Wahrnehmung von Aufgaben als Mitglied des Bundesrates spricht jedoch, dass sie von den Landesregierungen „*bestellt*“ werden (Art. 51 Abs. 1 S. 1 GG) und infolge ihrer Weisungsgebundenheit kein freies Mandat ausüben[355]. Die Mitglieder des Bundestages sind also in ihrer Funktion als Bundesratsmitglieder Amtsträger im Sinne von § 11 Abs. 1 Nr. 2 lit. b StGB[356], sodass ihre Einbeziehung in den Anwendungsbereich der Straftatbestände der Bestechlichkeit und Bestechung von Mandatsträgern für die Umsetzung von Strafrechtsübereinkommen und VN-Konvention nicht erforderlich gewesen ist.

3) Gleichgestellte Mitglieder im Sinne von Abs. 3

Den Mitgliedern der Volksvertretungen von Bund und Ländern sind die Mitglieder der in Absatz 3 genannten Einrichtungen gleichgestellt.

---

351 Vgl. *Peek,* ZStW 120 (2008), 785 (800).

352 Art. 50 GG lautet: „*Durch den Bundesrat wirken die Länder bei der Gesetzgebung und Verwaltung des Bundes und in Angelegenheiten der Europäischen Union mit.*“

353 *Fischer,* StGB, 62. Aufl. 2015, § 11 Rn. 16; *Stein*, S. 417.

354 *Stein*, S. 417. Vgl. auch *Stern,* StaatsR II, S. 125 f. und 162 (insbesondere der Verweis auf *Th. Maunz*).

355 *Stern,* StaatsR II, S. 162; Schmidt-Bleibtreu/Hofmann/Henneke-*Odendahl,* Art. 51 Rn. 12.

356 *Stein*, S. 418; *Epp*, S. 406.

a) Kommunale Volksvertretungen (Nr. 1 und Nr. 2)

An der Notwendigkeit der Einbeziehung auch von kommunalen Mandatsträgern in die Tatbestände der Bestechung und Bestechlichkeit von Mandatsträgern bestand im Gesetzgebungsprozess kein Zweifel. Neben den rund 600 Bundestagsabgeordneten und knapp 2.000 Abgeordneten der Länderparlamente ist die Gruppe der kommunalen Mandatsträger mit mehr als 200.000 die zahlenmäßig größte Gruppe, die von § 108e StGB n.F. erfasst wird.[357] Unabhängig von der genauen staatsrechtlichen Einordnung der gemeindlichen Volksvertretungen und dem Status ihrer Mitglieder enthalten beide völkerrechtlichen Verträge die Vorgabe, auch für diese Mandatsträger aktive und passive Bestechung unter Strafe zu stellen.[358] In Abkehr von der bisherigen Formulierung der „*Volksvertretungen der Gemeinden und Gemeindeverbände*" sah der ursprüngliche Gesetzesentwurf lediglich die Gleichstellung der Mitglieder von Volksvertretungen der kommunalen Gebietskörperschaften vor.[359] Gebietskörperschaften sind solche Körperschaften des öffentlichen Rechts, bei denen sich die Mitgliedschaft aus dem Wohnsitz im Gebiet der Körperschaft ergibt, die mit Gebietshoheit ausgestattet sind und die von allen Bewohnern eines abgegrenzten Teils des Staatsgebietes getragen werden.[360] Die verschiedenen Merkmale der Definition werden von Gemeinden, Kreisen, kreisfreien Städten und Stadtkreisen erfüllt. Zu den Gebietskörperschaften gehören aber auch Gemeindeverbände, wie etwa die Landkreise, Bezirke in Bayern (§§ 1 ff. Bezirksordnung für den Freistaat Bayern) sowie der Bezirksverband Pfalz (§§ 1 ff. Bezirksordnung für den Bezirksverband Pfalz), Verbandsgemeinden (§ 10 GemO LSA, §§ 64 ff. GemO RP) und niedersächsische Samtgemeinden[361] (§§ 97 ff. NdsKomVG). Die Mitglieder der Volksvertretungen dieser Gebietskörperschaften, also insbesondere die Rats-, Gemeinderats- und Kreistagsmitglieder, sind gemäß Abs. 3 Nr. 1 den Mandatsträgern von Bund und Ländern gleichgestellt.

In der Sachverständigenanhörung zu dem Entwurf wurden Bedenken geäußert, ob durch diese Formulierung tatsächlich alle kommunalen Volksvertretungen

357 *Ruge*, Publicus 2014, 4 (5).
358 So auch *Hartmann*, S. 91, 96.
359 Vgl. BT-Drs. 18/476.
360 BVerfGE 52, 95 (117 f.).
361 Auch wenn das NdsKomVG sie anders als Gemeinden (§ 2 Abs. 2 NdsKomVG) und Landkreise (§ 3 Abs. 1 NdsKomVG) nicht ausdrücklich als Gebietskörperschaften bezeichnet.

erfasst werden.[362] Mit den Bezirksversammlungen in Hamburg und den Bezirksverordnetenversammlungen in Berlin existieren gemeindliche Verwaltungsgremien, deren Mitglieder von der Bevölkerung gewählt werden, jedoch keine „*Volksvertretung einer kommunalen Gebietskörperschaft*“ im Sinne von Nr. 1 sind. Um dieser besonderen Situation Rechnung zu tragen, wurde auf Empfehlung des Rechtsausschusses[363] die Nr. 2 in Absatz 3 eingefügt. Während Bezirksversammlung (Hamburg) und Bezirksverordnetenversammlung (Berlin) Beispiele für ein „*in unmittelbarer und allgemeiner Wahl gewähltes Gremium einer für ein Teilgebiet eines Landes oder einer kommunalen Gebietskörperschaft gebildeten Verwaltungseinheit*“ sind, erfüllen die Landschaftsversammlungen der nordrhein-westfälischen Landschaftsverbände Rheinland und Westfalen-Lippe wegen ihrer mittelbaren Wahl (§ 7b LVerbO NRW) die Voraussetzung der unmittelbaren demokratischen Legitimation nicht, sodass § 108e StGB n.F. auf sie keine Anwendung findet.

Zu beachten ist jedoch, dass die kommunalen Mandatsträger in den Organen der Gemeinden und Gemeindeverbände tätig werden und damit Teil der kommunalen Selbstverwaltung, mithin Teil der Exekutive sind.[364] Neben den typischen Parlamentsaufgaben wie Rechtssetzung durch Erlass von Satzungen (z. B. Bebauungsplan, der gemäß § 10 BauGB als Satzung erlassen wird) gehören auch Verwaltungsaufgaben zu ihrem Zuständigkeitsbereich. Der 5. Strafsenat des BGH hat im Jahr 2006 eindeutig festgestellt, dass kommunale Mandatsträger dennoch grundsätzlich keine Amtsträger i. S. v. § 11 StGB sind, außer wenn sie mit konkreten Verwaltungsaufgaben betraut werden, die über ihre Mandatstätigkeit in dem kommunalen Selbstverwaltungsorgan und den zugehörigen Ausschüssen hinausgehen.[365] An dieser Rechtsauffassung hat der Gesetzgeber bei Erlass des § 108e StGB n.F. ausdrücklich festgehalten und gefordert, dass in Bezug auf kommunale Mandatsträger jeweils zu prüfen ist, ob sie als Man-

362 Vgl. Protokoll der Sachverständigenanhörung vom 17. Februar 2014 (Protokoll-Nr. 18/7), S. 20, 23.

363 Vgl. BT-Drs. 18/607, S. 8.

364 Ausführlich zur rechtlichen Stellung kommunaler Mandatsträger *Epp*, S. 103 ff.

365 BGH, NJW 2006, 2050 (2052 ff.) = NStZ 2006, 389 (391 ff.). Dieser Rechtsprechung schloss sich der 2. Strafsenat mit Urteil vom 12. Juli 2006 (BGH, wistra 2006, 419) an. Gleicher Ansicht etwa *Dahs/Müssig*, NStZ 2006, 191 (194); *Deiters*, NStZ 2003, 453 (457 f.); *Feinendegen*, NJW 2006, 2014 (2015); *Marel*, StraFo 2003, 259 (262); *Meier/Nawrath*, ZKF 2009, 121 (122); *Verjans*, in: FS Volk, 829 (844 f.), und *Hartmann*, S. 232. Hingegen sind für *Niehaus*, ZIS 2008, 49 (54, 56), und *Rübenstahl*, HRRS 2006, 23 (27 ff.), kommunale Mandatsträger grundsätzlich als Amtsträger einzustufen.

datsträger gehandelt haben oder die Handlung im Rahmen von konkreten Verwaltungsaufgaben, die über die Mandatstätigkeit hinausgehen, erfolgt ist.[366] Ist der kommunale Mandatsträger nicht mit konkreten Verwaltungsaufgaben betraut (z. B. Aufsichtsrat in einem kommunalen Unternehmen), stellt § 108e StGB n.F. eine abschließende Sonderregelung für die Beurteilung der Strafbarkeit sämtlicher Vorteilszuwendungen dar. Hat er hingegen solche Aufgaben übernommen, wird sich seine Gegenleistung für den gewährten Vorteil eindeutig einem Bereich (Mandat oder Verwaltungsaufgabe) zuordnen lassen.

b) Bundesversammlung (Nr. 3)

Mit Aufnahme der Bundesversammlung in § 108e Abs. 3 Nr. 3 StGB n.F. ist die Bestechlichkeit und Bestechung von deren Mitgliedern erstmalig ausdrücklich unter Strafe gestellt. Die Einbeziehung in den Anwendungsbereich ist auch mit Blick auf den Status ihrer Mitglieder gerechtfertigt. § 7 des Gesetzes über die Wahl des Bundespräsidenten durch die Bundesversammlung (BPräsWahlG) legt fest, dass die Mitglieder nicht an Aufträge und Weisungen gebunden sind, und sichert ihnen Immunität und Indemnität zu.[367] Ihr Status ist also mit dem der Abgeordneten des Bundestages und der Landtage vergleichbar.

Die Bundesversammlung, die sich zu gleichen Teilen aus allen Mitgliedern des Bundestages sowie – nach dem jeweiligen Landesrecht gewählten – Vertretern der Bundesländer zusammensetzt und deren einzige Aufgabe die Wahl des Bundespräsidenten ist, ist keine Volksvertretung im Sinne von § 108e StGB a.F., wohl aber ein Verfassungsorgan[368]. Die Rechtsstellung der Bundesversammlung im Verfassungsgefüge der Bundesrepublik hat ihren Ursprung in den historischen Erfahrungen der Weimarer Republik sowie dem föderalen Aufbau der Bundesrepublik und ist Ausdruck des Willens, den Bundespräsidenten auf ein möglichst breites politisches Fundament zu stellen, obwohl er nicht vom Volk direkt gewählt wird.[369] Sie hat damit als Vertretungskörperschaft nicht unbedingt „klassische" Verwaltungsbefugnisse. Die Wahl des Bundespräsidenten der Bundesrepublik Deutschland stellt jedoch für die strukturelle und personelle Gliederung des Staates einen sehr zentralen Akt der inneren „Staatsverwaltung" dar. Das Strafrechtsübereinkommen verwendet den Begriff der „*Verwaltungsbefugnisse*"

---

366 BT-Drs. 18/476, S. 9.

367 *Heisz,* S. 132.

368 *Stern,* StaatsR II, S. 179; HdbStR III-*Nettesheim,* § 63 Rn. 1.

369 *Stern,* StaatsR II, S. 181; HdbStR III-*Nettesheim,* § 63 Rn. 1 f. Dazu ausführlich auch BVerfG, NVwZ 2014, 1149 (1152 f.).

(*„administrativepowers“*)vornehmlichalsGegensatzzu*„Gesetzgebungsbefugnissen“* (*„legislative powers“*), um auch Versammlungen auf gemeindlicher oder lokaler Ebene zu erfassen.[370] Es wird deutlich, dass für die Verfasser des Strafrechtsübereinkommens die Befugnisse (*„power“*) einer solchen Versammlung im Vordergrund stehen und die Zuordnung zu Gesetzgebung oder Administration von untergeordneter Bedeutung ist. Wenn zu den *„öffentlich-rechtlichen Vertretungskörperschaften“* aber bereits solche zählen, die im Staatsaufbau auf kommunaler Ebene angesiedelt sind, ist dasjenige Organ, das die Befugnis hat, das Staatsoberhaupt zu wählen und so dessen Ausübung der in der Verfassung vorgesehenen Rechte demokratisch zu legitimieren, ebenfalls umfasst. Ein vergleichbar weites Verständnis offenbart auch die VN-Konvention. Zu den Personen, die im Staat eine Funktion in der Verwaltung ausüben (*„administrative office of a State Party“*), gehören alle Personen, die Aufgaben in den verschiedenen Bereichen und Untergliederungen des Staates erfüllen.[371] Die Aufnahme der Mitglieder der Bundesversammlung in den Anwendungsbereich des § 108e StGB n.F. war damit erforderlich, um die Voraussetzungen zur Ratifikation der beiden völkerrechtlichen Verträge zu schaffen.

c) Europäisches Parlament (Nr. 4), parlamentarische Versammlung einer internationalen Organisation (Nr. 5) und ausländische Gesetzgebungsorgane (Nr. 6)

In § 108e StGB a.F. wurden ausdrücklich nur Wahlen und Abstimmungen im Europäischen Parlament mit einbezogen. Strafrechtsübereinkommen und VN-Konvention enthielten hingegen die Vorgabe, sämtliche parlamentarischen Versammlungen von inter- und supranationalen Organisationen und ausländische Parlamente in den Anwendungsbereich von Bestechung und Bestechlichkeit einzubeziehen. Dies war Ausdruck des Bewusstseins, dass es sich bei Korruption um ein weltweites und grenzüberschreitendes Phänomen handelt, dessen wirksame Bekämpfung und strafrechtliche Ahndung nicht an den nationalen Grenzen enden kann.[372] Deshalb sind nicht nur die Mitglieder des Europäischen Parlaments

---

370 Erläuternder Bericht zum Europaratsübereinkommen, Nr. 45: *„The expression ‚administrative powers‘ is aimed at bringing into the scope of this provision members of public assemblies which do not have legislative powers, as it could be the case with regional or provincial assemblies or local councils.“*

371 Legislative Guide zur VN-Konvention, Nr. 28 (a).

372 Die Verfasser der Abkommen bringen dies in der Präambel des Strafrechtsübereinkommens (*„Recognising the value of fostering co-operation with the other States signatories to this Convention“*) ebenso zum Ausdruck wie in der Präambel der

(Nr. 4), sondern auch die Mitglieder parlamentarischer Versammlungen einer internationalen Organisation (Nr. 5) und ausländischer Gesetzgebungsorgane (Nr. 6) über Absatz 3 gleichgestellt. Um eine Versammlung im Sinne der Nr. 5 handelt es sich etwa bei der Parlamentarischen Versammlung des Europarates.[373]

Die im Rahmen von § 108e StGB a.F. geführte Diskussion, ob lediglich die deutschen Mitglieder des Europäischen Parlaments erfasst gewesen sind, muss bei § 108e StGB n.F. nicht geführt werden. Der Wortlaut von Abs. 3 Nr. 4 ist nicht lediglich auf die „deutschen Mitglieder" beschränkt. Zusätzlich ist durch die Nr. 6 ausdrücklich klargestellt, dass § 108e n.F. auch die Bestechlichkeit und Bestechung ausländischer Mandatsträger sanktioniert. Eine Unterscheidung nach Herkunft ausschließlich bei den Mitgliedern des Europäischen Parlaments widerspräche der Systematik und dem Sinn der Norm.[374]

Damit stellt sich die Frage nach dem Bestehen der Strafgewalt der Bundesrepublik Deutschland für eine Tat, die sich nicht auf deutschem Hoheitsgebiet ereignet hat, oder für das Verhalten einer Person, die nicht die deutsche Staatsangehörigkeit besitzt. Die eigene Strafgewalt bedeutet eine eigene Strafberechtigung in dem Sinne, dass ein Staat gegenüber dem Täter wie auch gegenüber allen anderen Staaten die Befugnis besitzt, in Bezug auf eine bestimmte Handlung mittels des Strafrechts Rechtszwang auszuüben.[375] Die Entscheidung über die Grenzen der eigenen Strafgewalt steht jedem souveränen Staat selbst zu.[376] Die allermeisten Tatbestände des StGB sind so formuliert, dass nach dem Wortlaut des Gesetzes eine Handlung tatbestandsmäßig ist, losgelöst vom Ort des Geschehens oder der Nationalität der Beteiligten.[377] Während *Binding* noch der örtlichen Begrenzung des Strafrechts keine Bedeutung beimaß[378], ist heute allgemein die Gefahr erkannt worden, dass die Ausdehnung der Strafgewalt über die eigenen Staatsgrenzen hinaus in den souveränen Verantwortungsbereich eines anderen Staates eingreifen kann. Zur Achtung des in Art. 2 Abs. 1 der Charta

VN-Konvention („*corruption is no longer a local matter but a transnational phenomenon that affects all societies and economies, making international cooperation to prevent and control it essential*").

373 Vgl. Erläuternder Bericht zum Europaratsübereinkommen, Nr. 62.

374 Sowie dem Assimilierungsprinzip, vgl. 2. Abschnitt C)II)2).

375 *Jescheck/Weigend*, S. 163.

376 *Jescheck/Weigend*, S. 164; *Safferling*, § 3 Rn. 10.

377 *Vogler*, in: Aktuelle Probleme des Internationalen Strafrechts, 149 (149); *Binding*, Handbuch Strafrecht, S. 370 ff., verwendete den Ausdruck „*Weltstrafgesetz*".

378 *Binding*, Handbuch Strafrecht, S. 374 ff.; *Vogler*, in: Aktuelle Probleme des Internationalen Strafrechts, 149 (150).

der VN niedergeschriebenen Grundsatzes der souveränen Gleichheit der Staaten und um Kompetenzkonflikte zwischen den Staaten zu vermeiden, besagt der völkerrechtliche Grundsatz der Nichteinmischung, dass eine Ausdehnung der nationalen Strafgewalt über die Grenzen des eigenen Territoriums hinaus nur in Ausnahmefällen möglich sein soll.[379] Der deutsche Gesetzgeber hat mit dem Strafanwendungsrecht der §§ 3–9 StGB Regeln geschaffen, die bestimmen, in welchen Fällen deutsches Strafrecht zur Anwendung kommt.

In den denkbaren Fallkonstellationen, in denen durch die Bestechlichkeit und Bestechung eines nichtdeutschen Abgeordneten im Europäischen Parlament oder durch ein Tatgeschehen im Ausland ein internationaler Bezug hergestellt werden kann, ist für die Frage der Anwendbarkeit des deutschen Strafrechts zunächst ein legitimierender Anknüpfungspunkt (sog. *genuine link*)[380] erforderlich. Im deutschen Strafanwendungsrecht wurde an erste Stelle das Territorialitätsprinzip (§§ 3, 9 StGB) gestellt. Nach diesem Gebietsgrundsatz erstreckt sich die Strafgewalt des Staates auf sein Staatsgebiet.[381] Der Ort der Tat (§ 9 StGB) einer Bestechung oder Bestechlichkeit eines Mandatsträgers nach § 108e StGB n.F. ist derjenige Ort, an dem die Vereinbarung über die Gewährung eines Vorteils an den Mandatsträger als Gegenleistung für eine Mandatshandlung getroffen wurde.[382] Damit können sowohl Vorteilsgeber als auch der Mandatsträger als Vorteilsnehmer – unabhängig von ihrer Nationalität – gemäß § 108e n.F. in Deutschland bestraft werden, sofern sie die Vereinbarung auf deutschem Hoheitsgebiet abgeschlossen haben.[383]

Wurde die Vereinbarung nicht in Deutschland, sondern im Ausland abgeschlossen, kann sich die Anwendung deutschen Strafrechts aus dem Personalitätsprinzip ergeben. Aufgrund der Personalhoheit jedes Staates in Bezug auf die eigenen Staatsangehörigen erstreckt sich die Strafgewalt eines Staates auf alle seine Staatsbürger unabhängig davon, wo eine Straftat begangen wird.[384] Das

379 *Safferling*, § 3 Rn. 6.
380 *Safferling*, § 3 Rn. 14; *Hecker*, § 2 Rn. 9.
381 *Safferling*, § 3 Rn. 15.
382 In Bezug auf den Stimmenkauf nach § 108e StGB a.F.: *Schaller*, S. 40.
383 Für die Vereinbarung über den Stimmenkauf nach § 108e StGB a.F. schon *Becker*, S. 33 in Fn. 38; *Heisz*, S. 10; *Härtl*, S. 198 (tabellarische Übersicht); *Epp*, S. 368, hält als Begründung für die deutsche Strafgewalt in dem Fall, dass ein nichtdeutscher Abgeordneter des Europäischen Parlaments seine Stimme verkauft, zusätzlich zum Territorialitätsprinzip aus § 3 StGB noch den Gedanken der Teilidentität von Europäischen Gemeinschaften und der Bundesrepublik für erforderlich.
384 *Safferling*, § 3 Rn. 33.

deutsche Strafanwendungsrecht sieht in § 7 Abs. 2 Nr. 1 StGB ein relatives aktives Personalitätsprinzip vor. Voraussetzung für die Anwendbarkeit deutschen Strafrechts auf einen Deutschen, der im Ausland einen Tatbestand verwirklicht hat, ist deshalb, dass am Tatort eine identische Strafvorschrift existiert. In Bezug auf den § 108e StGB a.F. bestand aber die Gefahr einer Strafbarkeitslücke, wenn Stimmenkäufer oder -verkäufer zwar Deutsche gewesen wären, aber eine vergleichbare Strafvorschrift am Tatort nicht existiert hätte. Im Bewusstsein dieser Lücke und in Erfüllung der Verpflichtung aus dem Übereinkommen über den Schutz der finanziellen Interessen der EG wurde mit Art. 2 § 3 EuBestG vom 22. September 1998 § 5 StGB um die Nummer 14a erweitert.[385] Hierdurch wurde das absolute aktive Personalitätsprinzip des § 5 auf den Tatbestand der Abgeordnetenbestechung des § 108e StGB a.F. ausgedehnt, jedoch nur auf die Fälle, in denen ein deutscher Abgeordneter des Europäischen Parlaments seine Stimme verkauft.[386] Im Zuge des Korruptionsbekämpfungsgesetzes (KorrBekG) 2015 wurde § 5 Nr. 14a StGB a.F. in Nr. 16 geändert und dahingehend erweitert, dass auch auf Taten von und gegenüber Mitgliedern einer deutschen Volksvertretung das deutsche Strafrecht und § 108e StGB n.F. Anwendung finden.[387]

Die grundsätzlich neben der Frage des Geltungsbereichs deutschen Strafrechts gesondert zu beantwortende Frage, ob der Schutzbereich des jeweiligen Tatbestandes auch den Schutz ausländischer Rechtsgüter mit umfasst oder auf rein inländische Schutzgüter begrenzt sein soll,[388] bereitet in Bezug auf § 108e StGB n.F. keine Schwierigkeiten und ist eindeutig im Sinne einer internationalen Schutzrichtung zu bejahen. Der Schutz der Integrität des parlamentarischen Meinungsbildungsprozesses, die Unabhängigkeit der Mandatsausübung und die Sachbezogenheit parlamentarischer Entscheidungen sind nicht nur auf der Ebene der nationalen Parlamente wünschenswert, sondern vom deutschen Gesetzgeber aufgrund der Tatbestandsformulierung eindeutig auch auf internationaler Ebene gewollt.

---

385 BT-Drs. 13/10424, S. 6 f.

386 MK_1-*Ambos*, § 5 Rn. 38; *Härtl*, S. 199, skizziert als Begründung richtigerweise, dass die Umsetzung des Übereinkommens lediglich eine Strafbarkeit für die eigenen Staatsangehörigen im Europäischen Parlament verlangte und eine Strafbarkeitslücke deshalb nicht entstand, weil die Vorgaben von jedem Mitgliedstaat verlangten, eine entsprechende Strafbarkeit für ihre Abgeordneten zu begründen.

387 Gesetz v. 20.11.2015 zur Bekämpfung der Korruption, BGBl. 2015 I, S. 2025 ff.

388 *Hecker*, § 2 Rn. 4; *Safferling*, § 3 Rn. 9.

III) Vereinbarung eines Vorteils für die Mandatswahrnehmung

Wer als Mandatsträger einen ungerechtfertigten Vorteil dafür fordert, sich versprechen lässt oder annimmt, dass er bei Wahrnehmung seines Mandats eine Handlung im Auftrag oder auf Weisung vornimmt oder unterlässt, macht sich wegen Bestechlichkeit gemäß § 108e Abs. 1 StGB n.F. strafbar. Der Tatbestand der Bestechung nach § 108e Abs. 2 StGB n.F. setzt voraus, dass einem Mandatsträger ein Vorteil angeboten, versprochen oder gewährt wird.

1) Tathandlungen der Bestechlichkeit und Bestechung

Bei der Beschreibung der Tathandlungen griff der Gesetzgeber auf die aus den übrigen Bestechungsdelikten bekannten Tätigkeitsformen zurück und erfüllte damit zugleich die Anforderungen der völkerrechtlichen Verträge.[389] Die Begriffe stehen dabei in einem stufenweisen Entsprechungsverhältnis zwischen den Verhaltensweisen des Nehmers und Gebers.[390] Auf der ersten „Verhandlungsstufe" fordert der Mandatsträger als Nehmer einen Vorteil durch einseitiges ausdrückliches oder konkludentes Verlangen zur Kenntnis des Aufgeforderten.[391] Ergreift hingegen der Vorteilsgeber die Initiative, handelt es sich um ein Anbieten, also die auf Abschluss einer Unrechtsvereinbarung gerichtete ausdrückliche oder stillschweigende Erklärung zur Kenntnis des Nehmers.[392] Reagiert der Nehmer zustimmend auf ein einseitiges Angebot des Gebers, verwirklicht er die Handlungsalternative des Sich-versprechen-Lassens. Der Geber verspricht einen Vorteil dann, wenn er auf ein Fordern des Nehmers eingeht. Das Annehmen stellt schließlich den vollendeten Leistungsaustausch dar, wenn der Nehmer den angebotenen Vorteil tatsächlich empfängt.[393] Damit hat der Geber gleichzeitig den Vorteil gewährt.

---

389 Sowohl Art. 2 des Europaratsübereinkommens als auch Art. 15 (a) der VN-Konvention verlangten, das Versprechen, Anbieten oder Gewähren („*promise, offering or giving*") als aktive Bestechungshandlung zu sanktionieren. Auf passiver Seite sprach Art. 3 des Strafrechtsübereinkommens vom Fordern oder Annehmen eines Vorteils und Annehmen des Angebots oder Versprechens („*request or receipt and acceptance of an offer or a promise*"), Art. 15 (b) der VN-Konvention von Einfordern oder Annehmen („*solicitation or acceptance*"). Dazu *Kubiciel*, ICLR 9 (2009), 139 (146 f.).

390 *Walther*, Jura 2010, 511 (515); LK_{13}-*Sowada*, § 331 Rn. 21, spricht von einem Modell des Vertragsschlusses, bei dem „*Verhandlungs-*", „*Vereinbarungs-*" und „*Leistungsstufe*" aufeinander aufbauen.

391 BGHSt 10, 237 (241); 15, 88 (98); *Lackner/Kühl*, § 331 Rn. 7.

392 BGHSt 16, 40 (46).

393 BGHSt 39, 45 (46); BGH, NJW 1987, 1340.

2) Wahrnehmung des Mandats

Die Tat muss sich auf die Wahrnehmung des Mandats des Vorteilsnehmers beziehen. Die vormals bestehende Einschränkung der Gegenleistung eines Abgeordneten für die Vorteilsgewährung auf den Verkauf seiner Stimme bei einer Wahl oder Abstimmung im Rahmen von § 108e StGB a.F. stand im Widerspruch zu den Anforderungen der beiden völkerrechtlichen Verträge. Das Strafrechtsübereinkommen des Europarats sieht vor, dass dem Mitglied einer Volksvertretung ein Vorteil als Gegenleistung dafür gewährt werden muss, dass es bei *„der Wahrnehmung seiner Aufgaben"* (*„acting in the exercise of his or her functions"*) eine Handlung vornimmt oder unterlässt. Die Vertragsparteien des Strafrechtsübereinkommens sind sich einig gewesen, dass die Rechtswidrigkeit des Handelns (*„breach of duty"*) des Bestochenen keinen Einfluss auf die Strafbarkeit i. S. d. Art. 2 und 3 des Strafrechtsübereinkommens haben sollte, weil der Vorteilsgewährende nicht immer erkennen kann, ob die verlangte Gegenleistung rechtmäßig oder rechtswidrig sein wird.[394] Die VN-Konvention hingegen verwendet die Formulierung *„in Ausübung seiner Dienstpflicht"* (*„acting in the exercise of his or her official duties"*). Nach deutschem, staatsrechtlichem Rechtsverständnis erfüllt ein Mandatsträger aber keine „Dienstpflicht". Weder schuldet ein Mandatsträger Dienste noch ist die Erfüllung seiner Aufgaben grundsätzlich sanktionsbewehrt.[395] Das deutsche Verfassungsrecht als alleiniger Maßstab wird der Konvention als völkerrechtlichem Vertrag jedoch nicht gerecht. Der Schwerpunkt liegt auf einem gegenüber dem Begriff „Aufgabe" eingeschränkteren Wesenskern der „Pflicht". Eine Pflicht umschreibt im allgemeinen Sprachgebrauch eine Aufgabe, die jemandem zugewiesen ist und deren Erfüllung derjenige als eine innere, sittliche, moralische Verpflichtung ansieht, was seine eigenen bzw. die gesellschaftlichen Normen von ihm fordern.[396] Ihren (äußeren) Ursprung hat die Verpflichtung des Mandatsträgers in dem Wahlakt, durch den der Abgeordnete sein Mandat erhält und durch den ihm die damit verbundenen Aufgaben zugewiesen werden. Welche Anforderungen an die Mandatsausübung von der Gesellschaft gestellt werden, ist in der Verfassung in Art. 38 Abs. 1 S. 2 GG sowie in Abgeordnetengesetzen und Geschäftsordnungen der Parlamente festgelegt. Die dortigen Regeln verlangen von den gewählten Abgeordneten vornehmlich, sich der von den Wählern erteilten Aufgabe, das Mandat auszuüben, nicht zu

---

394 Erläuternder Bericht zum Europaratsübereinkommen, Nr. 39, 46.

395 *Stern,* StaatsR I, S. 1067; HdbStR III-*Klein,* § 51 Rn. 23.

396 Duden, Bd. 10, Das Bedeutungswörterbuch, 4. Aufl. 2010, S. 712.

entziehen. Als wesentliche Pflicht eines Mandatsträgers wird deshalb auch die Teilnahme an den Sitzungen des Parlaments gesehen.[397]

Infolge der freien Gestaltung der Mandatsausübung stellt es sich jedoch als schwierig dar, bei der sehr großen Zahl der in Frage kommenden Handlungen eines Mandatsträgers trennscharf zwischen „Aufgabe" und „Dienstpflicht" zu unterscheiden. Die Bezeichnung der Wahrnehmung des Mandats bildet hierbei einen geeigneten Sammelbegriff, der einerseits die völkerrechtlichen Begrifflichkeiten einschließt und damit die Anforderungen der beiden Abkommen erfüllt sowie andererseits keinen durchgreifenden verfassungsrechtlichen Bedenken begegnet. Das eigene Gewissen als Handlungsmaßstab und die Pflicht, sein Mandat frei von Aufträgen und Weisungen auszuüben, gelten nicht nur für die Stimmabgabe im Parlament als ein Ausschnitt des Mandats, sondern für die gesamte Tätigkeit.[398] Der verfassungsrechtliche Status eines Mandatsträgers wird deshalb durch die sinnvolle Ausdehnung der strafrechtlich relevanten Verhaltensweisen über die Stimmabgabe auf die gesamte Mandatstätigkeit hinaus nicht beeinträchtigt. Zudem können dem auslegungsbedürftigen Begriff der „*Wahrnehmung des Mandats*" mit Blick auf Art. 38 Abs. 1 S. 2 GG, die Arbeitsweise der unterschiedlichen Parlamente sowie auf die Vorschriften des Kommunalrechts inhaltlich klarere Konturen gegeben werden. Bedenken im Hinblick auf das Bestimmtheitsgebot des Art. 103 Abs. 2 GG bestehen deshalb nicht.

a) Inhaltliche Reichweite möglicher Handlungen

Die „*Wahrnehmung des Mandats*" umfasst zunächst den Kreis der parlamentarischen Tätigkeit.[399] Dabei handelt es sich um formalisierte Handlungen im parlamentarischen Alltag in Form von Mitwirkungs- und Informationsrechten. Von zentraler Bedeutung ist dabei das Initiativrecht, also das Recht eines Abgeordneten, Gesetzesvorschläge in das Parlament oder den zuständigen Ausschuss einzubringen.[400] Damit kann er Einfluss nehmen und politische Diskussionen zu

---

397 Maunz/Dürig-*Klein*, Art. 38 Rn. 222 mit Verweis auf § 13 Abs. 2 S. 1 GO BT.

398 Maunz/Dürig-*Klein*, Art. 38 Rn. 196; *Hartmann*, S. 137.

399 BT-Drs. 18/476, S. 8. *Kubiciel/Hoven*, NK 2014, 339 (345), sehen einen hinreichenden Bezug zur Mandatsausübung, „*wenn der Abgeordnete auf parlamentarische Prozesse Einfluss zu nehmen versucht*".

400 Die Antragsrechte sind regelmäßig an ein Quorum der sie unterstützenden Abgeordneten gebunden, um die Arbeitsfähigkeit der Parlamente zu sichern, vgl. für Anträge und Vorlagen im Bundestag und seinen Ausschüssen §§ 71, 76 GO BT. Eine Ausnahme auf Bundesebene besteht aber beispielsweise bei Änderungsanträgen zu Gesetzesentwürfen in der 2. Lesung, vgl. § 82 Abs. 1 GO BT.

Verfahrens- oder Sachthemen anstoßen. Ebenfalls ein notwendiger Bestandteil des verfassungsrechtlichen Status eines Abgeordneten ist das Rederecht, das mittels Geschäftsordnung regelmäßig Einschränkungen durch Vereinbarung und Aufteilung der Redezeiten der Fraktionen erlebt.[401] Die Informationsrechte, als Ausdruck der Kontrollfunktion des Parlaments, beinhalten neben der Möglichkeit, als einzelner Abgeordneter oder als Gruppe Große bzw. Kleine Anfragen an die Regierung zu stellen, auch das Recht, die Einsetzung eines Untersuchungsausschusses zu beantragen. Ein ebenso wesentlicher Teil der Mandatsarbeit ist die Arbeit im Plenum sowie die vorbereitende Arbeit in den Ausschüssen.[402] Aber auch die Zusammenarbeit in der jeweiligen Fraktion, wo sich in verschiedenen Arbeitskreisen ein erheblicher Teil der Meinungs- und Willensbildung der Abgeordneten vollzieht, hat Einfluss auf das parlamentarische Geschehen und bildet damit einen Schwerpunkt des Mandats.[403]

Nicht zur freien Gestaltung des Mandats gehören rein private Tätigkeiten des Mandatsträgers oder solche, die er eindeutig und erkennbar in Wahrnehmung einer anderen Funktion, beispielsweise als Parteifunktionär oder im Rahmen einer zulässigen Nebentätigkeit, ausführt.[404] Die Strafbarkeit auf diese Bereiche auszudehnen, ist zur Umsetzung der völkerrechtlichen Verträge weder notwendig noch sinnvoll. Eine „Reinigung“ dieser Lebensbereiche des Mandatsträgers hat keine schützende Wirkung für das Rechtsgut, da eine Bestechlichkeit oder Bestechung in diesen Belangen das öffentliche Interesse an der Integrität parlamentarischer Prozesse gar nicht zu beeinträchtigen vermag. Im privaten Bereich und während einer Nebentätigkeit unterliegt ein Mandatsträger auch keinen mandatsbezogenen Pflichten. Die Grenze zwischen privatem Handeln und mandatsbezogener Tätigkeit kann jedoch fließend sein, weil das Mandat *„den ganzen Menschen verlangt“*.[405] Zudem drohen Abgrenzungsschwierigkeiten und Ungewissheiten darüber, ob ein Verhalten noch dem Mandat zugeordnet werden kann oder beispielsweise der Parteiarbeit.[406] Deutlich wird dies insbesondere

---

401 HdbStR III-*Klein*, § 51 Rn. 32; Schmidt-Bleibtreu/Hofmann/Henneke-*Kluth*, Art. 38 Rn. 84.

402 HdbStR III-*Klein*, § 51 Rn. 10 f.

403 HdbStR III-*Klein*, § 51 Rn. 9.

404 BT-Drs. 18/476, S. 8; *Michalke*, Compliance Berater 2014, 215 (218); SK-*Sinn/Rudolphi*, § 108e Rn. 9. So auch schon *Hartmann*, S. 137.

405 *Peek*, ZStW 120 (2008), 785 (825).

406 *Schlüchter*, in: FS Geerds, 713 (728); *Epp*, S. 281; *Schaller*, S. 107; *Peek*, ZStW 120 (2008), 785 (825); *Hartmann*, S. 135. Die Schwierigkeit bei der Eingrenzung der Mandatstätigkeit ist auch ein Beweggrund gewesen, die Abgeordnetenbestechung

beim Auftreten eines Mandatsträgers in seinem Wahlkreis. Einerseits gehört es zur Mandatsarbeit, dass der Abgeordnete die Menschen dort über aktuelle politische Diskussionen und Entscheidungen des Parlaments informiert.[407] Das ist aus Sicht des Abgeordneten auch deshalb notwendig, weil er seine (potentiellen) Wähler so über seine Arbeit in Kenntnis setzen und diesbezügliche Erfolge hervorheben kann, um die eigenen Erfolgsaussichten bei künftigen Wahlen zu erhöhen. Andererseits kann sein Auftreten bei Veranstaltungen im Wahlkreis auch ein Stück weit dazu dienen, die Programmatik seiner Partei darzustellen und dafür zu werben. Die Mandatstätigkeit, in den Worten der völkerrechtlichen Verträge die „*Aufgaben*" bzw. „*Dienstpflicht*" eines Abgeordneten, beschränkt sich nicht ausschließlich auf die parlamentarische Arbeit im Plenum und in Gremien, sondern beinhaltet das gesamte Wirken auch außerhalb der Volksvertretung. Eine vollständige Herausnahme der Handlungen im Wahlkreis[408] aus der Strafbarkeit bzw. eine Beschränkung der möglichen strafbaren Einflussnahme auf ein Tätigwerden des Mandatsträgers ausschließlich im parlamentarischen Umfeld (Plenum, Ausschüsse, Fraktion sowie Vermittlungs-, Richterwahl- und Gemeinsamer Ausschuss) ist zu weitgehend.

Deshalb hat sich der Gesetzgeber auch dagegen entschieden, die „*Wahrnehmung des Mandats*" bei § 108e StGB n.F. auf parlamentarische Tätigkeiten zu beschränken. Zur Klarstellung hat der Rechtsausschuss im Anschluss an die Sachverständigenanhörung das Abgrenzungsmerkmal eingeführt, dass eine mögliche Handlung oder Unterlassung ausschließlich bei „*parlamentarischen Verhandlungsgegenständen*" vorliegt, wohingegen im Unterschied dazu Tätigkeiten außerhalb der durch das Mandat begründeten Zuständigkeit nicht erfasst sein sollen, wenn also etwa die Autorität des Mandats oder die Kontakte des Mandatsträgers genutzt werden, um einen in der Zuständigkeit einer anderen Stelle liegenden Vorgang zu beeinflussen.[409] Diese Einschränkung ergibt sich nicht allein aus dem Wortlaut,[410] sondern aus dem Kontext des (erweiterten) Gesetzgebungsprozesses. In den Reformdiskussionen zur Abgeordnetenbestechung

bei Einführung des § 108e im Jahr 1994 auf den Stimmenkauf zu begrenzen, vgl. BT-Drs. 12/5927, S. 5.

407 Organisatorische Strukturen zu diesem Zweck bestehen regelmäßig in der Einrichtung eines Büros vor Ort, für die Öffentlichkeitsarbeit zuständigen Mitarbeitern und einer Bürger-Sprechstunde, vgl. HdbStR III-*Klein*, § 51 Rn. 12.

408 So der SPD-Entwurf in BT-Drs. 17/8613, S. 4, wonach den Wahlkreis betreffende Handlungen nicht mehr als „Wahrnehmung des Mandats" gelten.

409 BT-Drs. 18/607, S. 8.

410 So ausdrücklich *Fischer*, StGB, 62. Aufl. 2015, §108e Rn. 28.

wurde der Terminus nämlich als engere Umschreibung im Gegensatz zur Formulierung *„im Zusammenhang mit dem Mandat"* verstanden, die auch auf über das Mandat hinausgehende Tätigkeiten hindeutet.[411] Die inner- und außerparlamentarischen Betätigungsfelder eines Mandatsträgers sind ohnehin aufgrund der Freiheit der Mandatsausübung so umfangreich und verschiedenartig, dass eine strafrechtliche Erfassung von darüber hinausgehenden Tätigkeiten noch weitergehende Abgrenzungsschwierigkeiten bereiten würde. Die Konstellation, dass ein Mandatsträger mittels seiner durch das Mandat verliehenen Autorität auf Verwaltungsverfahren und Entscheidungsprozesse Einfluss nimmt, um sie im Sinne eines Vorteilsgebers zu beeinflussen, wird zwar teilweise als strafwürdig empfunden,[412] beschreibt jedoch keine Wahrnehmung des Mandats im Sinne von § 108e StGB n.F. und ist damit keine strafbare Gegenleistung des Tatbestands. Dies gilt jedoch nur insoweit, als sich der Einsatz der „Mandats-Autorität" auf eindeutig außerhalb der Zuständigkeit des Mandats liegende Vorgänge bezieht. Die Ausnutzung der Stellung und Autorität des Mandats sowie persönlicher Kontakte des Abgeordneten, um etwa im eigenen Wahlkreis die gesellschaftliche Diskussion in eine von einem Vorteilsgeber gewünschte Richtung zu lenken, ist vom Tatbestand nicht per se ausgenommen, denn das Werben und Ringen um politische Positionen ist eine originäre Ausübung des Mandats.[413]

Dennoch sind infolge der Vielgestaltigkeit des Handelns auftretende Abgrenzungsschwierigkeiten unter Berücksichtigung des konkreten Einzelfalls zu lösen.[414] Ein sehr starkes Indiz für die Wahrnehmung des Mandats ist beispielsweise darin zu sehen, dass in äußerlich erkennbarer Weise eine Verbindung zwischen Mandat und Person gezogen wird, etwa wenn der Abgeordnete Korrespondenz mit dem Briefkopf des Mandats führt[415] oder bei einem öffentlichen Auftritt der Hinweis auf die Mandatsträgereigenschaft erfolgt. Entscheidend ist auch nur der inhaltliche Bezug zur Mandatstätigkeit. In welchem örtlichen Rahmen die Wahrnehmung des Mandats schließlich erfolgt, ist ohne Bedeutung, sodass auch

---

411 *Hoven*, ZIS 2013, 33 (41); *Hartmann*, S. 137; *Heinrich*, Protokoll der Sachverständigenanhörung vom 17. Februar 2014 (Protokoll-Nr. 18/7), S. 50.

412 *Fischer*, StGB, 62. Aufl. 2015, § 108e Rn. 27 f.

413 *Kubiciel/Hoven*, NK 2014, 339 (345). Auch *Hartmann*, S. 136, gibt ein anschauliches Beispiel, bei dem die Grenze des strafwürdigen Verhaltens in Form der Ausnutzung von Stellung und Autorität des Mandatsträgers erreicht ist. Zurückhaltender zu einer vergleichbaren Konstellation: *Heinrich*, Protokoll der Sachverständigenanhörung vom 17. Februar 2014 (Protokoll-Nr. 18/7), S. 50.

414 *Hartmann*, S. 137.

415 Dieses Beispiel so auch bei *Hartmann*, S. 137.

Parteiveranstaltungen oder sogar private Treffen in Frage kommen, sofern dort beispielsweise auf andere anwesende Abgeordnete eingewirkt wird.[416]

Bei den Mitgliedern der kommunalen Volksvertretungen (§ 108e Abs. 3 Nr. 1 StGB n.F.) sowie der Vertretungsgremien von Teilgebieten (§ 108e Abs. 3 Nr. 2 StGB n.F.) handelt es sich dann nicht um eine Wahrnehmung ihres Mandats, wenn konkrete Verwaltungsaufgaben vorgenommen werden. Dabei ist für die als Gegenleistung für eine Vorteilszuwendung in Aussicht gestellte Handlung oder Unterlassung im Einzelfall am Maßstab der zu § 11 Abs. 1 Nr. 2 StGB entwickelten Grundsätze zu prüfen, ob für die konkrete Aufgabe die strafrechtliche Amtsträgereigenschaft vorhanden ist.[417]

Die inhaltliche Reichweite der „*Wahrnehmung des Mandats*“ lässt sich wie folgt zusammenfassen:

<table>
<tr><td colspan="5"></td><td>„Wahrnehmung des Mandats“ ?</td></tr>
<tr><td rowspan="7">Handlungsfeld des Mandatsträgers</td><td colspan="4">Privater Raum</td><td>Nein</td></tr>
<tr><td colspan="4">Andere Tätigkeit*</td><td>Nein</td></tr>
<tr><td rowspan="5">Politik</td><td>Partei</td><td colspan="2">Gremium</td><td>Nein</td></tr>
<tr><td>Partei / Mandat**</td><td colspan="2">Wahlkreis</td><td>Ja/Nein**</td></tr>
<tr><td rowspan="3">Mandat</td><td rowspan="3">Parlament</td><td>Fraktion, Arbeitskreis</td><td>Ja</td></tr>
<tr><td>Ausschuss</td><td>Ja</td></tr>
<tr><td>Plenum</td><td>Ja</td></tr>
</table>

* berufliche Nebentätigkeit bzw. konkrete Verwaltungsaufgaben eines kommunalen Mandatsträgers.

** Abgrenzung im Einzelfall erforderlich.

b) Zeitliche Eingrenzung möglicher Handlungen

Für die Strafbarkeit der Abgeordnetenbestechung gemäß § 108e StGB a.F. war es entscheidend, dass die Stimmabgabe der Unrechtsvereinbarung nachfolgte. Der Zeitpunkt der Vorteilszuwendung war unbedeutend und konnte der Stimmabgabe auch nachfolgen.[418] Deshalb wurde teilweise die Straffreiheit von

416 *Kubiciel/Hoven,* NK 2014, 339 (345).

417 Ein kommunales Unternehmen muss etwa als „sonstige Stelle“ im Sinne des § 11 Abs. 1 Nr. 2 lit. c StGB zu qualifizieren sein, vgl. *Szesny/Brockhaus,* NStZ 2007, 624 (626). Nach *Meier/Nawrath,* ZKF 2009, 121 (122 ff.), erfüllt der Aufsichtsrat eines hoheitlich gesteuerten kommunalen Unternehmens mit öffentlicher Aufgabe diese Anforderungen.

418 *Epp,* S. 283; *Schaller,* S. 88.

„nachträglichen Zuwendungen“ kritisiert, also von solchen Fällen, in denen die Unrechtsvereinbarung erst nach der Stimmabgabe erfolgt. Grund der Kritik war der gegenteilige Ansatz im Rahmen der Amtsträgerdelikte, bei denen die Gewährung eines Vorteils sowohl für eine zukünftige als auch eine vergangene Diensthandlung unter Strafe gestellt ist.[419]

Der Forderung nach der Aufnahme der Strafbarkeit solcher Vorteilszuwendungen, die ein „nachträgliches Belohnen“ oder „nachträgliches Anerkennen“ (quasi als kleines „Dankeschön“) für ein bestimmtes Handeln oder Unterlassen des Abgeordneten bedeuten, hat der Gesetzgeber bei Einführung des § 108e StGB n. F. eine Absage erteilt, zumal die völkerrechtlichen Verträge diesbezüglich auch keine zwingenden Vorgaben gestellt haben.[420] Der Wortlaut („*[...], dass er bei der Wahrnehmung seines Mandates eine Handlung [...] vornehme oder unterlasse*“) verlangt ausdrücklich, dass die vereinbarte Gegenleistung des Mandatsträgers in der Zukunft liegt. Für die Beweisführung in der Strafverfolgungspraxis hätte die Aufnahme vergangener Handlungen und Unterlassungen des Mandatsträgers eine deutliche Erleichterung dargestellt, weil sich zwar die Vornahme der Vorteilszuwendung recht eindeutig beweisen lassen wird, nicht jedoch der konkrete Zeitpunkt einer Absprache über die Intention der Zuwendung.[421] Mit Blick auf das geschützte Rechtsgut und im Vergleich zu den §§ 331 ff. StGB besteht auch keine Notwendigkeit, nachträgliche Zuwendungen (ohne vorherige Unrechtsvereinbarung) unter Strafe zu stellen. Anders als bei den Amtsträgerdelikten sind Konstellationen denkbar, in denen der Vorteil als generelle Unterstützung der Arbeit des Mandatsträgers geleistet wird (etwa in Wahlkampfzeiten), weil der Zuwendende damit seine Hoffnung verbindet, dass der Empfänger auch künftig für derartige Interessen in der Volksvertretung eintreten wird.[422] Die

---

419 In Bezug auf die Judikative lässt sich das bereits dem Wortlaut der §§ 331 Abs. 2, 332 Abs. 2, 333 Abs. 2, 334 Abs. 2 StGB entnehmen, wonach richterliche Handlungen erfasst sind, die ein Richter „*vorgenommen hat oder künftig vornehme*“. Für die übrigen Amtsträger ist es allgemeine Rechtsauffassung, vgl. Schönke/Schröder-*Heine/Eisele*, § 331 Rn. 30; *Hartmann*, S. 123.

420 Das Europaratsübereinkommen verlangt, dass die Handlung bzw. Unterlassung durch den Empfänger noch bevorstehen muss, vgl. Erläuternder Bericht zum Europaratsübereinkommen, Nr. 43. Die Strafbarkeit nachträglicher Zuwendungen bzw. eines „nachträgliches Belohnens“ ist für die Ratifizierung nicht erforderlich gewesen, vgl. *van Aaken*, ZaöRV 2005, 407 (430); *Peek*, ZStW 120 (2008), 785 (822) in Fn. 171; *Kubiciel*, ICLR 9 (2009), 139 (149); *Hoven*, ZIS 2013, 33 (43); *Hartmann*, S. 99.

421 *Schaller*, S. 89; *Peek*, ZStW 120 (2008), 785 (825); *Hoven*, ZIS 2013, 33 (44).

422 *Hartmann*, S. 123, mit anschaulichem Beispiel. *Kubiciel/Hoven*, NK 2014, 339 (347), erkennen gerade in dieser Anreiz-Funktion die besondere Gefährlichkeit der

Entscheidung eines Mandatsträgers, bestimmte Interessen stärker zu vertreten als andere, entspricht seiner freien Mandatsausübung. Die grundlegende Annahme, dass jede nachträgliche Zuwendung das Vertrauen in die Integrität parlamentarischer Prozesse zu beeinträchtigen vermag[423], ist deshalb zu weitreichend.

c) Tätigwerden „im Auftrag oder auf Weisung"

Der Mandatsträger muss die Handlung nicht allein in Wahrnehmung seines Mandats, sondern auch „*im Auftrag oder auf Weisung*" vornehmen oder unterlassen. Die Formulierung entstammt einer früheren Gesetzesinitiative der SPD-Bundestagsfraktion[424] und versucht, die besondere Stellung der Mandatsträger im Normtext zu berücksichtigen. Die offensichtliche Anlehnung an Art. 38 Abs. 1 S. 2 GG soll das Wesen der Bestechlichkeit sowie Bestechung eines Mandatsträgers abbilden und den Bereich der Strafbarkeit kennzeichnen, dass ein Verhalten der freien und unabhängigen Stellung eines Abgeordneten widerspricht.[425]

Auf den ersten Blick könnte sich aus dem Zusatz, dass die als Gegenleistung versprochene Mandatswahrnehmung „*im Auftrag oder auf Weisung*" erfolgen muss, aber eine wesentliche Einschränkung der Strafbarkeit ergeben, sodass § 108e Abs. 1 StGB n.F. sogar gänzlich leerlaufen würde. Gemäß der grundsätzlichen Freiheit des Mandats aus Art. 38 Abs. 1 S. 2 GG sind Abgeordnete an Aufträge und Weisungen nicht gebunden. Fehlt es jedoch an der grundsätzlichen Möglichkeit einer Bindungswirkung, wird ein Mandatsträger niemals eine Handlung „*im Auftrag oder auf Weisung*" vornehmen oder unterlassen und könnte den Tatbestand der Bestechlichkeit nach § 108e Abs. 1 StGB n.F. gar nicht verwirklichen.[426] Diese Lesart verkennt jedoch, dass das Auftrags- bzw. Weisungsverhältnis im Rahmen von § 108e StGB n.F. keine rechtliche Bindungswirkung etwa im Sinne eines einklagbaren Anspruchs beschreibt, sondern lediglich eine *De-facto*-Selbstbindung des Mandatsträgers, sodass sich die anvisierte Handlung des Abgeordneten lediglich als eine Folge der Einflussnahme von außen darstellen muss.[427] Der Gesetzgeber will das Begriffspaar möglichst weit verstanden

---

nachträglichen Gewährung von Vorteilen als Belohnung, wenn der Mandatsträger sein Verhalten künftig – in Antizipation weiterer Vorteile – an den Vorstellungen des Zuwendenden ausrichten könnte.

423 *Schaller*, S. 89; *Hoven*, ZIS 2013, 33 (44); *Hoven*, NStZ 2015, 553 (554).

424 BT-Drs. 17/8613. Vgl. 2. Abschnitt C) IV) 3).

425 BT-Drs. 18/476, S. 8.

426 So auch MdB *Keul* (Bündnis 90/Die Grünen) in der ersten Lesung des Entwurfs, vgl. PlrPr 18/15, S. 1118A.

427 *Francuski*, HRRS 2014, 220 (227).

wissen und jede Handlung erfassen, *„die den Abgeordneten dazu bewegen soll, sich den Interessen des Auftrags- oder Weisungsgebers zu unterwerfen"*.[428] Es muss sich dabei nicht zwingend um ein Auftragsverhältnis im Sinne der §§ 662 ff. BGB oder eine beamtenrechtliche Weisung handeln, sondern Maßstab soll – wie auch schon beim Begriffspaar „kaufen" und „verkaufen" des § 108e StGB a.F. – der allgemeine Sprachgebrauch sein.[429] Allerdings verzichtet die Gesetzesbegründung darauf, zusätzliche Anhaltspunkte für das Verständnis des allgemeinen Sprachgebrauchs zu liefern. Das Merkmal, eine Handlung *„im Auftrag oder auf Weisung"* vorzunehmen oder zu unterlassen, ist damit lediglich allgemeiner Ausdruck für die Fremdbestimmtheit des Mandatsträgers.

Während bei einer Verfassungsnorm die sprachliche Ungenauigkeit und uneinheitliche Terminologie im Vergleich zu anderen, unter dem Verfassungsrecht stehenden Rechtsnormen noch hinnehmbar sein kann, ist auf einfachgesetzlicher Ebene ein einheitlicher Sprachgebrauch sinnvoll und erforderlich.[430] Die – im Bereich strafrechtlicher Subsumtion eines Verhaltens unter die Vorschrift des § 108e StGB n.F. – notwendige Trennung, wann ein Mandatsträger „im Auftrag", wann „auf Weisung" agiert, erscheint jedenfalls kaum möglich. Deshalb bleibt unklar, worin der genaue Mehrwert der Formulierung bestehen soll. Dass ein Mandatsträger nicht auf Basis eines internen Willensbildungsprozesses eine Gewissensentscheidung trifft, sondern Partikularinteressen aufgrund einer Vorteilsgewährung Vorrang einräumt, findet – strafrechtlich – bereits in dem Tatbestandsmerkmal der Unrechtsvereinbarung Niederschlag. Auch handelt es sich nicht um eine angemessene Klarstellung, dass das verfassungsrechtlich garantierte freie Mandat *„Maßstab einer zwingend engen Auslegung"* des § 108e StGB n.F. sein soll.[431] Auch ohne die Formulierung *„im Auftrag oder auf Weisung"* darf davon ausgegangen werden, dass die Strafverfolgungsbehörden und Gerichte den verfassungsrechtlichen Status eines Mandatsträgers bei der Prüfung, ob der Anfangsverdacht für ein strafbares Verhalten vorliegt oder nicht, berücksichtigen würden und werden. Hätte man das Wesen der Korruption auf politischer Ebene angemessen in Worte fassen wollen, wäre es sinnvoller gewesen, wenn der Änderungsantrag der Fraktion Bündnis90/Die Grünen Zustimmung gefunden hätte. Danach sollte für die Strafbarkeit nicht entscheidend sein,

---

428 BT-Drs. 18/476, S. 8.

429 BT-Drs. 18/476, S. 8. SK-*Sinn/Rudolphi*, § 108e Rn. 12, kritisieren, dass damit die juristische Terminologie zur Alltagssprache degradiert werde.

430 *Jäckle*, ZRP 2012, 97 (98); *Hoven*, ZIS 2013, 33 (41).

431 So jedoch die Stellungnahme der Fraktion der CDU/CSU in der Beschlussempfehlung des Rechtsausschusses, vgl. BT-Drs. 18/607, S. 7.

dass ein Mandatsträger eine Handlung bei Wahrnehmung des Mandats im Auftrag oder auf Weisung vornimmt oder unterlässt, sondern dass er dies *„zur Vertretung oder Durchsetzung der Interessen des Leistenden oder eines Dritten“* tut.[432] *Hartmann* hingegen hält eine solche Formulierung für wenig überzeugend, da es gerade auch der Aufgabe eines Trägers des freien Mandats entspreche, im Rahmen seiner Mandatstätigkeit fremden Interessen zur Durchsetzung zu verhelfen, sofern die Interessenvertretung auf der eigenständigen Überzeugungsbildung des Mandatsträgers beruhe.[433] Aufgrund der konkreten Unrechtsvereinbarung als Voraussetzung der Strafbarkeit wird sichergestellt, dass nur solches Handeln zur Durchsetzung fremder Interessen sanktioniert würde, das gerade nicht auf einer eigenständigen Überzeugungsbildung beruht, sondern durch einen ungerechtfertigten Vorteil motiviert wurde.

Als größter Schwachpunkt des Merkmals gilt jedoch, dass eine Auftrags- oder Weisungsabhängigkeit als Strafbarkeitsvoraussetzung vom Wortlaut her das aktive Einfordern von Bestechungsgeldern durch den Mandatsträger nicht umfassen und damit straflos stellen könnte.[434] Beruhen die Initiative und die maßgebliche inhaltliche sowie organisatorische Gestaltung der Bestechungsabrede auf dem Handeln des Mandatsträgers, dann erscheint es schwierig, davon zu sprechen, dass er im Auftrag oder auf Weisung des Vorteilsgebers hin tätig wird.[435] Um diesen Konflikt zu lösen, heißt es deshalb in der Begründung des Gesetzesentwurfes[436]: *„Einer Handlung ‚im Auftrag oder auf Weisung‘ steht es nicht entgegen, dass die Initiative […] von dem Vorteilsnehmer, also dem Mitglied, ausgeht. Insbesondere die Tatbestandsvariante des ‚Forderns‘ kann auch dadurch verwirklicht werden, dass das Mitglied sich bereit erklärt, als Gegenleistung für einen Vorteil nach Weisung des Vorteilsgebers zu agieren, und so seine ‚Beauftragung‘ durch den Vorteilsgeber ‚einwirbt‘.“* Der Gesetzgeber beabsichtigt damit, durch ein weiter formuliertes Verständnis der Wendung *„im Auftrag oder auf Weisung“* keine Strafbarkeitslücken entstehen zu lassen. Es ist jedoch zweifelhaft, ob die Rechtsprechung diesem extensiven Verständnis folgen und durch Normauslegung ebenfalls zur Strafbarkeit in den Fällen gelangen würde, in denen die

---

432 Vgl. BT-Drs. 18/624. Der Änderungsantrag wurde mit den Stimmen der Regierungsfraktionen von CDU/CSU und SPD abgelehnt.

433 *Hartmann*, S. 161.

434 So ausdrücklich *Fischer,* StGB, 62. Aufl. 2015, § 108e Rn. 33.

435 *Jäckle,* ZRP 2012, 97 (99) unter Verweis auf den Wuppertaler Korruptionsfall (BGH, NJW 2006, 2050 ff.); *Hoven,* ZIS 2013, 33 (41); *Hartmann*, S. 162; *Jäckle,* ZRP 2014, 121 (122).

436 BT-Drs. 18/476, S. 8.

Bestechungsgelder aktiv vom Mandatsträger eingeworben werden. Eine weite Auslegung des Wortlauts einer Strafbestimmung ist den Gerichten zwar nicht verwehrt.[437] Die Ermittlung des objektivierten Willens des Gesetzgebers, ob ein bestimmtes Verhalten – in diesem Fall: das aktive Einwerben von Bestechungsgeldern eines Mandatsträgers – den Wortlaut des Gesetzestextes – in diesem Fall: Vorteil für die Wahrnehmung des Mandats im Auftrag oder auf Weisung – erfüllt, ist allerdings nur dann möglich, wenn sich das Verhalten allgemein überhaupt unter den Gesetzestext subsumieren lässt und die Wortsinngrenze nicht verletzt ist. Denn der noch mögliche Wortsinn markiert nach der gebräuchlichen Formulierung des BVerfG die äußerste Grenze zulässiger Auslegung.[438] Das bedeutet, dass, wenn ein Verhalten schon gar nicht unter den Wortsinn fallen kann, durch Auslegung auch gar nicht ermittelt werden muss, ob das Verhalten im konkreten Fall unter die Norm zu subsumieren ist. Der Sinngehalt der Wendung „*im Auftrag oder auf Weisung*" drückt eine passive Gebundenheit des Mandatsträgers an die Vorgaben des Vorteilsgebers aus. Wer beauftragt oder angewiesen wurde, eine Handlung vorzunehmen oder zu unterlassen, handelt entsprechend nicht aus einem eigenen Entschluss heraus, sondern aufgrund des Auftrags oder der Weisung. Die Gestaltungsmacht über die vorzunehmende (oder zu unterlassende) Handlung obliegt allein dem Auftraggeber bzw. Anweisenden. Folgt man dem vom Gesetzgeber angeführten Verständnis, wonach „*im Auftrag oder auf Weisung*" auch derjenige handelt, der seine Beauftragung vorher aktiv eingeworben hat, und kommt man zu dem Ergebnis, dass die Wortsinngrenze gerade noch gewahrt wurde, so muss man jedoch ehrlicherweise konstatieren, dass das Merkmal „*im Auftrag oder auf Weisung*" die Grenzen der Bestimmtheit aufs Äußerste strapaziert und ein eigener Bedeutungsgehalt nicht vorhanden ist.[439]

Insgesamt hat die Tatbestandsformulierung, wonach ein Mandatsträger „*im Auftrag oder auf Weisung*" handeln muss, damit ausschließlich symbolischen Charakter und sollte zur Stärkung der Normenklarheit gestrichen werden.

---

437 BVerfG, NJW 1982, 1512.

438 BVerfGE 71, 108 (115); 73, 208 (235); 75, 329 (341); 85, 69 (73); 87, 209 (224); *Zippelius*, S. 39.

439 Unter Hinweis auf das vom BVerfG aufgestellte Verschleifungsverbot, wonach jedes Tatbestandsmerkmal einen eigenständigen Bedeutungsgehalt aufweisen muss und nicht in anderen Merkmalen aufgehen darf, erkennen *Kubiciel/Hoven,* NK 2014, 339 (350 f.), eine Verfassungswidrigkeit des § 108e StGB n. F., sofern „*im Auftrag oder auf Weisung*" lediglich eine deklaratorische Bezugnahme auf das Verfassungsrecht sei. Ebenso *Hoven,* NStZ 2015, 553 (555). A. A.: *Zimmermann,* WiJ 2015, 238 (242).

3) *Die Vereinbarung als konkrete Unrechtsvereinbarung*

Aufgrund der Formulierung, dass der Vorteil „*als Gegenleistung*" für die Wahrnehmung des Mandats im Auftrag oder auf Weisung gewährt werden muss, verlangen die Tatbestände der Bestechlichkeit und Bestechung von Mandatsträgern eine konkrete Unrechtsvereinbarung.[440] Der Gesetzestext entspricht damit den Formulierungen der völkerrechtlichen Verträge und setzt deren Vorgabe eines spezifischen Beziehungsverhältnisses um.[441] Das Strafrechtsübereinkommen verlangt eine innere Verbindung zwischen gewährtem Vorteil und dem Verhalten des Abgeordneten, indem der Bestechende beabsichtigen muss, dass der Bestochene so handelt, wie es der Vorteilsgewährende will, wobei es gleichgültig ist, ob dies anschließend auch tatsächlich geschieht.[442] Nach der VN-Konvention muss der Bestechende nicht nur mit der Absicht handeln, dem Abgeordneten einen Vorteil zu gewähren, sondern dadurch das Handeln des Empfängers im Sinne des Bestechenden beeinflussen wollen.[443]

Der Ausdruck der konkreten Unrechtsvereinbarung ist im Zusammenhang mit § 108e StGB n.F. missverständlich.[444] Es wird keine Vereinbarung über ein Unrecht geschlossen, sondern ein Verhalten wird zum (strafbaren) Unrecht, wenn durch die Gewährung oder – in den Tathandlungsvarianten des Forderns und Anbietens – das Inaussichtstellen eines ungerechtfertigten Vorteils eine konkrete Gegenleistung des Mandatsträgers herbeigeführt wird bzw. werden soll. Die Verknüpfung von Vorteil und Gegenleistung ist normativ geprägt und

---

440 BT-Drs. 18/476, S. 5 und 7.

441 So soll beispielsweise der Tatbestand der Bestechlichkeit nach Art. 3 des Strafrechtsübereinkommens keine Anwendung finden auf Vorteilszuwendungen, die ohne Bezug auf eine spezifische Wahrnehmung der Aufgaben eines Abgeordneten erfolgen, vgl. Erläuternder Bericht zum Europaratsübereinkommen, Nr. 43. Missverständlich in diesem Zusammenhang *Hoven,* ZIS 2013, 33 (42), wonach „*die internationalen Übereinkommen keine zwingenden Vorgaben zur Unrechtsvereinbarung enthalten*" würden. Zuzustimmen ist nur insoweit, als auch eine weitergehende Strafbarkeit unter Verzicht einer konkreten Unrechtsvereinbarung nicht im Widerspruch zur Konvention stünde.

442 Erläuternder Bericht zum Europaratsübereinkommen, Nr. 34.

443 Legislative Guide zur VN-Konvention, Nr. 198: „*to influence the conduct of the recipient*". Das künftige Handeln muss dabei hinreichend bestimmt sein, vgl. *Deiters*, in: Dimensionen politischer Korruption, 424 (429).

444 Zur vergleichbaren Lage bei § 331 StGB siehe MK_5-*Korte*, § 331 Rn. 93.

bedeutet deshalb nur dann eine (Unrechts-)Vereinbarung, wenn die Tauschbeziehung sach- bzw. regelwidrig ist.[445]

Ausweislich der Gesetzesbegründung verlangt der Tatbestand „*eine enge Kausalbeziehung zwischen dem ungerechtfertigten Vorteil und der Handlung des Mitglieds*".[446] Es soll erst dann eine strafwürdige „*Kommerzialisierung des Mandats*" vorliegen, wenn sich der Mandatsträger den Interessen des Vorteilsgebers unterwirft und seine Handlungen durch die Vorteilsgewährung bestimmt sind.[447] Im Gegensatz zur konkreten Unrechtsvereinbarung bei der Bestechlichkeit und Bestechung von Amtsträgern (§§ 332, 334 StGB) soll es nicht lediglich eines Gegenleistungsverhältnisses bedürfen, sondern überdies einer inneren Kausalität in Form der Unterwerfung des Mandatsträgers unter die Interessen des Vorteilsgebers.[448] Nach diesem Verständnis bleibt die Annahme eines Vorteils deshalb straflos, „*wenn sie für Handlungen erfolgt, die durch seine innere Überzeugung motiviert und nicht durch die Vorteilsgewährung beeinflusst sind*".[449]

Der offensichtliche Einwand gegen dieses gesetzgeberische Verständnis der Unrechtsvereinbarung bei § 108e StGB n.F. ist beweisrechtlicher Natur: Über die tatsächliche Motivationslage eines Mandatsträgers für eine bestimmte Handlung oder Unterlassung ist eine sichere Beweisführung nicht möglich, da sie auf nicht aufzuklärenden psychologischen Vorgängen beruht und oftmals Motivbündel den Rückschluss auf einen einzelnen Beweggrund unmöglich machen.[450] Die drohende Restriktion der Strafbarkeit in den Fällen, in denen sich der Mandatsträger glaubhaft auf Mentalreservationen beruft, hat der Gesetzgeber auch erkannt und etwa einen inneren Vorbehalt, das eigene Verhalten durch den ungerechtfertigten Vorteil nicht beeinflussen zu lassen, oder die Einlassung, dass man sich ohnehin im Sinne des Vorteilsgebers verhalten wollte, für unbeachtlich erklärt.[451]

---

445 LK_{13}-*Sowada*, § 331 Rn. 65; NK_3-*Kuhlen*, § 331 Rn. 96; Schönke/Schröder-*Heine/Eisele*, § 331 Rn. 39; MK_5-*Korte*, § 331 Rn. 133; *Satzger*, ZStW 115 (2003), 469 (481); *Zimmermann*, ZStW 124 (2012), 1023 (1032). Prägnant *Volk*, in: GS Zipf, 419 (423), nach dem „*die Unrechtsvereinbarung* [...] *ja nichts anderes als ein Verstoß gegen die Regeln*" ist.

446 BT-Drs. 18/476, S. 7.

447 BT-Drs. 18/476, S. 7.

448 *Kubiciel/Hoven*, NK 2014, 339 (348).

449 BT-Drs. 18/476, S. 7.

450 *Kubiciel/Hoven*, NK 2014, 339 (349), die zu Recht darauf hinweisen, dass selbst ein geständiger Empfänger den Einfluss der Zuwendung auf seine Entscheidungsfindung nicht immer klar ermessen können wird. Ebenso *Hoven*, NStZ 2015, 553 (554).

451 BT-Drs. 18/476, S. 8.

Folgt man dem in der Gesetzesbegründung formulierten Verständnis der konkreten Unrechtsvereinbarung als Kausalitätserfordernis[452], setzt man sich zudem in Widerspruch zu den beiden völkerrechtlichen Verträgen. Weder Art. 4 i. V. m. Art. 2, 3 des Strafrechtsübereinkommens noch Art. 15 der VN-Konvention verlangen einen kausalen Zusammenhang zwischen Vorteil und Mandatswahrnehmung, sodass § 108e StGB n. F. mit entsprechender Lesart eine deutliche Einschränkung gegenüber den internationalen Regelungen erfahren würde.[453] Es ist jedoch das erklärte Ziel des Gesetzgebers, mit der Novellierung der Abgeordnetenbestechung das deutsche Strafrecht an die internationalen Regelungen zur Bekämpfung der Korruption von Mandatsträgern anzugleichen. Um keine Unsicherheit in Bezug auf die Vereinbarkeit mit völkerrechtlichen Anforderungen entstehen zu lassen, ist eine von der ausdrücklichen Gesetzesbegründung abweichende Interpretation der konkreten Unrechtsvereinbarung bei § 108e StGB n. F. geboten.

Die Unrechtsvereinbarung als zentraler Begriff der Korruptionsdelikte macht die strukturelle Ähnlichkeit einer Bestechung zur Teilnahmeform der Anstiftung deutlich.[454] *Amelung* veranschaulicht das der Anstiftung zugrunde liegende menschliche Verhaltensmuster, wonach durch eine ausdrückliche oder konkludente Aufforderung dem Angestifteten gegenüber ein Handlungswunsch geäußert wird und bei diesem dann ein „Handlungsdruck" entsteht.[455] Bei den Korruptionsdelikten steht die Sozialnorm der „*Dankespflicht*" im Vordergrund, die nach dem Empfang einer Zuwendung entsteht und den Empfänger „unter Druck setzt".[456] Bei der Bestechung schafft der Geber also mittels der Hingabe bzw. des Inaussichtstellens eines Vorteils eine Motivationslage und bestimmt den Empfänger so zu einem gewünschten Verhalten.[457] Die für eine Bestimmungshandlung des § 26 StGB gebräuchliche Definition des Hervorrufens des

452 So wohl *Francuski,* HRRS 2014, 220 (227).

453 *Kubiciel/Hoven,* NK 2014, 339 (350); *Hoven,* NStZ 2015, 553 (555).

454 *Amelung,* in: FS Schroeder, 147 (166), spricht von der Bestechung als „*einem Sonderfall der Anstiftung*". *Zimmermann,* ZStW 124 (2012), 1023 (1033), liefert eine Reihe terminologischer Indizien. Auch der Gesetzgeber verwendet in der Gesetzesbegründung zu § 108e StGB n. F. den Begriff „bestimmen", der in § 26 StGB die Anstiftungshandlung beschreibt, vgl. BT-Drs. 18/476, S. 5.

455 *Amelung,* in: FS Schroeder, 147 (164 f.); *Zimmermann,* ZStW 124 (2012), 1023 (1035).

456 *Amelung,* in: FS Schroeder, 147 (165 f.). *Zimmermann,* ZStW 124 (2012), 1023 (1035 f.), erweitert dies noch um eine Gier des Bestochenen nach „mehr", sprich weiteren Zuwendungen.

457 *Zimmermann,* ZStW 124 (2012), 1023 (1033).

Tatentschlusses beschreibt deshalb nach allgemeinem Verständnis keinen naturwissenschaftlich gesetzmäßigen Kausalzusammenhang, sondern eine bloße psychische Verursachung und die Übernahme eines – vom Anstifter kommunizierten – Motivs durch den selbstverantwortlichen Täter.[458] Das Wesen der Anstiftung wird darin gesehen, dass der Anstifter in den Motivationsprozess eines anderen eingreift, wobei er nicht bloß ein Motiv für die Willensbildung des Angestifteten liefern, sondern ihn so bearbeiten will, das Motiv zur Willensbildung auch anzunehmen.[459]

Für das Verständnis der Unrechtsvereinbarung bei § 108e StGB n. F. bedeutet dies, dass es sich nicht um einen engen Kausalzusammenhang handelt, sondern von einem bestimmten Motivationszusammenhang auszugehen ist. Der Vorteil muss die Mandatswahrnehmung nicht bewirken – weder im Sinne eines alleinigen Herbeiführens noch einer Mitursächlichkeit –, sondern für die Strafbarkeit ist ausreichend, wenn er für den Mandatsträger einen Anreiz setzt und ein (auch nur zusätzliches) Motiv schafft, eine Handlung vorzunehmen oder zu unterlassen. Ob eine Motivation tatsächlich geschaffen wird, hängt dabei nicht vom Willen des Vorteilsgebers ab, sondern bestimmt sich nach einer objektivierten, äußeren Deutung des Geschehensablaufs.[460] Dies erklärt sich dadurch, dass die besondere Gefährlichkeit der Bestechung in der Gefahr einer Manipulation des Vorteilsempfängers besteht, die bereits dann gegeben ist, wenn eine Vorteilszuwendung objektiv geeignet erscheint, den Mandatsträger unter Handlungsdruck zu setzen.[461] Das von § 108e StGB n. F. geschützte Rechtsgut des öffentlichen Interesses an einem von unlauterer Einflussnahme unberührten parlamentarischen Verfahren ist bereits dann beeinträchtigt, wenn ein Mandatsträger einen Vorteil entgegennimmt, er die damit verbundene Erwartungshaltung – also den „Auftrag“ bzw. die „Weisung“ – erkennt und wenn sein Handeln oder Unterlassen

458 Satzger/Schluckebier/Widmaier-*Murmann*, § 26 Rn. 3; NK$_1$-*Schild*, § 26 Rn. 3. MK$_1$-*Joecks*, § 36 Rn. 20, spricht von einer *„Herrschaft über die Motivation“*, die in Verbindung mit konkreten Vorgaben für die Tatbegehung eine tätergleiche Bestrafung des Anstifters legitimiere.

459 *Less*, ZStW 69 (1957), 43 (50); *Koriath*, in: FS Maiwald, 417 (428 f.). *Puppe*, GA 1984, 101 (109), bezeichnet diesen *„innere*[n] *Anerkennungsakt“* durch den Angestifteten als den *„Erfolg des Anstifters“*.

460 So auch *Zimmermann*, ZStW 124 (2012), 1023 (1037), m.w.N. für die unterschiedlichen Ansichten. Damit besteht ein Unterschied zur Teilnahmeform der Anstiftung, bei der erst ein Verursachungsbeitrag des Anstifters als *„geistiger Initiator der vom Haupttäter begangenen Tat“* die tätergleiche Bestrafung des Anstifters legitimiert (Satzger/Schluckebier/Widmaier-*Murmann*, § 26 Rn. 1).

461 *Zimmermann*, ZStW 124 (2012), 1023 (1037 f.).

tatsächlich im Sinne des Weisungs- bzw. Auftraggebers erfolgt.[462] Auf der Gegenseite bedarf es in subjektiver Hinsicht für den Vorteilsgeber nicht mehr als die Erkenntnis (oder billigende Inkaufnahme) des Umstands, dass der Mandatsträger sich durch den Vorteil bei der jeweiligen Bezugshandlung beeinflussen lassen könnte.[463] Auf dieser Grundlage ist die Prämisse von der Unerheblichkeit jeglicher Mentalreservationen aufrechtzuerhalten. Im Unterschied zur Anstiftung ist es für die Strafbarkeit nach § 108e StGB n. F. auch ohne Bedeutung, wenn sich der Mandatsträger als *omnimodo facturus* darstellt, sofern er die der Vorteilszuwendung zugrunde liegende Erwartungshaltung erkennt (oder billigend in Kauf nimmt). Denn bereits durch die Vereinbarung, sein Mandat in der vom Vorteilsgeber gedachten Weise wahrzunehmen, ist das Schutzgut des Vertrauens der Bürger beeinträchtigt, sodass unerheblich ist, dass der Abgeordnete auch ohne die Unrechtsvereinbarung entsprechend agiert hätte.

4) Anforderungen an die Feststellung einer Unrechtsvereinbarung

Bei der Feststellung einer Unrechtsvereinbarung muss prinzipiell zwischen den materiellrechtlichen Anforderungen an die Konkretheit der Vereinbarung und den prozessualen Anforderungen an ihren Nachweis unterschieden werden. Allerdings besteht ein Zusammenhang dergestalt, dass eine Lockerung der Anforderungen an die Konkretheit zugleich die Hürden an den Nachweis herabsetzt. Der Nachweis einer Unrechtsvereinbarung im Sinne von § 108e Abs. 1 oder Abs. 2 StGB n.F. erfolgt nach den allgemeinen Regeln des Beweisrechts.[464] Vor dem Hintergrund der Maxime des Gesetzgebers, für die Feststellung einer Unrechtsvereinbarung im Rahmen der Bestechlichkeit und Bestechung gemäß § 108e StGB n.F. hohe Anforderungen an den Erklärungswert des Verhaltens des Mandatsträgers zu stellen[465], ist im Folgenden zu untersuchen, unter welchen Voraussetzungen die Rechtsprechung bisher vom Vorliegen einer Unrechtsvereinbarung als Merkmal der §§ 108e StGB a.F., 332, 334 StGB ausgegangen ist.

---

462 *Kubiciel/Hoven*, NK 2014, 339 (351). Ähnlich auch *Satzger*, Jura 2014, 1022 (1029), für den *„sich die Handlung des Mandatsträgers schlicht als Folge einer Beeinflussung von außen darstellen muss"*.

463 Vgl. *Zimmermann*, ZStW 124 (2012), 1023 (1038).

464 So auch *Fischer*, StGB, 62. Aufl. 2015, § 108e Rn. 37.

465 BT-Drs. 18/607, S. 8. Allein der Umstand beispielsweise, dass ein Mandatsträger unmittelbar vor einer parlamentarischen Entscheidung seine Meinung ändert, nachdem er in der Sachfrage bisher öffentlich und erkennbar einer anderen Auffassung war, weist einen solchen Erklärungswert noch nicht auf.

a) *Rechtsprechung zur Bestechlichkeit (§ 332 StGB) und Bestechung (§ 334 StGB)*

Das Erfordernis einer konkreten Unrechtsvereinbarung, dass also der Vorteil das Äquivalent für eine konkrete Handlung des Bestochenen darstellt, ist das zentrale Tatbestandsmerkmal der §§ 332, 334 StGB. Dies gilt maßgeblich vor dem Hintergrund der Abgrenzung zu den Tatbeständen der Vorteilsannahme (§ 331 StGB) und Vorteilsgewährung (§ 333 StGB), bei denen der Vorteil als Gegenleistung allgemein für die Dienstausübung ausreicht.

Auch wenn die Unrechtsvereinbarung insoweit „konkret" sein muss, dass sie sich nur auf ein bestimmtes Handeln oder Unterlassen bezieht, stellt die Rechtsprechung an die Bestimmtheit keine zu hohen Anforderungen.[466] Regelmäßig lässt sie es ausreichen, wenn sich das Einverständnis der Beteiligten darauf bezieht, dass der Amtsträger innerhalb eines bestimmten Aufgabenkreises oder Kreises von Lebensbeziehungen in eine gewisse Richtung tätig werden soll, und die einvernehmlich ins Auge gefasste Diensthandlung nach ihrem sachlichen Gehalt zumindest in groben Umrissen erkennbar und festgelegt ist.[467] Eine diese Anforderungen erfüllende Konkretisierung hat der BGH insbesondere bei der Zusage eines Amtsträgers, in einer bestimmten Angelegenheit oder bei künftigen Auftragsvergaben für den Vorteilsgeber zur Erreichung eines zwischen den Beteiligten zumindest allgemein bestimmten Erfolgs tätig zu werden, angenommen.[468] Hingegen hat er es als zu unkonkret bewertet, als ein Amtsträger erklärte, er werde aufgrund seiner Stellung bei verschiedenen Behörden und Entscheidungsträgern eingreifen können und seinen Einfluss für den Vorteilsgeber geltend machen.[469]

Besteht zwischen dem Vorteilsgeber und dem Amtsträger ein Geflecht dienstlicher Beziehungen, in dessen Rahmen wiederholt Zuwendungen erfolgen, ist eine genaue Zurechnung eines Vorteils zu einer bestimmten pflichtwidrigen Diensthandlung nicht erforderlich.[470] Gerade in Fällen, in denen über einen längeren Zeitraum hinweg ein gestrecktes korrumptives Zusammenwirken stattfindet, werden Vorteile aus Sicht des BGH nicht nur im Hinblick auf bereits abgeschlossene

466 MK_5-*Korte*, § 332 Rn. 13; LK_{13}-*Sowada*, § 332 Rn. 7.
467 BGHSt 32, 290 (291); 39, 45 (46 f.); BGH, NJW 2003, 763 (765); NStZ 2000, 319; NStZ 2001, 425 (426); NStZ 2005, 214 (215).
468 BGH, NStZ 1989, 74; NStZ 1999, 561 (561 f.); LK_{13}-*Sowada*, § 332 Rn. 7.
469 BGH, NStZ 2000, 319 (320).
470 BGH, NStZ 2005, 214 (215).

pflichtwidrige Diensthandlungen gewährt, sondern zugleich auch, um weitere gleichartige Pflichtwidrigkeiten des Amtsträgers zu befördern.[471]

b) Rechtsprechung zur Abgeordnetenbestechung (§ 108e StGB a.F.)

(a) BGH, Urteil v. 09.05.2006 – 5 StR 453/05 („Wuppertaler Korruptionsskandal")

Mit seinem Urteil vom 09. Mai 2006 musste der 5. Strafsenat die erstinstanzliche Verurteilung eines Mitglieds des Wuppertaler Stadtrates wegen Vorteilsannahme und Bestechlichkeit auf mögliche Rechtsfehler überprüfen.[472] Der Entscheidung lag folgender Sachverhalt zugrunde:

Der Angeklagte war neben seiner ehrenamtlichen Tätigkeit als Mitglied der SPD-Fraktion im Wuppertaler Stadtrat auch Betreiber eines Ingenieurbüros. Auf Betreiben eines Investors setzte sich der Angeklagte sowohl in seiner Partei als auch im Stadtrat durch Redebeiträge und sein Abstimmungsverhalten für verschiedene Bauvorhaben des Investors ein. Im Gegenzug erhielt er über mehrere Jahre hinweg größere Geldzahlungen. Um die Wirtschaftlichkeit eines weiteren Bauvorhabens des Investors zu erhöhen, war die Änderung des Bebauungsplans erforderlich, woraufhin der Angeklagte abermals u. a. durch Redebeiträge aktiv wurde und erfolgreich einwirkte. Der Bebauungsplan wurde den Wünschen des Investors entsprechend geändert. Als Gegenleistung wurde vereinbart, dass der Angeklagte den Statik-Auftrag für das entsprechende Bauvorhaben erhalten sollte. Dafür verlangte er jedoch ein deutlich überhöhtes Statikerhonorar. Der Investor erklärte sich nur deshalb mit der Zahlung einverstanden, weil er befürchtete, dass der Angeklagte künftig seine Bemühungen um ein „passendes" Baurecht stören könnte, anstatt sie fördernd zu begleiten. Der BGH hob die Verurteilung des Angeklagten wegen Bestechlichkeit und Vorteilsannahme mit der Begründung auf, bei einem kommunalen Mandatsträger handele es sich grundsätzlich nicht um einen Amtsträger im Sinne von § 11 Abs. 1 Nr. 2 StGB, sondern für Vorteilszuwendungen im Zusammenhang mit Wahlen und Abstimmungen in den Volksvertretungen der Gemeinden und Gemeindeverbänden sei § 108e StGB a.F. die abschließende Sonderregelung.[473]

Der Senat gab im Anschluss an seine Entscheidungsgründe umfängliche Hinweise für das LG Wuppertal, unter welchen Voraussetzungen sich eine

---

471 BGH, NStZ-RR 2008, 13 (14). Ähnlich auch BGH, NStZ 2000, 90 f.

472 BGH, Urteil v. 09.05.2006 – 5 StR 453/05 („*Wuppertaler Korruptionsskandal*").

473 BGH, NJW 2006, 2050 ff. = NStZ 2006, 389 ff. Zu Sachverhalt und Entscheidung auch *Michalke*, in: FS Hamm, 459 (462 f.).

Verurteilung des Stadtrates wegen § 108e StGB a.F. ergeben könnte. So stellte er ausdrücklich fest, dass an die Feststellung einer (zumindest konkludenten) Unrechtsvereinbarung bei der Abgeordnetenbestechung (also den „Stimmenkaufvertrag") keine höheren Anforderungen zu stellen seien als bei der Bestechung bzw. Bestechlichkeit von Amtsträgern im Rahmen der §§ 332, 334 StGB.[474] So genüge es, wenn dem Vorteilsempfänger „*ein Vorteil zumindest auch um eines bestimmten künftigen Abstimmungsverhaltens willen zugute kommen soll*", wobei als ausreichend erachtet wurde, „*wenn das ins Auge gefasste Abstimmungsverhalten nach seinem sachlichen Gehalt in groben Umrissen erkennbar und festgelegt ist*".[475] Wenn, so fügte der Senat an, wie im zugrunde liegenden Sachverhalt, „über einen längeren Zei*traum hin einseitig Zuwendungen an einen Mandatsträger geflossen sind, die ihn für die Sache des Zuwendenden (i.S.d. von § 331 StGB erfassten ‚Anfütterns') einnehmen sollen*", dann solle eine konkludente Unrechtsvereinbarung jedenfalls dann naheliegen, „*wenn sich die erwartete Gegenleistung durch ein bestimmtes Projekt konkretisiert*".[476] Bei solchen Beziehungen sei mit einseitig materiellen Zuwendungen stets zumindest konkludent die Erwartung einer konkreten Gegenleistung verbunden, sodass der Rückschluss auf ein zumindest konkludentes Unternehmen eines Stimmenkaufs oder -verkaufs häufig schon dann tragfähig sei, „*wenn es im Zusammenhang mit einem derartigen Zuwendungsgeflecht zu einem für den Vorteilsgeber konkret vorteilhaften Verhalten* [...] *durch den Mandatsträger kommt*".[477]

(b) LG Neuruppin, Urteil v. 02.04.2007 – 12 KLs 365 Js 30366/06 (16/06)

Das LG Neuruppin hatte über einen Fall zu entscheiden, in dem der Angeklagte, ein Mitglied einer Stadtverordnetenversammlung, einen Darlehensvertrag mit einer Bauträgergesellschaft abgeschlossen hatte, wonach ihm ein äußerst zinsgünstiges Darlehen ohne Sicherungsmittel zur Verfügung gestellt wurde, und er kurze Zeit später in einer außerordentlichen Sitzung des Haupt- und Finanzausschusses für die Bereitstellung einer Ausfallbürgschaft durch die Stadt an ebenjene Bauträgergesellschaft votierte. Aufgrund der Umstände ist das LG Neuruppin „*nach dem Ergebnis der Beweisaufnahme überzeugt, dass es spätestens mit Abschluss des Darlehensvertrages am 24. Juni 2003 zwischen dem Angeklagten als Darlehensnehmer und H als Vertreter der hinter der S. GmbH stehenden*

474 BGH, NJW 2006, 2050 (2056) = NStZ 2006, 389 (392).
475 BGH, NJW 2006, 2050 (2056) = NStZ 2006, 389 (392).
476 BGH, NJW 2006, 2050 (2056) = NStZ 2006, 389 (392).
477 BGH, NJW 2006, 2050 (2056) = NStZ 2006, 389 (392).

Darlehensgeberin zu der konkreten Unrechtsvereinbarung für die Abstimmung des Angeklagten als Abgeordneter [...] gekommen ist". Seine Überzeugung stützt das Gericht auf die Würdigung einer Reihe von Indizien:[478] Neben dem Wortlaut des Darlehensvertrags, der die Darlehensgewährung an den Angeklagten ausdrücklich von der Bestandskraft der Ausfallbürgschaft an die Bauträgergesellschaft abhängig machte, die ohne die Zustimmung des Haupt- und Finanzausschusses nicht möglich war, sprach vor allem die zeitliche Abfolge des Abschlusses des Darlehensvertrags, der Abstimmung im Ausschuss und anschließenden Auszahlung des Darlehens an den Angeklagten für den zumindest konkludenten Abschluss einer Unrechtsvereinbarung über den Verkauf der Stimme des Angeklagten.

(c) LG Köln, Urteil v. 07.08.2008 – 106 – 16/06 (114 Js 105/03) („Kölner Spendenaffäre")

Vor dem LG Köln wurde ein Fall verhandelt, in dem ein SPD-Mitglied des Kölner Stadtrats eine Spende für die Finanzierung des anstehenden Wahlkampfes von einem Unternehmer erbeten hatte, der Mitglied der CDU war. Der Unternehmer verstand die Spendenanfrage, genau wie vom Stadtrat beabsichtigt, dahingehend, dass der Stadtrat als Gegenleistung bei den anstehenden Abstimmungen im Stadtrat zur Teilprivatisierung der städtischen Müllverbrennungsanlage im Sinne des spendenden Unternehmers entscheiden würde. Gegen die Strafbarkeit des Ratsmitglieds nach § 108e StGB a.F. sprach auch nicht, dass zum Zeitpunkt des Abschlusses der konkreten Unrechtsvereinbarung ein genauer Termin für die Abstimmung über die Teilprivatisierung noch nicht feststand.[479] Aufgrund eines bestehenden Ratsbeschlusses, wonach die Möglichkeit einer eigenbetrieblichen Einrichtung der Müllverbrennungsanlage in einem bestimmten Zeitrahmen überprüft werden sollte, war die erneute Befassung des Rates mit der Thematik absehbar. Das ins Auge gefasste Abstimmungsverhalten war damit nach seinem sachlichen Gehalt in groben Umrissen erkennbar und festgelegt.[480]

Davon, dass die Spende nicht nur zur Unterstützung für die allgemeine Ausrichtung der Politik des Empfängers gewährt wurde, sondern sich der Spender die Gewogenheit des Ratsmitglieds im Blick auf das konkrete Vorhaben sichern

---

478 LG Neuruppin, Urteil vom 02.04.2007, Az.: 12 KLs 365 Js 30366/06 (16/06), Gründe der Entscheidung III. 3. a) – e).

479 Unveröffentlicht LG Köln, Urteil vom 07.08.2008; Az.: 106 – 16/06 (114 Js 105/03), S. 157.

480 Unveröffentlicht LG Köln, Urteil vom 07.08.2008; Az.: 106 – 16/06 (114 Js 105/03), S. 156.

und seine Individualinteressen fördern wollte, war das LG Köln maßgeblich deswegen überzeugt, weil es sich um eine Spende in außergewöhnlicher Höhe handelte, die von einem Unternehmer geleistet wurde, der einer anderen Partei angehörte als der von ihm durch die Spende unterstützten.[481] Darüber hinaus wurde keine Spendenquittung ausgestellt, weil die Spende des Unternehmers nicht in den Büchern der Partei aufgelistet werden sollte.

(d) LG Wuppertal, Urteil v. 09.10.2009 – 22 KLs 835 Js 19/01 – 23/01

Nach der Grundsatzentscheidung des BGH vom 09. Mai 2006 zur Anwendbarkeit von § 108e StGB a.F. auf kommunale Mandatsträger wurde der Wuppertaler Stadtrat nach erneuter Verhandlung vor dem LG Wuppertal am 09. Oktober 2009 gemäß § 108e StGB a.F. verurteilt. Das LG orientierte sich dabei an den vom BGH skizzierten Voraussetzungen für die Feststellung der Unrechtsvereinbarung und sah die Vereinbarung als hinreichend bestimmt an, weil das ins Auge gefasste Abstimmungsverhalten nach seinem sachlichen Gehalt in groben Umrissen erkennbar und festgelegt gewesen sei.[482]

(e) LG Meiningen, Urteil v. 08.01.2014 – 620 Js 27798/11 1 KLs

Das LG Meiningen verurteilte im Januar 2014 ein Mitglied des Stadtrates, das als ehemaliger Landesinnenminister als Schwergewicht in der thüringischen Landespolitik galt, wegen Vorteilsannahme und Abgeordnetenbestechung. Der Verurteilung wegen § 108e StGB a.F. lag der folgende Sachverhalt zugrunde: Aufgrund privater Verbindlichkeiten bat der Angeklagte Anfang 2011 einen langjährigen Bekannten um ein Darlehen, was dieser jedoch ablehnte. Stattdessen schlug er dem Angeklagten den Abschluss eines Beratervertrags mit der AG vor, deren Vorstand er angehörte. Die AG war an der Errichtung eines Elektrofachmarktes interessiert, wobei dem Bauvorhaben ein früherer Ratsbeschluss, an dem auch der Angeklagte beteiligt gewesen war, entgegenstand. Im Beratervertrag verpflichtete sich der Angeklagte zur „Unterstützung des Bauleitverfahrens“. Nach einer mündlichen Absprache zwischen den Parteien sollte dazu auch die Stimmabgabe des Angeklagten zugunsten der AG bei einer zu erwartenden neuen Abstimmung im Stadtrat zählen. Das Beraterhonorar wurde schließlich auch nur für den Fall eines erfolgreichen Bauplanungsverfahrens vereinbart.

---

481 Unveröffentlicht LG Köln, Urteil vom 07.08.2008; Az.: 106 – 16/06 (114 Js 105/03), S. 127.

482 LG Wuppertal, Urteil vom 09.10.2009, Az.: 22 KLs 835 Js 19/01 – 23/06, Rn. 152 (zitiert nach juris).

Das Gericht sah die Einlassung des Angeklagten, eine mündliche Abrede über sein künftiges Abstimmungsverhalten im Rat habe es nicht gegeben, nach der Beweisaufnahme als widerlegt an, „*auch wenn direkte Beweismittel für den Abschluss einer derartigen mündlichen Vereinbarung fehlen*".[483] Als Indizien für das Vorliegen der Unrechtsvereinbarung wertete das Gericht die Bezugnahme auf das Bauplanungsverfahren im Beratervertrag, wobei den Parteien als erfahrene Kommunalpolitiker und Geschäftsmänner bewusst gewesen sei, dass im Rat durch Abstimmung über den Bebauungsplan entschieden werden müsste, und die intensive Auseinandersetzung mit den Mehrheitsverhältnissen im Stadtrat, um die politische Umsetzung des Bauvorhabens zu klären.[484] Zudem sei die Aufhebung des früheren Ratsbeschlusses zwingende Voraussetzung dafür, dass der Angeklagte in die Lage versetzt wurde, die im schriftlichen Beratervertrag genannten Leistungen zu erbringen.[485]

(f) BGH, Urteil v. 17.03.2015 – 2 StR 281/14

Der BGH bestätigte den Schuldspruch hinsichtlich der Verurteilung aufgrund von § 108e StGB a.F. und konstatierte, dass die Feststellungen des LG Meiningen den Abschluss einer konkreten Unrechtsvereinbarung belegen.[486]

Darüber hinaus vertritt er die Auffassung, dass die festgestellte Abrede auch die tatbestandlichen Anforderungen an eine Unrechtsvereinbarung i. S. d. § 108e StGB n.F. erfüllt. Anknüpfend an die Formulierung der Gesetzesbegründung erkennt der BGH den äußeren Erklärungswert des festgestellten Verhaltens in dem Eingehen des Angeklagten auf den ihm offerierten Beratervertrag, der – wenn auch ungeschrieben – sein zukünftiges Abstimmungsverhalten hinsichtlich eines bestimmten, vom Vorteilsgeber betriebenen Projekts beinhalte, das sich nur so interpretieren lassen könne, dass der Angeklagte nach Weisung des Vorteilsgebers abstimmen sollte und etwaige entgegenstehende innere Überzeugungen dessen Interessen unterordnete.[487]

---

483 Unveröffentlicht LG Meiningen, Urteil vom 08.01.2014; Az.: 620 Js 27798/11 1 KLs, S. 51.

484 Unveröffentlicht LG Meiningen, Urteil vom 08.01.2014; Az.: 620 Js 27798/11 1 KLs, S. 51 f.

485 Unveröffentlicht LG Meiningen, Urteil vom 08.01.2014; Az.: 620 Js 27798/11 1 KLs, S. 52.

486 BGH, NStZ 2015, 451 (453).

487 BGH, NStZ 2015, 451 (454). Aufgrund des Inkrafttretens von § 108e StGB n.F. zum 01.09.2014 musste der BGH die Prüfung eines potentiell milderen Gesetzes i. S. d. § 2 Abs. 3 StGB vornehmen.

c) *Übertragbarkeit auf § 108e StGB n. F.?*

Da für eine Tat gemäß § 108e StGB n.F. genauso wie bei den §§ 108e StGB a.F., 332, 334 StGB eine konkrete Unrechtsvereinbarung vorliegen muss, erscheint es naheliegend, die von der Rechtsprechung zu diesen Tatbeständen entwickelten Grundsätze zu übertragen. Die als Gegenleistung zu erbringende Mandatshandlung muss damit nicht in allen Einzelheiten genau feststehen, sondern lediglich – in den Worten des BGH – nach ihrem sachlichen Gehalt in groben Umrissen erkennbar und festgelegt sein. Während bei alter Rechtslage das mögliche Verhalten des Mandatsträgers mit der Entscheidung bei einer Wahl oder Abstimmung in der Volksvertretung nur einen geringen Ausschnitt der gesamten Mandatstätigkeit erfasste und für die Strafbarkeit gemäß § 108e StGB a.F. eine Bestimmbarkeit als ausreichend erachtet wurde, können bei neuer Rechtslage und dem wesentlich erweiterten Kreis möglicher Mandatshandlungen keine strengeren Anforderungen gelten. Andernfalls droht der Vorschrift in der Strafverfolgungspraxis ein erheblicher Bedeutungsverlust.

Es ist jedoch auch für die Zukunft zu erwarten, dass der Nachweis einer ausdrücklichen Unrechtsvereinbarung kaum einmal gelingen wird,[488] sodass sich die Gerichte bei der Würdigung der Tatumstände mit der Annahme eines konkludenten Vereinbarungsabschlusses behelfen werden. Dabei wird dem äußeren Erklärungswert des Verhaltens sowohl des Mandatsträgers als auch des Vorteilsgebers zentrale Bedeutung zukommen. Anders als bei der Amtsträgerbestechung kann allein die Gewährung bzw. Entgegennahme eines wie auch immer gearteten Vorteils noch kein Indiz für das Bestehen einer Unrechtsvereinbarung sein. Für die Amtsträger gilt das grundsätzliche Verbot der Annahme von Belohnungen, Geschenken und sonstigen Vorteilen (z. B. § 71 BBG), von dem nur ausnahmsweise abgewichen werden kann, etwa bei einer expliziten Genehmigung (vgl. § 331 Abs. 3 StGB) oder sozialadäquaten Zuwendungen. Dieses Regel-Ausnahme-Verhältnis ist bei einem Mandatsträger genau umgekehrt: Grundsätzlich ist er zur Annahme eines jeden Vorteils berechtigt, nur in Ausnahmefällen sind Zuwendungen untersagt (z. B. § 44a Abs. 2 S. 2 AbgG). Während in Fällen, in denen ein Amtsträger einen Vorteil entgegennimmt, allein durch diesen Umstand eine Indizwirkung für ein unzulässiges Verhalten begründet wird und – für die Feststellung eines strafbaren Verhaltens nach den §§ 332, 334 StGB – der Nachweis geführt werden muss, dass der Vorteil als Gegenleistung für eine Diensthandlung erbracht wurde, fehlt es an einer solchen Indizwirkung bei der Vorteilszuwendung an einen Mandatsträger. Und selbst

488 Mit dieser Einschätzung auch *Francuski*, HRRS 2014, 220 (227).

die anhand objektiver Kriterien wie etwa dem Zeitpunkt der Vorteilsgewährung zu ermittelnde oder sogar klar erkennbare Zweckrichtung auf Geberseite ist kein zwingendes Indiz für eine Unrechtsvereinbarung, denn jeder Bürger hat den vom BVerfG anerkannten subjektiven Anspruch auf demokratische Teilhabe und kann versuchen, Einfluss auf die Willensbildung im Parlament zu nehmen.[489]

Deshalb ginge es zu weit, wenn die allgemeinen Ausführungen des BGH im Urteil vom 09. Mai 2006 Berücksichtigung in der Rechtsprechung oder den Ermittlungen der Staatsanwaltschaften, etwa bei der Entscheidung über das Bestehen eines Anfangsverdachts, zu § 108e StGB n. F. finden würden. Dies gilt vordringlich für die Feststellung, dass bei einseitigen Zuwendungen an einen Mandatsträger über einen längeren Zeitraum hinweg dann eine konkludente Unrechtsvereinbarung naheliegen soll, wenn es zu einem für den Vorteilsgeber konkret vorteilhaften Verhalten durch den Mandatsträger kommt, weil mit einseitigen materiellen Zuwendungen stets zumindest konkludent die Erwartung einer konkreten Gegenleistung verbunden sei.[490] Würde dem gefolgt werden, würde die Entscheidung des Gesetzgebers gegen eine Lockerung und für eine Beibehaltung der konkreten Unrechtsvereinbarung – quasi durch die „Hintertür" der Rechtsprechung – wieder revidiert. Unter Anwendung der vom BGH aufgestellten Vermutungsregel und aufgrund des Umstands, dass sich das *„konkret vorteilhafte Verhalten durch den Mandatsträger"* wegen der Erweiterung der möglichen Gegenleistungen auf sämtliche Handlungen „in Wahrnehmung des Mandats" in nahezu jeder und noch so unscheinbaren Handlung, wie etwa in einem schlichten Debattenbeitrag des Mandatsträgers, manifestieren könnte, würde künftig jeder Zuwendung an einen Mandatsträger das Risiko innewohnen, im Nachhinein für die Feststellung einer konkludenten Unrechtsvereinbarung herangezogen zu werden.

d) Ergebnis

Im Ergebnis müssen zum Zeitpunkt des Abschlusses der Unrechtsvereinbarung also noch nicht alle Einzelheiten und Details, wie der Vorteilsempfänger sein Mandat wahrnehmen soll, genau festgelegt sein. Eine die Strafbarkeit begründende Absprache ist bereits gegeben, wenn das Einverständnis der Beteiligten sich darauf bezieht, dass der Mandatsträger innerhalb eines bestimmten Bereichs oder Kreises von Lebensbeziehungen in eine gewisse Richtung tätig werden soll und die einvernehmlich ins Auge gefasste Handlung nach ihrem sachlichen

---

489 *Michalke*, Compliance Berater 2014, 215 (218).

490 Vgl. BGH, NJW 2006, 2050 (2056) = NStZ 2006, 389 (392).

Gehalt zumindest in groben Umrissen erkennbar und festgelegt war.[491] Ob dieser Grad der Konkretisierung im Einzelfall erreicht ist, ist in einer Gesamtschau unter Würdigung aller individuellen Tatumstände zu entscheiden.

IV) Der „ungerechtfertigte Vorteil" als Bestechungsmittel

Das Mittel zur Bestechung eines Mandatsträgers ist gemäß § 108e StGB n.F. ein „*ungerechtfertigter Vorteil*". Mit dieser Formulierung hat der Gesetzgeber den Wortlaut von Strafrechtsübereinkommen und VN-Konvention („*undue advantage*") ins deutsche Strafrecht übernommen.[492] In den völkerrechtlichen Verträgen sollte mit der Beschreibung als „ungerechtfertigt" zum Ausdruck gebracht werden, dass der Empfänger nicht berechtigt ist, den Vorteil rechtmäßig entgegenzunehmen.[493] Ausgenommen sollten deshalb solche Vorteile sein, die durch Gesetze oder Verwaltungsvorschriften erlaubt sind, sowie Geschenke als Ausdruck von Höflichkeit („*minimum gifts*"), von niedrigem Wert („*gifts of very low value*") oder sozial akzeptierte Geschenke („*socially acceptable gifts*"). Dieses Verständnis, demzufolge Vorteilsgewährungen, die im Einklang mit Gesetzen oder anderen Vorschriften stehen, nicht strafwürdig sind, hat den Mitgliedstaaten einen Umsetzungsspielraum gegeben und die Möglichkeit geboten, bestimmte Zuwendungen von einer Strafbarkeit auszunehmen.[494] Hiervon hat der deutsche Gesetzgeber mit § 108e Abs. 4 StGB n.F. auch Gebrauch gemacht.

1) Definition des Vorteils

Ein Vorteil im Sinne der Bestechungsdelikte ist jede Leistung, auf die der Empfänger keinen gesetzlich begründeten Anspruch hat und die ihn in seiner wirtschaftlichen, rechtlichen oder auch nur persönlichen Lage objektiv besserstellt.[495] Die – auch sprachliche – Angleichung an die übrigen Bestechungsdelikte des StGB (§§ 108b, 299, 331 ff. StGB) bedeutet nicht nur, dass schon symbolisch die bisherige Privilegierung der Abgeordneten abgebaut wird. Mit der Verwendung des

---

491 So auch schon *Stünker*, in: FS Meyer, 589 (601); *Hartmann*, S. 155.

492 BT-Drs. 18/476, S. 9.

493 Erläuternder Bericht zum Europaratsübereinkommen, Nr. 38. Auf die ungenaue Übersetzung von „*undue*" mit „*ungerechtfertigt*" weisen *Kubiciel/Hoven*, NK 2014, 339 (351), hin.

494 *Kubiciel*, ICLR 9 (2009), 139 (145).

495 BGHSt 31, 264 (279); 33, 336 (339); 35, 128 (133); 47, 295 (304); *Fischer*, StGB, 62. Aufl. 2015, § 299 Rn. 7 und § 331 Rn. 11.

Vorteilsbegriffs wird auf ein Tatbestandsmerkmal zurückgegriffen, das sich in der Strafrechtspraxis bewährt hat und durch die Rechtsprechung klar konturiert ist.

a) Immaterielle Vorteile

Mit der Verwendung des Vorteilsbegriffs werden neben materiellen auch immaterielle Vorteile erfasst.[496] Überlegungen, den Vorteilsbegriff des § 108e StGB n.F. auf allein materielle Zuwendungen zu begrenzen[497], wurde nicht gefolgt, da andernfalls die gesetzgeberischen Voraussetzungen zur Ratifizierung des Strafrechtsübereinkommens und der VN-Konvention nicht geschaffen worden wären. Denn auch immaterielle Vorteile können nach dem Verständnis der Verfasser der internationalen Verträge „ungerechtfertigt" sein, sofern sie den Empfänger nur in irgendeiner Art und Weise besserstellen und er dazu nicht berechtigt ist.[498] Gleichzeitig ist die Nichterfassung immaterieller Vorteile nicht gerechtfertigt, weil das Schutzgut des öffentlichen Interesses an der Integrität parlamentarischer Prozesse und an der Unabhängigkeit der Mandatsausübung gleichermaßen beeinträchtigt wäre, wenn der Mandatsträger anstelle einer geldwerten Zuwendung eine Ehrung oder einen Orden erhalten würde.[499]

Dadurch, dass immaterielle Vorteile ebenfalls tatbestandsmäßig sein können, stellt sich für § 108e StGB n.F. aber auch die im Rahmen der §§ 331 ff. StGB geführte Diskussion, was genau als immaterieller Vorteil in Frage kommt. In der Literatur wird ein restriktiveres Verständnis bevorzugt, um einer Ausuferung und Unbestimmtheit der Strafbarkeit entgegenzuwirken. Als erforderlich wird erachtet, dass dem immateriellen Vorteil ein objektiv messbarer Inhalt zukommt, der den Empfänger tatsächlich besserstellt.[500] Der BGH hat sich in einem *obiter dictum* dieser Auffassung angeschlossen und darauf hingewiesen, dass jedenfalls Ansehenssteigerung und Steigerung der wissenschaftlichen Reputation keine Vorteile im Sinne der §§ 331 ff. StGB seien, da sie den Bereich der objektiven Messbarkeit oder Darstellbarkeit verlassen und ins Unbestimmte abgleiten

---

496 BT-Drs. 18/476, S. 7; *Hartmann*, S. 273; *Francuski*, HRRS 2014, 220 (226); *Satzger*, Jura 2014, 1022 (1027); *Hoven*, NStZ 2015, 553 (554); *Fischer*, StGB, 62. Aufl. 2015, § 108e Rn. 22.

497 Der Kompromissentwurf vom 28. Februar 2013, der von Abgeordneten der Bundestagfraktionen der CDU, SPD, der Grünen und Die Linke erarbeitet wurde, beschränkte Vorteile im Sinne der Norm in Abs. 3 auf *„geldwerte Zuwendungen"*.

498 Erläuternder Bericht zum Europaratsübereinkommen, Nr. 37; Legislative Guide zur VN-Konvention, Nr. 196. Dazu auch *Kubiciel*, ICLR 9 (2009), 139 (144).

499 *Heisz*, S. 137; *Hartmann*, S. 125; *Hoven*, ZIS 2013, 33 (36).

500 Schönke/Schröder-*Heine/Eisele*, § 331 Rn. 18; MK_5-*Korte*, § 331 Rn. 67.

würden.[501] Sofern jede, nicht einmal wahrnehmbare positive Gefühlsregung zu einer tatbestandsrelevanten Besserstellung führen würde, drohe eine Entmaterialisierung des Vorteilsbegriffs, die mit dem Bestimmtheitsgebot nicht in Einklang zu bringen sei.[502] Sollte sich dem immateriellen Vorteil kein objektiv bestimmbarer Wert beimessen lassen, erscheint es vorzugswürdig, für die Entscheidung über die strafrechtliche Relevanz des Vorteils auf die von *Fischer* vorgeschlagene Abgrenzung zurückzugreifen. Dieser differenziert danach, ob sich ein immaterieller Vorteil als emotionales Internum (z. B. Freude, Dankbarkeit) darstellt und dann kein strafbarer Vorteil ist oder in einer sozialen Besserstellung (z. B. Macht, berufliches Ansehen) besteht, die einen relevanten immateriellen Vorteil bedeutet.[503] Insbesondere für Mandatsträger als Personen des öffentlichen Lebens kann eine positivere Außendarstellung sowie Wahrnehmung bei der Bevölkerung durchaus von Nutzen sein, die im Falle einer Bestätigung des Mandats oder der Wahl in ein höheres politisches Amt mittelbar auch materielle Vorteile nach sich ziehen kann. Selbst wenn dieser Besserstellung unmittelbar kein objektiver Wert beizumessen ist, erscheint es voreilig und wenig sachgerecht, sie aus dem Kreis möglicher immaterieller Zuwendungen gänzlich auszuschließen. Um dem Wesen des Mandats als Vertretung gesellschaftlicher Interessen Ausdruck zu verleihen, ist es darüber hinaus erforderlich, bei der sozialen Besserstellung weitergehend zu differenzieren. Um eine Ansehenssteigerung handelt es sich nämlich etwa auch, wenn einem kommunalen Mandatsträger dafür, dass er sich im Gemeinderat für die Finanzierung des Baus einer Kindertagesstätte einsetzt, von einer Interessengruppe versprochen wird, ihn in der Öffentlichkeit lobend zu erwähnen und ihm den Titel „*kinderfreundlichster Politiker der Gemeinde*" zu

---

501 BGHSt 47, 295 (304 f.) (sog. „*Drittmittel-Entscheidung*"); MK_5-*Korte*, § 331 Rn. 68. Das bedeutet eine inhaltliche Abkehr von früheren Urteilen, in denen der BGH die Befriedigung des Ehrgeizes und der Eitelkeit [BGHSt 14, 123 (128)] sowie ein karriereförderndes Ansehen [BGHSt 35, 128 (136)] als Vorteile eingestuft hatte. In der unter- und obergerichtlichen Rechtsprechung besteht teilweise eine andere Auffassung, wie *Sirch*, S. 94, darstellt.

502 *Satzger*, ZStW 115 (2003), 469 (478 f.); NK_3-*Kuhlen*, § 331 Rn. 44 f.

503 *Fischer*, StGB, 62. Aufl. 2015, § 331 Rn. 11f. Die Nichtberücksichtigung des privaten Bereichs würde die Fälle sexueller Dienstleistungen aus dem Bereich möglicher immaterieller Vorteile ausgrenzen, was höchstrichterlich anders beurteilt wurde, vgl. BGH, NStZ-RR 2002, 272 (273), zum bezahlten Begleitservice mit Prostitution. Unabhängig von der Diskussion um das dabei zugrunde liegende Menschenbild, handelt es sich in diesen Fällen um einen zu beziffernden Wert im Wirtschaftsleben, sodass eine Einordnung als strafrechtlich relevanter immaterieller Vorteil möglich ist.

verleihen.[504] Eine in der Öffentlichkeit vorteilhaftere Außendarstellung eines Abgeordneten, die auf seine politischen Entscheidungen zurückzuführen ist, stellt in der repräsentativen Demokratie gerade einen notwendigen und gewünschten Bestandteil dar. Die soziale Besserstellung oder Ansehenssteigerung knüpft hier gerade an das Mandat an. Insofern beeinträchtigt ein solches Verhalten auch nicht das von § 108e StGB n.F. geschützte Rechtsgut. Anders verhält es sich, sofern die Besserstellung – unabhängig vom politischen Mandat – dem Menschen selbst zum Vorteil gereicht, wie beispielsweise bei der Verleihung einer Ehrendoktorwürde.[505] In diesem Fall liegt ein strafwürdiger, immaterieller Vorteil im Sinne von § 108e StGB n.F. vor.

b) Drittvorteile

Auch Drittvorteile sind ausdrücklich in den Tatbestand des § 108e StGB n.F. mit aufgenommen („*einen ungerechtfertigten Vorteil für sich oder einen Dritten*"). Dies erfolgte einerseits, um die Anforderungen der internationalen Verträge zu erfüllen.[506] Andererseits hätten bei einer Nichtberücksichtigung der Drittvorteile zahlreiche Möglichkeiten bestanden, die Strafbarkeit auf einfache Weise zu umgehen.[507] Dritte können neben natürlichen Personen – hier sind insbesondere Menschen aus dem Umfeld des Mandatsträgers (Angehörige, Partner und Freunde) zu nennen – auch juristische Personen oder Organisationen (Unternehmen, Vereine, Partei) sein.[508]

Eine der wenigen Verurteilungen wegen Abgeordnetenbestechung gemäß § 108e StGB a.F. durch das AG Karlsruhe gibt Anlass zu überlegen, ob Dritter grundsätzlich jeder sein kann, der nicht unmittelbar an der Unrechtsvereinbarung beteiligt ist. In dem dem Urteil zugrunde liegenden Sachverhalt beriet die Stadt Rheinstetten über die bei der Bevölkerung kontrovers diskutierte Ansiedelung eines Fleischwerks. Am Tag der politischen Beratung und Abstimmung im

504 Diesen Beispielsfall bildete MdB *Harbarth* (CDU) bei der Sachverständigenanhörung zu § 108e StGB n.F., vgl. Protokoll der Sachverständigenanhörung vom 17. Februar 2014 (Protokoll-Nr. 18/7), S. 21.

505 So das beliebte Beispiel für einen – strafwürdigen – immateriellen Vorteil, dem kein objektiver Wert beizumessen ist. Ein anderes Fallbeispiel in diesem Zusammenhang ist die Mitgliedschaft im Rotary-Club, vgl. *Willems*, CCZ 2015, 29 (32).

506 Vgl. *van Aaken*, ZaöRV 2005, 407 (428); *Hoven*, ZIS 2013, 33 (38, 44); *Hartmann*, S. 99.

507 *Stünker*, in: FS Meyer, 589 (599); *Hoven*, ZIS 2013, 33 (44); *Hartmann*, S. 273.

508 *Kubiciel*, ICLR 9 (2009), 139 (148), weist darauf hin, dass die VN-Konvention mit dem Begriff „*entity*" weit gefasst ist und nicht an den Begriff einer juristischen Person nach dem nationalen Recht anknüpft.

Gemeinderat versandte der Angeklagte einen Brief an die Ratsmitglieder, in dem er für den Fall, dass der Gemeinderat gegen das Projekt stimmen sollte, versprach, *„dann schenke ich Rheinstetten eine Photovoltaikanlage im Megawattbereich“*.[509] Das AG Karlsruhe erkannte in dem Schreiben den Versuch des Angeklagten, *„in unzulässiger Weise* [...] *auf den demokratischen Willensbildungsprozess im Gemeinderat einzuwirken“*[510], und befand den Umstand, dass nicht den jeweiligen Gemeinderatsmitgliedern ein persönlicher Vorteil in Aussicht gestellt wurde, sondern der Stadt Rheinstetten, für unerheblich.[511]

Sofern man den besonderen Unwert der Bestechung und Bestechlichkeit darin erkennt, dass ein Mandatsträger sein Handeln oder eine Entscheidung durch den Erhalt eines eigenen Vorteils beeinflussen lässt, kann diese Erwägung des AG Karlsruhe nicht vollends überzeugen. Noch deutlicher wird dies, wenn man sich vorstellt, der Angeklagte wäre beispielsweise als Investor an die Gemeinderäte herangetreten und hätte darauf aufmerksam gemacht, dass die für das Fleischwerk vorgesehene Grundstücksfläche doch für die Stadt sinnvoller genutzt werden könne, und dass er bereit sei, in ein anderes Bauprojekt, z. B. eine Anlage zur Gewinnung regenerativer Energien, zu investieren. Ob in dieser Konstellation der Vorwurf erhoben werden würde, der Investor habe es unternommen, die Stimmen der Gemeinderäte zu „kaufen“ und in unzulässiger Weise in den demokratischen Willensbildungsprozess eingegriffen, erscheint zumindest fraglich.

In diesem Zusammenhang erlangen die bereits zu den Amtsträgerdelikten entwickelten Ansätze, durch ein restriktiveres Verständnis die Drittvorteile auf privatnützige Zuwendungen zu beschränken und staatsnützige Vorteile (etwa an die Anstellungskörperschaft) oder solche für altruistische Zwecke auszuklammern,[512] erneut Bedeutung. Die Befürworter solcher Restriktionen argumentieren mit Blick auf das geschützte Rechtsgut, dass Vorteile, die letztlich dem Staat zugutekommen, nicht geeignet seien, das Vertrauen der Bevölkerung in die Lauterkeit der Amtsführung zu beeinträchtigen.[513] Versteht man die Wahrnehmung

509 Unveröffentlicht AG Karlsruhe, Urteil vom 12.11.2009; Az.: 6 Ds 640 Js 17217/09, S. 4.

510 Unveröffentlicht AG Karlsruhe, Urteil vom 12.11.2009; Az.: 6 Ds 640 Js 17217/09, S. 4.

511 Unveröffentlicht AG Karlsruhe, Urteil vom 12.11.2009; Az.: 6 Ds 640 Js 17217/09, S. 7.

512 Einen Überblick m.w.N. geben LK_{13}-*Sowada*, § 331 Rn. 43 f.; NK_{3}-*Kuhlen*, § 331 Rn. 49; Schönke/Schröder-*Heine/Eisele*, § 331 Rn. 21; MK_{5}-*Korte*, § 331 Rn. 75, 79 f.

513 Zusätzlich erfolgt der Verweis auf die nicht eindeutigen Gesetzesmaterialien zur Frage, ob die §§ 331 ff. StGB durch das Korruptionsbekämpfungsgesetz 1997 ihren Charakter als eigennützige Delikte bewahrt haben, vgl. LG Bonn, StV 2001, 292 (293); *Satzger*, ZStW 115 (2003), 469 (477).

des Mandats idealistisch als ein Dienen für das Volk und ein Tätigwerden für die Gesellschaft, bei dem das Gemeinwohl vorteilhaft für alle gestaltet werden soll, könnte man die Ansicht vertreten, dass der Staat als Dritter im Sinne von § 108e StGB n.F. ausscheiden müsste. Vorteile, die aus der Mandatsausübung resultieren und eine Besserstellung für die Gemeinschaft darstellen, können das öffentliche Interesse an der Integrität parlamentarischer Prozesse kaum beeinträchtigen. Solche Vorteile sollen letztlich das Ergebnis eines parlamentarischen Willensbildungs- und Entscheidungsprozesses sein.

Der insofern unmissverständliche Gesetzeswortlaut („*Vorteil für sich oder einen Dritten*“) kann als Ansatzpunkt für eine Eingrenzung jedoch nicht herangezogen werden. Zudem kann jede staatsnützige Zuwendung zugleich (zumindest mittelbar) auch Privaten zum Vorteil gereichen, sodass eine Restriktion des Drittvorteilbegriffs nur zusätzliche Abgrenzungsprobleme schaffen würde.[514] Eine Einschränkung des Tatbestands der Bestechlichkeit und Bestechung von Mandatsträgern gemäß § 108e StGB n.F. muss anhand des Tatbestandsmerkmals der Unrechtsvereinbarung erfolgen. Die Strafwürdigkeit der Bestechlichkeit und Bestechung eines Mandatsträgers resultiert aus der sachwidrigen Verknüpfung eines Vorteils mit der Wahrnehmung des Mandats, wobei unerheblich ist, ob die Zuwendung den Mandatsträger selbst oder einen Dritten besserstellt.

Sofern jedoch der Staat – in Betracht dürfte insbesondere die Gebietskörperschaft kommen, in deren Volksvertretung der Mandatsträger Mitglied ist – Empfänger des Vorteils ist, bedarf die Beurteilung der Sachwidrigkeit der Tauschbeziehung einer eingehenden Überprüfung. Dabei müssen sowohl der Umstand berücksichtigt werden, dass ein Mandatsträger an der Gestaltung und Ausformung des Gemeinwohls nach seinem subjektiven Verständnis mitwirkt, als auch der Anspruch des Bürgers auf demokratische Teilhabe, der ein Recht zur Einwirkung auf die Abgeordneten beinhaltet. Dass Drittbegünstigter einer Zuwendung primär der Staat (oder eine seine Untergliederungen) ist, stellt zumindest ein starkes Indiz für einen demokratischen Kompromiss anstelle einer strafbaren Unrechtsvereinbarung dar.

c) *Mittelbare Vorteile*

In den Erläuterungen zu den beiden völkerrechtlichen Verträgen wird betont, dass ein ungerechtfertigter Vorteil nicht zwingend dem Abgeordneten selbst gewährt werden muss, sondern dass dies auch mittelbar erfolgen kann, etwa über

514 Vgl. zur entsprechenden Argumentation bei § 331 StGB *Satzger*, ZStW 115 (2003), 469 (477).

einen Mittelsmann.[515] Die im Rahmen der §§ 331, 333 StGB geführte Diskussion um die Strafbarkeit mittelbarer Vorteile hat durch die Aufnahme von Drittvorteilen durch das Korruptionsbekämpfungsgesetz 1997 erheblich an Bedeutung verloren. Hintergrund war der Umstand, dass das Reichsgericht zuvor materielle Zuwendungen an eine Person, die dem Amtsträger nahesteht, als mittelbaren immateriellen Vorteil dem Amtsträger selbst zurechnete.[516] Dieser Umweg ist durch die Aufnahme der Drittvorteile in den Tatbestand nicht mehr notwendig. Die Unterscheidung zwischen mittelbarem Eigenvorteil und fremdnützigem Drittvorteil hat keine Bedeutung mehr für die Begründung der Strafbarkeit, sondern nur noch für die Strafzumessung, da eine Vorteilsannahme aus Eigennutz regelmäßig gravierender ist als eine aus altruistischen Motiven.[517] Diese für den Vorteilsbegriff der Amtsträgerdelikte entwickelte Unterscheidung ist auf den Tatbestand der Bestechlichkeit und Bestechung von Mandatsträgern gemäß § 108e StGB n. F. zu übertragen.

2) Das Merkmal „ungerechtfertigt" und die Negativdefinition des § 108e Abs. 4 StGB n. F.

Eine uneingeschränkte Verwendung des Vorteilsbegriffs hätte zur Folge, dass nahezu jede Vorteilszuwendung an einen Mandatsträger tatbestandlich erfasst wäre.[518] Die Bezeichnung als ungerechtfertigt hat einschränkenden Charakter und soll nach Vorstellung des Gesetzgebers verdeutlichen, dass im parlamentarischen Raum Zuwendungen existieren, die zulässig und nicht strafwürdig sind.[519] Gleichzeitig wird damit – im Vergleich zu den §§ 331 ff. StGB – der unterschiedliche rechtliche Status von Amtsträgern und Abgeordneten deutlich gemacht. Während für Amtsträger gemäß § 71 BBG grundsätzlich das gesetzliche Verbot besteht, Belohnungen, Geschenke oder sonstige Vorteile anzunehmen, kann ein Mandatsträger durchaus zur Annahme von Vorteilen, etwa Spenden, berechtigt sein.[520]

Um den unbestimmten Rechtsbegriff „ungerechtfertigt" mit Leben zu füllen, hat der Gesetzgeber in § 108e Abs. 4 StGB n. F. eine Negativdefinition in den

---

515 Erläuternder Bericht zum Europaratsübereinkommen, Nr. 36; Legislative Guide zur VN-Konvention, Nr. 197, 201.

516 RGSt 1, 404 (405); 13, 396 (397).

517 Schönke/Schröder-*Heine/Eisele*, § 331 Rn. 23; *Sirch*, S. 96.

518 *Hartmann*, S. 140.

519 BT-Drs. 18/476, S. 7.

520 BT-Drs. 18/476, S. 7.

Tatbestand aufgenommen. Dort sind nicht abschließend Zuwendungen aufgeführt, die keinen ungerechtfertigten Vorteil darstellen und deren Annahme deshalb nicht sanktioniert wird.

a) *Ausschluss von politischen Mandaten und Funktionen gemäß Abs. 4 S. 2 Nr. 1*

Ausdrücklich kein ungerechtfertigter Vorteil im Sinne der Norm ist gemäß § 108e Abs. 4 S. 2 Nr. 1 StGB n.F. *„ein politisches Mandat oder eine politische Funktion"*. Diese Formulierung[521] wurde dem Gesetzesentwurf der SPD-Bundestagsfraktion aus der 17. Legislaturperiode nachgebildet[522] und kommt dem Bedürfnis nach politischen Absprachen als Funktionsbedingung der parlamentarischen Demokratie nach.

Das politische Leben ist geprägt von Kompromissen und jeder Abgeordnete muss die Bereitschaft zeigen, politische Tausch- und Gefälligkeitsvereinbarungen einzugehen.[523] Dies gilt etwa im Rahmen einer Koalitionsvereinbarung, bei der ein Abgeordneter sich damit einverstanden erklärt, eine bestimmte Person entgegen der eigenen Überzeugung in ein Amt zu wählen, um im Gegenzug selbst in ein Funktionsamt gewählt zu werden. Ein solches Verhalten entspricht ebenso den „politischen Spielregeln" wie die Zusicherung, sich für eine bestimmte Art von Politik oder spezielle Interessen einzusetzen, sofern man von den Parteikollegen als Kandidat für eine bestimmte Wahl aufgestellt wird. Politische Ämter sind, neben dem im Vordergrund stehenden gestiegenen Maß an Gestaltungsmöglichkeit und Verantwortung, regelmäßig auch mit persönlichen Vorteilen verbunden wie etwa öffentlichem Ansehen und finanziellen Aspekten.[524]

---

521 Den ersten, noch recht unbestimmten Vorschlag dieser Art machte *Olderog*, S. 101, der *„politisch bedeutsame Ämter und Positionen des öffentlichen Lebens"* aus dem Vorteilsbegriff ausklammerte, vgl. *Epp*, S. 491. Ähnliche Ausnahmen schlugen *Heisz*, S. 145 (politische Ämter); *Schaller*, S. 129 (Inaussichtstellen eines Listenplatzes oder Ministerpostens); *Möhrenschlager*, in: FS Weber, 217 (232) (politische Ämter) vor. Vom Ergebnis her auch *Schlüchter*, in: FS Geerds, 713 (725) (Listenplätze); *Überhofen*, S. 209 f. (politikinterne Vorteile); *Peek*, ZStW 120 (2008), 785 (823 f.); *Käßner*, S. 207.

522 Vgl. BT-Drs. 17/8613.

523 *Heisz*, S. 138. Ähnlich auch *Eckert*, in: Dimensionen politischer Korruption, 267 (276). *Kubiciel/Hoven*, NK 2014, 339 (354), sehen zu Recht in der *„Verknüpfung von Amt oder Funktion einerseits und parteipolitischem Wohlverhalten andererseits* [eine] *in einer Parteiendemokratie akzeptierte Realität."* Mit deutlicher Kritik *Fischer*, StGB, 62. Aufl. 2015, § 108e Rn. 44.

524 *Dreher*, in: Niederschriften GrStrKom Bd. 13, S. 267; *Bockelmann*, in: Niederschriften GrStrKom Bd. 13, S. 271; *Schulze*, JR 1973, 485 (486); *Schaller*, S. 129.

Neben dieser personellen Ebene ist auch in Bezug auf sachliche Fragen die Vereinbarung eines *„do ut des“* ein gewöhnlicher politischer Vorgang. Bei Verhandlungen und Entscheidungen im Parlament stellt es eine Alltäglichkeit dar, dass in Teilbereichen zu Sachfragen nachgegeben und die eigene Position revidiert wird, um hierdurch die Zustimmung des politischen Gegners für die eigenen Sachargumente in einem anderen Politikbereich zu erzielen.[525] Dabei wird der Vorteil, z. B. in Form eines Funktionsamtes, Listenplatzes oder der Zustimmung zu einem Antrag des politischen Gegners, der auch aus der eigenen Partei kommen kann, regelmäßig als Gegenleistung für eine konkret benannte Handlung des Mandatsträgers, etwa die Unterwerfung unter die parteiinterne Position zu einer Sachfrage,[526] vereinbart. Ein solches politisches Zugeständnis wird häufig die Anforderungen einer konkreten Unrechtsvereinbarung erfüllen und damit ein strafbares Verhalten darstellen können. Konsequenz der drohenden Strafbarkeit wäre die Lähmung des politischen Entscheidungsprozesses, da mehrheitsfähige Beschlüsse kaum mehr gefasst werden könnten.[527] Dies wird durch § 108e Abs. 4 S. 2 Nr. 1 StGB n.F. verhindert.

b) Ausschluss von Parteispenden gemäß Abs. 4 S. 2 Nr. 2

Ebenfalls keinen ungerechtfertigten Vorteil stellt nach § 108e Abs. 4 S. 2 Nr. 2 StGB n.F. *„eine nach dem Parteiengesetz oder entsprechenden Gesetzen zulässige Spende“* dar.[528] Auch wenn die Gesetzesbegründung missverständlich formuliert ist,[529] können nach dem Parteiengesetz ausschließlich Parteispenden zulässig sein, denn das Gesetz findet auf Direktspenden an Abgeordnete gerade keine Anwendung. Der Zusatz *„oder entsprechende Gesetze“* ist mit Blick auf ausländische Mandatsträger als taugliche Täter (vgl. § 108e Abs. 3 Nr. 5 StGB n.F.) erforderlich, um auch ausländische Gesetze und Regelungen über die Zulässigkeit von Parteispenden zu erfassen.[530]

Die ausdrücklich normierte Berechtigung politischer Parteien zur Entgegennahme von Parteispenden in § 25 Abs. 1 S. 1 PartG hat lediglich feststellenden

---

525 *Heisz*, S. 138.

526 So das ausdrückliche Beispiel der Gesetzesbegründung, vgl. BT-Drs. 18/476, S. 10.

527 *Heisz*, S. 138.

528 Auch nach dem Strafrechtsübereinkommen sind Parteispenden, die im Einklang mit nationalen Gesetzen gewährt werden, vom Anwendungsbereich ausgenommen, vgl. Erläuternder Bericht zum Europaratsübereinkommen, Nr. 44.

529 BT-Drs. 18/476, S. 10: *„Eine zulässige Spende an eine Partei oder einen Bundestagsabgeordneten [...]“*.

530 BT-Drs. 18/476, S. 10.

Charakter, da sie bereits aus der in Art. 21 Abs. 1 S. 2 GG gewährleisteten Parteienfreiheit folgt und dem Transparenzgebot des Art. 21 Abs. 1 S. 4 GG erkennbar zugrunde liegt.[531] Der Verfassungsgrundsatz der Staatsfreiheit der Parteien beinhaltet neben der Unabhängigkeit vom Staat zugleich auch das Gebot der Abhängigkeit von Parteibasis und Bürgern.[532] Deshalb müssen sich die Parteien zur Finanzierung ihrer Aktivitäten um die finanzielle Unterstützung ihrer Mitglieder und anderer Bürger bemühen, weil nur so der Gefahr begegnet werden kann, dass sich die Parteien ihrer mitgliedschaftlichen Basis und der Bürger insgesamt entfremden.[533] Neben einer politischen ist gerade auch eine wirtschaftliche Zustimmung und Unterstützung der Parteien durch die Bürger Voraussetzung, damit ihre Verwurzelung im gesellschaftlich-politischen Bereich erhalten bleibt.[534] Parteispenden, bei denen es sich im Regelfall um Geldzahlungen handelt, worunter aber auch geldwerte Zuwendungen aller Art fallen, *„sofern sie nicht üblicherweise unentgeltlich von Mitgliedern außerhalb eines Geschäftsbetriebes zur Verfügung gestellt werden“* (§ 27 Abs. 1 S. 4 PartG), unterliegen den Vorschriften des PartG. Für sie gilt eine Weiterleitungspflicht an das zuständige Vorstandsmitglied (§ 25 Abs. 1 S. 3 PartG) und eine Offenlegungspflicht (Rechenschaftspflicht, § 25 Abs. 3 S. 1 PartG und Anzeigepflicht für Großspenden, § 25 Abs. 3 S. 2 PartG), deren Verstöße sanktionsbewehrt sind (§§ 31b, 31c, 31d PartG).

Parteien können das Spendenannahmerecht jedoch nicht grenzenlos für sich beanspruchen. Das PartG sieht in § 25 Abs. 2 eine Reihe von Spendenannahmeverboten vor, zu denen auch synallagmatische Spenden zählen (Nr. 7). Danach dürfen *„Spenden, die der Partei erkennbar in Erwartung oder als Gegenleistung eines bestimmten wirtschaftlichen oder politischen Vorteils gewährt werden“*, nicht angenommen werden. Der Spender muss dabei subjektiv entweder die Einflussnahme auf den anvisierten Vorteil bezwecken oder die Spende als Gegenleistung für den Erhalt des Vorteils verstanden wissen, sodass er eine auf den Abschluss einer strafrechtlichen Unrechtsvereinbarung gerichtete ausdrückliche oder konkludente Erklärung abgibt.[535] Der wirtschaftliche oder politische Vorteil muss

---

531 *Koch*, DÖV 2003, 451 (451).

532 BVerfGE 85, 264 (283); Schmidt-Bleibtreu/Hofmann/Henneke-*Sannwald*, Art. 21 Rn. 33; *Helmes*, S. 35 f.

533 *Hartmann*, S. 156, mit Verweis auf BVerfGE 85, 264 (287 f.). *Saliger/Sinner*, NJW 2005, 1073 (1074), beschreiben den daraus resultierenden Erwartungsdruck einer Partei an ihre Wahlbeamten zur Spendenakquise.

534 BVerfGE 85, 264 (287); Schmidt-Bleibtreu/Hofmann/Henneke-*Sannwald*, Art. 21 Rn. 47; *Streit*, MIP 2007, 28 (32) in Fn. 27.

535 *Lenski*, § 25 Rn. 71; *Helmes*, S. 190 f.

dabei bestimmt, also konkret individualisierbar sein, sodass allgemeine Vorteile, die sich aus der generellen politischen Zielsetzung der Partei ergeben, nicht ausreichen.[536] Drittes und entscheidendes Merkmal für das Spendenannahmeverbot des § 25 Abs. 2 Nr. 7 PartG ist die Erkennbarkeit des Gegenleistungsverhältnisses für die Partei.

Während der Reformdiskussionen zur Strafbarkeit der Abgeordnetenbestechung wurde die Befürchtung geäußert, dass die Verwendung eines uneingeschränkten Vorteilsbegriffs, trotz der zusätzlichen Voraussetzung eines konkreten Beziehungsverhältnisses zwischen Vorteil und Mandatsausübung, zu einer Einschränkung der Spendenpraxis führen könnte.[537] Zudem besteht durch einen weiten Vorteilsbegriff die Gefahr, dass eine nach den Regeln des PartG erfolgte Parteispende gleichzeitig als Vorteilszuwendung an einen Mandatsträger zu werten ist, wenn dieser bei der Entscheidung über die Verwendung ein erhebliches Mitspracherecht besitzt oder das Einwerben einer größeren Spende das parteiinterne Ansehen steigert.[538] Die Herausnahme zulässiger Parteispenden aus dem Vorteilsbegriff des § 108e StGB n.F. über Abs. 4 S. 2 Nr. 2 bietet diesbezüglich Rechtssicherheit. Dabei handelt es sich zunächst um eine deklaratorische Feststellung, denn schließlich kann ein Verhalten nicht unter Strafe gestellt werden, wenn und soweit es an anderer Stelle durch ein Gesetz erlaubt ist. Sofern man § 25 Abs. 2 Nr. 7 PartG als umfassenden Ausschluss von Einfluss- oder Entlohnungsspenden versteht, lassen sich keine nach dem PartG zulässigen Spenden denken, die auf Basis einer Unrechtsvereinbarung gewährt werden und über § 108e Abs. 4 S. 2 Nr. 2 StGB n.F. aus der Strafbarkeit ausgenommen werden müssten.[539]

Es ist jedoch auch eine andere Lesart des PartG möglich, sofern man das Merkmal der Erkennbarkeit in § 25 Abs. 2 Nr. 7 PartG auf andere Weise interpretiert. Denkbar erscheint auch ein restriktiveres Verständnis, wonach allein eine unmittelbare Unrechtsvereinbarung zwischen Partei und Spender sowie das Wissen darüber, dass die Spende als Gegenleistung für einen dem Spender entstehenden wirtschaftlichen oder politischen Vorteil gewährt wird, bei einem vertretungsberechtigten Mitglied, also einem Teil des Parteivorstands, vorliegen

---

536 *Lenski*, § 25 Rn. 70; *Helmes*, S. 190.

537 *Schnell*, ZRP 2011, 4 (5); *Hartmann*, S. 141 f.

538 *Hartmann*, S. 143; *Sirch*, S. 101 f.

539 *Kubiciel/Hoven*, NK 2014, 339 (353), mit Verweis auf *Heinig*, JZ 2010, 485 (493), der von einem umfassenden Verständnis des § 25 Abs. 2 Nr. 7 PartG auszugehen scheint.

muss.[540] Bei einem solchen Verständnis der Regelung des PartG droht eine nicht unerhebliche Strafbarkeitslücke.[541]

Wird eine Parteispende mit dem Ziel geleistet, den Wahlkampf eines bestimmten Mandatsträgers zu unterstützen, damit dieser im Falle der Wiederwahl politische Entscheidungen im Sinne und mit vorteilhaften Folgen für den Spender trifft, wird man eine konkrete Unrechtsvereinbarung je eher annehmen, desto genauer die programmatischen Aussagen des Mandatsträgers sind.[542] Denn je prägnanter die politische Einstellung zu bestimmten Themen artikuliert wird, desto deutlicher zeichnen sich für einen Spender die politischen und wirtschaftlichen Entscheidungen der Zukunft ab und umso klarer sind die Vorteile dieser Handlungen abzuschätzen. Trifft der Spender mit dem Kandidaten, der kein Mitglied des Parteivorstands ist, eine entsprechende Übereinkunft, während diese Abrede dem Vorstand nicht bekannt ist, dann entsteht zwischen PartG und Strafrecht eine Friktion. Die Partei als Spendenempfänger wäre dann zwar Dritter im Sinne des § 108e StGB n.F., die Spende jedoch nur dann ein strafbarer Drittvorteil, wenn eine Einschränkung des § 108e Abs. 4 S. 2 Nr. 2 StGB n.F. nicht bestünde.[543] Denn aufgrund des fehlenden Wissens um die Absprache zwischen Spender und Kandidat wäre das synallagmatisch Verhältnis für den Vorstand – und somit für die Partei – nicht erkennbar. Das würde bedeuten, dass – trotz Vorliegen einer konkreten Unrechtsvereinbarung – die Verbotsschwelle des § 25 Abs. 2 Nr. 7 PartG noch nicht erreicht wäre und damit eine grundsätzlich zulässige Parteispende vorläge, die infolge von § 108e Abs. 4 S. 2 Nr. 2 StGB n.F. eine Strafbarkeit der Beteiligten nicht zur Folge hätte. Weshalb die Parteispende als Drittvorteil in dieser Konstellation straflos bleiben sollte, ist nicht ersichtlich.[544]

Das Spendenannahmerecht von Parteien beruht einerseits auf dem Grundsatz der Staatsfreiheit der Parteien, ihrer gesellschaftlichen Verwurzelung sowie ihrem verfassungsmäßigen Auftrag, an der politischen Willensbildung mitzuwirken, und andererseits auf dem spiegelbildlichen Spendenrecht des Bürgers

540 *Saliger*, S. 530; *Sirch*, S. 38; *Helmes*, S. 192. Nicht zwingend erforderlich ist, dass es sich dabei um ein spendenempfangsberechtigtes Vorstandsmitglied handelt, vgl. *Lenski*, § 25 Rn. 72.

541 Auf den Konflikt zwischen PartG und § 108e Abs. 4 S. 2 Nr. 2 StGB n.F. weisen auch *Kubiciel/Hoven*, NK 2014, 339 (353), hin.

542 Auf diesen Umstand, insbesondere bei kommunalen Wahlkämpfen, weist *Sirch*, S. 115, hin.

543 Vgl. dazu auch *Hartmann*, S. 143.

544 Ebenso *Kubiciel/Hoven*, NK 2014, 339 (353).

als Ausfluss seines Rechts auf Teilhabe an der politischen Willensbildung.[545] Die Ausklammerung von zulässigen Parteispenden aus dem Vorteilsbegriff des § 108e StGB n.F. ist sinnvoll, um Rechtssicherheit sowohl für Parteien als auch für die spendenbereiten Bürger herzustellen. Im Hinblick auf den aufgezeigten Konflikt zwischen den Regelungen des PartG und dem Straftatbestand der Bestechlichkeit und Bestechung von Mandatsträgern, der aus dem unklaren Merkmal der Erkennbarkeit bei § 25 Abs. 2 Nr. 7 PartG resultiert, ist der Gesetzgeber dringend aufgerufen, diesbezüglich Klarheit zu schaffen.

c) Vorteile im Einklang mit der Rechtsstellung des Mandatsträgers gemäß Abs. 4 S. 1

Sofern der Vorteil nicht in einer ausdrücklich benannten Zuwendung im Sinne von § 108e Abs. 4 S. 2 StGB n.F. besteht, muss geprüft werden, ob *„die Annahme des Vorteils im Einklang mit den für die Rechtsstellung des […]* [Mandatsträgers] *maßgeblichen Vorschriften steht“* und deshalb gemäß § 108e Abs. 4 S. 1 StGB n.F. keinen ungerechtfertigten Vorteil darstellt. Die für die Rechtsstellung der Mitglieder des Deutschen Bundestags maßgeblichen Vorschriften sind das AbgG, die Verhaltensregeln (als Anlage 1 zur GOBT) sowie die dazu vom Präsidenten des Deutschen Bundestages erlassenen Ausführungsbestimmungen.[546] Für die Mitglieder der Landesparlamente gelten die AbgG der Länder sowie die vom jeweiligen Parlament vereinbarten Verhaltensregeln. Auf Ebene der kommunalen Volksvertretungen können vergleichbare Vorschriften erlassen werden.

Der Gesetzgeber hat mit der Formulierung der „maßgeblichen Vorschriften“ ganz bewusst berücksichtigt, dass die Vorschriften für die Mandatsträger von der jeweiligen Vertretungskörperschaft in Autonomie und nach den individuellen örtlichen Begebenheiten festgelegt werden sollen.[547] Trotz der darin angelegten und anerkannten Divergenz der Regelungsmaterien finden sich in den Abgeordnetengesetzen und Verhaltensregeln von Bund und Ländern zumindest zwei wiederkehrende Formen zulässiger Zuwendungen.[548]

---

545 *Sirch*, S. 122; *Hartmann*, S. 148; *Heinig/Streit*, Jura 2000, 393 (393); *Saliger/Sinner*, NJW 2005, 1073 (1074).

546 BT-Drs. 18/476, S. 9.

547 BT-Drs. 18/476, S. 9.

548 Eine vergleichende Gegenüberstellung der verschiedenen Vorschriften von Bundestag, Europa-Parlament und Landtagen findet sich in der tabellarischen Übersicht als Anlage zu diesem Abschnitt.

(a) Zuwendungen im Rahmen von Nebentätigkeiten

Anders als beispielsweise für den Bundespräsidenten (Art. 55 Abs. 2 GG), den Bundeskanzler und die Bundesminister (Art. 66 GG, § 5 Abs. 1 BMinG) sowie für die Parlamentarischen Staatssekretäre (§ 7 ParlStG i. V. m. § 5 Abs. 1 BMinG) gilt für die Abgeordneten kein allgemeines Berufsausübungsverbot.[549] Dies würde auch im Widerspruch zum Behinderungsverbot des Art. 48 Abs. 2 GG stehen, wonach niemand daran gehindert werden darf, das Amt eines Abgeordneten zu übernehmen oder auszuüben. Im ersten Diätenurteil hat das BVerfG bestätigt, dass eine Berufsausübung des Abgeordneten neben seinem Mandat verfassungsrechtlich erlaubt ist.[550] Leitbild von Art. 48 GG ist ein Nebeneinander von Mandat und Beruf. Zwar hat die Mandatsausübung eindeutig Vorrang vor Pflichten aus einem Dienst- oder Arbeitsverhältnis, aber dem berufstätigen Abgeordneten muss seine berufliche Stellung vor, während und nach dem Mandat erhalten bleiben können.[551] Zu den positiven Auswirkungen des Nebeneinanders gehört, dass so die Unabhängigkeit eines Abgeordneten gegenüber seiner Partei gesichert, dem in Deutschland verbreiteten Verständnis eines Bürgerparlaments Rechnung getragen wird, indem Berufserfahrungen in die parlamentarische Diskussion eingebracht werden, und Hochqualifizierten, die sich ein Ausscheiden aus dem Beruf meist nicht erlauben können, die Übernahme eines Mandats erleichtert wird.[552]

Auf Bundesebene wurde mit der Änderung des Abgeordnetengesetzes im Jahr 2005 in § 44a Abs. 1 S. 2 AbgG ausdrücklich aufgenommen, dass eine berufliche Tätigkeit neben dem Mandat zulässig ist. In den AbgG und Verhaltensregeln der Länder sind zum Teil verwandte Regelungen enthalten, wonach eine entgeltliche Tätigkeit neben dem Mandat zulässig ist. Die Nebentätigkeit darf dabei in vielen Bundesländern sogar ausdrücklich darin bestehen, eine entgeltliche Tätigkeit für Verbände oder zur Vertretung fremder Interessen wahrzunehmen.[553] Zuwendungen, die im Rahmen der Berufstätigkeit erfolgen, sind also zulässig. Den Mitgliedern der Volksvertretungen wird durch die Verhaltensregeln regelmäßig die

549 *Hartmann*, S. 144.

550 BVerfGE 40, 296 (318 f.).

551 *Pohl*, ZParl 1995, 385 (388); von Mangoldt/Klein/Starck-*Achterberg/Schulte*, Art. 48 Rn. 29.

552 *Hartmann*, S. 144 f.; *von Arnim*, NVwZ 2006, 249 (250).

553 So etwa in Bremen, Hessen, Mecklenburg-Vorpommern, Niedersachsen, Rheinland-Pfalz, Saarland, Sachsen, Sachsen-Anhalt, Schleswig-Holstein und Thüringen.

Pflicht auferlegt, die bei Nebentätigkeiten zu dem Mandat erhaltenen Verdienste offenzulegen.[554]

Unzulässig ist hingegen die Annahme von Geld oder geldwerten Vorteilen durch Mandatsträger, die ohne Bezug zu einer konkreten Arbeitsleistung stehen, sondern in der Erwartung gezahlt werden, der Abgeordnete werde die Interessen des Leistenden im Parlament vertreten und durchsetzen.[555] Gleiches gilt für Geldzahlungen oder geldwerte Zuwendungen, wenn diese ohne angemessene Gegenleistung des Mandatsträgers gewährt werden. Bereits im ersten Diätenurteil 1975 hat das BVerfG solche Interessentenzahlungen für unvereinbar mit dem unabhängigen Status der Abgeordneten und ihrem Anspruch auf gleichmäßige finanzielle Ausstattung in ihrem Mandat erklärt.[556] Strukturell erfordern solche Zuwendungen, die in der Erwartung erbracht werden, dass der Mandatsträger die Interessen des Leistenden im Parlament vertreten wird, ein zumindest konkludent zum Ausdruck gebrachtes Verständnis der Beteiligten, eine Vereinbarung zu treffen, die eine konkrete Unrechtsvereinbarung bedeutet, wie sie aus den strafrechtlichen Bestechungstatbeständen bekannt ist. Andernfalls wäre eine Abgrenzung zu Spenden als allgemeine Unterstützung der politischen Arbeit eines Mandatsträgers nicht möglich, da nach allgemeiner Lebenserfahrung davon auszugehen sein wird, dass nur an denjenigen gespendet wird, von dem man erwartet, er würde die eigenen Interessen und Belange am wirkungsvollsten und überzeugendsten vertreten.

Für den Arbeitslohn einer Tätigkeit, die bereits vor Mandatsaufnahme ausgeübt wurde, wird sich nur schwerlich begründen lassen, dass auch nur konkludent bei Vereinbarung des Arbeitslohns bereits eine hinreichend konkrete Mandatshandlung zur Durchsetzung der Interessen des Arbeitgebers ins Auge gefasst wurde. Und auch wenn die Nebentätigkeit erst während des Mandats aufgenommen wurde, müsste anhand des Einzelfalls überprüft werden, ob tatsächlich eine Unrechtsvereinbarung (zumindest konkludent) geschlossen wurde.

Dass die Nebentätigkeit dabei eine inhaltliche Verbindung zur politischen Agenda des Abgeordneten aufweist, ist kein überzeugendes Indiz für eine solche Unrechtsvereinbarung. Ein Mandatsträger wird desto eher etwa einer Beratungstätigkeit nachgehen, einen Aufsichtsratsposten wahrnehmen oder an einer Vortragsveranstaltung teilnehmen, je größer sein Interesse am Inhalt der Tätigkeit ist und über je mehr Wissen sowie Erfahrung er in dem Bereich verfügt.

554 Für Bundestagabgeordnete gilt dies gemäß § 44a Abs. 4 S. 1 AbgG i. V. m. § 1 VerhR.

555 Vgl. § 44a Abs. 2 S. 2 AbgG und Übersicht in der Anlage zu diesem Abschnitt.

556 BVerfGE 40, 296 (319); *Pohl*, ZParl 1995, 385 (389). *Meessen*, in: FS Scheuner, 431 (431 f.), typisiert diese Vereinbarungen als „*unechte Beraterverträge*".

Gleichzeitig wird auf Seiten des Arbeitgebers das wirtschaftliche Interesse an der Beschäftigung eines Abgeordneten dann am größten sein, wenn der Mandatsträger über die notwendigen Kompetenzen für die Wahrnehmung der Aufgabe verfügt. Im Gegensatz wird ein Indiz für eine Unrechtsvereinbarung vielmehr darin zu sehen sein, dass die Nebentätigkeit gerade keinen Bezug zum politischen Wirkungskreis hat. Dies wäre dann eher ein Zeichen dafür, dass der Mandatsträger Zuwendungen erhält, ohne eine angemessene Gegenleistung erbringen zu können, sondern ausschließlich in der Erwartung, dass er die Interessen des Leistenden im Parlament durchsetzt. Solche „arbeitslosen Zahlungen" sind mit dem rechtlichen Status eines Mandatsträgers nicht vereinbar[557], stehen folglich nicht im Einklang mit den für die Rechtsstellung der Mandatsträger maßgeblichen Vorschriften und können damit einen ungerechtfertigten Vorteil im Sinne von § 108e StGB n.F. darstellen.

(b) Direktspenden an Mandatsträger

Zuwendungen, die nicht „an die Partei gerichtet" sind, sondern direkt an einen Abgeordneten gezahlt werden, um ihn bei seiner politischen Arbeit zu unterstützen, sind – mangels ausdrücklichen gesetzlichen Verbots solcher Direktspenden – zulässig.[558] Auf sie findet zwar das PartG keine Anwendung, sie sind jedoch Gegenstand der Verhaltensregeln. Spenden an Abgeordnete des Deutschen Bundestages sind gemäß § 44b Nr. 3 AbgG i. V. m. § 4 Abs. 2 und 3 VerhR nur in Grenzen anzeige- und veröffentlichungspflichtig[559]. Verletzungen dieser Pflichten haben ein parlamentsinternes Verfahren zur Folge, wobei eine Sanktionsmöglichkeit in Form einer Strafzahlung gemäß § 31c PartG aufgrund einer fehlenden Verweisung in § 4 VerhR gerade nicht besteht.[560] Über § 4 Abs. 4

557 *Jutzi,* ZParl 2008, 503 (508), konkretisiert, dass bei lebensnaher Betrachtungsweise allein aus dem Fehlen einer angemessenen Gegenleistung im Rahmen eines Arbeitsverhältnisses geschlossen werden könne, dass die Gegenleistung – der Vorteil für den Zuwendenden – im Mandatsverhältnis erbracht werden solle.

558 *Pohl,* ZParl 1995, 385 (389 f.); *Koch,* DÖV 2003, 451 (453). Selbst Kritiker von Abgeordnetenspenden stellen ihre verfassungsrechtliche Zulässigkeit nicht in Frage, vgl. *Ipsen,* NVwZ 2003, 14 (15); *von Arnim,* NVwZ 2006, 249 (252).

559 Damit wird die Vorgabe aus BVerfGE 85, 264 (325) umgesetzt, zur Vermeidung der Umgehung der Rechenschaftspflicht des Art. 21 Abs. 1 S. 4 GG auch Abgeordnetenspenden jedenfalls ab einem solchen Wert zu veröffentlichen, bei dem Parteispenden der Veröffentlichungspflicht des PartG unterliegen.

560 Diesen Zustand kritisierend *Ipsen,* NVwZ 2003, 14 (16); *Koch,* DÖV 2003, 451 (454); *von Arnim,* NVwZ 2006, 249 (252). Zu den Rechtsfolgen bei Verstößen gegen

VerhR sind die Spendenannahmeverbote des § 25 Abs. 2 PartG auch auf die Direktspenden an Bundestagsabgeordnete anwendbar, also insbesondere das Verbot von Gegenleistungs- oder Erwartungsspenden (§ 25 Abs. 2 Nr. 7 PartG).[561] In Bezug auf die Abgeordneten der Länderparlamente enthalten die jeweils geltenden Verhaltensregeln entsprechende Vorgaben.[562]

Infolge des unterschiedlichen Regelungs- und vor allem Sanktionssystems ist die im Einzelfall schwierig zu treffende Abgrenzung zwischen Partei- und Abgeordnetenspende erforderlich. In erster Linie soll für die Grenzziehung der Spenderwille maßgeblich sein, der nach den allgemeinen Auslegungskriterien der §§ 133, 157 BGB zu bestimmen ist.[563] Ist dieser nicht zu ermitteln, soll teilweise auf die Funktion des Empfängers abgestellt und im Zweifel eine Parteispende angenommen werden.[564] Ein weiteres Indiz soll der Umgang mit der Spende sein. Wird für die Spende eine Spendenquittung ausgestellt, sei von einer Parteispende auszugehen, weil nur eine Partei dazu berechtigt ist, wohingegen eine Abgeordnetenspende anzunehmen sei, wenn sie auf ein Konto gezahlt werde, über das ausschließlich der Abgeordnete verfügungsberechtigt ist, und bzw. oder für die Spende Schenkungssteuer entrichtet werde.[565] Für die Frage, ob eine Zahlung einen ungerechtfertigten Vorteil darstellt, ist die Unterscheidung hingegen von nachrangiger Bedeutung. Handelt es sich um eine Parteispende, erfüllt sie den Ausschlusstatbestand des § 108e Abs. 4 S. 2 Nr. 2 StGB n.F., als Direktspende steht ihre Annahme regelmäßig im Einklang mit den für die Rechtsstellung des Mandatsträgers maßgeblichen Vorschriften gemäß § 108e Abs. 4 S. 1 StGB n.F.

Für das Merkmal des Im-Einklang-Stehens reicht es aus, wenn die maßgeblichen Vorschriften den Mandatsträger grundsätzlich zur Annahme des Vorteils berechtigen.[566] Nicht erforderlich ist, dass kein Verstoß gegen das den Vorschriften immanente Regelungssystem begangen wurde. Damit wird eine Direktspende

---

die VerhR: *Helmes*, S. 295. Einen anschaulichen Überblick des parlamentsinternen Verfahrens gibt *Kühn*, S. 268.

561 Zu Abgrenzung und verfahrensrechtlichen Unterschieden bei Spenden, die sowohl § 4 Abs. 4 VerhR i. V. m. § 25 Abs. 2 Nr. 7 PartG als auch § 44a Abs. 2 S. 2 AbgG unterfallen: *Helmes*, S. 296 f.

562 *Koch*, DÖV 2003, 451 (453); *Ipsen*, NVwZ 2003, 14 (16) mit Hinweis auf die einzelnen Fundstellen in Fn. 7.

563 *Ipsen*, NVwZ 2003, 14 (15); *Battis/Kersten*, JZ 2003, 655 (656); *Hartmann*, S. 142.

564 *Ipsen*, NVwZ 2003, 14 (15); *Hartmann*, S. 142.

565 *Battis/Kersten*, JZ 2003, 655 (656), wollen die Indizwirkung nicht überbewerten, weil sonst eine Umgehung des im Verhältnis zum Abgeordnetenrecht strengeren Parteienrechts drohe. *Hartmann*, S. 143.

566 BT-Drs. 18/476, S. 9.

nicht zu einem ungerechtfertigten Vorteil im Sinne von § 108e StGB n.F., nur weil beispielsweise Anzeige- oder Veröffentlichungspflichten verletzt wurden. Sehen die Verhaltensregeln vor, dass Direktspenden ab einer bestimmten Summe angezeigt werden müssen und verletzt der begünstigte Mandatsträger diese Pflicht, bleibt er dennoch grundsätzlich zur Annahme der Spende berechtigt. Sie erfolgt – trotz des Verstoßes gegen die Veröffentlichungspflicht – im Einklang mit den für die Rechtsstellung maßgeblichen Vorschriften. Ein Verstoß gegen diese Pflichten, die Direktspenden an Abgeordnete transparenter machen sollen, bedeutet allerdings eine Verschleierung, sodass der Zuwendung ein Makel von Heimlichkeit anlastet. Dies wiederum kann ein Indiz dafür sein, dass es sich bei der Zahlung nicht um eine Spende zur allgemeinen Unterstützung der politischen Arbeit des Empfängers handelt, sondern um eine Zahlung zur Durchsetzung konkreter Interessen des Leistenden und somit um einen ungerechtfertigten Vorteil.

d) Parlamentarische Gepflogenheiten

Durch die Formulierung in § 108e Abs. 4 S. 1 StGB n.F., dass ein ungerechtfertigter Vorteil „*insbesondere*" dann nicht vorliege, wenn dessen Annahme gesetzlich oder durch andere Regelungen vorgesehen ist, wird klargestellt, dass das Vorliegen eines ungerechtfertigten Vorteils auch aus anderen als den bisher genannten Gründen verneint werden kann. Nach Vorstellung des Gesetzgebers soll dabei vor allem überprüft werden, „*ob die Annahme des Vorteils anerkannten parlamentarischen Gepflogenheiten entspricht*".[567] Wenn dies der Fall sei, scheide schon der Anschein einer unzulässigen Einflussnahme auf die Mandatswahrnehmung aus, sodass der Schutzzweck des Tatbestands nicht berührt sei.[568] Ein Widerspruch zu Art. 103 Abs. 2 GG, wonach die Strafe durch Gesetz bestimmt sein muss, besteht nicht, denn daraus folgt lediglich der Ausschluss des Gewohnheitsrechts zu Lasten des Täters. Ein strafbarkeitsausschließendes bzw. -einschränkendes Gewohnheitsrecht ist zulässig.[569] Der Begriff der parlamentarischen Gepflogenheiten hat seinen Ursprung – so wie schon die beiden Ausnahmetatbestände des § 108e Abs. 4 S. 2 StGB n.F. – im Gesetzesentwurf der SPD-Bundestagsfraktion aus der 17. Legislaturperiode, in dem er allerdings nicht nur in der Begründung genannt

567 BT-Drs. 18/476, S. 9.

568 BT-Drs. 18/476, S. 9.

569 Maunz/Dürig-*Schmidt-Aßmann*, Art. 103 Rn. 222; Schönke/Schröder-*Eser/Hecker*, § 1 Rn. 10 ff.

wurde, sondern im Tatbestand ausdrücklich aufgenommen worden war.[570] Die Herausnahme des Begriffs aus dem Tatbestand wurde in der Sachverständigenanhörung zum Gesetzesentwurf vereinzelt kritisiert.[571]

Die gesetzgeberischen Motive für die Veränderung sind in der Gesetzesbegründung nicht dargelegt worden. Die Vermutung liegt nahe, dass man auf einen weiteren unbestimmten Terminus im Gesetzestext verzichten wollte. Die genaue rechtliche Einordnung des Terminus ist anhand der Gesetzesmaterialien nicht eindeutig vorzunehmen. Parlamentarische Gepflogenheiten scheinen keinen neuen Ausschlusstatbestand darzustellen, sondern eher Maßstäbe, „*nach denen sich die Sozialüblichkeit der Annahme von Vorteilen im Übrigen* [sofern nicht ein Ausschluss nach § 108e Abs. 4 StGB n.F. vorliegt] *richtet*".[572] Die vor allem im Rahmen der Amtsträgerdelikte entwickelten Ausnahmen für Zuwendungen aus Höflichkeit oder als Ausdruck allgemein anerkannter sozialer Verhaltensweisen[573] müssen infolge der Verwendung des Vorteilsbegriffs konsequenterweise auf § 108e StGB n.F. übertragen werden, sodass deren Entgegennahme auch im Rahmen der Bestechlichkeit und Bestechung von Mandatsträgern kein strafbares Unrecht darstellt. Dass dabei nicht eine allgemeine Sozialüblichkeit im gesellschaftlichen Leben, sondern die speziellen Gewohnheiten im politischen Umfeld ausschlaggebend sein sollen, ist nach den Ausschlusstatbeständen des § 108e Abs. 4 S. 1, S. 2 StGB n.F. die dritte Ebene, auf der den Besonderheiten der Politik, ihren Akteuren und Verhaltensweisen Rechnung getragen wird. Dafür, dass parlamentarische Gepflogenheiten kein eigenständiger und neuer Ausschlusstatbestand, sondern ein spezieller Maßstab der Sozialüblichkeit der Gewährung von Vorteilen sein sollen, spricht in diesem Zusammenhang auch, dass der Gesetzgeber keinerlei Beispiele genannt hat, bei welchen Zuwendungen es sich um parlamentarische Gepflogenheiten handelt. Der Gesetzesentwurf der SPD-Fraktion aus der 17. Legislaturperiode hingegen nannte eine Reihe von

---

570 Vgl. § 108e Abs. 3 S. 3 StGB-E in BT-Drs. 17/8613.

571 Der Sachverständige *Prof. Dr. Heinrich* sprach die Empfehlung aus, § 108e Abs. 4 S. 1 StGB n.F. um die parlamentarischen Gepflogenheiten als Ausnahme vom Begriff des ungerechtfertigten Vorteils zu ergänzen, vgl. Protokoll der Sachverständigenanhörung vom 17. Februar 2014 (Protokoll-Nr. 18/7), S. 10.

572 BT-Drs. 18/607, S. 8. Auch *Francuski,* HRRS 2014, 220 (227), scheint in den parlamentarischen Gepflogenheiten einen besonderen Maßstab der Sozialadäquanz zu erkennen. In eine ähnliche Richtung geht auch *Michalke,* Compliance Berater 2014, 215 (219).

573 Schönke/Schröder-*Heine/Eisele,* § 331 Rn. 39 ff.; *Fischer,* StGB, 62. Aufl. 2015, § 331 Rn. 26 f.

Paradebeispielen, in denen das Merkmal der parlamentarischen Gepflogenheit erfüllt sein sollte.[574]

Teil des Willensbildungsprozesses eines Abgeordneten muss die fachlich inhaltliche Auseinandersetzung mit einer politischen Fragestellung sein, um in der Volksvertretung die verfassungsmäßig vorgeschriebene Gewissensentscheidung treffen zu können. Eine solche fachliche Vorbereitung findet regelmäßig außerhalb des Parlaments statt. Persönliche Kontakte zwischen Abgeordneten und Vertretern von organisierten Interessenverbänden, die von den politischen Entscheidungen in besonderem Maße betroffen sein könnten, bestimmen neben den parlamentarischen Anhörungen (vgl. § 70 GOBT) als eine Form nichtinstitutionalisierter Kommunikation die Beziehung zwischen Politik und Gesellschaft in besonderem Maße.[575] Die Kontaktaufnahme kann auf unkomplizierte Art und Weise bei abendlichen Informations- und Diskussionsveranstaltungen (sog. Parlamentarische Abende), Abgeordnetensprechstunden oder nicht öffentlichen Anhörungen stattfinden.[576] Die Zusammentreffen und Kommunikationsformen zwischen Politik und Interessenverbänden oder Privatpersonen, die außerhalb des Parlaments erfolgen, sind regelmäßig, wenn auch nicht zwangsläufig, mit Zuwendungen und Gefälligkeiten verbunden.[577] Dies kann die Darreichung kleiner Geschenke, Einladungen zum Essen, zu gesellschaftlichen und kulturellen Veranstaltungen oder Sportereignissen sowie die Übernahme von Reise- und Bewirtungskosten bei einer solchen Veranstaltung umfassen. Die Palette möglicher Zuwendungen und Vorteile, die ein Mandatsträger in Zusammenhang mit solchen außerparlamentarischen Kontaktaufnahmen erhält, ist also vielfältig. Der Verzicht auf die Nennung einiger Regelbeispiele ist deshalb kein wesentlicher Schwachpunkt der Gesetzesbegründung, da sich aus der Historie der politischen Initiativen bis hin zu § 108e StGB n. F. ermitteln lässt, welche Zuwendungen der Gesetzgeber unter „parlamentarischen Gepflogenheiten" jedenfalls verstanden wissen will.

---

574 BT-Drs. 17/8613, S. 4, nennt die Bewirtung im Zusammenhang mit Informationsgesprächen und Festveranstaltungen, die Teilnahme an sportlichen und kulturellen Veranstaltungen sowie die Übernahme des Transports und der Übernachtungskosten zu diesen Veranstaltungen, die Durchführung von Informationsreisen über wirtschaftliche, soziale oder politische Umstände und angemessene Honorare für fachliche oder politische Vorträge.

575 *Heisz*, S. 30.

576 *Richter*, S. 17 f.

577 *Schaller*, S. 72.

Ein tatsächlicher Schwachpunkt der Bezugnahme auf „parlamentarische Gepflogenheiten“ ist die Wandelbarkeit und die daraus resultierende Unsicherheit, ob und wann sich eine Zuwendung zu einer Gepflogenheit entwickelt hat. Der Gesetzgeber liefert keinen Anhaltspunkt dafür, ab wann es sich um eine „Gepflogenheit“ handelt und ab wann (noch) nicht. Ausgehend vom Wortsinn wird man zwei konstitutive Elemente im Einzelfall zu prüfen haben: ein Zeit- und ein Wiederholungselement. Von einer Gepflogenheit wird man erst dann sprechen können, wenn die Verhaltensweise über einen längeren Zeitraum gelebt wird. Die Erfüllung des Zeitmoments kann nicht abstrakt und generell anhand starrer zeitlicher Grenzen bestimmt werden. Die Bezeichnung als „parlamentarische“ Gepflogenheit würde es rechtfertigen, den konkreten Zeitraum in Relation zum zeitlichen Bestehen der jeweiligen Volksvertretung zu setzen. Andererseits kann die Zeitkomponente gegenüber dem Wiederholungselement desto mehr in den Hintergrund rücken, je stärker Letzteres ausgeprägt ist. Wird eine bestimmte Verhaltensweise etwa von allen Mitgliedern des Parlaments auch nur über einen kürzeren Zeitraum gezeigt, lässt sich dennoch von einer Gepflogenheit sprechen. Gleichzeitig mangelt es auch dem Wiederholungselement an klaren Grenzen. Nicht notwendigerweise muss ein Verhalten von der Mehrzahl der Parlamentsmitglieder gezeigt werden, wenn dafür ein kleinerer Teil dieses bereits über einen langen Zeitraum quasi ritualisiert hat. Weder das Zeit- noch das Wiederholungselement können jedoch dafür sorgen, dass ein praktizierter Missbrauch rechtlich gebilligt wird. Deshalb ist auch ein normatives Element bei den „parlamentarischen Gepflogenheiten“ erforderlich. Als Grenze wird man hier die verfassungsrechtliche Stellung des Abgeordneten und seine Rechte sowie Pflichten aus Art. 38 GG Abs. 1 S. 2 GG annehmen müssen. Eine Verhaltensweise, bei der sich ein Abgeordneter seiner Mandatsfreiheit entledigt und stattdessen als Gegenleistungen für Vorteilszuwendungen sein Mandat in einer bestimmten Weise ausübt, wird auch dann nicht zur rechtlich akzeptierten Gepflogenheit, wenn er sich über einen längeren Zeitraum entsprechend verhält.[578]

Eine besondere Herausforderung für die Staatsanwaltschaften und Gerichte dürfte die Ermittlung der parlamentarischen Gepflogenheiten zudem dann sein, wenn es sich um die Bestechung eines ausländischen Mandatsträgers handelt. Hierbei stellt sich zunächst die Frage, ob die Gepflogenheiten landesspezifisch

578 Entsprechendes gilt im Bereich der Bestechlichkeit und Bestechung im geschäftlichen Verkehr: Mögen Schmiergeldzahlungen in bestimmten Branchen üblich sein, handelt es sich damit dennoch nicht um sozialübliche Zuwendungen im Geschäftsverkehr, vgl. *Fischer*, StGB, 62. Aufl. 2015, § 299 Rn. 16a.

oder anhand deutscher Maßstäbe auszulegen sind.[579] Die Gesetzesbegründung liefert darauf keine Antwort. Der Wortlaut von § 108e Abs. 4 S. 1 und S. 2 Nr. 2 StGB n.F. sowie die Systematik der Tatbestände Bestechlichkeit und Bestechung von Mandatsträgern sprechen jedoch eindeutig dafür, dass die Gepflogenheiten für jedes Parlament bzw. jede Vertretungskörperschaft individuell ermittelt und die Besonderheiten des jeweiligen Herkunftslandes des Mandatsträgers berücksichtigt werden müssen. § 108e StGB n.F. nimmt schließlich bei der Bestimmung des „ungerechtfertigten Vorteils" bereits Bezug auf ausländische Normen, wenn auf die für *„die Rechtstellung [...] maßgeblichen Vorschriften"* (§ 108e Abs. 4 S. 1 StGB n.F.) und auf *„eine nach [...] entsprechenden Gesetzen zulässige Spende"* (§ 108e Abs. 4 S. 2 Nr. 2 StGB n.F.) abgestellt wird. Es würde einen systematischen Bruch innerhalb der Norm darstellen, wenn bei der Bestimmung der Sozialüblichkeit eines Vorteils für einen ausländischen Mandatsträger ein deutscher Maßstab angelegt werden würde, nachdem zuvor das Vorliegen eines strafbaren Verhaltens anhand des nationalen Rechts des ausländischen Mandatsträgers gemessen wurde.

Die fehlenden abstrakten Bestimmungen zu „parlamentarischen Gepflogenheiten" sind mit Unsicherheiten für die Beteiligten verbunden. Ausgehend von diesen Unsicherheiten wird mit Spannung zu beobachten sein, ob und mit welchen Maßstäben die Ermittlungsbehörden und Gerichte eine Zuwendung als parlamentarische Gepflogenheit beurteilen werden. Zum jetzigen Zeitpunkt liegt die Vermutung nahe, dass ein weites Verständnis des Begriffs den Kreis möglicher ungerechtfertigter Vorteile nicht unerheblich reduzieren wird.

3) Normatives Tatbestandsmerkmal oder Blankett?

In diesem Abschnitt soll untersucht werden, ob es sich bei dem Begriff „ungerechtfertigter Vorteil" im Zusammenhang mit der Verweisung auf die maßgeblichen Vorschriften um ein normatives Tatbestandsmerkmal oder einen Blankettbegriff handelt. Die Zuordnung erfolgt zunächst als Vorarbeit im Hinblick auf die im Anschluss zu untersuchende Frage, ob der Tatbestand insgesamt die Anforderungen des Bestimmtheitsgebots von Art. 103 Abs. 2 GG erfüllt. Der Charakterisierung wird anschließend bei möglichen Irrtumskonstellationen und der Entscheidung über die Anwendung von § 16 StGB (Tatbestandsirrtum) oder § 17 StGB (Verbotsirrtum) erneut Bedeutung zukommen.

579 Das Problem thematisiert auch *Francuski,* HRRS 2014, 220 (228) in Fn. 95.

a) *Systematisierung und Unterscheidung von Verweisungen im Strafrecht*

Die Verweisung in einer Rechtsnorm auf eine andere Vorschrift ist der Oberbegriff sowohl für normative Tatbestandsmerkmale als auch für Blankette. In beiden Fällen ist der Straftatbestand durch den Wortlaut der Norm nicht ausreichend präzise bestimmt, sondern bedarf einer Konkretisierung.

Die Beschreibung eines Tatbestandsmerkmals als normativ wird in Abgrenzung zu deskriptiven Merkmalen verwendet. Diese sollen ein vorgegebenes Phänomen des realen Seins bezeichnen (z. B. „Sache“ oder „töten“), wohingegen normative Merkmale nur unter logischer Voraussetzung einer Norm vorgestellt oder gedacht werden können.[580] Der Bedeutungsinhalt des normativen Merkmals „fremd“ beim Diebstahl nach § 242 StGB etwa ist vollständig nur durch Vorschriften über den Eigentumserwerb und -verlust im BGB zu ermitteln, sodass die Strafnorm hier auf die außerstrafrechtlichen Bestimmungen „verweist“. Nicht zu Unrecht wird darauf hingewiesen, dass auch vermeintlich deskriptive Merkmale durch ihre Einbindung in einen normativen Kontext ebenfalls einen normativen Bezug haben und die Unterscheidung deshalb zweifelhaft ist.[581]

Ein Blankettstrafgesetz hingegen enthält lediglich einen Verweis auf eine andere Norm, deren Übertretung mithilfe des Blankettgesetzes unter Strafe gestellt wird, sodass man ein vollständiges Strafgesetz erst dann erhält, wenn man die in Bezug genommenen blankettausfüllende Norm zusammen mit der Strafandrohung liest.[582] Das Strafgesetzbuch enthält keine ausschließlichen Blankettstrafgesetze, sondern Teilblankettgesetze. Hierbei bestimmt der Tatbestand im Strafgesetzbuch teilweise den Inhalt der Norm selbst, teilweise wird durch Blankettbegriffe auf andere Vorschriften verwiesen.[583] Bei den Erscheinungsformen von Blanketten werden verschiedene Arten der Verweisung unterschieden: Bei der statischen Verweisung wird Bezug genommen auf Normen in der zum Erlasszeitpunkt des Blankettgesetzes bestehenden Form, während dynamische Verweisungen sich auf die jeweils gültige Gesetzeslage beziehen und damit für künftige Gesetzesänderungen offen sind.[584]

---

580 Schönke/Schröder-*Eisele*, Vorbem §§ 13 ff. Rn. 64; MK_1-*Freund*, Vor §§ 13 ff. Rn. 15.

581 Schönke/Schröder-*Eisele*, Vorbem §§ 13 ff. Rn. 64; *Fischer*, StGB, 62. Aufl. 2015, § 16 Rn. 4. MK_1-*Freund*, Vor §§ 13 ff. Rn. 15, vermutet, dass bei denjenigen Tatbestandsmerkmalen, die als deskriptiv bezeichnet werden, die implizite normative Wertung als evident richtig empfunden und deshalb nicht weiter hinterfragt werde.

582 NK_1-*Puppe*, § 16 Rn. 18; Schönke/Schröder-*Eser/Hecker*, Vorbem § 1 Rn. 3.

583 NK_1-*Puppe*, § 16 Rn. 19 m.w.N.

584 *Enderle*, S. 11.

Die Abgrenzung normativer Tatbestandsmerkmale von Blankettmerkmalen erfolgt anhand des Kriteriums der Unvollständigkeit des Tatbestandes. Auch wenn die einzelnen hierzu entwickelten Abgrenzungsformeln im Detail variieren, so wird maßgeblich darauf abgestellt, ob die Strafbestimmung das tatbestandsmäßige Verhalten für sich selbst – auch unter Zuhilfenahme von außerstrafrechtlichen Rechtsbegriffen und -instituten – inhaltlich gestaltet und damit vollständig ist, während bei einem unvollständigen Blankett das sanktionsbewehrte Verhalten erst in der Ausfüllungsnorm enthalten ist.[585] Mittels der ausdrücklichen Verweisung eines Blanketts schreibt der rechtsetzende Gesetzgeber dem Rechtsanwender die Beachtung der in Bezug genommenen Normen vor und schränkt so dessen Gestaltungsfreiheit ein, während dieser Spielraum durch die Verwendung eines normativen Rechtsbegriffs unberührt bleibt.[586]

b) Einordnung des Merkmals „ungerechtfertigt" in Verbindung mit Abs. 4

Bei dem Begriff „ungerechtfertigt" handelt es sich um ein Merkmal, das aus sich heraus keinen eindeutigen Erklärungsinhalt aufweist und seine Bedeutung erst durch außerstrafrechtliche Normen und Werturteile erlangt, sodass es ein normatives Tatbestandsmerkmal darstellt. Für den Rechtsanwender bietet der Begriff damit einen grundsätzlichen Gestaltungs- und Auslegungsspielraum, der vom Gesetzgeber durchaus auch beabsichtigt ist. Beim Entwurf des § 108e StGB n.F. verzichtete man ausdrücklich auf die Aufnahme eines Katalogs von Regelbeispielen, in dem abstrakt einzelne strafbare Zuwendungen aufgelistet sind.[587] Auf diese Weise wäre es möglich gewesen, genau festzulegen, in welchen Konstellationen es sich um einen strafbaren „ungerechtfertigten" Vorteil handelt. Zu einer abschließenden Feststellung strafbarer Vorteilsgewährungen sah sich der Gesetzgeber nicht in der Lage und erachtete sie auch als wenig sinnvoll. Gleichzeitig soll die Konkretisierung der Umschreibung „ungerechtfertigt" nicht ausschließlich dem Rechtsanwender überlassen sein, sondern der Gesetzgeber selbst hat mit der Negativdefinition des § 108e Abs. 4 StGB n.F. eine Einschränkung des Gestaltungsspielraumes vorgenommen. Bei der inhaltlichen Präzisierung, welcher Vorteil als „ungerechtfertigt" einzustufen ist, wird unter anderem Bezug genommen auf die Spendenregelungen in den Parteiengesetzen und die für die Rechtsstellungen des Mandatsträgers maßgeblichen Vorschriften. Hierbei

---

585 NK_1-*Puppe*, § 16 Rn. 21; LK_1-*Dannecker*, § 1 Rn. 149. Ausführlich zu den verschiedenen Abgrenzungsformeln: *Enderle*, S. 90 ff.

586 *Debus*, S. 95.

587 BT-Drs. 18/607, S. 8.

handelt es sich um eine dynamische Verweisung, denn die maßgeblichen Vorschriften können Änderungen unterliegen.[588] In Bezug genommen werden muss somit die jeweils aktuelle Normfassung.

Das Tatbestandsmerkmal des „*ungerechtfertigten Vorteils*" im Rahmen von § 108e StGB n.F. stellt eine Kombination aus einem normativ geprägten Begriff, dessen Konkretisierungs- und Ausfüllungsbedürftigkeit zumindest teilweise durch ein Blankett („*die für die Rechtsstellung maßgeblichen Vorschriften*") gelöst wird.

4) Zur Verfassungsmäßigkeit des Merkmals „ungerechtfertigter Vorteil"

Verfassungsrechtliche Bedenken gegen das Tatbestandsmerkmal des „ungerechtfertigten Vorteils" bestehen, weil die Voraussetzungen des Gesetzesvorbehalts der Art. 103 Abs. 2 und Art. 104 Abs. 1 S. 1 GG nicht gewahrt worden sein könnten. Das darin enthaltene Gebot der gesetzlichen Bestimmtheit der Strafbarkeit ist vielfach Gegenstand der Rechtsprechung des BVerfG gewesen, sodass die Verfassungsrichter die sich daraus ergebenden Anforderungen an ein Strafgesetz ausgeformt haben.

a) Anforderungen des Gesetzesvorbehalts von Art. 103 Abs. 2, 104 Abs. 1 S. 1 GG

(a) Doppelter Zweck des Vorbehalts und Verhältnis der Verfassungsnormen

Art. 103 Abs. 2 GG verlangt, dass eine Tat nur dann bestraft wird, wenn die Strafbarkeit gesetzlich bestimmt war, bevor die Tat begangen wurde. Das verfassungsrechtliche Bestimmtheitsgebot, einfachgesetzlich in § 1 StGB wiederholt, begrenzt den Gestaltungsspielraum des Gesetzgebers. Straftatbestände müssen so eindeutig wie möglich gefasst sein, damit die Reichweite strafbaren Verhaltens für den Normadressaten erkennbar oder zumindest für einen Richter durch Auslegung zu ermitteln ist.[589] Das Bestimmtheitsgebot erfüllt dabei einen doppelten Zweck: Neben dem rechtsstaatlichen Schutz des Normadressaten, etwa vor staatlicher Willkür, soll im Bereich des Strafrechts allein der demokratisch legitimierte Gesetzgeber in abstrakt-genereller Weise über die Strafwürdigkeit eines Verhaltens entscheiden.[590] Der zweite Aspekt wird gemäß Art. 104 Abs. 1

588 BT-Drs. 18/607, S. 8.

589 Exemplarisch nur BGHSt 42, 79 (83); BVerfGE 14, 245 (251); 25, 269 (285), 47, 109 (120); 75, 329 (342).

590 Sachs-*Degenhart*, Art. 103 Rn. 67; Schmidt-Bleibtreu/Hofmann/Henneke-*Schmahl*, Art. 103 Rn. 65; Schönke/Schröder-*Eser/Hecker*, § 1 Rn. 16; *Debus*, S. 263 mit zahlreichen Hinweisen auf die Rspr.

S. 1 GG dadurch bekräftigt, dass die Freiheit einer Person nur aufgrund eines formellen Gesetzes eingeschränkt werden darf. Auch wenn die Voraussetzungen des Art. 104 Abs. 1 S. 1 GG, insbesondere bei Blankettstrafgesetzen, vom Bundesverfassungsgericht teilweise separat geprüft wurden, geht es in seinen Entscheidungen von einem Gesamtanforderungsprofil der beiden Verfassungsnormen aus, die keine unterschiedlichen Maßstäbe aufweisen.[591]

(b) Zur Verwendung unbestimmter Rechtsbegriffe

Die Verfassungsrichter betonen, dass keine zu hohen Anforderungen an das Bestimmtheitsgebot anzulegen[592] und Normen deshalb nicht bereits dann zu unbestimmt sind, wenn allgemeine Begriffe verwendet werden, deren Deutung durch einen Richter erfolgen muss.[593] Die Frage, wann ein Tatbestand zu unbestimmt ist, lässt sich dabei nicht immer mit letzter Eindeutigkeit festlegen. Der Grad der Bestimmtheit der in einer Strafnorm verwendeten Begriffe hängt von den Besonderheiten des Tatbestands ab und davon, ob die Tatbestandsmerkmale an bisher benutzte oder von der Rechtsprechung umschriebene oder präzisierte Begriffe anknüpfen.[594] Der Gesetzgeber muss nur denjenigen Grad an tatbestandlicher Präzision aufbringen, den der Regelungsbereich zulässt.[595] Das Bundesverfassungsgericht hat es bisher als ausreichend erachtet, wenn der durch die Strafnorm geschützte Wert sowie das Verbot bestimmter Verhaltensweisen erkennbar und die staatliche Reaktion vorauszusehen sind.[596]

(c) Zu den Voraussetzungen der Verweisungstechnik

Die gesetzliche Bestimmtheit der Art. 103 Abs. 2 und Art. 104 Abs. 1 S. 1 GG verlangt nicht ausschließlich formelle Gesetze zur Regelung der Strafbarkeit, denn Rechtsprechung und Lehre gehen überwiegend von einem materiellen

---

591 *Enderle*, S. 213 f.; *Debus*, S. 269 f., sieht eine *„quantitative Verschärfung"* von Art. 104 Abs. 1 S. 1 GG gegenüber Art. 103 Abs. 2 GG. Das Bundesverfassungsgericht spricht vom *„Bestimmtheitsgebot der Art. 103 Abs. 2, Art. 104 Abs. 1 S. 1 GG"*: BVerfGE 14, 245 (252); 22, 1 (18); 51, 60 (70); 75, 329 (342); 78, 205 (213); 78, 374 (383).

592 Andernfalls drohen zu starre und kasuistische Gesetze dem Wandel der Verhältnisse oder den Besonderheiten des Einzelfalls nicht gerecht werden zu können, vgl. BVerfGE 14, 245 (251); 37, 201 (208); 45, 363 (371); 48, 48 (56); 75, 329 (342).

593 Vgl. BVerfGE 4, 352 (358); 28, 175 (183); 73, 206 (235).

594 BGHSt 30, 285 (287); BVerfGE 26, 41 (43); 28, 175 (183).

595 *Enderle*, S. 133.

596 BVerfGE 45, 363 (372); 92, 1 (12); 105, 135 (153); Sachs-*Degenhart*, Art. 103 Rn. 67; Schönke/Schröder-*Eser/Hecker*, § 1 Rn. 20.

Gesetzesbegriff aus.[597] Folglich ist der Gesetzesvorbehalt noch nicht allein dadurch verletzt, dass ein Gesetz durch andere Normen oder untergesetzliche Vorschriften ergänzt bzw. ausgefüllt werden muss.[598] Aber auch im Falle eines Blankettstrafgesetzes oder Blankettmerkmals muss die Strafbarkeit inhaltlich bestimmt sein und die Verweisung selbst dem Gebot der Gesetzesklarheit genügen.[599] Bei der Ausfüllung der Strafnorm durch ein anderes formelles Gesetz kann der Strafgesetzgeber es bei der Verweisung auf die Ausfüllungsnorm bewenden lassen.[600] Wird das strafrechtliche Verhalten hingegen erst durch Hinzuziehen einer unterhalb des Rangs eines förmlichen Gesetzes stehenden Vorschrift, etwa Akte administrativer Rechtssetzung (Rechtsverordnungen, Satzungen, Verwaltungsvorschriften), beschrieben, ist eine den Anforderungen des Bestimmtheitsgebots genügende Verweisung allein nicht ausreichend, sondern die Voraussetzungen der Strafbarkeit sowie Art und Maß der Strafe müssen im Blankettstrafgesetz hinreichend deutlich umschrieben sein.[601] Das Bundesverfassungsgericht hat mehrfach die Rollenverteilung beim Erlass von Strafnormen mit Verweisung auf nicht formelle Gesetzesakte betont: Während der Strafgesetzgeber die Aufgabe, die Voraussetzungen der Strafbarkeit festzulegen, nicht etwa in die Entscheidungsgewalt der Organe der vollziehenden Gewalt legen darf, kann er dem Gesetzgeber der Ausfüllungsnorm jedoch *„die Spezifizierung des Straftatbestandes“* überlassen.[602] Eine Spezifizierung sieht das Bundesverfassungsgericht in solchen Fällen als sinnvoll und zulässig an, in denen wechselnde und mannigfaltige Einzelregelungen erforderlich werden können.[603]

(d) Zur Zulässigkeit dynamischer Verweisungen

Dynamische Verweisungen, die nicht ausschließlich auf bestehende, sondern auch auf künftig noch zu erlassende Rechtsakte Bezug nehmen, ermöglichen dem Gesetzgeber eine gewünschte Flexibilität, werden jedoch im Hinblick auf

---

597 *Enderle*, S. 213 ff.; *Debus*, S. 264 f. A. A.: Maunz/Dürig-*Schmidt-Aßmann*, Art. 103 Rn. 183.

598 BVerfGE 22, 1 (18); 48, 48 (55); 51, 60 (74); *Debus*, S. 265 f.

599 BVerfGE 37, 201 (209); Maunz/Dürig-*Schmidt-Aßmann*, Art. 103 Rn. 207.

600 BVerfGE 14, 245 (252); *Debus*, S. 266; Schmidt-Bleibtreu/Hofmann/Henneke-*Schmahl*, Art. 103 Rn. 58.

601 BVerfGE 14, 245 (252); 75, 329 (342); 78, 374 (382); *Debus*, S. 266; Maunz/Dürig-*Schmidt-Aßmann*, Art. 103 Rn. 209 ff.

602 BVerfGE 14, 174 (187); 14, 245 (251); 22, 21 (25); 37, 201 (209); 47, 109 (120); 75, 329 (342); 78, 374 (382); 105, 135 (153); Sachs-*Degenhart*, Art. 103 Rn. 64.

603 BVerfGE 14, 174 (185 ff.); 14, 245 (251); 22, 21 (25); 23, 265 (269); 75, 329 (342).

den Bestimmtheitsgrundsatz und das Demokratiegebot kritisiert.[604] Das Bundesverfassungsgericht hält dynamische Verweisungen nicht für schlechthin ausgeschlossen, selbst wenn keine Identität zwischen Gesetzgebern der Blankettnorm und Ausfüllungsnorm besteht.[605] Eine Einschränkung wird jedoch dann vorgenommen, wenn die Automatik der dynamischen Verweisung zu einer versteckten Verlagerung von Gesetzgebungsbefugnissen führt und unter bundesstaatlichen, rechtsstaatlichen und demokratischen Gesichtspunkten als bedenklich beurteilt werden kann.[606] Der Gesetzes- bzw. Parlamentsvorbehalt verpflichtet den Gesetzgeber dazu, selbst für eine ordnungsgemäße Inkraftsetzung und Verkündung seiner Gesetze und deren Änderungen zu sorgen sowie den Inhalt dieser Gesetze in eigener Verantwortung und auf dem Wege der parlamentarischen Willensbildung selbst zu bestimmen, weshalb eine grundsätzlich erlaubte Delegation von Normgebungsbefugnissen an andere nicht zu einer völligen Entäußerung der gesetzgeberischen Verantwortung für den Inhalt der Normierung führen darf.[607] Ist diese Grenze erreicht, soll als Heilung des verfassungswidrigen Zustands eine Umdeutung in eine statische Verweisung auf die Ausfüllungsnorm zum Erlasszeitpunkt des Blanketts erfolgen.[608] In der strafrechtlichen Kommentarliteratur wird zu Recht die Forderung erhoben, bei blankettausfüllenden untergesetzlichen Normen im Falle von dynamischen Verweisungen besonders darauf zu achten, dass der Strafgesetzgeber die Verbotsmaterie selbst formuliert hat und die in Bezug genommenen Regelungen lediglich Detailfragen konkretisieren.[609]

b) *Bedenken im Hinblick auf das Bestimmtheitsgebot*

Die Bestimmtheit von § 108e StGB n. F. wird nicht allein durch die Verwendung eines normativen Tatbestandsmerkmals wie „ungerechtfertigter Vorteil" in Zweifel gezogen. Die Ausfüllungsbedürftigkeit des Begriffs überzeugt aus gesetzgeberischer Sicht durch die Möglichkeit, unterschiedliche Handlungen unter den Straftatbestand zu subsumieren, gegenüber einer zwar sprachlich eindeutigen Regelung, die dabei nur einen sehr geringen Ausschnitt möglicher strafwürdiger Verhaltensweisen zu beschreiben vermag. Jedoch ist die Entscheidung des Strafgesetzgebers, die Präzisierung des normativen Merkmals durch die Verweisung

604 *Enderle*, S. 180 ff.; *Debus*, S. 144 ff., 191 ff.; LK_1-*Dannecker*, § 1 Rn. 158.
605 BVerfGE 26, 338 (365 ff.); 47, 285 (312). Die beiden Entscheidungen betreffen allerdings keine Strafvorschrift.
606 BVerfGE 47, 285 (312).
607 BVerfGE 33, 125 (157 ff.); 47, 285 (315 f.); *Enderle*, S. 182.
608 BVerfGE 47, 285 (312 f.); *Debus*, S. 307 m.w.N.
609 LK_1-*Dannecker*, § 1 Rn. 158; MK_1-*Schmitz*, § 1 Rn. 54.

in § 108e Abs. 4 S. 1 StGB n.F. auf die *„für die Rechtsstellung maßgeblichen Vorschriften“* und den Rekurs auf die parlamentarischen Gepflogenheiten vorzunehmen, auf die Vereinbarkeit mit den Anforderungen des verfassungsrechtlichen Bestimmtheitsgebots hin zu überprüfen. Diese kann aus verschiedenen Gründen in Zweifel gezogen werden.

(a) Hinreichende Beschreibung der Voraussetzungen der Strafbarkeit in § 108e StGB n.F.?

Zunächst ist zu überprüfen, ob der Gesetzgeber in hinreichendem Maße die Voraussetzungen der Strafbarkeit selbst geregelt hat und den übrigen in Betracht kommenden Normgebern nur Detailfragen bzw. die Spezifizierung des Tatbestands überlassen hat.

Mit § 108e StGB n.F. hat er eine Norm im StGB geändert, deren neue Verhaltensanweisungen lauten, dass man als Mandatsträger keinen ungerechtfertigten Vorteil als Gegenleistung für die Ausübung seines Mandats fordern, sich versprechen lassen oder annehmen bzw. man keinem Mandatsträger einen ungerechtfertigten Vorteil für die Ausübung seines Mandats anbieten, versprechen oder gewähren soll. Im Umkehrschluss bedeutet dies für den Normadressaten, dass er keine strafrechtliche Sanktion zu befürchten hat, wenn er entweder keine ungerechtfertigten Vorteile mit einer Handlung in Ausübung des Mandats verbindet oder einen „ungerechtfertigten Vorteil“ nicht als Gegenleistung gewährt bzw. annimmt. Anders als bei den übrigen Bestechungs- und Bestechlichkeitsdelikten des StGB (§§ 299, 332, 334 StGB) zieht also nicht allein die Unrechtsvereinbarung als „Kernstück“ der Tatbestände die Grenze zwischen strafbarem und straflosem Verhalten. Denn die Strafbarkeit setzt eine Qualifizierung eines Vorteils als „ungerechtfertigt“ voraus. Und diese Bedeutung hat der Gesetzgeber in der Gesetzesbegründung besonders hervorgehoben: *„Damit* [mit dem ‚ungerechtfertigten Vorteil‘ als Tatbestandsmerkmal] *wird klargestellt, dass es insbesondere im parlamentarischen Raum Zuwendungen gibt, die zulässig sind und die Schwelle zur Strafbarkeit nicht überschreiten.*“[610] Damit der Normadressat der Verhaltensanweisung also sinnvoll nachkommen kann, ist die Kenntnis des Bedeutungsgehaltes des Merkmals *„ungerechtfertigter Vorteil“* ausschlaggebend. Er bildet insofern das Wesensmerkmal der Tatbestände Bestechlichkeit und Bestechung von Mandatsträgern gemäß § 108e StGB n.F.

Zweifel daran, dass der Gesetzgeber seiner Pflicht zur wesentlichen Bestimmung der Strafbarkeit nachgekommen ist, könnten daraus erwachsen, dass der

610 BT-Drs. 18/476, S. 7.

normative Begriff „ungerechtfertigt“ nicht allein aus sich selbst heraus die Grenze des strafbaren Verhaltens determiniert. Stattdessen folgt aus der Negativdefinition des Abs. 4 sowie der Beschreibung in dessen S. 1, dass es sich dann nicht um einen ungerechtfertigten Vorteil handelt, wenn die Annahme des Vorteils im Einklang mit den für die Rechtsstellung des Mandatsträgers maßgeblichen Vorschriften steht, eine Verweisung auf administrative Akte (etwa Satzungen der kommunalen Volksvertretungen) und Vorschriften, die von anderen Normgebern erlassen werden. Über die Ausgestaltungsmöglichkeiten der für die Rechtsstellung maßgeblichen Vorschriften kann damit nicht nur im Detail geregelt werden, welche Vorteile vom jeweiligen Mandatsträger angenommen werden dürfen. Qua Verweisung in § 108e Abs. 4 S. 1 StGB n. F. wird zugleich die Entscheidung getroffen, dass der betreffende Vorteil dann kein *„ungerechtfertigter Vorteil“* im Sinne des § 108e Abs. 1 und 2 StGB n. F. sein kann. Der Gesetzgeber der Verweisungsobjekte trifft damit nicht lediglich die aus seiner Sicht für die Rechtsstellung des jeweiligen Mandatsträgers erforderlichen Bestimmungen, sondern er verändert bzw. beschränkt mittelbar mit seiner Entscheidung den Anwendungsbereich der Tatbestände des § 108e StGB n. F.[611]

Die Umgestaltung des tatbestandlichen Anwendungsbereichs einer Strafvorschrift stellt nach der Rechtsprechung des Bundesverfassungsgerichts keine Verletzung des strengen Gesetzesvorbehalts der Art. 103 Abs. 2, Art. 104 Abs. 1 S. 1 GG dar, wenn es sich dabei lediglich um eine Spezifizierung des Tatbestandes handelt. Das Bundesverfassungsgericht prüft, *„ob die zur Ausfüllung herangezogene Vorschrift in den Rahmen des Blankettstrafgesetzes fällt“*.[612] Maßgeblich soll dabei sein, dass *„die vorrangige Bestimmungsgewalt des förmlichen Gesetzes“* gewahrt bleibt[613] bzw. *„die bereits vorgeformte Unrechtsvertypung für die herzustellende Sollensnorm weiter ausdifferenziert wird“*[614]. Entscheidend für die Vereinbarkeit mit dem Gesetzesvorbehalt ist, dass keine Ergänzung der strafgesetzgeberischen Grundentscheidung, sondern nur eine inhaltliche Konkretisierung innerhalb der vorgegebenen Grundlinien erfolgt.

Dass es für die Strafbarkeit auf das Merkmal „ungerechtfertigt“ ankommt, ist eine – grundlegende – gesetzgeberische Wertung. Nach Vorstellung des Strafgesetzgebers stellt es kein strafwürdiges Unrecht dar, wenn ein Vorteil, der nicht

---

611 Kritisch dazu *Fischer*, StGB, 62. Aufl. 2015, § 108e Rn. 41.

612 BVerfGE 23, 265 (270) zur Bestimmtheit von § 366 Nr. 10 StGB a.F. i. V. m. § 2 der bayrischen Verordnung über die öffentliche Verbreitung von Plakaten, Flugblättern und Flugschriften vom 07. November 1951.

613 Maunz/Dürig-*Schmidt-Aßmann*, Art. 103 Rn. 201; *Debus*, S. 267 m.w.N.

614 *Enderle*, S. 213.

ungerechtfertigt ist, als Gegenleistung für die Wahrnehmung des Mandats versprochen oder gewährt wird. Für den Bereich strafbaren Verhaltens ist neben dem ungerechtfertigten Vorteil zudem der Abschluss einer konkreten Unrechtsvereinbarung erforderlich, sodass der Rahmen der Strafbarkeit vom Strafgesetzgeber festgelegt wurde. Eine Umkehrung dieser grundlegenden Entscheidung und eine Reduzierung bis zur Unkenntlichkeit des Anwendungsbereichs von § 108e StGB n.F. durch die Gesetzgeber der Ausfüllungsnormen sind nicht möglich. Weder ließe sich ein solches Vorgehen politisch und gesellschaftlich durchsetzen[615] noch wäre es rechtlich zulässig. Die Unrechtsvertypung – ungerechtfertigter Vorteil als Gegenleistung für eine konkrete Mandatshandlung – wird durch die Gesetzgeber der Ausfüllungsnormen deshalb ihrem Wesen nach nicht verändert werden. Durch die *„für die Rechtsstellung maßgeblichen Vorschriften"* erfolgt eine Konkretisierung und weitere Bestimmung des Sinngehalts des Merkmals *„ungerechtfertigter Vorteil"*.

(b) Verweisung auf Verhaltensregeln oder kommunale Satzungen

Problematisch erscheint im Hinblick auf das Erfordernis der *gesetzlichen* Bestimmtheit, dass es sich bei den maßgeblichen Vorschriften nicht immer – wie bei den jeweiligen Abgeordnetengesetzen – um formelle Gesetze handelt. Der Strafgesetzgeber verweist ausdrücklich auch auf die Verhaltensregeln, Verordnungen, kommunalen Satzungen, Verwaltungsvorschriften oder Ehrenkodizes. Schwierigkeiten bestehen hier zum Teil bereits darin, dass etwa die Rechtsnatur der Verhaltensregeln nicht eindeutig geklärt ist. Zumindest für Satzungen, Verwaltungsvorschriften und Verwaltungsakte ist anerkannt, dass auf sie unter bestimmten Voraussetzungen Bezug genommen werden kann, ohne dass die Anforderungen des Art. 103 Abs. 2 GG verletzt sind.[616] Auch bei diesen Verweisungen kommt es entscheidend darauf an, dass die das Strafblankett ausfüllende Vorschrift lediglich eine Spezifizierung darstellt. Ist dem – wie bei § 108e StGB n.F. – Genüge getan, ist die genaue Rechtsnatur der Ausfüllungsnorm für die Frage der gesetzlichen Bestimmtheit ohne Bedeutung.[617]

---

615 Dafür müsste etwa in der überwiegenden Anzahl der Abgeordnetengesetze der Passus, wonach Zahlungen nicht angenommen werden dürfen, die nur in der Erwartung geleistet werden, dass die Interessen des Leistenden durchgesetzt werden, gestrichen werden.

616 Vgl. nur LK_1-*Dannecker*, § 1 Rn. 129–136; Schmidt-Bleibtreu/Hofmann/Henneke-*Schmahl*, Art. 103 Rn. 60–62.

617 *Enderle*, S. 272–275; *Debus*, S. 268.

(c) (Un-)Zulässigkeit einer dynamischen Verweisung?

Verfassungsrechtlich bedenklich kann die Verweisung in § 108e Abs. 4 S. 1 StGB n. F. auch deshalb sein, weil es sich dabei um eine dynamische Verweisung handelt. Im Gegensatz zu einer statischen, bei der auf die zum Erlasszeitpunkt des Blankettstrafgesetzes geltende Fassung der Ausfüllungsnorm verwiesen wird, nimmt eine dynamische Verweisung auch auf künftige, noch zu erlassende Rechtsakte Bezug. Hierbei drohen die Gefahr einer unzulässigen Selbstentmachtung des Gesetzgebers, indem Entscheidungen auf andere Organe übertragen werden, deren Reichweite zum Erlasszeitpunkt des Blankettstrafgesetzes noch nicht absehbar ist, und eine Verletzung des Demokratieprinzips.[618] Im außerstrafrechtlichen Bereich hat das Bundesverfassungsgericht deshalb teilweise eine Umdeutung einer vom Gesetzgeber bevorzugten dynamischen in eine statische Verweisung vorgenommen.[619] In Bezug auf die Strafvorschriften der § 21 StVG a.F. und § 327 Abs. 2 Nr. 1 StGB haben die Verfassungsrichter hingegen großzügigere Maßstäbe angelegt und den dynamischen Charakter der Verweisungen nicht problematisiert.[620] Dabei gilt es zu berücksichtigen, dass die von den Strafvorschriften jeweils in Bezug genommenen Vorschriften auf Bundesebene anzusiedeln sind: § 21 StVG a.F. stellte als Blankettstrafgesetz Zuwiderhandlungen gegen die aufgrund der §§ 6 und 27 StVG a.F. erlassenen Rechtsverordnungen unter Strafe, und § 327 Abs. 2 Nr. 1 StGB nimmt mit dem Begriff der *„genehmigungsbedürftigen Anlagen im Sinne des Bundes-Immissionsschutzgesetzes“* auf ein anderes formelles Bundesgesetz Bezug.

Mit der Verweisung auf die für die Rechtsstellung maßgeblichen Vorschriften wird jedoch nicht nur auf das AbgG des Bundes Bezug genommen, sondern auch auf landesrechtliche Vorschriften sowie kommunalrechtliche Regelungen und damit auf Akte anderer „Gesetzgeber“. Bei diesem von vornherein inhaltlich recht weiten Regelungsrahmen, der noch zusätzlich aufgebläht wird, wenn künftige Änderungen über eine dynamische Verweisung mit umfasst sind, kann im Hinblick auf das Demokratieprinzip, wonach der parlamentarische Gesetzgeber den Inhalt grundrechtsrelevanter Gesetze eigenverantwortlich festlegen muss, nicht die Rede davon sein, dass der Strafgesetzgeber alle möglichen Varianten der Regelungsobjekte mit in seinen Willen aufgenommen hätte.[621] Deshalb ist der Auffassung zuzustimmen, wonach der strenge Parlamentsvorbehalt nur

---

618 BVerfGE 47, 285 (312); LK_1-*Dannecker*, § 1 Rn. 158; *Enderle*, S. 180 ff.

619 BVerfGE 47, 285 (312 f.); 67, 348 (364 f.).

620 BVerfGE 14, 245 ff.; 75, 329 ff.

621 Vgl. von Mangoldt/Klein/Starck-*Sommermann*, Art. 20 Rn. 290.

dann gewahrt bleibt, wenn die dynamische Verweisung sich nicht auf wesentliche Fragen bezieht und der andere Normgeber die wesentliche Grundregelung durch seine Entscheidungen in ihrer Bedeutung und Tragweite nicht verändern kann.[622] Die inhaltliche Veränderung des Merkmals *„ungerechtfertigter Vorteil"* berührt den wesentlichen Kern der Tatbestände des § 108e StGB n.F., da diese Einschränkung des Vorteilsbegriffs gerade dem besonderen rechtlichen Status und der Arbeit von Mandatsträgern Rechnung tragen soll. Die Verweisung auf die für die Rechtsstellung maßgeblichen Vorschriften stellt jedoch die Spezifikation der grundlegenden Entscheidung des Strafgesetzgebers dar, sodass allein aus der Dynamik kein Verstoß gegen das Bestimmtheitsgebot folgt.

c) Die Vagheit der „parlamentarischen Gepflogenheiten"

Neben der bereits thematisierten Ungenauigkeit[623] des Begriffs der *„parlamentarischen Gepflogenheiten"* leidet die Bezugnahme auf die „Üblichkeit" einer Verhaltensweise unter der logischen Anknüpfung an die Vergangenheit, die womöglich in der Gegenwart schon wieder anderen Umgangsformen gewichen ist.[624]

Die Unbestimmtheit des Terminus der parlamentarischen Gepflogenheiten ist letztlich der wertenden Betrachtung, ob sich eine Vorteilszuwendung an einen Mandatsträger im Rahmen der sozialen und gesellschaftlichen Ordnung befindet, immanent. Die Sozialadäquanz als Prüfstein für die Grenze zwischen strafwürdigem und straflosem Verhalten ist insbesondere im Rahmen der Bestechungstatbestände eine anerkannte Rechtsfigur, die trotz der mit ihr verbundenen sprachlichen Unklarheit[625] einen zulässigen Wertungsmaßstab innerhalb eines normativ geprägten Tatbestandsmerkmals darstellt und keine Beeinträchtigung des Bestimmtheitsgebots bedeutet. Was innerhalb der Grenzen des sozial „Üblichen" liegt, bestimmt sich auch nach ungeschriebenen gesellschaftlichen Regeln, die für das Normverständnis ebenfalls berücksichtigt werden müssen. Selbst wenn der Gesetzgeber also in der Gesetzesbegründung auf den Rekurs zu den parlamentarischen Gepflogenheiten verzichtet hätte, hätten die darin zum

---

622 *Debus*, S. 284; von Mangoldt/Klein/Starck-*Sommermann*, Art. 20 Rn. 290.

623 Vgl. zuvor 3. Abschnitt B) IV) 2) d). Da der Begriff der *„parlamentarischen Gepflogenheiten"* nicht im Gesetz selbst, sondern nur in der Gesetzesbegründung genannt wird, ist eine Verletzung des Bestimmtheitsgebots aus Art. 103 Abs. 2 GG schon deshalb nicht möglich.

624 *Schünemann*, in: FS Otto, 777 (785), beklagt dabei, dass das Recht immer nachzuhinken drohe.

625 *Eser*, in: FS Roxin, 199 (205 f.), gibt einen Überblick zu den Kritikern der Sozialadäquanz, die deren Unbestimmtheit betonen.

Ausdruck gebrachten Wertungen im Wege einer systematischen Auslegung des § 108e StGB n.F. ohnehin herangezogen werden müssen.[626]

Die Gepflogenheiten vor dem Hintergrund der betroffenen gesellschaftlichen Verkehrskreise zu interpretieren, stellt überdies keine besondere Eigenart des § 108e StGB n.F. dar. Auch in anderen Teilen der Strafrechtsordnung kann eine Sanktionsnorm nur unter Bezugnahme auf die relevanten Verhaltensnormen verstanden werden. Im Bereich der Fahrlässigkeitsstrafbarkeit etwa bestimmt sich der anzulegende Sorgfaltsmaßstab nach ständiger Rechtsprechung anhand der Anforderungen, die bei objektiver Betrachtung der Gefahrenlage *ex ante* an einen besonnenen und gewissenhaften Menschen *in der konkreten Lage und sozialen Rolle* des Handelnden zu stellen sind.[627] Die für den Amts-, Berufs- oder Gewerbekreis des Täters geltenden Rechtssätze und Verkehrsgepflogenheiten sind dabei zu beachten.[628] Gesellschaftliche Verkehrskreise sind aber nicht nur im Bereich der Fahrlässigkeit von Bedeutung, sondern können auch bei Vorsatzdelikten relevant sein.[629]

Zudem sollte die Bedeutung der parlamentarischen Gepflogenheiten für die Feststellung der Strafbarkeit nicht überhöht werden. Nimmt man die Entstehungsgeschichte von § 108e StGB n.F. in den Blick und vergegenwärtigt sich, welche Zuwendungen nach Vorstellung des Gesetzgebers als Gepflogenheiten in Betracht kommen sollen (z. B. Bewirtung bei Informationsgesprächen und Festveranstaltungen, Einladungen zu kulturellen und Sportveranstaltungen inklusive Übernahme der Übernachtungskosten), stellt sich die Frage, ob diese Zuwendungsarten nicht auch in den *„für die Rechtsstellung maßgeblichen Vorschriften"* geregelt werden können. Insbesondere die Überarbeitung der Verhaltensregeln für Bundes- und Landtagsabgeordnete sowie die Neueinführung vergleichbarer Regelwerke für die kommunalen Mandatsträger, etwa Verhaltenskodizes, würden sich dafür anbieten. Hier könnten die Mandatsträger in parlamentarischer Selbstorganisation eindeutige Regelungen treffen, unter welchen Voraussetzungen und in welchem Umfang solche Zuwendungen nach dem Selbstverständnis

---

626 Dies zeigt schon der Blick auf § 108e StGB a.F., bei dem das Vorliegen eines „Stimmenkaufvertrages" zumindest auch unter Berücksichtigung der parlamentarischen Gepflogenheiten bestimmt werden sollte, vgl. Schönke/Schröder-*Eser*, § 108e Rn. 8.

627 BGH, NJW 2000, 2754 (2758); NStZ 2003, 657 (659).; *Lackner/Kühl*, § 15 Rn. 36.

628 Schönke/Schröder-*Sternberg-Lieben/Schuster*, § 15 Rn. 135.

629 Beispielsweise erklärt MK_5-*Erb*, § 267 Rn. 81, dass einem Eigentümerzeichen eine urkundliche Beweisfunktion zukommen kann, sofern es *„nach den Gepflogenheiten des betreffenden Verkehrskreises […] eine Willenserklärung repräsentiert, durch die ein Rechtsverhältnis bzgl. der Sache begründet oder umgestaltet wird"*.

der Mandatsträger im üblichen Rahmen erfolgen bzw. keinen Verdacht einer unzulässigen Einflussnahme durch den Vorteilsgewährenden begründen. Die Unsicherheit, ob Strafverfolgungsbehörden und Gerichte eine einzelne Zuwendung noch im Rahmen der parlamentarischen Gepflogenheiten beurteilen, bestünde dann nicht mehr. Die gewonnene Rechtssicherheit käme nicht nur den Mandatsträgern zugute, sondern auch denjenigen, die zu solchen Veranstaltungen einladen und damit potentielle Täter gemäß § 108e Abs. 2 StGB n. F. sind.

d) Zwischenergebnis

Die bewertende Entscheidung darüber, ob die Bestimmung des „ungerechtfertigten Vorteils" durch Verweis auf die für die Rechtsstellung des jeweiligen Mandatsträgers maßgeblichen Vorschriften lediglich eine Spezialisierung sowie Ausdifferenzierung der vom Strafgesetzgeber vorgenommenen Unrechtsvertypung – und damit verfassungsrechtlich unbedenklich – oder eine Verlagerung der Entscheidung über die Festlegung der Strafbarkeit durch andere Rechtssetzungsinstanzen – und dann verfassungswidrig – ist, hat den Schwachpunkt, dass sie allein vom gewünschten Ergebnis aus getroffen wird. Den dargestellten verfassungsrechtlichen Zweifeln kann man mit vertretbarer Argumentation entgegentreten. Zusätzlich gilt zu berücksichtigen, dass der Gesetzgeber mit der gewählten Regelungstechnik eines normativen Rechtsbegriffs („*ungerechtfertigter Vorteil*"), der durch eine Verweisung („*die für die Rechtsstellung maßgeblichen Vorschriften*") und einen weiteren wertenden Terminus („*parlamentarische Gepflogenheiten*") negativ definiert wird, eine Begriffsbestimmung und -präzisierung vorgenommen hat, die den Bereich der Strafbarkeit konkretisieren soll und im Ergebnis nicht zur Unbestimmtheit der Norm führen kann.

5) Zusammenfassende Bewertung

Der „ungerechtfertigte Vorteil" ist das Wesensmerkmal der Straftatbestände der Bestechlichkeit und Bestechung von Mandatsträgern. Der den völkerrechtlichen Verträgen, deren Ratifikation durch die Änderung des § 108e StGB a.F. ermöglicht wird, entnommene Begriff wird mit § 108e Abs. 4 StGB n. F. vom nationalen Gesetzgeber definiert. Der Gesetzgeber vermeidet die zugegebenermaßen nicht ganz einfache Aufgabe, den Begriff positiv zu definieren, indem er negativ formuliert, in welchen Konstellationen es sich nicht um einen „*ungerechtfertigten Vorteil*" handelt. Diese Technik der Gesetzgebung ist grundsätzlich angemessen, die konkrete Ausgestaltung aber durchaus auch kritikwürdig. Angemessen, weil so bereits im Gesetzeswortlaut ein systematischer Unterschied etwa zu den

Amtsträgerdelikten der §§ 331 ff. StGB erfolgt[630] und Aussparungen bei der Definition vermieden werden. Kritikwürdig deshalb, weil der Gesetzgeber ein Merkmal geschaffen hat, das mehr Fragen aufzuwerfen droht, als es zu beantworten in der Lage ist.

Die erste Ebene der Negativbeschreibung (politisches Mandat, politische Funktion und zulässige Parteispende, § 108e Abs. 4 S. 2 StGB n.F.) ist ausdrücklich zu begrüßen, weil sie zur Vermeidung der Pönalisierung verfassungsrechtlich gebotener und zulässiger Verhaltensweisen sinnvoll ist. Mit den weiteren Ausschlussmerkmalen (Vorteile, die im Einklang stehen mit den für die Rechtsstellung des jeweiligen Mandatsträgers maßgeblichen Vorschriften, § 108e Abs. 4 S. 1 StGB n.F., und den *„parlamentarischen Gepflogenheiten"*) hat der Gesetzgeber ein System sozialadäquater Ausnahmen geschaffen, das den eigentlichen Unrechtskern der Bestechlichkeit und Bestechung nur unzureichend abzubilden vermag.

Die Verweisung auf die unterschiedlichen Vorschriften birgt zunächst, als Konsequenz des Föderalismus und der gemeindlichen Selbstverwaltung, die Gefahr eines strafrechtlichen Flickenteppichs. Während in einer kommunalen Volksvertretung die Entgegennahme eines bestimmten Vorteils zulässig sein kann, könnte bereits dem Mandatsträger in der angrenzenden Nachbargemeinde die Annahme untersagt sein. Vom einzelnen Mandatsträger muss und darf unabhängig von einer Strafandrohung erwartet werden, dass er die für seine Rechtsstellung maßgeblichen Rechtsvorschriften kennt und dementsprechend informiert ist, welche Vorteile er annehmen darf und welche nicht. Ein entsprechendes Wissen über die relevanten Vorschriften dürfte beim möglichen Täterkreis der Bestechung von Mandatsträgern gemäß § 108e Abs. 2 StGB n.F. nicht in vergleichbarem Maße vorhanden sein. Anders als etwa bei den Amtsträgerdelikten ist aus der Strafnorm selbst nicht ohne weiteres ersichtlich, welche Verhaltensweise genau unter Strafe gestellt ist: Einem Amtsträger darf ein Vorteil nicht gewährt werden, sofern er als Gegenleistung für die Dienstausübung gedacht ist. In Bezug auf einen Mandatsträger kann selbst eine Gewährung eines Vorteils als Gegenleistung für die Wahrnehmung des Mandats straflos sein, sofern es sich nicht um einen ungerechtfertigten Vorteil handelt. Es ist zu erwarten, dass in der Strafverfolgungspraxis einerseits die objektive Feststellung, ob ein ungerechtfertigter Vorteil vorliegt, wegen der Unbestimmtheit des Begriffs Schwierigkeiten

630 *Trips-Hebert,* JR 2015, 372 (373), geht deshalb davon aus, dass dem Tatbestandselement *„ungerechtfertigt"* wohl eher deklaratorische bzw. klarstellende Bedeutung zukomme.

bereiten wird. Andererseits muss der rechtsstaatliche Nachweis geführt werden, dass ein entsprechender Vorsatz beim Täter vorhanden gewesen ist. Bei der gewählten Normfassung mit ihrem komplexen Regelungsmuster darf vermutet werden, dass sich die Strafverteidigung zu einem nicht unwesentlichen Teil auf die Darlegung von Fehlvorstellungen bzw. Irrtümern erstrecken wird.

Systematisch nicht überzeugend ist, dass durch § 108e Abs. 4 StGB n. F. das Unrecht der Bestechlichkeit und Bestechung von Mandatsträgern von der Art der Zuwendung abhängig erscheint und nicht von der Verknüpfung des Vorteils mit einer konkreten Mandatswahrnehmung. Sowohl die Zulässigkeit von Vorteilen nach den verschiedenen Verhaltensnormen (Abgeordnetengesetz, Verhaltensregeln etc.) als auch die Straflosigkeit sozialadäquater bzw. parlamentarischen Gepflogenheiten entsprechender Zuwendungen beruht auf der Vermutung, dass sie nicht geeignet erscheinen, einen Abgeordneten im Sinne des Gebers zu beeinflussen.[631] Der Nachweis einer konkreten Unrechtsvereinbarung, die für die Strafbarkeit nach § 108e StGB n. F. erforderlich ist, widerlegt diese Annahme jedoch. So kann ein an sich rechtmäßiger Vorteil, wie etwa eine Spende oder ein Gastgeschenk (vgl. § 4 Abs. 6 VerhR), durch seine Verwendung als Bestechungsmittel unrechtsmäßig werden.[632] Dies kommt bereits im parteienrechtlichen Verbot von synallagmatischen Spenden (§ 25 Abs. 2 Nr. 7 PartG) oder in § 44a Abs. 2 S. 2 AbgG zum Ausdruck. Die Rechtmäßig- oder Geringwertigkeit einer Zuwendung an einen Mandatsträger ist damit letztlich nur Indiz für eine fehlende Unrechtsvereinbarung, sodass bei Nachweis einer entsprechenden Abrede die Beschaffenheit des Vorteils keine Auswirkung auf die Strafbarkeit haben kann.[633]

Negative Auswirkungen in Form von Strafbarkeitslücken sind indes wohl dennoch nicht zu befürchten. Denn dort, wo nicht bereits gesetzlich klargestellt ist, dass ein der Vorteilszuwendung zugrunde liegendes Gegenseitigkeitsverhältnis zur Unrechtmäßigkeit der Besserstellung führt (vgl. § 25 Abs. 2 Nr. 7 PartG, § 44a Abs. 2 S. 2 AbgG), wird man durch Auslegung der primärrechtlichen Bestimmungen zu einem entsprechenden Ergebnis kommen. Von einem Gastgeschenk im Sinne von § 4 Abs. 6 VerhR etwa wird man schwerlich sprechen können, wenn die Schenkung nicht nur eine höfliche Geste bedeutet, sondern mit ihr bestimmte Erwartungen an das Handeln des Bedachten verbunden

631 *Kubiciel/Hoven,* NK 2014, 339 (352).
632 *Kubiciel/Hoven,* NK 2014, 339 (352).
633 *Kubiciel/Hoven,* NK 2014, 339 (352).

sind.[634] Die Problematik, durch Würdigung von Indizien eine entsprechende Intention festzustellen, erlangt bei § 108e StGB n.F. deshalb nicht erst im Rahmen der konkreten Unrechtsvereinbarung Bedeutung, sondern bereits bei Ermittlung des ungerechtfertigten Vorteils.[635] Gleichwohl sollte der Bundestag der Anregung der Beschlussempfehlung des Rechtsausschusses[636] folgen und eine Neufassung der Verhaltensregeln sowie eine Anpassung des § 44a AbgG als Gelegenheit begreifen, eindeutigere Vorschriften zu schaffen.

V) Subjektiver Tatbestand und die Behandlung von Irrtümern

Für den subjektiven Tatbestand ist Vorsatz erforderlich, wobei bedingter Vorsatz (*dolus eventualis*) genügt. Bei der Unrechtsvereinbarung handelt es sich um ein normatives Tatbestandsmerkmal, sodass diesbezüglich Bedeutungskenntnis im Hinblick auf das Verhältnis zwischen Mandatshandlung und Vorteil erforderlich, aber auch ausreichend ist. Der Mandatsträger muss also bedingt vorsätzlich den Vorteil als Gegenleistung für die Wahrnehmung oder Unterlassung einer Mandatshandlung erkannt haben, ohne das Gegenleistungsverhältnis in einer rechtlichen Bewertung als „Unrechtsvereinbarung" erkannt zu haben. Spiegelbildlich muss der Bestechende damit rechnen, dass ein angebotener ungerechtfertigter Vorteil als Gegenleistung für ein Tätigwerden verstanden wird.

Ebenso wie bei den Bestechungsdelikten der §§ 331 ff. StGB und bei § 108e StGB a.F. sind geheime Vorbehalte für die Strafbarkeit nach § 108e StGB n.F. ohne Bedeutung.[637] Dies ist einerseits konsequent, da für die Strafbarkeit wegen Bestechlichkeit oder Bestechung nach § 108e StGB n.F. wegen der weitreichenden Handlungsvarianten („*fordern*" und „*anbieten*") eine tatsächliche Vornahme der Mandatshandlung nicht vonnöten ist. Andererseits würden – verlangt man eine Art von Erfüllungswillen auf Seiten des Mandatsträgers – unüberwindbare Beweisschwierigkeiten entstehen, da ein solcher geheimer Vorbehalt niemals nachweisbar oder widerlegbar sein wird, wodurch einer bloßen Schutzbehauptung Tür und Tor geöffnet wird. Bereits durch den Abschluss der Unrechtsvereinbarung wird der Eindruck der Käuflichkeit vermittelt und die Integrität der

634 Unbedeutend ist nur die Erwartung des Schenkers, dass er vom Beschenkten in vergleichbarer Situation (dann mit vertauschten Rollen) ebenfalls ein Gastgeschenk erhält.

635 Kritisch dazu *Kubiciel/Hoven*, NK 2014, 339 (353).

636 BT-Drs. 18/607, S. 7.

637 Vgl. BT-Drs. 18/476, S. 8; SK-*Sinn/Rudolphi*, § 108e Rn. 14. Vgl. zuvor 2. Abschnitt B) III) 1).

parlamentarischen Prozesse und der Unabhängigkeit der Mandatsausübung sowie die Sachbezogenheit parlamentarischer Entscheidungen beeinträchtigt.[638]

Bei Irrtumskonstellationen finden die allgemeinen Regeln Anwendung. Irrt der Täter über objektive Tatbestandsmerkmale, so liegt ein vorsatzausschließender Tatbestandsirrtum gemäß § 16 StGB vor, sodass mangels Fahrlässigkeitsstrafbarkeit das Verhalten straflos bliebe.[639] Geht der Täter des § 108e Abs. 2 StGB n.F. irrtümlich davon aus, dass sein Partner ein Mandatsträger und deshalb tauglicher Bestechungsadressat ist, handelt es sich um einen untauglichen Versuch, der mangels Normierung einer Versuchsstrafbarkeit straflos ist. Um einen unbeachtlichen Subsumtionsirrtum handelt es sich hingegen, wenn ein Mandatsträger einer internationalen Organisation oder eines ausländischen Staates als solcher erkannt wurde, aber eine Fehlvorstellung in Bezug auf die Zugehörigkeit zum Kreis möglicher Bestochener besteht.[640]

Für die subjektiven Anforderungen der Strafbarkeit in Bezug auf den „ungerechtfertigten Vorteil" ist auf die Unterscheidung zwischen normativem Tatbestandsmerkmal und Blankettmerkmal zurückzukommen. Dogmatisch besteht der Unterschied vor allem darin, dass bei unbestimmten Rechtsbegriffen – im Gegensatz zu der Verweisung – der Inhalt der bezogenen Regelung nicht Bestandteil der Rechtsnorm wird.[641] Der Täter muss den Bewertungsinhalt des Merkmals nicht in seinem vollständigen rechtlichen Umfang erkannt haben, sondern es genügt eine Wertung in laienhafter Form.[642] Irrtümer im Rahmen dieser außerstrafrechtlichen Wertung werden ebenso wie Fehlvorstellungen über deskriptive Tatbestandsmerkmale gemäß § 16 StGB behandelt und führen zum Ausschluss des Vorsatzes. Übertragen auf die subjektiven Anforderungen zu § 108e StGB n.F. bedeutet das, dass derjenige ohne Vorsatz handeln würde, der irrtümlich davon ausgeht, der Vorteil, den er einem Mandatsträger als Gegenleistung für eine Mandatshandlung anbietet, sei nicht ungerechtfertigt im Sinne des § 108e StGB n.F. Darin bestünde ein Unterschied zur alten Rechtslage: Im Rahmen von § 108e StGB a.F. wurde in der Kommentarliteratur die Auffassung vertreten, dass, sofern ein Abgeordneter irrtümlich annahm, ein Vorteil sei politisch angemessen

---

638 So in Bezug auf § 108e StGB a.F. auch schon *Becker*, S. 39 f.; *Schaller*, S. 148.

639 Denkbar erscheint die Konstellation, dass der Vorteilsgeber irrtümlich davon ausgeht, der Bestochene würde infolge des Vorteils eine Mandatshandlung vornehmen.

640 Vgl. Schönke/Schröder-*Heine/Eisele*, § 334 Rn. 9, zu der entsprechenden Konstellation bei § 334 StGB.

641 *Debus*, S. 95.

642 Schönke/Schröder-*Sternberg-Lieben/Schuster*, § 15 Rn. 43a; MK_1-*Joecks*, § 16 Rn. 69 f.

oder die Entgegennahme eines Sachwertes als Gegenleistung für eine bestimmte Stimmabgabe sei kein strafbarer „Stimmenverkauf", damit ein – den Vorsatz unberührt lassender – Verbotsirrtum in Form eines Subsumtionsirrtums nach § 17 StGB vorgelegen hat, der in der Regel vermeidbar gewesen wäre.[643]

Da die Beschreibung „ungerechtfertigt" gemäß der Verweisung in § 108e Abs. 4 S. 1 StGB n.F. an die für die Rechtsstellung des jeweiligen Mandatsträgers maßgeblichen Vorschriften und damit an außerstrafrechtliche Verhaltenssätze anknüpft, erscheint es aber auch nicht ausgeschlossen, Irrtümer über das Vorliegen eines „ungerechtfertigten Vorteils" als Fehlvorstellungen über das Erlaubtsein des Verhaltens zu begreifen. Agiert ein Täter ohne das Bewusstsein, wider das Recht zu handeln, unterliegt er einem Verbotsirrtum im Sinne von § 17 StGB, bei dem eine schuldhafte Begehung der Tat nur im Falle der Vermeidbarkeit des Irrtums gegeben ist. Dies erscheint zunächst inkonsequent, sofern man der Auffassung ist, dass über die Verweisung in § 108e Abs. 4 S. 1 StGB n.F. lediglich eine Begriffskonkretisierung erfolgt und die in den Vorschriften enthaltenen Verhaltensanweisungen gerade nicht über die Verweisung mit Strafe bewehrt sein sollen. Die Beschreibung, dass nur ungerechtfertigte Vorteile strafbar sind, bringt zum Ausdruck, dass es durchaus erlaubt ist, Vorteile als Gegenleistung für die Mandatswahrnehmung zu vereinbaren, sofern es nach primärrechtlichen Vorschriften zulässig ist.

Das strafgesetzliche Verbot der Bestechlichkeit und Bestechung von Mandatsträgern wird nur in Kenntnis auch der außerstrafrechtlichen Verhaltenssätze vollumfänglich verständlich. Für die diffizile Abgrenzung, ob es sich bei einer Fehleinschätzung bezüglich des Merkmals des ungerechtfertigten Vorteils um einen Irrtum über Tatumstände oder einen solchen über die rechtliche Bewertung des Tuns handelt, ist deshalb ein zusätzliches Kriterium notwendig. Die Differenzierung sollte danach erfolgen, ob der Täter trotz seiner Fehlvorstellung über die Zulässigkeit einer Verknüpfung von Vorteilen mit der Mandatsausübung zumindest erkannt hat, dass sein Verhalten das geschützte Rechtsgut beeinträchtigt.[644] Nach der Struktur von § 108e StGB n.F. existieren schließlich

---

643 *Lackner/Kühl*, § 108e Rn. 6; MK_3-*Müller*, § 108e Rn. 26; NK_3-*Wohlers/Kargl*, § 108e Rn. 7; LK_4-*Bauer/Gmel*, § 108e Rn. 13.

644 Das Kriterium des Erkennens der Rechtsgutsbeeinträchtigung wird schon bei der Frage, was der Tätervorsatz umfassen muss, und der daran anknüpfenden Definition des *dolus eventualis* von manchen Vertretern der sogenannten Möglichkeitstheorie herangezogen: Danach handelt ein Täter bedingt vorsätzlich, wenn er sich den Eintritt des tatbestandlichen Erfolgs als konkret möglich vorgestellt hat und eine konkrete Gefahr oder ein konkretes Risiko für das Rechtsgut

Vorteile, die – auch wenn sie Gegenstand einer konkreten Unrechtsvereinbarung sind – das öffentliche Interesse an der Integrität parlamentarischer Prozesse und der Unabhängigkeit der Mandatsausübung sowie der Sachbezogenheit parlamentarischer Entscheidungen nicht verletzen. Entweder etwa, weil sie sich im Rahmen gesellschaftlich anerkannter Verhaltensweisen befinden, oder einen notwendigen politischen Kompromiss bedeuten.

Erkennt der Mandatsträger, dass er eine Geldzahlung dafür erhält, im Sinne des Vorteilsgebers in seiner Fraktion für ein politisches Projekt zu werben, und hält er sein Verhalten irrtümlich und in Missdeutung seiner Pflichten als Abgeordneter für zulässig, liegt eine vorsätzliche Bestechlichkeit nach § 108e StGB n.F. nur dann vor, wenn er wenigstens erkannt hat, dass er mit seinem Verhalten das öffentliche Interesse an einem ohne unlautere Einflussnahme erfolgten parlamentarischen Prozess gefährdet hat. In diesem Fall handelt es sich um einen Irrtum über die rechtliche Bewertung seines Handelns, der nur bei Unvermeidbarkeit gemäß § 17 StGB zum Schuldausschluss führt. Fehlt es hingegen an einem Erkennen der Rechtsgutbeeinträchtigung, handelt der Mandatsträger nicht nur lediglich ohne das Bewusstsein, Unrecht zu tun, sondern ohne Vorsatz bezüglich der Tatbestandsverwirklichung von § 108e Abs. 1 StGB n.F.

VI) Täterschaft und Teilnahme

Vorteilsgeber und damit Täter der Bestechung nach § 108e Abs. 2 StGB n.F. kann jedermann sein. Das Delikt der Bestechlichkeit gemäß § 108e Abs. 1 StGB n.F. hingegen ist ein Sonderdelikt, das lediglich die Mitglieder der Volksvertretungen von Bund und Ländern sowie die ihnen gleichgestellten Personen des Abs. 3 begehen können. Als Vorteilsgeber kommt grundsätzlich auch eine juristische Person in Betracht, etwa ein Unternehmen, eine Gewerkschaft oder eine Partei – wobei sich die individuelle Strafbarkeit nach den Grundsätzen des § 14 StGB bemisst. Haben Vorteilsgeber und Mandatsträger eine konkrete Unrechtsvereinbarung abgeschlossen, sind sie als Täter des jeweiligen Delikts nach § 108e Abs. 1 oder Abs. 2 StGB n.F., nicht aber zusätzlich als Teilnehmer der Tat des jeweils anderen zu bestrafen.[645]

---

erkannt hat, vgl. MK_1-*Joecks*, § 16 Rn. 33. *Otto,* Jura 1996, 468 (473), bezeichnet diese Variante der Möglichkeitstheorie als Gefährdungstheorie.

645 *Heisz*, S. 16; SK-*Sinn/Rudolphi*, § 108e Rn. 16; *Hartmann*, S. 73, in Bezug auf den Stimmenkauf nach § 108e StGB a.F.

Die Strafbarkeit eines beteiligten Dritten bestimmt sich nach den allgemeinen Regeln für die Teilnehmerstrafbarkeit. Allerdings liegt nur eine Teilnahmehandlung vor, auch wenn man weiß, dass man die Tat der anderen Partei ebenso fördert.[646] Wer also den Tatentschluss bei einem Mandatsträger hervorruft, macht sich nur wegen Anstiftung zur Bestechlichkeit strafbar und nicht auch noch wegen Beihilfe zur Bestechung, selbst wenn die Anstiftung zugleich ein Hilfeleisten im Sinne von § 27 Abs. 1 StGB für die Bestechungshandlung des Vorteilsgebers bedeuten sollte.

Der Charakter des § 108e Abs. 1 StGB n.F. als Sonderdelikt legt die Vermutung nahe, dass für den Teilnehmer auch die Strafmilderung des § 28 Abs. 1 StGB Anwendung finden könnte. Die Eigenschaft, Mitglied einer der in § 108e StGB n.F. genannten Versammlungen zu sein, müsste dafür ein besonderes persönliches Merkmal sein, also entweder persönliche Eigenschaften, Verhältnisse oder Umstände einer Person beschreiben. Persönliche Verhältnisse bezeichnen die äußeren Beziehungen einer Person zu anderen Menschen, Institutionen oder Sachen, also zu ihrer Mitwelt, wie etwa die Amtsträgereigenschaft gemäß den §§ 331, 332.[647] Der Definition folgend handelt es sich bei der Mitgliedschaft in einer der Versammlungen um ein persönliches Merkmal,[648] das die Strafbarkeit des Täters nach § 108e Abs. 1 StGB n.F. auch begründet. Die Anwendung von § 28 Abs.1 StGB auf Fälle der Bestechlichkeit und Bestechung von Mandatsträgern führt jedoch zu einem Wertungswiderspruch. Wer einen Mandatsträger zu einer Tat nach § 108e Abs. 1 StGB n.F. anstiftet, dem würde die Strafmilderung des § 28 Abs. 1 StGB zuteil. Würde er hingegen den Vorteilsgeber zu dessen Tat nach § 108e Abs. 2 StGB n.F. anstiften, könnte er die Strafmilderung nicht für sich einfordern. Nach der gesetzgeberischen Wertung sind das normierte Unrecht und der vorgesehene Strafrahmen für den bestechlichen Mandatsträger und den Vorteilsgeber jedoch gleich. Da sich die Stellung als Mandatsträger nicht strafschärfend auswirkt und der aufgezeigte Wertungswiderspruch zu verhindern ist, findet § 28 Abs. 1 StGB bei Taten gemäß § 108e StGB n.F. keine Anwendung.[649]

---

646 So auch *Schaller*, S. 148, zu § 108e StGB a.F.

647 Schönke/Schröder-*Heine/Weißer*, § 28 Rn 13; Satzger/Schluckebier/Widmaier-*Murmann*, § 28 Rn. 4.

648 A. A.: *Fischer*, StGB, 62. Aufl. 2015, § 108e Rn. 54, ohne nähere Begründung.

649 SK-*Sinn/Rudolphi*, § 108e Rn. 16. Zur vergleichbaren Konstellation bei § 108e StGB a.F.: LK_4-*Bauer/Gmel*, § 108e Rn. 14; Schönke/Schröder-*Eser*, § 108e Rn. 13; *Hartmann*, S. 72.

VII) Deliktsnatur

§ 108e StGB n. F. ist im Gegensatz zu seiner Vorgängernorm nicht mehr als Unternehmensdelikt ausgestaltet. Infolge der Aufnahme der aus den übrigen Bestechungsdelikten (§§ 299, 331 ff. StGB) bekannten abgestuften Verhaltensweisen und der daraus resultierenden Strafbarkeit des Forderns bzw. Anbietens eines ungerechtfertigten Vorteils ist die Aufnahme einer Versuchsstrafbarkeit entbehrlich gewesen. Der tatsächliche Abschluss einer konkreten Unrechtsvereinbarung oder gar die Vornahme der versprochenen Handlung durch den Mandatsträger ist für die Strafbarkeit nicht erforderlich.[650] Es genügt insofern die abstrakte Gefährdung des geschützten Rechtsguts.

Vollendet ist die Bestechlichkeit eines Mandatsträgers in der Begehungsform des Forderns mit der Kenntnisnahme seitens des Aufgeforderten, beim Sich-versprechen-Lassen mit dem zu erkennen gebenden Verhalten gegenüber dem Versprechenden bestechlich zu sein, und beim Gewähren mit Entgegennahme des (ersten) Vorteils.[651] Die fünfjährige Verjährungsfrist (§ 78 Abs. 3 Nr. 4 StGB) beginnt mit dem Zeitpunkt der Beendigung, also wenn der letzte Vorteil angenommen wurde.[652] Wird kein Vorteil ausgetauscht, ist die Tat erst beendet, wenn sich die Forderung oder das Versprechen als endgültig fehlgeschlagen erwiesen hat und der Täter mit einer Erfüllung nicht mehr rechnet.[653]

VIII) Strafrahmen und Nebenfolgen des Absatzes 5

Die Tatbestände der Bestechlichkeit und Bestechung von Mandatsträgern haben eine Strafandrohung von Freiheitsstrafe bis zu fünf Jahren oder Geldstrafe. Der Strafrahmen wurde damit im Vergleich zur Abgeordnetenbestechung gemäß § 108e StGB a.F. nicht verändert. Das Höchstmaß der Strafe entspricht weiterhin dem der Bestechlichkeit und Bestechung von Amtsträgern gemäß den §§ 332 Abs. 1, 334 Abs. 1 StGB, im Mindestmaß bleibt die Strafandrohung weiterhin hinter der für Amtsträger in § 332 Abs. 1 StGB zurück. Nicht nachvollziehbar ist, dass der Gesetzgeber die Neuregelung des Tatbestands nicht auch dazu genutzt hat, die ungerechtfertigte Privilegierung der Mandatsträger[654] zu beseitigen, die

---

650 BT-Drs. 18/476, S. 8.

651 Vgl. BGHSt 47, 22 (29) zur Bestechlichkeit gemäß § 332 StGB.

652 BGHSt 10, 237 (243); 11, 345 (347); 16, 207 (209).

653 Vgl. BGH, NJW 2003, 2996 (2997) (zu § 299 StGB), und MK_5-*Korte*, § 331 Rn. 201 (zu § 331 StGB).

654 MK_3-*Müller*, § 108e Rn. 27; LK_4-*Bauer/Gmel*, § 108e Rn. 16. Dazu auch 4. Abschnitt C)III).

darin besteht, dass für den Vorteilsgeber und den Mandatsträger im Gesetz identische Strafrahmen vorgesehen sind und damit die besondere Pflichtenstellung des Abgeordneten nicht berücksichtigt wird. Die durch die Tat erlangten Vorteile können nach den allgemeinen Vorschriften über den Verfall (§§ 73 ff. StGB) abgeschöpft werden.

§ 108e Abs. 5 StGB n.F. enthält Nebenfolgen i. S. d. § 45 StGB und entspricht § 108e Abs. 2 StGB a.F. Erkennt das Gericht wegen einer Tat nach § 108e Abs. 1 oder Abs. 2 StGB n.F. auf eine Freiheitsstrafe von mindestens sechs Monaten, kann es – entsprechend der Regelung für die Wahldelikte in § 108c StGB – die Fähigkeit, Rechte aus öffentlichen Wahlen zu erlangen und das Recht, in öffentlichen Angelegenheiten zu wählen oder zu stimmen, aberkennen. Dies gilt gemäß § 45 Abs. 2 und Abs. 5 StGB für eine Dauer von zwei bis fünf Jahren. Neben der Aberkennung des aktiven und passiven Wahlrechts bestimmt § 45 Abs. 4 StGB, dass mit der Verurteilung der Mandatsverlust unmittelbar einhergeht, soweit durch Gesetz nicht etwas anderes bestimmt ist. Für die Bundestags- und Landtagsabgeordneten sowie die Mitglieder des Europäischen Parlaments ist gesetzlich ein anderes Verfahren festgelegt.

Art. 41 Abs. 1 S. 1 GG bestimmt, dass über den Verlust eines Bundestagsmandats der Bundestag im Rahmen seiner Parlamentsautonomie selbst entscheidet. Gemäß § 47 Abs. 1 Nr. 3 BWG i. V. m. § 46 Abs. 1 Nr. 3 BWG entscheidet der Ältestenrat des Deutschen Bundestages durch Mehrheitsbeschluss über den Mandatsverlust.[655] Den Verlust des Landtagsmandates regeln die jeweiligen Landeswahlgesetze, wobei auch hier im Regelfall der Mandatsverlust nicht unmittelbar mit der Entscheidung des Strafrichters eintritt, sondern es einer Entscheidung im Wahlprüfungsverfahren, den Beschluss des Parlaments, seines Präsidiums, des Präsidenten oder eines seiner Ausschüsse oder der Feststellung des Landeswahlleiters bedarf.[656] Für den Mandatsverlust eines deutschen Abgeordneten[657] im Europäischen Parlament bestimmt sich das Verfahren nach den §§ 22 Abs. 2 Nr. 3, 6b Abs. 3 und 4, 23 Abs. 1 Nr. 1

655 *Überhofen*, S. 206; *Epp*, S. 462 f., die darlegt, dass dem Abgeordneten gegen die Entscheidung des Ältestenrates mit dem Antrag auf ein Wahlprüfungsverfahren (§§ 1, 15 S. 1 WahlprüfungsG, Art. 41 Abs. 1 GG) sowie der Beschwerde zum Bundesverfassungsgericht (§ 1 Abs. 1 WahlprüfungsG) insgesamt drei Instanzen zur Verfügung stehen, um sich gegen den Mandatsverlust zu wehren.

656 Ausführlich und mit Hinweis auf die entsprechenden landesrechtlichen Regelungen: *Epp*, S. 465.

657 Die Nebenfolge des § 108e Abs. 5 StGB n.F. ist für einen nichtdeutschen Abgeordneten, der in Deutschland verurteilt wird, ausgeschlossen, weil ein deutsches

EuWG. Ein in Deutschland gewählter Abgeordneter verliert sein Mandat bei Verlust seiner jederzeitigen Wählbarkeit, also gemäß § 6b Abs. 3 Nr. 1 i. V. m. § 6a Abs. 1 Nr. 1 EuWG bzw. § 6b Abs. 4 Nr. 1 i. V. m. § 6a Abs. 2 Nr. 1, Abs. 1 Nr. 1 EuWG, wenn ihm durch Richterspruch das passive Wahlrecht aberkannt wird. Für das Verfahren der Aberkennung ist gemäß den §§ 23 Abs. 1 Nr. 3, 22 Abs. 2 Nr. 3 EuWG ein Beschluss des Ältestenrates des Deutschen Bundestages maßgeblich.[658] Die wegen § 108e Abs. 1 StGB n. F. verurteilten Gemeinderatsmitglieder, gegen die gemäß § 108e Abs. 5 StGB n. F. die Nebenfolge verhängt wurde, verlieren ihr Mandat mit Rechtskraft des Urteils, das ihnen ihr aktives und passives Wahlrecht aberkennt.[659]

IX) Sonderzuständigkeit der Oberlandesgerichte

Das erstinstanzlich zuständige Gericht ist gemäß § 120b GVG das Oberlandesgericht, in dessen Bezirk die Landesregierung ihren Sitz hat. Die Einführung dieser Sonderzuständigkeit sah der ursprüngliche Gesetzesentwurf noch nicht vor. Nachdem sich die Sachverständigen in der Anhörung vom 17. Februar 2014 ausgesprochen positiv zu einer möglichen Zuständigkeitskonzentration geäußert hatten,[660] sprach sich der Rechtsausschuss in seiner Beschlussempfehlung für die Einführung des § 120b GVG aus. Damit ist die Hoffnung verbunden, dass den regelmäßig für die Öffentlichkeit interessanten Korruptionsvorwürfen mit dem nötigen Nachdruck nachgegangen wird und zugleich die mit den Vorwürfen befassten Justizorgane (Gericht und Staatsanwaltschaft) über die

---

Strafgericht nur den Verlust des aktiven und passiven Wahlrechts nach deutschem Recht anordnen kann, vgl. *Epp*, S. 464.

658 Gegen diese Entscheidung kann Beschwerde vor dem Bundesverfassungsgericht (§ 48 Abs. 1 BVerfGG) eingelegt werden, vgl. *Epp*, S. 464; *Überhofen*, S. 207.

659 Vgl. *Epp*, S. 466, zu § 108e StGB a.F.

660 Die Staatsanwältin *Wimmer* betonte, dass gerade „*bei der Begründung und bei der Entscheidung darüber, ob ein Anfangsverdacht vorliegt oder nicht* [...] *ein gewisses Fingerspitzengefühl und auch entsprechende Erfahrung des Rechtsanwenders*“ erforderlich sei, vgl. Protokoll der Sachverständigenanhörung vom 17. Februar 2014 (Protokoll-Nr. 18/7), S. 17 f. Der Sachverständige *Prof. Dr. Heinrich* stellte ebenfalls die positiven Effekte einer gebündelten Sachkompetenz wie auch einer gleichlaufenden Rechtspraxis heraus, vgl. Protokoll-Nr. 18/7, S. 34. Die Sachverständige *Dr. Michalke* zog einen Vergleich zu den Schwerpunktstaatsanwaltschaften für Straftaten im Gesundheitssektor (Ärzte und Krankenversicherungen) und lobte die Zusammenarbeit mit Fachleuten als „*eine wirklich gute Sache*“, vgl. Protokoll der Sachverständigenanhörung vom 17. Februar 2014 (Protokoll-Nr. 18/7), S. 25.

erforderliche Erfahrung und Sensibilität verfügen.[661] Infolge der Sonderzuständigkeit der Oberlandesgerichte sind die in der StPO vorhandenen verkürzten Verfahrensarten, wie das beschleunigte Verfahren (§ 407 Abs. 1 S. 1 StPO) und das Strafbefehlsverfahren (§ 417 StPO), nicht anwendbar. Dem Gesetzgeber ist darin zuzustimmen, dass beide Verfahrensarten keinen angemessenen Umgang mit Korruptionsvorwürfen gegen einen Mandatsträger bedeuten würden.[662] Nur vereinzelt wird an der Sonderzuständigkeit kritisiert, dass Taten nach § 108e StGB n.F. dadurch in die Nähe von Hoch- und Landesverrat (§§ 81 ff., 94 ff. StGB) gerückt würden, während über § 24 Abs. 1 Nr. 3 GVG für die Staatsanwaltschaften die Möglichkeit bestünde, in Fällen von besonderer Bedeutung Klage vor den Landgerichten zu erheben.[663] Die Regelung zur beweglichen Zuständigkeit ist aber nicht in gleichem Maße wie die Sonderzuständigkeitsregel des § 120b GVG geeignet, die erforderliche Sachkenntnis und Erfahrung der Strafverfolgungsbehörden sicherzustellen, und bedeutet deshalb auch keine sinnvolle Alternative dazu.

X) Indemnität – Immunität

Art. 46 Abs. 1 GG, die entsprechenden Vorschriften der Landesverfassungen[664] und § 5 EuAbgG legen die Indemnität der jeweiligen Abgeordneten fest. Indemnität dient dem Schutz des Abgeordneten vor Behinderungen seiner parlamentarischen Tätigkeit und der Funktionsfähigkeit der Volksvertretung dadurch, dass ein Abgeordneter zu keiner Zeit wegen seiner Abstimmung oder einer Äußerung, die er in der Volksvertretung getan hat, dienstlich verfolgt oder sonst außerhalb der Volksvertretung zur Verantwortung gezogen werden darf.[665] Ein

661 BT-Drs. 18/607, S. 9; *Michalke,* Compliance Berater 2014, 215 (218); *Trips-Hebert,* JR 2015, 372 (375). *Fischer,* StGB, 62. Aufl. 2015, § 108e Rn. 57, kritisiert die darin zum Ausdruck kommende *„erstaunliche Selbstüberhebung der Abgeordneten gegenüber anderen von Strafverfahren betroffenen Bürgern (als verlange deren Strafverfolgung kein ‚Fingerspitzengefühl'!)"*.

662 BT-Drs. 18/607, S. 9.

663 *Schnell,* ZRP 2011, 4 (6), mit Bezug auf den Gesetzesentwurf der Bundestagsfraktion Die Linke in BT-Drs. 17/1412, der ebenfalls die Einführung der Sonderzuständigkeit bei den Oberlandesgerichten beinhaltete.

664 Art. 37 LVerf BW; Art. 27 BayVerf; Art. 51 Abs. 1 BlnVerf; Art. 57 BraVerf; Art. 94 BremVerf; Art. 14 Hmb Verf; Art. 95 HessVerf; Art. 24 Abs. 1 MVVerf; Art. 14 NdsVerf; Art. 47 NRW Verf; Art. 93 RP Verf; Art. 81 SLVerf; Art. 55 Abs. 1 SaVerf; Art. 57 LSA Verf; Art. 31 Abs. 1 SHVerf; Art. 55 Abs. 1 ThürVerf.

665 *Stern,* StaatsR I, S. 1060; Schmidt-Bleibtreu/Hofmann/Henneke-*Kluth,* Art. 46 Rn. 1.

Konflikt von § 108e StGB n. F. mit dem unverzichtbaren, unaufhebbaren Indemnitätsrecht bestünde dann, wenn ein Abgeordneter wegen einer Äußerung oder Stimmentscheidung im Parlament bestraft würde.[666] Das strafrechtlich relevante Verhalten besteht aber nicht in der Vornahme der Gegenleistung, sondern in der im Vorfeld erfolgten Vereinbarung zwischen Abgeordnetem und Vorteilsgeber.[667] Das einzig dem Gewissen des Abgeordneten unterworfene Willensbildungsverfahren wird von der Indemnität nach Art. 46 Abs. 1 GG aber nicht erfasst.[668] Die Indemnität eines Abgeordneten steht § 108e StGB n. F. deshalb nicht entgegen.

Der Grundsatz der Immunität eines Abgeordneten – festgelegt in Art. 46 Abs. 2 bis 4 GG, den entsprechenden Vorschriften der Landesverfassungen[669] und § 5 EuAbgG – stellt die strafrechtliche Unverletzlichkeit und Unverfolgbarkeit auch im außerparlamentarischen Bereich sicher, indem eine Strafverfolgung nur mit Genehmigung des Parlaments möglich ist. Ziel ist es auch hier, die Arbeits- und Funktionsfähigkeit der Volksvertretung zu schützen.[670] Die im Gesetzgebungsverfahren zu § 108e StGB a.F. geäußerten Bedenken, dass es zu einer Regelaufhebung der Immunität der Abgeordneten kommen würde, sind aufgrund des engen Anwendungsbereichs schon frühzeitig als keine ernsthafte Gefahr bewertet worden.[671] Diese Bedenken sind deshalb auch kein Gegenstand der rechtspolitischen Diskussion zur Neuregelung des § 108e oder des Gesetzgebungsprozesses gewesen.[672]

---

666 Vgl. *Epp*, S. 483 f., zu § 108e StGB a.F.

667 Vgl. BT-Drs. 12/5927; *Schulze*, JR 1973, 485 (488) in Fn. 49; LK_4-*Bauer/Gmel*, § 108e Rn. 15; *Schlüchter*, in: FS Geerds, 713 (723) zu § 108e StGB a.F.

668 *Schaller*, S. 152 m.w.N.

669 Art. 38 LVerf BW; Art. 28 BayVerf; Art. 51 Abs. 3 und 4 BlnVerf; Art. 58 BraVerf; Art. 95 BremVerf; Art. 15 Hmb Verf; Art. 96 HessVerf; Art. 24 Abs. 2 MVVerf; Art. 15 NdsVerf; Art. 48 NRW Verf; Art. 94 RP Verf; Art. 82 SLVerf; Art. 55 Abs. 2 und 3 SaVerf; Art. 58 LSA Verf; Art. 31 Abs. 2 SHVerf; Art. 55 Abs. 2 und 3 ThürVerf.

670 Schmidt-Bleibtreu/Hofmann/Henneke-*Kluth*, Art. 46 Rn. 16; von Münch/Kunig-*Trute*, Art. 46 Rn. 1; *Stern*, StaatsR I, S. 1061, spricht davon, dass die Abgeordneten in ihrer parlamentarischen Tätigkeit nicht durch „*tendenziöse Verfolgung*" gehindert werden dürfen.

671 Vgl. *Epp*, S. 485 f.; *Schaller*, S. 152 f.

672 Der Bundestag beispielsweise erteilt mit der Annahme der Anlage 6 zu GOBT („*Beschluss des Deutschen Bundestages betreffend Aufhebung der Immunität von Mitgliedern des Bundestages*") grundsätzlich die Genehmigung zur Durchführung strafrechtlicher Ermittlungsverfahren. Erforderlich ist lediglich eine vorherige Mitteilung der zuständigen Staatsanwaltschaft an den Präsidenten des Deutschen Bundestages, dass ein Ermittlungsverfahren angestrebt wird. Erst bei Durchsuchungsmaßnahme oder

C) § 108e StGB n. F. als Teil des Korruptionsstrafrechts im engeren Sinne

Infolge der sehr weit gefassten Definition von Korruption[673] ist es sinnvoll, eine zusätzliche Unterteilung des Korruptionsstrafrechts im engeren und im weiteren Sinne vorzunehmen.[674] Ersteres umfasst die Tatbestände, die vom Gesetzgeber ausdrücklich zur „Korruptionsbekämpfung“ geschaffen wurden und ausschließlich das von der Korruptionsdefinition beschriebene Verhalten einschließen. Dies sind die Amtsträgerdelikte der §§ 331–338 StGB (Vorteilsannahme, Bestechlichkeit, Vorteilsgewährung und Bestechung), die §§ 299, 300 StGB (Bestechung und Bestechlichkeit im geschäftlichen Verkehr), § 108b StGB (Wählerbestechung) und § 108e StGB n. F. (Bestechlichkeit und Bestechung von Mandatsträgern) sowie die ergänzende Vorschrift des IntBestG. Zum Korruptionsstrafrecht im weiteren Sinne sind die typischen Begleitdelikte zu den eben genannten Vorschriften zu zählen, insbesondere Betrug (§ 263 StGB) und Untreue (§ 266 StGB), aber auch Unterschlagung im Amt oder Dienst (§ 246 StGB), Geldwäsche (§ 261 StGB), Urkundendelikte (§§ 267 ff. StGB), Submissionsabsprachen (§ 298 StGB) und Steuerhinterziehung (§ 370 AO).[675]

Die folgende systematische Darstellung beschränkt sich auf das Korruptionsstrafrecht im engeren Sinne.[676] An dieser Stelle kann und soll jedoch keine ausführliche und den Anspruch auf Vollständigkeit erhebende Auseinandersetzung mit allen Facetten der genannten Korruptionsdelikte des Strafgesetzbuches erfolgen. Ziel ist es vielmehr, zunächst die allgemeine Struktur der Tatbestände des StGB in einer geschlossenen Darstellung aufzuarbeiten, um nach der Änderung von § 108e StGB a.F. Gemeinsamkeiten und Unterschiede der Straftatbestände

---

Anklageerhebung (einschließlich des Erlasses eines Strafbefehls) muss das ausdrückliche Einverständnis des Parlaments für den konkreten Einzelfall eingeholt werden.

673 Vgl. 1. Abschnitt.

674 Ebenso *Walther*, Jura 2010, 511 (512). Ähnlich auch *Hellmann/Beckemper*, Rn. 759. *Überhofen*, S. 69, hingegen differenziert zwischen originären und abgeleiteten Korruptionstatbeständen.

675 Darstellung dieser und weiterer Begleitdelikte bei *Greeve*, Rn. 499 ff.

676 Die Erweiterung des § 299 StGB [durch das Gesetz v. 20.11.2015 zur Bekämpfung der Korruption, BGBl. 2015 I, S. 2025 ff.; zuvor BT-Drs. 18/4350 in der Fassung BT-Drs. 18/6839; mit einer ersten Einschätzung *Hoven*, NStZ 2015, 553 (555 ff.), und *Dann*, NJW 2016, 203 (204 f.)] und die geplante Neueinführung der Tatbestände der Bestechlichkeit (§ 299a StGB-E) und Bestechung (§ 299b StGB-E) im Gesundheitswesen (vgl. BT-Drs. 18/6446) werden aus Zeitgründen an dieser Stelle nicht berücksichtigt und bleiben künftigen Darstellungen überlassen.

im StGB hervorzuheben. Danach folgt ein kurzer Exkurs zu der auf internationalen Vorgaben beruhenden Ausweitung der Tatbestände des StGB durch nebenstrafrechtliche Bestimmungen, bevor auf das Verhältnis von § 108e StGB n.F. zur Sonderreglung des Art. 2 § 2 IntBestG eingegangen wird.

I) Vergleichende Betrachtung der Bestechungstatbestände im StGB

1) Struktur und Rechtsgüter der Tatbestände

Bei den Delikten des Korruptionsstrafrechts im engeren Sinne handelt es sich ausschließlich um Bestechungstatbestände.[677] Die „Bestechung" als Hauptform der Korruption lässt sich typologisch als „regelwidriger Tausch von Vorteilen" charakterisieren.[678] Beteiligt daran sind ein Vorteilsgeber und ein Vorteilsnehmer, deren Verhalten in verschiedenen Lebensbereichen unter Strafe gestellt ist.[679]

<table>
<tr><th colspan="2" rowspan="2">Lebensbereich</th><th colspan="2">Strafbarkeit der Person</th></tr>
<tr><th>Vorteilsnehmer</th><th>Vorteilsgeber</th></tr>
<tr><td rowspan="2">Öffentliche Verwaltung</td><td>Dienstausübung</td><td>§ 331 StGB</td><td>§ 333 StGB</td></tr>
<tr><td>Pflichtwidrige Diensthandlung</td><td>§ 332 StGB</td><td>§ 334 StGB</td></tr>
<tr><td colspan="2">Geschäftlicher Verkehr</td><td>§ 299 I StGB</td><td>§ 299 II StGB</td></tr>
<tr><td colspan="2">Wahlen zu Volksvertretungen</td><td>§ 108b II StGB</td><td>§ 108b I StGB</td></tr>
<tr><td colspan="2">Wahrnehmung des Mandats</td><td>§ 108e I StGB n.F.</td><td>§ 108e II StGB n.F.</td></tr>
</table>

Während bei den Tatbeständen der §§ 108b, 108e n.F. und 299 StGB die beiden Tätergruppen (Vorteilsgeber und Vorteilsnehmer) in derselben Vorschrift zusammengefasst sind, sind sie bei den Bestechungstatbeständen des 30. Abschnitts des Strafgesetzbuches („*Straftaten im Amt*") nach den beiden Gruppen getrennt und beinhalten neben dem jeweiligen Grundtatbestand auch eine Qualifikation. Für Amtsträger und gleichgestellte Personen stellt die Vorteilsannahme (§ 331 StGB) das Grunddelikt dar, der Tatbestand der Bestechlichkeit (§ 332 StGB) die Qualifikation. Für den Vorteilsgeber gilt spiegelbildlich der Tatbestand der Vorteilsgewährung (§ 333 StGB) als Grunddelikt und die Bestechung (§ 334 StGB) als qualifizierter Fall. § 335 StGB enthält schließlich für die Grundtatbestände Bestechung und Bestechlichkeit eine Strafzumessungsregelung für besonders

677 „Bestechung" ist hier in einem weiten Sinne zu verstehen, sodass auch die Vorteilsannahme und -gewährung darunter zu fassen sind.

678 *Volk*, in: GS Zipf, 419 (421); *Walther*, Jura 2010, 511 (512); *Greeve*, Rn. 5.

679 Übersicht ist *Walther*, Jura 2010, 511 (512 f.), nachgebildet und erweitert.

schwere Fälle. Für die Bestechung und Bestechlichkeit im geschäftlichen Verkehr enthält § 300 StGB eine Strafzumessungsregel für besonders schwere Fälle, die in der Regel dann vorliegen, wenn sich die Tat auf einen Vorteil großen Ausmaßes bezieht (Nr. 1) oder der Täter gewerbsmäßig oder als Mitglied einer Bande handelt (Nr. 2).

Vergleicht man die von den Bestechungstatbeständen geschützten Rechtsgüter, ergeben sich bereits erste Parallelen der Normen zueinander. Beim Blick auf die Diskussion über das von den §§ 331 ff. StGB geschützte Rechtsgut lässt sich Einigkeit darüber feststellen, dass den Bestechungstatbeständen ein einheitliches Rechtsgut zugrunde liegen soll, die anschließende Festlegung auf den konkreten Inhalt ist hingegen nicht abschließend geklärt.[680] Die Unübersichtlichkeit der verschiedenen Antworten resultiert in erster Linie daraus, dass manche Aspekte teils als eigenständiges Schutzgut, teils als Bestandteil eines komplexeren Rechtsguts verstanden werden.[681] In der heutigen Diskussion wird ganz überwiegend zwei Schutzrichtungen[682] Bedeutung beigemessen: Zum einen ist dies die Sachlichkeit staatlicher Entscheidungen bzw. die Lauterkeit des öffentlichen Dienstes und damit einhergehend der Schutz vor einer Verfälschung des Staatswillens.[683] An anderer Stelle wird das Vertrauen der Allgemeinheit in diese Lauterkeit und Unverkäuflichkeit des öffentlichen Dienstes hervorgehoben.[684] Nach überwiegender Ansicht werden beide Aspekte schließlich zu einem komplexen Rechtsgut verbunden, weshalb die §§ 331 ff. StGB den Schutz der Funktionsfähigkeit der öffentlichen Verwaltung und das Vertrauen der Allgemeinheit in die Sachlichkeit und Unabhängigkeit des Verwaltungshandelns sichern sollen.[685] Der damit zum

680 LK$_{13}$-*Sowada*, Vor § 331 Rn. 29; MK$_{5}$-*Korte*, § 331 Rn. 2; *Überhofen*, S. 75–81, stellt die historische Entwicklung der Debatte dar.

681 LK$_{13}$-*Sowada*, Vor § 331 Rn. 29.

682 Die „*Reinheit der Amtsausübung*" – die von der älteren Rechtsprechung betont wurde [RGSt 72, 174 (175); BGHSt 10, 237 (241)] – kann in Anbetracht dessen, dass auch pflichtgemäßes Diensthandeln gemäß den §§ 331 und 333 tatbestandsmäßig sein kann, gar nicht zur Bestimmung der Schutzrichtung herangezogen werden. Die entsprechende Ansicht kann somit als überholt bezeichnet werden, vgl. Schönke/Schröder-*Heine/Eisele*, § 331 Rn. 10; LK$_{13}$-*Sowada*, § 331 Rn. 30.

683 LK$_{13}$-*Sowada*, Vor 331 Rn. 31 m.w.N.; *Dölling*, C 49; vgl. auch BT-Drs. 7/550, S. 269.

684 Insbesondere die Rechtsprechung BGHSt 15, 88 (96 f.); 352 (354); 30, 46 (48); 47, 22 (25); 295 (303). Schönke/Schröder-*Heine/Eisele*, § 331 Rn. 9, nennen das „*Vertrauen der Allgemeinheit in die Sachlichkeit staatlicher Entscheidungen*".

685 BGH, NStZ 1985, 497 (499); *Lackner/Kühl*, § 331 Rn. 1; MK$_{5}$-*Korte*, § 331 Rn. 8; *Hellmann/Beckemper*, Rn. 777. LK$_{13}$-*Sowada*, § 331 Rn. 35 f., und *Dölling*, C 50 f., betonen dabei, dass der Schutz des Vertrauens als primäres Rechtsgut die Gefahr

Ausdruck gebrachte Wille zum Schutz des Zusammenwirkens von innerer (Bereitschaft des Amtsträgers zur ordnungsgemäßen Aufgabenwahrnehmung) und äußerer Funktionsbedingung (Vertrauen der Öffentlichkeit in die ordnungsgemäße Amtsführung) findet sich auch bei den Überlegungen zum Rechtsgut des § 108e StGB n.F. Die Sachlichkeit der Aufgabenwahrnehmung in der öffentlichen Verwaltung sowie die Integrität parlamentarischer Prozesse stellt für das Zusammenleben in der Rechtsgemeinschaft einen grundlegenden Wert dar, weil dem Staat und seinen Einrichtungen Befugnisse mit der Erwartung übertragen werden, dass diese unparteiisch und am Gemeinwohl orientiert erfüllt werden.[686] Das Vertrauen der Allgemeinheit ist damit nicht nur Legitimation, sondern auch integraler Bestandteil der Funktionsweise sowohl der öffentlichen Verwaltung als auch der Volksvertretungen.

Der weitere Aspekt, wonach die Sachlichkeit eines Entscheidungsprozesses primäres Rechtsgut ist, findet sich auch bei den anderen beiden Bestechungstatbeständen wieder. Schutzgut des § 299 StGB sind die Lauterkeit des Wettbewerbs sowie die Geschäftsinteressen der Mitbewerber und des Geschäftsherrn.[687] § 108b StGB schützt die Sachlichkeit der Stimmabgabe bei einer Wahl.[688] Während sich bei § 108b StGB die Sachlichkeit des Entscheidungsprozesses daraus ergibt, dass die Abgabe einer Wahlstimme ein höchstpersönlicher Vorgang und nur von der inneren Überzeugung des Wählenden abhängig ist, bedarf der lautere Wettbewerb einer weiteren Präzision, um klarzustellen, wann ein Entscheidungsprozess im geschäftlichen Verkehr „unsachlich" abläuft. Die Regelwidrigkeit bzw. Unlauterkeit ergibt sich daraus, dass das Leistungsprinzip als Maßstab für wettbewerbsrelevante Entscheidungen durch Korruption ersetzt wird und dadurch die Mechanismen des marktwirtschaftlichen Leistungswettbewerbs ausgehebelt werden.[689]

---

der Pönalisierung nahezu jeder unerwünschten Handlungsweise eines Amtsträgers zur Folge haben könne und deshalb dieser Aspekt ausschließlich im Zusammenspiel mit der Funktionsfähigkeit des Staates zum Tragen kommen darf. SK-*Stein/Deiters*, § 331 Rn. 17, sprechen von den inneren und äußeren Funktionsbedingungen der staatlichen Verwaltung.

686 Vgl. *Dölling*, C 50, zum Schutzgut des § 108e StGB a.F.

687 MK_5-*Krick*, § 299 Rn. 2; *Hellmann/Beckemper*, Rn. 760 m.w.N. Zu ebenso genannten Nebenaspekten wie beispielsweise dem Schutz der Allgemeinheit vor Verteuerung und Verfälschung marktgerechter Preise siehe LK_{10}-*Tiedemann*, § 299 Rn. 5.

688 Schönke/Schröder-*Eser*, § 108b Rn. 1; NK_3-*Wohlers/Kargl*, § 108b Rn. 1 m.w.N.

689 *Walther*, Jura 2010, 511 (513).

2) Der Täterkreis

Die aktiven Bestechungstatbestände stellen sogenannte Allgemeindelikte dar. Als Vorteilsgeber kommt damit grundsätzlich jedermann in Betracht. Bei den Vorteilsnehmern auf der anderen Seite kann es sich immer nur um einen bestimmten Täterkreis handeln. Die Tatbestände sind als echte Sonderdelikte ausgestaltet.[690] Die Zuordnung des Nehmers zu dem jeweiligen Täterkreis ist für die Strafbarkeit des Gebers ebenfalls von zentraler Bedeutung, denn nur dann kann auch das Anbieten, Versprechen oder Gewähren eines Vorteils eine strafrechtlich aktive Bestechungshandlung sein.[691]

Die Vorteilsannahme (§ 331 StGB) und Bestechlichkeit (§ 333 StGB) gehören zu den „Amtsdelikten". Diese können ausschließlich von „Amtsträgern" oder von „für den öffentlichen Dienst besonders Verpflichteten" begangen werden. Die beiden Begriffe sind in § 11 Abs. 1 Nr. 2–4 StGB legaldefiniert. Amtsträger ist demnach, wer nach deutschem Recht Beamter oder Richter ist (§ 11 Abs. 1 Nr. 2 lit. a StGB), in einem sonstigen öffentlich-rechtlichen Amtsverhältnis steht (§ 11 Abs. 1 Nr. 2 lit. b StGB) oder sonst dazu bestellt ist, bei einer Behörde oder bei einer sonstigen Stelle oder in deren Auftrag Aufgaben der öffentlichen Verwaltung unbeschadet der zur Aufgabenerfüllung gewählten Organisationsform (§ 11 Abs. 1 Nr. 2 lit. c StGB) wahrzunehmen. Mandatsträger als gewählte Mitglieder einer Volksvertretung sind hingegen keine Amtsträger im Sinne der §§ 331 ff. StGB.[692] Ist ein Mandatsträger allerdings neben seiner Mitgliedschaft im Parlament zugleich als Funktionsträger (Minister oder Staatssekretär) tätig, steht er in einem sonstigen öffentlich-rechtlichen Amtsverhältnis und ist Amtsträger im Sinne von § 11 Abs. 1 Nr. 2 lit. b StGB.[693]

Täter der Bestechlichkeit im geschäftlichen Verkehr gemäß § 299 Abs. 1 StGB ist ein „Angestellter oder Beauftragter eines geschäftlichen Betriebes". Angestellter ist, wer vertraglich oder faktisch in einem Dienstverhältnis zu dem Inhaber eines Geschäftsbetriebes steht und dessen Weisungen unterworfen ist.[694] Der Beauftragten-Begriff hat demgegenüber Auffangfunktion und umfasst

---

690 Bei den echten Sonderdelikten ist das Tätermerkmal strafbegründend, während es sich bei den unechten Sonderdelikten strafschärfend auswirkt (z. B. § 340 StGB), vgl. *Lackner/Kühl*, Vor § 13 Rn. 33.

691 *Walther*, Jura 2010, 511 (513).

692 BGHSt 5, 100 (105 f.); *Schulze*, JR 1973, 485 (485).

693 Schönke/Schröder-*Eser/Hecker*, § 11 Rn. 19, 22; MK_5-*Korte*, § 331 Rn. 43; *Sommer*, Rn. 32.

694 *Fischer*, StGB, 62. Aufl. 2015, § 299 Rn. 9; Schönke/Schröder-*Heine/Eisele*, § 299 Rn. 7.

jeden, der – ohne Geschäftsinhaber oder Angestellter zu sein – aufgrund seiner Stellung im Betrieb berechtigt oder verpflichtet ist, für den Betrieb geschäftlich zu handeln und unmittelbar oder mittelbar Einfluss auf die im Rahmen des Geschäftsbetriebes zu treffenden Entscheidungen ausüben kann.[695] Dem eindeutigen Gesetzeswortlaut nach nicht erfasst ist hingegen der Inhaber eines geschäftlichen Betriebes.[696]

3) Der „Vorteil" als Bestechungsmittel

Der Unrechtsgehalt der Eigennützigkeit des Handelns des Entscheidungsträgers kommt in dem Tatbestandsmerkmal des „Vorteils" zum Ausdruck. Als wesentliches Unrechtsmerkmal und Mittelpunkt aller Tatbestände ist der „Vorteil" – nach der Einführung von § 108e StGB n. F. – Bestechungsmittel in allen Tatbeständen des Korruptionsstrafrechts im engeren Sinne.[697] Bei § 108e StGB a.F. war der „Vorteil" hingegen nicht tatbestandlich genannt, sondern lediglich mittelbar als Gegenleistung im Rahmen des Stimmenkaufvertrags erfasst.

4) Unrechtsvereinbarung und Gegenleistung des Vorteilsnehmers

Der für die Bestechung charakteristische regelwidrige Tausch erfordert, dass neben die Vorteilsannahme auch eine eigenständige „Gegenleistung" des Nehmers treten muss. Im Gesetzestext kommt dies dadurch zum Ausdruck, dass der Vorteil *„(da)für"* (§§ 108b Abs. 1, 331 Abs. 1, 333 Abs. 1 StGB) oder *„als Gegenleistung [für]"* (§§ 108e StGB n. F., 299, 331 Abs. 2, 332, 333 Abs. 2, 334 StGB)

---

695 *Lackner/Kühl*, § 299 Rn. 2; Schönke/Schröder-*Heine/Eisele*, § 299 Rn. 8. Merkmal des geschäftlichen Betriebes ist die auf Dauer betriebene Tätigkeit im Wirtschaftsleben mittels Austausch von Leistungen, sodass von einem Privathaushalt Beauftragte nicht bestochen werden können, vgl. *Walther*, Jura 2010, 511 (514).

696 Hintergrund sind zum einen die Schutzrichtung des § 299 StGB, die neben dem freien Wettbewerb eben auch die Vermögensinteressen der Mitbewerber und des Geschäftsinhabers umfasst, und zum anderen der Umstand, dass der Inhaber beim Bezug von Waren und gewerblichen Leistungen völlig frei entscheiden und sich auch von unsachlichen Motiven leiten lassen darf, vgl. *Greeve*, Rn. 436; Schönke/Schröder-*Heine/Eisele*, § 299 Rn. 7a. Eine abstrakte Gefährdung der Vermögensinteressen des Geschäftsinhabers, die den Unrechtsgehalt der Norm beschreibt, liegt in dem Fall gerade nicht vor, wenn der Geschäftsinhaber selbst Vorteilsempfänger ist. Zu den im allgemeinen Wirtschaftsleben möglichen problematischen Konstellationen und Unklarheiten, beispielsweise beim Alleingesellschafter-Geschäftsführer, siehe *Walther*, Jura 2010, 511 (514); *Sommer*, Rn. 246.

697 *Walther*, Jura 2010, 511 (514).

ein bestimmtes Verhalten des Nehmers angeboten, versprochen oder gewährt werden muss. Bei den als Gegenleistung erbrachten Verhaltensweisen handelt es sich bei den Bestechungstatbeständen im Einzelnen um die folgenden: Wahlverhalten (§ 108b StGB), Vornahme oder Unterlassung einer Handlung in Wahrnehmung des Mandats (§ 108e StGB n.F.), unlautere Bevorzugung im geschäftlichen Verkehr (§ 299 StGB), eine pflichtgemäße Dienstausübung eines Amtsträgers (§§ 331 Abs. 1, 333 Abs. 1 StGB), eine pflichtgemäße richterliche Handlung (§§ 331 Abs. 2, 333 Abs. 2 StGB), eine pflichtwidrige Diensthandlung eines Amtsträgers (§§ 332 Abs. 1, 334 Abs. 1 StGB) sowie eine pflichtwidrige richterliche Handlung (§§ 332 Abs. 2, 334 Abs. 2 StGB).[698]

Die jeweils gesonderten Nachweise einer Vorteilsgewährung und einer Gegenleistung sind nicht ausreichend, um einen Bestechungstatbestand zu verwirklichen. Es bedarf einer inhaltlichen Verknüpfung von beidem: der Unrechtsvereinbarung[699]. Mit diesem Begriff soll prägnant ein Gegenseitigkeitsverhältnis beschrieben werden, bei dem die Vorteilszuwendung als „Äquivalent" der jeweiligen Gegenleistung erfolgt.[700] Die zum Teil vorgenommene Beschreibung als synallagmatisches Austauschverhältnis („*do ut des*") verschleiert jedoch ein wenig die asymmetrische Struktur der Tauschbeziehung: Entscheidend ist allein, dass – in Kenntnis beider Parteien der Unrechtsvereinbarung – der Vorteil als Gegenwert für die Gegenleistung gewährt wird, wohingegen umgekehrt die Gegenleistung weder zwingend für den Vorteil erbracht werden muss noch erforderlich für die Erfüllung des Tatbestands ist.[701]

In Bezug auf die Unrechtsvereinbarung weisen die §§ 331 Abs. 1, 333 Abs. 1 StGB im Vergleich zu den übrigen Bestechungstatbeständen eine Besonderheit auf. Infolge der Gesetzesänderung 1997[702] wurden die Unrechtsvereinbarung bei der Vorteilsannahme von und Vorteilsgewährung an Amtsträger gelockert

---

698 Für die §§ 331 ff. StGB bestimmt § 336 StGB, dass eine richterliche oder dienstliche Handlung auch in einem Unterlassen bestehen kann. Dass § 336 StGB den Begriff der „Dienstausübung" aus den §§ 331 Abs. 1, 333 Abs. 1 StGB nicht verwendet, ist unschädlich, denn wer eine bestimmte Dienstausübung nicht vornimmt, wird regelmäßig eine Diensthandlung unterlassen, vgl. Schönke/Schröder-*Heine/Eisele*, § 336 Rn. 1; *Lackner/Kühl*, § 336 Rn. 1.

699 Mit der Bezeichnung als „*Kernstück der Bestechungsdelikte*" [vgl. BGH, NJW 2008, 3580 (3582)] wird man ihrer Bedeutung am ehesten gerecht.

700 Schönke/Schröder-*Heine/Eisele*, § 331 Rn. 36; SK-*Stein/Deiters*, § 331 Rn 51. BGH, NJW 1987, 1340 (1341), verwenden den Begriff „*Entgelt*".

701 Vgl. LK_{13}-*Sowada*, § 331 Rn. 66; Schönke/Schröder-*Heine/Eisele*, § 331 Rn. 36.

702 Gesetz zur Bekämpfung der Korruption (Korruptionsbekämpfungsgesetz – KorrBekG) vom 13.08.1997, BGBl. 1997 I, S. 2038.

und die Anforderungen an die Bestimmtheit des Amtsträgerhandelns durch die Formulierung *„für die Dienstausübung“* gesenkt. Ausreichend ist seitdem, dass der Vorteil dem Amtsträger im Hinblick auf seine Dienstausübung zugutekommen soll, wodurch auch Fälle erfasst sind, bei denen eine hinreichend bestimmte Diensthandlung als konkrete Gegenleistung nicht nachzuweisen ist.[703] In den strafbaren Bereich fallen deshalb auch Anbahnungszuwendungen („Anfüttern“) sowie Vorteilsgewährungen zur Schaffung eines allgemeinen Wohlwollens („Klimapflege“), bei denen noch kein konkreter Bezug zu einer bestimmten Diensthandlung besteht.[704] Eine (künftige) Gegenleistung im Rahmen der übrigen Tatbestände der §§ 331 ff. StGB muss bei Abschluss der Unrechtsvereinbarung demgegenüber regelmäßig zwar nicht in ihrer konkreten Gestalt feststehen, jedoch zumindest in ihrem sachlichen Gehalt in groben Umrissen erkennbar und festgelegt sein.[705]

Im Gegensatz zum Äquivalenzverhältnis der anderen Bestechungstatbestände erstarkte die Unrechtsvereinbarung im Rahmen des Stimmenkaufs (§ 108e StGB a.F.) zu einem Kausalverhältnis.[706] Das Versprechen des Abgeordneten, seine Stimme bei einer Wahl oder Abstimmung im Sinne des Zuwendenden zu gebrauchen, musste im Falle der Vollendung auf dem gewährten Vorteil beruhen bzw. im Verhandlungsstadium musste ein solches Beruhen intendiert sein. Die Unrechtsvereinbarung musste der Stimmabgabe logischerweise vorausgehen, sodass ein nachträgliches Belohnen des Abgeordneten für ein erfolgtes Stimmverhalten nicht erfasst war. Anders hingegen bei den Bestechungsdelikten der §§ 331 ff. StGB, bei denen das Annehmen bzw. Gewähren eines Vorteils als „Äquivalent“ für eine künftige Amtshandlung wie auch für eine schon geleistete unter Strafe gestellt ist.[707] Auch bei der Wählerbestechung (§ 108b StGB) sowie der Bestechung und Bestechlichkeit im geschäftlichen Verkehr (§ 299 StGB) ist eine Vorteilsgewährung ausschließlich für ein künftiges Wahlverhalten bzw. eine künftige unlautere Bevorzugung im geschäftlichen

---

703 Schönke/Schröder-*Heine/Eisele*, § 331 Rn. 2; *Lackner/Kühl*, § 331 Rn. 10a m.w.N.; *Käßner*, S. 70.

704 *Fischer*, StGB, 62. Aufl. 2015, § 331 Rn. 24.

705 MK_5-*Korte*, § 331 Rn. 149 (für § 331 Abs. 2); bei § 332 Abs. 1, 2 muss sich aufgrund der Fixierung in der Vereinbarung die Pflichtwidrigkeit feststellen lassen, vgl. SK-*Stein/Deiters*, § 332 Rn. 17.

706 *Schlüchter*, in: FS Geerds, 713 (730); *Heisz*, S. 13. Kritisch dazu *Hoven*, ZIS 2013, 33 (36); *Stein*, S. 660.

707 *Heisz*, S. 22; *Schlüchter*, in: FS Geerds, 713 (721). Mit Ausnahme der §§ 331 Abs. 1, 333 Abs. 1 StGB folgt dies bereits aus dem Gesetzestext der jeweiligen Tatbestände.

Verkehr tatbestandsmäßig.[708] Bei Einführung des § 108e StGB n. F. wurde daran festgehalten, dass ein nachträgliches Belohnen für bereits vergangene Mandatswahrnehmung nicht strafbar ist.

5) *Tatbestandsbegrenzung: Geringwertigkeit, Sozialadäquanz und Genehmigung*

Zum menschlichen Miteinander gehört in vielen Bereichen ein Geben und Nehmen von Zuwendungen dazu. Dabei handelt es sich zum Teil um allgemeine Regeln der Höflichkeit, zum Teil aber auch um gewünschte oder gesetzlich sogar vorgesehene Austauschverhältnisse. Allen Bestechungstatbeständen ist deshalb gemein, dass nicht alle Vorteilszuwendungen kriminalisiert und die Tatbestände dementsprechend eingeschränkt werden sollen. Bei den Amtsträgerdelikten wurde zunächst der Versuch unternommen, über eine allgemeine Geringwertigkeitsgrenze nicht strafwürdige Vorteile auszuschließen. Infolge des einheitlichen Vorteilsbegriffs hätte dies jedoch unerfreulicherweise zur Folge, dass der Kauf einer pflichtwidrigen Diensthandlung dann mangels Vorteilsgewährung nicht gemäß den §§ 332, 334 StGB bestraft werden könnte, wenn eine bestimmte Wertgrenze nicht überschritten wird.[709]

Dogmatisch ist man deshalb dazu übergegangen, die Bestechungstatbestände beim Merkmal der Unrechtsvereinbarung mithilfe des Begriffs der Sozialadäquanz[710] teleologisch zu reduzieren. Über das Element der Regelwidrigkeit des Austauschverhältnisses lassen sich Verhaltensweisen aus den jeweiligen Tatbeständen ausklammern, die die geschützten Rechtsgüter nicht ernsthaft beeinträchtigen. Während sich bei der Wählerbestechung (§ 108b StGB) Wahlversprechen und Wählerforderungen doch recht eindeutig als sozialadäquates und nicht strafwürdiges Verhalten aus dem Tatbestand ausschließen lassen, erfordert die Abgrenzung zwischen sozialadäquater Zuwendung und wettbewerbsgefährdender Bestechung im Rahmen von § 299 StGB eine genaue Prüfung, inwieweit der angedachte oder gewährte Vorteil tatsächlich eine unlautere

---

708 Schönke/Schröder-*Eser*, § 108b Rn. 3; *Fischer*, StGB, 62. Aufl. 2015, § 299 Rn. 13. Dass beim Tatbestand der Wählerbestechung die Unrechtsvereinbarung gleichwohl als Äquivalenzverhältnis und nicht als Kausalbeziehung ausgestaltet ist, ergibt sich daraus, dass die Vollendung des Tatbestands nicht von der tatsächlichen Stimmabgabe abhängig ist, vgl. NK_3-*Wohlers/Kargl*, § 108b Rn. 2; *Lackner/Kühl*, §108b Rn.2.

709 *Fischer*, StGB, 62. Aufl. 2015, § 331 Rn. 11c; *Walther*, Jura 2010, 511 (515).

710 Zur Entwicklung des Begriffs ausführlich *Epp*, S. 289 ff. Häufig wird auch der Wert der Zuwendung ein entscheidendes Kriterium bei der Beurteilung der Sozialadäquanz sein, vgl. LK_{13}-*Sowada*, § 331 Rn. 74.

Bevorzugung darstellt.[711] Im Bereich der Vorteilsannahme (§ 331 Abs. 1 StGB) haben sich in der Rechtsprechung anhand von Leitentscheidungen Fallgruppen herausgebildet.[712] Die §§ 331 Abs. 3, 333 Abs. 3 StGB sehen zudem für die Vorteilsannahme bzw. -gewährung ausdrücklich die Möglichkeit vor, dass die Genehmigung der zuständigen Behörde die Strafbarkeit entfallen lässt.[713] Dogmatisch handelt es sich bei der vorherigen Genehmigung um einen Rechtfertigungsgrund, während die nach der Vorteilsgewährung erteilte Genehmigung einen Strafaufhebungsgrund darstellt.[714]

6) *Zusammenfassung bestehender Unterschiede*

Die Struktur der Bestechungstatbestände des Korruptionsstrafrechts im engeren Sinn ist grundsätzlich identisch. Geschützt werden sollen die Sachlichkeit eines Entscheidungsprozesses und das darauf gestützte Vertrauen der von diesem Prozess betroffenen Menschen. Strafrechtlich relevant ist deshalb ein Verhalten, bei dem zwischen Vorteilsnehmer und Vorteilsgeber eine Vereinbarung getroffen wird, bei der zum eigenen Vorteil des Nehmers die vorgegebenen Regeln zum Entscheidungsprozess außer Kraft gesetzt werden.[715] Die Unterschiede zwischen der Abgeordnetenbestechung (§ 108e StGB a.F.) und den übrigen

711 BGHSt 33, 336 (338) betont hinsichtlich § 108b StGB die personale Täter-Begünstigten-Beziehung, an der es bei Wahlversprechen fehlt. In Bezug auf § 299 StGB steht die Üblichkeit von Schmiergeldzahlungen in bestimmten Geschäftsbereichen oder Gebieten allerdings der Unlauterkeit nicht entgegen, vgl. *Fischer,* StGB, 62. Aufl. 2015, § 299 Rn. 16a.

712 Im Bereich der Drittmittelforschung wird der Tatbestand des § 331 StGB verneint, soweit es sich um der Förderung von Forschung und Lehre dienende Drittmittel handelt und das hochschulrechtlich vorgesehene Verfahren eingehalten wird (BGHSt 47, 295 ff.). Im Bereich der Wahlkampfspenden liegt keine Unrechtsvereinbarung vor, wenn die Zuwendung allein dazu dienen soll, dass der Amtsträger nach erfolgreicher Wiederwahl das Amt in einer den allgemeinen wirtschaftlichen oder politischen Vorstellungen des Vorteilsgebers entsprechenden Weise ausübt, vgl. BGHSt 49, 275 (294, 298 f.). Zum Ganzen LK_{13}-*Sowada,* § 331 Rn. 76–91 mit zahlreichen weiteren Hinweisen auf umfangreiche Literatur.

713 Vom Amtsträger geforderte Vorteile, richterliche oder pflichtwidrige Handlungen sind nicht genehmigungsfähig, vgl. *Fischer,* StGB, 62. Aufl. 2015, § 331 Rn. 33.

714 Satzger/Schluckebier/Widmaier-*Rosenau,* § 331 Rn. 50 f.; *Walther,* Jura 2010, 511 (518).

715 *Volk,* in: GS Zipf, 419 (424), versucht, dies in einem allgemeinen Korruptionstatbestand ebenso zum Ausdruck zu bringen.

Bestechungstatbeständen[716] sind durch die Einführung der Tatbestände Bestechlichkeit und Bestechung von Mandatsträgern (§ 108e StGB n.F.) überwiegend beseitigt worden. Neben der Strafbarkeit der Gewährung immaterieller Vorteile wurde mit der Einführung einer konkreten Unrechtsvereinbarung in § 108e StGB n.F. ein bereits bekanntes Element der §§ 332, 334 StGB übernommen. Ein Unterschied besteht darin, dass ausschließlich bei den Amtsträgerdelikten eine nachträgliche Vorteilszuwendung tatbestandsmäßig ist, während bei Wähler- und Mandatsträgerbestechung sowie bei Bestechung im geschäftlichen Verkehr die Vereinbarung der Vorteilsgewährung der Gegenleistung des Entscheidungsträgers vorausgehen muss. Besonderheiten des § 108e StGB n.F. gegenüber den anderen Bestechungsdelikten sind die Einschränkung des Vorteilsbegriffs durch den Zusatz „ungerechtfertigt" sowie der abgewandelte Maßstab bei der Bestimmung der Sozialüblichkeit der Gewährung eines Vorteils („parlamentarische Gepflogenheit").

II) Exkurs: Ausweitung durch internationale Vorgaben

Das Korruptionsstrafrecht im engeren Sinne wurde durch das Korruptionsbekämpfungsgesetz (KorrBekG) 1997 auf Initiative inländischer politischer Akteure ausgeweitet. Anschließende Gesetzesänderungen basieren auf den Verpflichtungen aus völkerrechtlichen Vereinbarungen. Dabei hat sich der Gesetzgeber wiederholt der Regelungstechnik bedient, wonach durch nebenstrafrechtliche Gleichstellungsregeln der Begriff des Amtsträgers erweitert und so der Anwendungsbereich der §§ 331 ff. StGB ausgedehnt wurde.[717]

Infolge des EUBestG[718] wurden in Bezug auf künftige richterliche Handlungen oder Diensthandlungen im Rahmen der §§ 332, 334– 336, 338 StGB inländische Amtsträger mit Beamten der EU sowie Amtsträgern der EU-Mitgliedstaaten gleichgestellt. Im Gegensatz zur völkerrechtlichen Vorlage war es dem EUBestG nach nicht erforderlich, dass durch die Tat die finanziellen Interessen der EU

716 Zu den Unterschieden zwischen Abgeordneten- und Amtsträgerbestechung auch *Schlüchter*, in: FS Geerds, 713 (730).

717 LK_{13}-*Sowada*, Vor § 331 Rn. 27. Kritisch dazu *Heinrich*, in: GS Keller, 103 (118 ff.).

718 Gesetz v. 10.09.1998 zu dem Protokoll vom 27. September 1996 zum Übereinkommen über den Schutz der finanziellen Interessen der Europäischen Gemeinschaften, BGBl. 1998 II, S. 2340 f.

geschädigt werden.[719] Das IntBestG[720] erweiterte hingegen lediglich den Anwendungsbereich des Tatbestands der Bestechung (auch in Verbindung mit den §§ 335, 336, 338 Abs. 2 StGB) auf künftige Handlungen von Amtsträgern oder Richtern eines ausländischen Staates oder einer internationalen Organisation.[721] Durch das IStGHGleichstG wurden schließlich die §§ 331 ff. StGB auf künftige Diensthandlungen von Richtern und Amtsträgern, die beim Internationalen Strafgerichtshof im niederländischen Den Haag arbeiten, ausgedehnt.[722] Neben der Parallelität der Regelungstechnik ist bei EUBestG und IntBestG die unterschiedliche Schutzrichtung besonders auffällig. Das EUBestG schützt das gleiche Rechtsgut wie die §§ 331 ff. StGB, also die Funktionsfähigkeit der Verwaltung und das darauf bezogene Vertrauen der Bevölkerung, jedoch auf europäischer Ebene. Der mittels nationalen Strafrechts erfolgende Schutz der Lauterkeit der „europäischen Verwaltung" ist in Anbetracht des Interesses, das die an der Wirtschaftsunion beteiligten einzelnen Mitgliedstaaten an deren Funktionsfähigkeit haben, nachvollziehbar und folgerichtig.[723] Das mit dem IntBestG zum Ausdruck gebrachte Interesse Deutschlands an der Funktionsfähigkeit der Verwaltung in allen anderen Ländern der Welt erscheint jedoch zweifelhaft, sodass zur Legitimation des Gesetzes die negativen Auswirkungen der Bestechung im internationalen geschäftlichen Verkehr auf die nationalen Mitkonkurrenten sowie das

---

719 *Zieschang,* NJW 1999, 105 (106); *Gänßle,* NStZ 1999, 543 (546). Sind dennoch finanzielle Interessen der EU betroffen, so könnte für die Tat auch eine Zuständigkeit des *Office de la Lutte Anti-Fraud* (OLAF), des Europäischen Amtes für Betrugsbekämpfung, begründet sein, vgl. *Tinkl,* wistra 2006, 126 (127).

720 Gesetz v. 10.09.1998 zu dem Übereinkommen vom 17. Dezember 1997 über die Bekämpfung der Bestechung ausländischer Amtsträger im internationalen Geschäftsverkehr, BGBl. 1998 II, S. 2327.

721 Zudem schaffte das IntBestG ein weiteres subjektives Tatbestandsmerkmal, denn der Täter muss handeln, *„um einen Auftrag oder unbilligen Vorteil im internationalen Wettbewerb zu erlangen"*.

722 Das Gesetz über das Ruhen der Verfolgungsverjährung und die Gleichstellung der Richter und Bediensteten des Internationalen Strafgerichtshofes ist in Artikel 2 des Gesetzes v. 21.06.2002 zur Ausführung des Römischen Statuts des Internationalen Strafgerichts vom 17. Juli 1998 enthalten, BGBl. 2002 I, S. 2144 ff., S. 2162–2165. Mit der Erweiterung der §§ 331 ff. StGB ist der Gesetzgeber seiner Verpflichtung aus Art. 70 Abs. 4 lit. a des Römischen Statuts nachgekommen.

723 Vgl. auch *Tinkl,* wistra 2006, 126 (127); *Zieschang,* NJW 1999, 105 (106).

Eigeninteresse an der weltweiten Durchsetzung von fairen Wettbewerbsbedingungen betont werden.[724]

Das Korruptionsbekämpfungsgesetz (KorrBekG) 2015 löste die bestehende Unübersichtlichkeit auf und transformierte die Normen aus dem Nebenstrafrecht in einen neuen einheitlichen § 335a StGB, wodurch eine nach Straftatbeständen der §§ 331 ff. StGB differenzierende Gleichstellung von ausländischen und internationalen Bediensteten erfolgt.[725] Mit § 335a StGB erfolgte zudem eine weitere Harmonisierung: Bei außereuropäischen Bestechungsfällen findet nicht mehr nur § 334 StGB auf den Vorteilsgeber Anwendung, sondern auch § 332 StGB für den Vorteilsnehmer, sofern die Voraussetzungen der §§ 5 ff. StGB (insbesondere § 5 Nr. 15 StGB) vorliegen.[726] Zudem ist durch die Aufhebung von Art. 2 § 1 des IntBestG das zusätzliche subjektive Merkmal der Absicht, im internationalen Wettbewerb einen Vorteil erlangen zu wollen, nicht mehr erforderlich.[727] Und schließlich werden durch § 335a StGB europäische Amtsträger künftig dem Anwendungsbereich der Vorteilsannahme und Vorteilsgewährung unterfallen.

III) Verhältnis von § 108e StGB n. F. und Art. 2 § 2 IntBestG

Mit der Aufnahme der ausländischen Gesetzgebungsorgane (Abs. 3 Nr. 6) und parlamentarischer Versammlungen internationaler Organisationen (Abs. 3 Nr. 5) werden auch diejenigen Mitglieder in den Anwendungsbereich von § 108e Abs. 1 StGB n. F. einbezogen, deren Bestechung bereits nach Art. 2 § 2 IntBestG unter Strafe gestellt ist.[728] Dennoch hat der Gesetzgeber darauf verzichtet, die Sonderregelung des Art. 2 § 2 IntBestG aufzuheben. Das Fortbestehen hielt er „*im Hinblick auf die Besonderheiten der Bestechung im internationalen Geschäftsverkehr* […] *und das Übereinkommen über die Bekämpfung der Bestechung ausländischer Amtsträger im internationalen Geschäftsverkehr vom 17. Dezember 1997*“ für angebracht.[729]

---

724 LK$_{13}$-*Sowada*, Vor § 331 Rn. 28 m.w.N.; *Tinkl*, wistra 2006, 126 (127), verweist bei der Kritik an der Schutzrichtung des IntBestG auf den von *Schünemann* geprägten Begriff des Strafrechtsimperialismus.

725 Gesetz v. 20.11.2015 zur Bekämpfung der Korruption, BGBl. 2015 I, S. 2025 ff.; ergänzend wurde § 11 StGB um die Definition des Europäischen Amtsträgers in Nr. 2a erweitert.

726 *Dann*, NJW 2016, 203 (203 f.).

727 Zu den Konsequenzen: *Dann*, NJW 2016, 203 (206).

728 *Francuski*, HRRS 2014, 220 (229).

729 BT-Drs. 18/476, S. 6.

Die Einführung von Art. 2 § 2 IntBestG diente der Umsetzung der OECD-Übereinkommen über die Bekämpfung der Bestechung ausländischer Amtsträger im internationalen Geschäftsverkehr[730], mit dem eine wirksame Bekämpfung grenzüberschreitender Korruption unter einem ökonomischen Blickwinkel erfolgen sollte, weshalb der Wettbewerbsaspekt zwischen den Hauptwettbewerberstaaten im Weltmarkt im Vordergrund stand[731]. Im Unterschied zur VN-Konvention und § 108e StGB n.F. ist für die Strafbarkeit nach OECD-Übereinkommen und Art. 2 § 2 IntBestG beim Vorteilsgeber die Absicht erforderlich, *„sich oder einem Dritten einen Auftrag oder einen unbilligen Vorteil im internationalen geschäftlichen Verkehr zu verschaffen oder zu sichern"*. Dieses zusätzliche subjektive Merkmal schränkt die Strafbarkeit jedoch ein, denn § 108e StGB n.F. erfasst auch darüber hinausgehende Fälle ohne besondere Vorteilssicherungsabsicht.[732] Dennoch wurde die Vermutung geäußert, dass der Gesetzgeber Art. 2 § 2 IntBestG unangetastet ließ, weil eine Streichung zur Folge hätte, dass die Bundesrepublik die strengeren Vorgaben des OECD-Übereinkommens nicht mehr erfüllen würde.[733]

Der einzige Zweifel daran, dass § 108e StGB n.F. nicht auch die Vorgaben des OECD-Übereinkommens erfüllen kann, könnte darin bestehen, dass Art. 1 Abs. 1 des OECD-Übereinkommens als Gegenleistung für den Vorteil jede Handlung oder Unterlassung des Mandatsträgers *„im Zusammenhang mit der Ausübung"* seines Mandats erfasst, womit auch Tätigkeiten außerhalb des Mandats einbezogen sein könnten, die über die „Wahrnehmung des Mandats" im Sinne von § 108e StGB n.F. hinausgehen.[734] Gemäß Art. 1 Abs. 4 lit. c) soll mit dem Ausdruck „im Zusammenhang mit der Ausübung" *„jede Nutzung der Stellung [...] innerhalb oder außerhalb eines ihm übertragenen Zuständigkeitsbereichs"* erfasst sein.[735] In den Erläuterungen zum OECD-Übereinkommen wird als Beispielsfall für eine solche strafbare Kompetenzüberschreitung die Konstellation geschildert, dass ein leitender Staatsbeamter bestochen wird, damit dieser

---

730 Das Abkommen ist am 17. Dezember 1997 unterzeichnet worden und am 15. Februar 1999 in Kraft getreten. Ein Abdruck findet sich in BT-Drs. 13/10428, S. 9 ff. und BR-Drs. 269/98, S. 9 ff.

731 *Schaller*, S. 41; *Korte*, wistra 1999, 81 (82).

732 *Francuski*, HRRS 2014, 220 (229); *Fischer*, StGB, 62. Aufl. 2015, § 108e Rn. 13.

733 So die Vermutung von *Wolf*, Reform der Abgeordnetenbestechung – Spät kommt sie, aber sie kommt, vom 20.02.2014, abrufbar unter: www.lto.de (Link: Suche „Reform der Abgeordnetenbestechung").

734 *Francuski*, HRRS 2014, 220 (229 f.).

735 *Francuski*, HRRS 2014, 220 (230).

sein Amt benutzt und einen anderen Beamten beeinflusst, damit dieser einen Auftrag an die Gesellschaft vergibt, die zuvor als Vorteilsgeber in Erscheinung getreten ist.[736] Ein vergleichbarer Fall, in dem ein Mandatsträger die Autorität des Mandats ausnutzt, um etwa ein behördliches Verfahren im Sinne seines Vorteilsgebers zu beeinflussen, stellt aber nach dem Willen des Gesetzgebers gerade keine Wahrnehmung des Mandats dar.[737]

Die Fallgruppe der Ausnutzung einer dem Mandat innewohnenden Autorität zur Beeinflussung eines behördlichen Verfahrens bedeutet somit keine „*Wahrnehmung des Mandats*" im Sinne von § 108e StGB n.F., wohl aber eine Handlung „*im Zusammenhang mit der Ausübung des Mandats*" nach Art. 2 § 2 IntBestG.[738] § 108e StGB n.F. erfüllt damit nicht zugleich die Anforderungen des OECD-Übereinkommens, sodass der Gesetzgeber sich zu Recht für die Beibehaltung der Sonderregelung von Art. 2 § 2 IntBestG entschieden hat. Das bedeutet aber zugleich, dass in Bezug auf die soeben geschilderte Fallgruppe auch nach geänderter Rechtslage eine Ungleichbehandlung zwischen inländischen Mandatsträgern einerseits und Mitgliedern ausländischer Gesetzgebungsorgane bzw. Versammlungen parlamentarischer Organisationen andererseits *de lege lata* weiterhin besteht.

Verwirklicht ein Vorteilsgeber durch eine Handlung zugleich die Tatbestände der Bestechung eines Mandatsträgers gemäß § 108e Abs. 2, Abs. 3 Nr. 5 oder Nr. 6 StGB n.F. sowie die Bestechung gemäß Art. 2 § 2 Abs. 1 IntBestG liegt Tateinheit vor, bei der kein Tatbestand hinter dem anderen zurücktritt. Die Aufnahme beider Strafnormen in den Schuldspruch ist aus Klarstellungsgründen notwendig, um die besondere Vorteilssicherungsabsicht des IntBestG sowie die unterschiedlichen Schutzrichtungen abzubilden.

736 Vgl. Nr. 19 der Erläuterungen zu dem Übereinkommen über die Bekämpfung der Bestechung ausländischer Amtsträger im internationalen Geschäftsverkehr, abgedruckt in BR-Drs. 269/98, S. 24.

737 So ausdrücklich BT-Drs. 18/607, S. 8.

738 A. A.: *Francuski*, HRRS 2014, 220 (230), die jedoch nicht auf die ausdrückliche Erklärung des Gesetzgebers in BT-Drs. 18/607, S. 8, eingeht.

4. Abschnitt – Bewertung & rechtspolitischer Ausblick

A) Kritische Würdigung von § 108e StGB n. F.

Bevor eine inhaltliche Bewertung von § 108e StGB n.F. vorgenommen werden soll, ist zunächst festzuhalten, dass die Umstände des Gesetzgebungsverfahrens für das der VN-Konvention und den darauf aufbauenden gesetzgeberischen Maßnahmen innewohnende Ziel – durch die Bekämpfung politischer Korruption das Vertrauen in die Abgeordneten und die parlamentarische Demokratie insgesamt zu stärken – nicht förderlich gewesen sind. Die Eile, mit der das Gesetzgebungsverfahren durchgeführt wurde, ist für sich genommen schon deshalb bemerkenswert, weil noch ein halbes Jahr zuvor ein vergleichbarer Gesetzesentwurf im Bundestag keine Mehrheit gefunden hatte.[739] Dass die in der Zwischenzeit vorgenommenen Korrekturen nicht auch im Gesetzgebungsprozess der vorangegangenen Legislaturperiode parteiübergreifend hätten erarbeitet werden können, mag man mit Blick auf die Bundestagswahl 2013 erklären können. Ein Thema wie die Reform der Abgeordnetenbestechung zum „Spielball" parteipolitischer Interessen im Vorfeld einer Wahl zu degradieren, ist schon für sich genommen kritikwürdig. Dass die Novellierung von § 108e StGB als Teil eines Regelungspakets zum Abgeordnetenrecht gemeinsam mit einer Diätenerhöhung beraten und verabschiedet wurde, stellt jedoch eine erstaunliche Missachtung der Bedeutung der Thematik sowie der Wertigkeit ernsthafter gesetzgeberischer Bemühungen auf dem Feld der Korruptionsbekämpfung dar. Hingegen wäre es ein deutliches – und wünschenswertes – Zeichen für die Korruptionsbekämpfung im politischen Umfeld gewesen, wenn die Novellierung des Straftatbestands der Abgeordnetenbestechung etwa mit einer Erweiterung der Verhaltensregeln des Deutschen Bundestages sowie einer Überarbeitung der Vorschriften zur Spendenpraxis verbunden gewesen wäre.

Das vornehmlichste Ziel der Ausweitung der Strafbarkeit der Abgeordnetenbestechung über den Kauf bzw. Verkauf der Stimme eines Abgeordneten in einer Volksvertretung auf alle Handlungen bei Wahrnehmung seines Mandats besteht darin, die Voraussetzung für die Ratifikation der VN-Konvention und

---

739 Das Tempo des Gesetzgebungsverfahrens sieht auch *Willems*, CCZ 2015, 29 (30 f.), kritisch.

des Strafrechtsübereinkommens des Europarates geschaffen zu haben.[740] Der Gesetzgeber beschränkte sich dabei darauf, die Minimalanforderungen der beiden völkerrechtlichen Verträge umzusetzen. Dass damit eine „politische Peinlichkeit“ getilgt ist und die Bundesrepublik Deutschland nun zu der großen Zahl von Ländern gehört, die eine wesentliche Vorgabe des Strafrechtsübereinkommens des Europarates umgesetzt und die VN-Konvention gegen Korruption ratifiziert hat, ist zu begrüßen.

Ob der novellierte § 108e StGB darüber hinaus auch einen sinnvollen Beitrag zur Bekämpfung der Abgeordnetenbestechung leisten kann, lässt sich nicht mit vergleichbarer Deutlichkeit feststellen. Mit der Reform der Abgeordnetenbestechung hat der Gesetzgeber die Kritikpunkte an § 108e StGB a.F. aufgenommen und die nach alter Rechtslage bestehenden, evidenten Strafbarkeitslücken der Abgeordnetenbestechung beseitigt. Dass künftig auch die Entgegennahme immaterieller Vorteile strafbar ist und das mögliche Verhalten des Abgeordneten nicht mehr auf die Abgabe seiner Stimme bei Wahlen und Abstimmungen beschränkt ist, bedeutet eine dringend notwendige Erweiterung des Tatbestands. Insgesamt ist die Struktur des novellierten § 108e StGB deutlich an die anderen Bestechungstatbestände (§§ 108b, 299, 331 ff. StGB) angeglichen worden, sodass die strafrechtliche Privilegierung der Abgeordneten zwar nicht vollständig beseitigt, jedoch deutlich reduziert wurde.

§ 108e StGB n.F. hat trotz Ausweitung der Strafbarkeit ein sehr verhaltenes Echo hervorgerufen. So müsse zunächst abgewartet werden, inwieweit die Strafverfolgung von käuflichen Handlungen im parlamentarischen Umfeld anhand des reformierten § 108e StGB erfolgreich betrieben werden könne.[741] Die abwartende Haltung gegenüber den Tatbeständen der Bestechlichkeit und Bestechung von Mandatsträgern basiert auf der weiterhin bestehenden Straflosigkeit verschiedener Erscheinungsformen der als strafwürdig erachteten Einflussnahme (nachträgliches „Belohnen“, „politische Klimapflege“) einerseits und den sehr

---

740 *Hoven*, NStZ 2015, 553 (560), konstatiert, dass die Entstehung weniger einer Einsicht des Gesetzgebers in die Notwendigkeit einer materiellen Neuregelung als vielmehr den außenpolitischen Interessen an einer Umsetzung internationaler Rechtsakte zu verdanken sei.

741 *Fritz*, NJW-Spezial 2014, 184 (184); *Michalke*, Compliance Berater 2014, 215 (220); *Lesch*, HSFK-Standpunkte 7 / 2014, 1 (8); *Kubiciel/Hoven*, NJW aktuell Heft 3 2015, 14 (14). Nach *Hoven*, NStZ 2015, 553 (560), bleibt die Neufassung teilweise hinter ihrem eigenen Schutzanspruch zurück. A. A.: *Willems*, CCZ 2015, 29 (33). *Trips-Hebert*, JR 2015, 372 (376), sieht nicht, dass sich aus der Neufassung signifikant erhöhte materiell-strafrechtliche Risiken für den redlich agierenden Abgeordneten ergeben würden.

hohen Hürden bei der Strafverfolgung andererseits. Vor allem die tatbestandliche Einschränkung, dass der ungerechtfertigte Vorteil als Gegenleistung dafür vereinbart sein muss, dass bei Wahrnehmung des Mandats eine Handlung „*im Auftrag oder auf Weisung*" vorgenommen oder unterlassen werde, hat teilweise zu dem Urteil geführt, eine wirkliche Reform der Abgeordnetenbestechung habe nicht stattgefunden.[742] Denn dort, wo ernst zu nehmende Reste von Gestaltungs- und Entscheidungsfreiheit verbleiben oder auch nur unwiderlegbar behauptet würden, erfolge die Handlung nicht „*auf Weisung*", sodass auch zukünftig nur besonders ungeschickt agierende Mandatsträger bestraft würden, die es etwa versäumten, nachweislich zu versichern, auf Weisung des Vorteilsgebers noch einmal ganz unabhängig über dessen Argumente nachdenken zu wollen.[743] Diese – überspitzt formulierte – Argumentation am Merkmal „*im Auftrag oder auf Weisung*" festzumachen, ist jedoch ungenau, weil die Formulierung, wie dargestellt,[744] im novellierten § 108e StGB lediglich symbolischen und keinen strafbarkeitseinschränkenden Charakter hat. Sie beschreibt jedoch sehr pointiert das zentrale Problem der Abgeordnetenbestechung: Wie unterscheidet man strafrechtlich zwischen unzulässiger Einflussnahme auf einen Abgeordneten auf der einen und der Ausübung des freien Mandats auf der anderen Seite?

Die Suche nach einer zufriedenstellenden Antwort wurde im Parlament bei vorangegangenen Diskussionen zur Strafbarkeit der Abgeordnetenbestechung auch von der Befürchtung bestimmt, durch die Einführung einer zu weitreichenden Strafbarkeit das Risiko voreiliger oder sogar gezielt falscher Verdächtigungen für die Abgeordneten zu erhöhen. Auch bei der parlamentarischen Debatte im Gesetzgebungsverfahren zur Novellierung von § 108e StGB a.F. wurde die Sorge geäußert, dass Abgeordnete infolge der Ausweitung der Strafbarkeit vermehrt Opfer von Denunziationen werden könnten.[745] Die Angst vor einer medialen

742 MdB *Tempel* (Die Linke) befürchtet „*eine fast völlige Wirkungslosigkeit dieses Paragrafen*". Mit deutlicheren Worten: *Fischer*, Dieses Gesetz ist ein Witz!, Die Zeit vom 26.06.2014, S. 8, der in der Gesetzesänderung nicht den behaupteten großen Wurf erkennt, „*sondern Käse minderer Qualität – viel Luft, wenig Substanz*".

743 *Fischer*, Dieses Gesetz ist ein Witz!, Die Zeit vom 26.06.2014, S. 8.

744 Vgl. zuvor 3. Abschnitt B) III) 2) c). A. A.: *Kubiciel/Hoven*, NK 2014, 339 (349 f., 354), die darin „*eine ‚doppelt qualifizierte Unrechtsvereinbarung'*" erkennen, die nicht den Vorgaben der internationalen Verträge entspreche.

745 MdB *Wadephul* (CDU), PlrPr 18/18, S. 1380D, zeigte sich besorgt, da man in der „*Mediengesellschaft nämlich recht frühzeitig Opfer eines Vorverurteilungsprozesses werden*" könne. MdB *Uhl* (CSU), PlrPr 18/18, S. 1377B-C, appelliert an die Staatsanwaltschaften, bei Vorermittlungen nicht „*sensationslüsternen Medienvertretern*" nachzugeben

Vorverurteilung ist bei Abgeordneten als Personen des öffentlichen Lebens nicht unbegründet, da persönliches Auftreten und Sympathie neben der parteilichen Programmatik, für die geworben wird, für die Wahlentscheidung des Bürgers (mit)entscheidend sein können. Zweifelhaft erscheint jedoch, dass sich durch den erweiterten § 108e StGB n.F. das Risiko, vorverurteilt oder gar das Opfer einer „medialen Kampagne" zu werden, erhöht haben könnte. Beispielsfälle in der Vergangenheit zeigen, dass nicht erst der Vorwurf eines strafbaren Verhaltens im Raum stehen muss, um das Ansehen eines Mandatsträgers nachhaltig zu beeinträchtigen. Auch moralisches Fehlverhalten kann politische Karrieren beenden, ohne dass dem Betroffenen ein rechtlich oder gar strafrechtlich relevanter Vorwurf zu machen ist. Deshalb liegt es nahe, die Sorge um die Risiken einer medialen Vorverurteilung als Argumentationslinie zu verstehen, die die seit Jahrzehnten bestehende Abneigung der Parlamentarier gegen Regelungen, die sich an sie selbst richten, verschleiern soll. Zudem drängt sich bei der strafrechtlichen Regelung der Abgeordnetenbestechung der Verdacht auf, dass sich im Gesetzesentwurf letztlich auch der Widerwille von Vertretern organisierter Interessen und Lobbyisten niedergeschlagen haben könnte. Der Straftatbestand der Bestechung von Mandatsträgern gemäß § 108e Abs. 2 StGB n.F. erscheint schließlich in besonderer Weise für eine Beschränkung der Arbeitsweise und Handlungen dieser Gruppen sowie deren strafrechtliche Haftung wegen Bestechung geeignet.

Der Gesetzgeber hat – letztlich auf politischen Druck infolge völkerrechtlicher Verpflichtungen hin – den Entschluss gefasst, dass eine strafbare Einflussnahme erst dann vorliegt, wenn ein ungerechtfertigter Vorteil für eine konkrete (d. h. bestimmbare) Handlung (oder Unterlassung) bei Wahrnehmung des Mandats vereinbart wird oder werden soll. Dieses Festhalten am Erfordernis einer konkreten Unrechtsvereinbarung sowie auch die Herausnahme von nachträglichen Zuwendungen aus dem Tatbestand können als Wahrung des strukturellen Unterschieds zwischen Amtsträgern und Abgeordneten verstanden werden, der die Besserstellung der Mandatsträger rechtfertigt.[746] Zudem wird auf diese Weise verhindert, dass in einem Strafverfahren Antworten auf schwerwiegende Abgrenzungsfragen gefunden werden müssen, ob es sich etwa bei der Zahlung einer Geldsumme um eine zulässige Abgeordnetenspende (zur Unterstützung der künftigen politischen Arbeit) handelt oder doch um eine nachträgliche

und die Unschuldsvermutung zu wahren, weil eine frühzeitige Berichterstattung einer „*öffentlichen Hinrichtung eines Abgeordneten*" gleichkommen könne.

746 So *Satzger*, Jura 2014, 1022 (1029).

„Belohnung" für die zum Vorteil des Gebers ausgeübte Handlung in Wahrnehmung des Mandats.[747]

Die sich aus dem Tatbestandsmerkmal der konkreten Unrechtsvereinbarung ergebenden Herausforderungen im Strafverfahren sind ohnehin nicht zu unterschätzen. Der freien richterlichen Beweiswürdigung obliegt es künftig, das „unfreie" Gewissen eines Mandatsträgers anhand des „äußeren Erklärungswerts" des Verhaltens auch im Vorfeld parlamentarischer Willensbildung und in der offenen parlamentarischen Diskussion nachzuvollziehen.[748] *Michalke* erkennt darin offenbar eine unüberwindbare Hürde und formuliert dementsprechend die Hoffnung, *„dass die Vorschrift ebenso selten zur Anwendung kommen wird wie ihre Vorgängerin"*.[749] Dass diese zugegebenermaßen schwierige Bewertung gänzlich unmöglich sein soll, erscheint in Anbetracht des der Strafrechtsordnung keinesfalls unbekannten Merkmals der konkreten Unrechtsvereinbarung (vgl. §§ 299, 332, 334 StGB) nicht überzeugend. Sollte bei den Abgeordneten gleichwohl die Sorge bestehen, dass bestimmte Verhaltensweisen von den Strafverfolgungsbehörden und Gerichten möglicherweise zu Unrecht als strafwürdige Beeinflussung angesehen werden könnten, so liegt es in ihren Händen, über die Abgeordnetengesetze, Geschäftsordnungen oder Verhaltensregeln klare Regelungen aufzustellen und Verfahrensweisen festzulegen, die die Entgegennahme von Vorteilen eindeutig regeln sowie transparenter gestalten.[750] Die Einhaltung entsprechender Vorschriften stünde der Annahme einer konkreten Unrechtvereinbarung im zu würdigenden Sachverhalt entgegen, die Umgehung hingegen würde als ein starkes Indiz für ein strafwürdiges Verhalten wahrgenommen.

Nach der Einführung von § 108e StGB a.F. im Jahr 1994 stellt die Neuregelung in § 108e StGB n.F. 20 Jahre später erneut eine grundlegende Novellierung der Abgeordnetenbestechung dar. Der Gesetzgeber wird dabei seinem eigenen Anspruch gerecht, die Anforderungen des Strafrechtsübereinkommens und der VN-Konvention erfüllt und die Voraussetzungen für die Ratifikation der beiden völkerrechtlichen Verträge geschaffen zu haben. § 108e StGB n.F. erfasst dabei strafwürdige korruptive Verhaltensweisen von und gegenüber Mandatsträgern

747 Vgl. auch *Satzger*, Jura 2014, 1022 (1029).

748 *Michalke*, Compliance Berater 2014, 215 (220), hält es für ein *„Paradoxon"*, eine solche Bewertung zur Grundlage der Strafbarkeit zu machen. Zu dieser Problematik auch *Kubiciel/Hoven*, NK 2014, 339 (349).

749 *Michalke*, Compliance Berater 2014, 215 (220).

750 *Kubiciel/Hoven*, NK 2014, 339 (355), unterbreiten den Vorschlag, mit einem Code of Conduct unerwünschte Formen der Einflussnahme von politisch Erlaubtem abzugrenzen.

und trägt der Freiheit des Mandats damit Rechnung, dass nicht jede Vorteilszuwendung unter Strafe gestellt wird. Die in der mehrjährigen Reformdiskussion zur Abgeordnetenbestechung teilweise angeklungenen Hoffnungen, die Umsetzung der völkerrechtlichen Verträge könnte für den Gesetzgeber Anlass zu einer umfassenden und über die Minimalanforderungen hinausgehenden Reform der Abgeordnetenbestechung sein, haben sich hingegen nicht erfüllt.

B) Einzelfragen zum Anpassungsbedarf von § 108e StGB n. F.

Trotz der insgesamt sinnvollen Struktur von § 108e StGB n.F. sollte darüber nachgedacht werden, vereinzelt Korrekturen am Tatbestand vorzunehmen. Auf diese Weise können noch immer bestehende Ungleichbehandlungen beim erfassten Personenkreis oder Strafrahmen reduziert werden.

I) Einbeziehung von Mandatsbewerbern?

Bedenkenswert erscheint es zunächst, den Anwendungsbereich von § 108e StGB n.F. durch eine Gleichstellung von Bewerbern um ein Mandat mit den Mandatsträgern zu erweitern. Obwohl sich in der Anhörung vom 17. Februar 2014 der Sachverständige *Prof. Dr. Heinrich* ausdrücklich dafür aussprach, Personen, die sich um ein Mandat bewerben, in den Tatbestand aufzunehmen, fand ein entsprechender Änderungsantrag der Bundestagsfraktion von Bündnis90/Die Grünen zum Gesetzesentwurf für § 108e StGB n.F. im Bundestag keine Zustimmung.[751] Ein Grund für die ablehnende Haltung könnte darin bestanden haben, dass weder die VN-Konvention noch das Strafrechtsübereinkommen des Europarats die Einbeziehung von Mandatsbewerbern verlangen und eine entsprechende Regelung zur Schaffung der Voraussetzung für die Ratifizierung der beiden völkerrechtlichen Verträge nicht notwendig war.

Zu Recht wird jedoch darauf hingewiesen, dass eine Nichtberücksichtigung von Mandatsbewerbern eine gleichheitswidrige Benachteiligung von Mandatsinhabern darstellt. Die Bewerber um ein Mandat haben im politischen Wettbewerb den Vorteil, dass sie sich sanktionsfrei finanzielle Mittel für ihren Wahlkampf als Gegenleistung für ein künftiges Verhalten als Mandatsträger

751 Durch BT-Drs. 18/624 sollte ein neuer Abs. 4 in § 108e StGB n.F. mit folgendem Wortlaut eingefügt werden: „*Mitgliedern im Sinne der Absätze 1 bis 3 stehen Personen gleich, die sich um ein Mandat in einer Volksvertretung oder einem Gemeindeorgan bewerben.*“ Eine entsprechende Regelung sahen bereits die Gesetzesvorschläge von Bündnis 90/Die Grünen in den vorangegangenen Legislaturperioden zur Reform der Abgeordnetenbestechung vor, vgl. BT-Drs. 16/6726 und BT-Drs. 17/5933.

verschaffen können.[752] Für den Inhaber eines Mandats ist wegen § 108e Abs. 4 S. 1 bzw. S. 2 Nr. 2 StGB n. F. das Einwerben von Wahlkampfspenden nur in den Grenzen möglich, dass sie der allgemeinen Unterstützung der politischen Arbeit dienen, ohne dass eine konkrete Wahrnehmung des Mandats im Sinne des Spenders in Aussicht gestellt werden darf.

Der Aufnahme von Mandatsbewerbern in § 108e StGB n. F. kann auch nicht entgegengehalten werden, dass dann eine Lösung über die vom BGH im Fall Kremendahl aufgestellten Grundsätze nicht mehr möglich sei.[753] In seinem Urteil legte der BGH die §§ 331 Abs. 1, 333 Abs. 1 StGB restriktiv aus und beurteilte die finanzielle Unterstützung eines sich der Wiederwahl stellenden Amtsträgers in Wahlkampfzeiten unter bestimmten Voraussetzungen für zulässig, damit diesem kein Nachteil gegenüber Mitbewerbern entsteht, die keine Amtsträger sind.[754] Eine Übertragung des von der Rechtsprechung entwickelten Grundsatzes auf § 108e StGB n. F. ist aus systematischen Gründen nicht möglich. Im Fall Kremendahl bestand infolge der gelockerten Unrechtsvereinbarung in den §§ 331, 333 StGB die Gefahr, dass Wahlkampfspenden an einen Amtsinhaber, die der allgemeinen Unterstützung der politischen Ausrichtung und Arbeit dienen sollten, als „*Vorteile für die Dienstausübung*" charakterisiert werden und damit strafbar sind. Die restriktive Auslegung durch den BGH erfolgte, um solche Wahlkampfspenden von der Strafbarkeit auszunehmen.[755] Eine Übertragung dieses Grundsatzes, damit zwischen Mandatsinhabern und mandatslosen Bewerbern „Waffengleichheit" bei der Einwerbung von Wahlkampfspenden herbeigeführt würde, hätte zur Folge, dass auch Zuwendungen straffrei bleiben, denen eine konkrete Unrechtsvereinbarung zugrunde liegt.[756] Dies ist aber weder bei der Kremendahl-Entscheidung die Intention des BGH gewesen noch der Wille des Gesetzgebers bei Einführung von § 108e StGB n. F.

Die bestehende verfassungswidrige Ungleichbehandlung von amtierenden und sonstigen Mandatsträgern in Bezug auf die Möglichkeit zur Einwerbung von Wahlkampfspenden sollte deshalb durch eine gesetzlich normierte

752 BT-Drs. 18/624, S. 2; *Heinrich*, Protokoll der Sachverständigenanhörung vom 17. Februar 2014 (Protokoll-Nr. 18/7), S. 10.

753 So aber *Schmitz*, in: FS Szwarc, 367 (380) in Fn. 86, zum Entwurf der Fraktion Bündnis90/Die Grünen in BT-Drs. 16/6726.

754 BGH, NJW 2004, 3569 (3574) = NStZ 2005, 509 (510).

755 *Hartmann*, S. 274.

756 *Hartmann*, S. 274 f.

Gleichstellung von Mandatsbewerbern im Rahmen der Bestechlichkeit und Bestechung von Mandatsträgern aufgehoben werden.[757]

II) Stimmenkauf als Qualifikation?

Hingegen sollte auf die (Wieder-)Aufnahme des § 108e StGB a.F. als Qualifikationstatbestand zu § 108e StGB n.F. verzichtet werden. Im Rahmen der Reformdiskussionen zu § 108e StGB a.F. ist vereinzelt die Auffassung vertreten worden, den Stimmenkauf als qualifizierten Fall der Bestechlichkeit und Bestechung von Volksvertretern mit erhöhtem Strafrahmen zu bewerten.[758] Auch wenn der Fall, dass die konkrete Unrechtsvereinbarung den Kauf bzw. Verkauf der Stimme eines Abgeordneten für eine Wahl oder Abstimmung zum Gegenstand hat, den eindeutig schwerwiegendsten Eingriff in den parlamentarischen Willensbildungs- und Entscheidungsprozess darstellt, spricht die geringe Anzahl der Verurteilungen wegen Stimmenkaufs nach § 108e StGB a.F. nicht dafür, dass es sich um eine signifikante Erscheinungsform der Bestechlichkeit und Bestechung von Mandatsträgern handelt. Der Strafrahmen mit der Androhung einer Freiheitsstrafe von bis zu fünf Jahren bietet genügend Spielraum, um das gesteigerte Unrecht eines solchen Verhaltens im Strafmaß angemessen abzubilden und entsprechend zu sanktionieren.

III) Anpassung des Strafrahmens und Streichung von § 108e Abs. 5 StGB n.F.?

Wie auch schon der Tatbestand der Abgeordnetenbestechung gemäß § 108e StGB a.F. sieht § 108e StGB n.F. einen identischen Strafrahmen für Bestechende und Bestochene vor. Diese Ausgestaltung des Strafmaßes wird der besonderen Pflichtenstellung und der besonderen Repräsentationsfunktion im staatsrechtlichen Gefüge der Bundesrepublik Deutschland nicht gerecht.[759] Das von beiden Absätzen geschützte Rechtsgut des Vertrauens in die Integrität parlamentarischer Prozesse und in die Unabhängigkeit der Mandatsausübung sowie in die Sachbezogenheit parlamentarischer Entscheidungen wird durch einen vorteilannehmenden Mandatsträger in größerem Maße beeinträchtigt

---

757 *Hartmann*, S. 275.

758 *Stünker*, in: FS Meyer, 589 (597). Zuvor schon mit einem ersten Vorschlag in diese Richtung: *Möhrenschlager*, in: FS Weber, 217 (232). Ebenso *Peek*, ZStW 120 (2008), 785 (825). Ablehnend gegenüber der Beibehaltung von § 108e StGB a.F. als Qualifikationstatbestand *Hartmann*, S. 275 in Fn. 44.

759 *Heisz*, S. 140; MK_3-*Müller*, § 108e Rn. 27; LK_4-*Bauer/Gmel*, § 108e Rn. 16.

als durch einen vorteilsgewährenden, mandatslosen Bürger, da sich das Vertrauen der Öffentlichkeit gerade auf die gewählten Volksvertreter und weniger auf die Mitbürger bezieht.[760]

Nur ganz vereinzelt wurde der Vorwurf erhoben, die Anordnung der Nebenfolge gemäß § 108e Abs. 2 StGB a.F., der wortgleichen Vorgängernorm zu § 108e Abs. 5 StGB n.F., verstoße gegen den Gleichheitsgrundsatz und sei deshalb ersatzlos zu streichen.[761] Als Begründung wurde angeführt, dass einem seine Stimme verkaufenden Mandatsträger gegen den Entzug seines Mandats bis zu drei Instanzen offenstehen würden, während der Stimmenkäufer mit Rechtskraft des Urteils das aktive und passive Wahlrecht verliere.[762] *Hartmann* weist zu Recht darauf hin, dass der Mandatsverlust als Begleiterscheinung zur Anordnung der Nebenfolge gemäß § 108e Abs. 2 StGB a.F. bzw. § 108e Abs. 5 StGB n.F. den mandatslosen Bestechenden gar nicht treffen kann, sodass es sich auch nicht um ein Privileg für Mandatsträger handeln kann.[763] Die kritische Anmerkung ist somit nicht überzeugend. An der Möglichkeit zur Anordnung der Nebenfolge gemäß § 108e Abs. 5 StGB n.F. sollte festgehalten werden, um eine zusätzliche Reaktionsmöglichkeit auf Eingriffe und Verstöße in den politischen Willensbildungsprozess zu haben.[764]

IV) Ergebnis

Der persönliche Anwendungsbereich von § 108e StGB n.F. sollte auf diejenigen erweitert werden, die sich auf ein Mandat in den in den Absätzen 1 bis 3 genannten Volksvertretungen oder parlamentarischen Versammlungen bewerben. Während § 108e Abs. 5 StGB n.F. beizubehalten ist, sollte zudem der Strafrahmen der Bestechlichkeit von Mandatsträgern gemäß § 108e Abs. 1 StGB n.F. gegenüber der Bestechung nach Abs. 2 erhöht werden. Vorzugswürdig erscheint eine Orientierung am Tatbestand der Bestechlichkeit gemäß § 332 StGB, der ebenfalls einen gegenüber § 334 StGB erhöhten Strafrahmen von sechs Monaten bis zu fünf Jahren Freiheitsstrafe vorsieht. So würde auch der nicht nachzuvollziehende Unterschied bei der Mindeststrafe zwischen bestechlichen Mandats- und Amtsträgern aufgehoben.

760 So auch schon *Heisz*, S. 141.

761 *Epp*, S. 496 f.

762 *Epp*, S. 463 ff.

763 *Hartmann*, S. 126 f.

764 *Hartmann*, S. 276.

C) Zum Verzicht auf eine konkrete Unrechtsvereinbarung bei § 108e StGB n. F.

Betrachtet man die Diskussionen zum Straftatbestand der Abgeordnetenbestechung in seiner ganzen historischen Entwicklung sowie den Prozess zur Novellierung von § 108e StGB im Speziellen, dann muss man davon ausgehen, dass § 108e StGB n.F. für einen längeren Zeitraum Bestand haben wird. Eine Fortentwicklung von § 108e StGB n.F. und eine Ausdehnung der Strafbarkeit wegen Bestechlichkeit und Bestechung von Mandatsträgern wären in Zukunft möglich, sofern auf das konkrete Beziehungsverhältnis von Vorteil und Mandatshandlung verzichtet würde. Vergleichbar mit den §§ 331, 333 StGB könnte dann auch das sogenannte „Anfüttern", bei dem sich durch wiederholte und über einen längeren Zeitraum erstreckende Zuwendungen das Wohlwollen des Bedachten gesichert werden soll, und eine „politische Klimapflege" in den Tatbestand von § 108e StGB n.F. mit einbezogen werden.

Neben der Begründung, den strukturellen Unterschied zwischen Amts- und Mandatsträgern nicht zugunsten der Beseitigung von Beweisschwierigkeiten in der Strafverfolgungspraxis aufgeben zu wollen, wurde gegen die Lockerung der Unrechtvereinbarung bei § 108e StGB n.F. eine andere Argumentation vorrangig angeführt. Würde für die Strafbarkeit auf das Erfordernis eines konkreten Beziehungsverhältnisses verzichtet, bestünde die Gefahr, dass zulässige Interessenvertretungen oder die berechtigte Wahrnehmung von Belangen bestimmter gesellschaftlicher Gruppen im Rahmen des politischen Kräftespiels in den Verdacht des strafbaren Handelns gelangen.[765] Aus der daraus entstehenden Unsicherheit heraus würde sich eine Lähmung politischer Interaktionen zwischen Abgeordneten und Gesellschaft zu entwickeln drohen, die die freie Mandatsausübung behindern und die Rolle der Abgeordneten als Interessenvertreter beschränken würde.[766]

Untersuchungsgegenstand des folgenden Abschnitts soll die Belastbarkeit dieser Argumentation sein und die Frage, ob die verfassungsrechtlich abgesicherte Mandatsfreiheit des Art. 38 Abs. 1 S. 2 GG dem Verzicht auf eine konkrete Unrechtsvereinbarung bei § 108e StGB n.F. tatsächlich entgegensteht.

---

765 *Heinrich*, Protokoll der Sachverständigenanhörung vom 17. Februar 2014 (Protokoll-Nr. 18/7), S. 87; *Hartmann*, S. 153.

766 *Peek*, ZStW 120 (2008), 785 (823); *Hartmann*, S. 153.

I) Einschränkung der Mandatsfreiheit?

Dabei ist zunächst zu prüfen, ob ein gelockertes Beziehungsverhältnis als Strafbarkeitsvoraussetzung einen Eingriff in die Freiheit des Mandats bedeutet. Hierfür ist maßgeblich, in welchem Umfang Art. 38 Abs. 1 S. 2 GG bzw. die Verfassung die Mandatsausübung eines Abgeordneten schützt.

1) Die Freiheit des Mandats nach Art. 38 Abs. 1 S. 2 GG

Das BVerfG bezeichnet den Abgeordneten des Deutschen Bundestages als „*Inhaber eines öffentlichen Amtes, Träger des freien Mandats und Vertreter des ganzen Volkes*".[767] Die Grundlage für den rechtlichen Status eines Abgeordneten bildet Art. 38 Abs. 1 S. 2 GG, der seinem Wortlaut nach nur Anwendung für die Abgeordneten des Deutschen Bundestages findet. Die Grundsätze des dort beschriebenen freien Mandats gelten jedoch auch für die Mitglieder des Europäischen Parlaments[768], der Volksvertretungen der Länder[769] sowie für die Mitglieder der kommunalen Volksvertretungen.[770] Die Freiheit seines Mandats ist die Grundlage für die repräsentative Stellung des Abgeordneten.[771] Diese basiert auf der Auftrags- und Weisungsfreiheit einerseits sowie der Bindung an das eigene Gewissen andererseits.

a) Repräsentationsfunktion und Gemeinwohlverpflichtung des Abgeordneten

Das Prinzip der verfassungsrechtlichen Repräsentation als Teil des rechtlichen Status eines Abgeordneten beschreibt Art. 38 Abs. 1 S. 2 GG im ersten Halbsatz, wenn er den Abgeordneten als „*Vertreter des ganzen Volkes*" kennzeichnet.[772] Damit ist nicht nur eine bloß formale Repräsentation gemeint, bei der die Abgeordneten durch ihr Handeln – insbesondere bei der Gesetzgebung – das

---

767 BVerfGE 40, 296 (314).

768 Vgl. § 2 EuAbgG für die in der Bundesrepublik Deutschland gewählten Mitglieder des Europäischen Parlaments.

769 In den Verfassungen der Bundesländer sind – zwar mit unterschiedlichem Wortlaut – inhaltlich übereinstimmende Vorschriften enthalten: Art. 27 Abs. 3 LVerf BW; Art. 13 Abs. 2 BayVerf; Art. 38 Abs. 4 BlnVerf; Art. 56 Abs. 1 BraVerf; Art. 83 Abs. 1 BremVerf; Art. 7 Abs. 1 Hmb Verf; Art. 76, 77 HessVerf; Art. 22 Abs. 1 MVVerf; Art. 12 NdsVerf; Art. 30 NRW Verf; Art. 79 Abs. 2 RP Verf; Art. 66 Abs. 2 SLVerf; Art. 39 Abs. 3 SaVerf; Art. 41 Abs. 2 LSA Verf; Art. 17 Abs. 1 SHVerf; Art. 53 Abs. 1 ThürVerf.

770 *Epp*, S. 76; *Nolte*, DVBl. 2005, 870 (875); *Hartmann*, S. 218.

771 HdbStR III-*Klein*, § 51 Rn. 2.

772 *Epp*, S. 85.

Volk verpflichten,[773] sondern vor allem eine inhaltliche Repräsentation des Volkswillens.

Die Abgeordneten repräsentieren in ihrer Gesamtheit das Volk, aber auch jeder einzelne Abgeordnete hat sein Amt zum Wohle aller Bürger auszuüben und trägt ausschließlich gegenüber dem gesamten Volk Verantwortung, nicht nur gegenüber Teilen des Volkes wie etwa seinen Wählern, seinem Wahlkreis, Bundesland oder einer Interessengruppe (Berufsgruppe, Glaubensgemeinschaft oder politische Partei).[774] Das Parlament fungiert dabei als öffentliche Tribüne des Staates und der Gesellschaft und ist damit der Brennpunkt der öffentlichen Meinungsbildung, die repräsentative Stätte der Umformung öffentlicher Meinung in einen politischen Gesamtwillen.[775]

Das zu repräsentierende Gesamtinteresse, im Sinne eines über die Einzelinteressen hinausgehenden Gemeinwohls, ist im demokratisch-parlamentarischen System keine dem politischen Prozess vorausliegende, sondern eine sich im Medium der Öffentlichkeit und im Diskurs der weisungsfreien und unabhängigen Repräsentanten im Parlament ergebende Größe.[776] Der einzelne Abgeordnete ist, allein aus Gründen eigener Interessen, Ressourcen und Kapazitäten, gar nicht in der Lage, alle Interessen des Wahlvolkes gleichermaßen zu berücksichtigen und im parlamentarischen Prozess zu mediatisieren.[777] Da er jedoch nicht allein das Volk vertritt, sondern nur in Zusammenarbeit mit den übrigen Abgeordneten des Parlaments, wird diese Anforderung von der Verfassung an ihn auch gar nicht gestellt.[778] Die Selektion bestimmter und die unterschiedliche Gewichtung von Interessen ist ein persönlicher Vorgang der Abgeordneten, der sich auch durch die Zugehörigkeit zu einer Partei und Fraktion ausdrückt, und für den von widerstreitenden Interessen und Vorstellungen lebenden demokratischen

---

773 HdbStR III-*Böckenförde*, § 34 Rn. 28. Zum Unterschied zur zivilrechtlichen Stellvertretung (§§ 164 ff. BGB): *Epp*, S. 83.

774 BerlKGG-*Schreiber*, Art. 38 Rn. 180; Maunz/Dürig-*Klein*, Art. 38 Rn. 192; Schmidt-Bleibtreu/Hofmann/Henneke-*Kluth*, Art. 38 Rn. 71; von Mangoldt/Klein/Starck-*Achterberg/Schulte*, Art. 38 Rn. 39; *Epp*, S. 86; *Stern*, StaatsR I, S. 1069; Sachs-*Magiera*, Art. 38 Rn. 45.

775 HdbStR III-*Brenner*, § 44 Rn. 45.

776 Maunz/Dürig-*Klein*, Art. 38 Rn. 191; von Münch/Kunig-*Trute*, Art. 38 Rn. 75; *Richter*, S. 118 f.; *Schaller*, S. 27; *Hartmann*, S. 105; *Kubiciel/Hoven*, NK 2014, 339 (342).

777 *Streit*, S. 109.

778 Vgl. BVerfGE 44, 308 (316); 56, 396 (405); 70, 324 (367); 84, 304 (321). *Schmitz*, in: FS Szwarc, 367 (376), nennt die Vorstellung, Abgeordnete würden die Interessen des gesamten Wahlvolkes gleichmäßig vertreten müssen, „*naiv*“.

Prozess unerlässlich.[779] Die Ausrichtung am Gemeinwohl verpflichtet den Abgeordneten zur Berücksichtigung anderer partikulärer Interessen und erfordert die Bereitschaft zum politischen Kompromiss.[780] Damit schließt auch die Stellung als „Vertreter des gesamten Volkes" nicht aus, dass der Abgeordnete einzelne Gruppeninteressen in den politischen Entscheidungsprozess im Parlament einbringt und das Gesamtinteresse aus einer spezifischen Interessenperspektive formuliert; dass er dabei bestimmte Sonderinteressen verfolgt und stärker gewichtet als andere, ist mit seinem verfassungsmäßigen Auftrag nicht unvereinbar, sofern er das Gemeinwohl dabei nicht aus den Augen verliert.[781]

b) Auftrags- und Weisungsfreiheit

Die Abgeordneten sind *„an Weisungen und Aufträge nicht gebunden"*, wodurch ihre Stellung als Vertreter des gesamten Volkes konkretisiert wird.[782] Das Begriffspaar „Weisungen" und „Aufträge" stellt eine Tautologie dar, deren Abgrenzung nicht sinnvoll möglich ist, sondern gewählt wurde, um alle denkbaren Möglichkeiten der Einflussnahme abzudecken.[783] Zugleich stellt sie sprachlich eine deutliche Abgrenzung und Überwindung des „imperativen Mandats" dar, bei dem die Abgeordneten an den Willen ihrer Wähler gebunden sind.[784]

Die Unabhängigkeit und die Entscheidungsfreiheit der Abgeordneten sollen durch den Schutz vor jeglicher psychischen und physischen Beeinflussung oder Druck sichergestellt und ausnahmslos jeder Versuch einer Fremdbestimmtheit von Seiten des Staates, einer Partei oder sonstiger gesellschaftlicher Kräfte ausgeschlossen werden.[785] Innerparteiliche Beschlüsse und Absprachen sind deshalb keine rechtsverbindlichen Weisungen, sondern haben nur den Charakter

---

779 *Schmitz*, in: FS Szwarc, 367 (376). Für *Streit*, S. 111, ist die Stellung eines Abgeordneten als Interessenvertreter *„Bedingung tatsächlicher Repräsentation"*.

780 *Meessen*, in: FS Scheuner, 431 (434).

781 BerlKGG-*Schreiber*, Art. 38 Rn. 180; *Stern*, StaatsR I, S. 1071; *Dölling*, C 82; *Heisz*, S. 124; *Schnell*, ZRP 2011, 4 (6); *Hartmann*, S. 105.

782 von Mangoldt/Klein/Starck-*Achterberg/Schulte*, Art. 38 Rn. 39.

783 Maunz/Dürig-*Klein*, Art. 38 Rn. 194; von Münch/Kunig-*Trute*, Art. 38 Rn. 86; BerlKGG-*Schreiber*, Art. 38 Rn. 182; *Epp*, S. 83.

784 Zur historischen Entwicklung und Bedeutung für die Funktionsfähigkeit des Parlaments: *Piechaczek*, S. 109 f.

785 Schneider/Zeh-*Badura*, § 15 Rn. 15; Maunz/Dürig-*Klein*, Art. 38 Rn. 194; von Mangoldt/Klein/Starck-*Achterberg/Schulte*, Art. 38 Rn. 39; BerlKGG-*Schreiber*, Art. 38 Rn. 181; *Hartmann*, S. 105; *Piechaczek*, S. 109.

unverbindlicher Empfehlungen.[786] Dadurch sollen dem Abgeordneten die flexible Verarbeitung kommunikativer Prozesse und die selbstverantwortliche Kompetenz ermöglicht werden, aus verschiedenen Alternativen zu wählen und je nach Sachlage eigenständig zu wählen.[787] An Aufträge und Weisungen nicht gebunden zu sein, hat einen freiheitlichen Charakter in der Form, dass der Abgeordnete jeglichen äußeren Druck abwehren kann, jedoch nicht verpflichtet ist, immer Distanz zu gesellschaftlichen Gruppen zu wahren.[788]

c) Gewissensbindung als Wesensmerkmal

Neben der Auftrags- und Weisungsfreiheit legt Art. 38 Abs. 1 S. 2 GG fest, dass die Abgeordneten „*nur ihrem Gewissen unterworfen*" sind. Die Gewissensbindung ist ein nicht justiziabler Bereich eigener Verantwortung des Abgeordneten, Entscheidungen im Rahmen von Recht und Gesetz, aber nur in Übereinstimmung mit seinem Gewissen zu treffen, ohne eine Begründung geben oder sich rechtfertigen zu müssen.[789] Im Mittelpunkt von Art. 38 Abs. 1 S. 2 GG steht dabei nicht das Unterworfen-Sein unter das Gewissen, sondern die Ausschließlichkeit („*nur*") dieser Unterwerfung.[790] Ein Abgeordneter ist damit verpflichtet, allein das eigene Gewissen als Richtschnur der Entscheidungsfindung heranzuziehen.[791] Diese Bindung gilt auch nicht nur bei solchen Entscheidungen, die den Schutzbereich der Gewissensfreiheit des Art. 4 Abs. 1 GG betreffen,[792] sondern für alle im Zusammenhang mit der Ausübung seines Mandates anfallenden

786 Schmidt-Bleibtreu/Hofmann/Henneke-*Kluth*, Art. 38 Rn. 72; BerlKGG-*Schreiber*, Art. 38 Rn. 194.

787 BerlKGG-*Schreiber*, Art. 38 Rn. 182; HdbStR III-*Klein*, § 51 Rn. 6; *Hartmann*, S. 105 f.

788 *Piechaczek*, S. 111.

789 BerlKGG-*Schreiber*, Art. 38 Rn. 184; von Münch/Kunig-*Trute*, Art. 38 Rn. 88; *Hartmann*, S. 106.

790 Schneider/Zeh-*Badura*, § 15 Rn. 11; BerlKGG-*Schreiber*, Art. 38 Rn. 185; von Münch/Kunig-*Trute*, Art. 38 Rn. 88; *Hartmann*, S. 106; *Piechaczek*, S. 106.

791 BerlKGG-*Schreiber*, Art. 38 Rn. 183; von Mangoldt/Klein/Starck-*Achterberg/Schulte*, Art. 38 Rn. 39.

792 Gemäß BVerfGE 12, 45 (55) handelt es sich bei einer Gewissensentscheidung um jede an den Kategorien von „Gut" und „Böse" orientierte Entscheidung, die der Einzelne in einer bestimmten Lage als für sich bindend und unbedingt verpflichtend innerlich erfährt, sodass er gegen sie nicht ohne ernste Gewissensnot handeln könnte. Ausführlich zum Begriff des Gewissens: *Epp*, S. 77 ff.

Entscheidungen eines Abgeordneten.[793] Die Gewissensbindung darf jedoch nicht in der Weise falsch verstanden werden, dass der Abgeordnete zu willkürlichem oder gar verantwortungslosem Verhalten berechtigt ist, sofern er dies nur irgendwie mit seinem eigenen Gewissen vereinen kann.[794] In letzter Konsequenz würde das schließlich bedeuten, dass sich ein Abgeordneter bestechen lassen könnte, sofern sein Gewissen dem nicht entgegensteht oder von ihm nicht überwunden werden könnte.[795] Die Gewissensformel muss vor dem Hintergrund der Funktion des Abgeordneten als „*Vertreter des ganzen Volkes*" gesehen werden, sodass der Abgeordnete im Rahmen seiner verfassungsgemäß zugedachten Rolle agieren muss, um sich auf die Unterwerfung unter sein Gewissen berufen zu können.[796] Der Bezug auf sein Gewissen ist ein Appell an den Abgeordneten, sich des von der Wählerschaft entgegengebrachten Vertrauens würdig zu erweisen[797] und die Parteianschauungen, zu denen er sich bekennt, sowie die eigenen Interessen, die er im Parlament zu verwirklichen geneigt ist, stets auf die Vereinbarkeit mit dem Wohl der Gesamtheit der Bürger zu überprüfen.[798]

d) Das Verhältnis des freien Mandats zu Art. 21 GG

Die bisherige Darstellung der verfassungsrechtlichen Freiheit des Abgeordnetenmandats lässt außer Acht, dass sich ein Abgeordneter innerhalb und außerhalb des Parlaments in einem Geflecht von Beziehungen und faktischen Bindungen befindet, die seinen Prozess der Willensbildung nicht nur einzuschränken vermögen, sondern auch erweitern können.[799] Die wichtigste und stärkste Bindung hat ein Abgeordneter, sofern er nicht partei- oder fraktionslos ist, zu seiner Partei oder Fraktion. Um den Anforderungen des parlamentarischen

793 HdbStR III-*Klein*, § 51 Rn. 4; Maunz/Dürig-*Klein*, Art. 38 Rn. 195; *Epp*, S. 83; *Hartmann*, S. 106.

794 *Heisz*, S. 32. Treffend Maunz/Dürig-*Klein*, Art. 38 Rn. 191, wonach die Freiheit des Mandats keine „*Freiheit zur Beliebigkeit*" ist. Vergleichbar auch *Richter*, S. 113.

795 *Römer*, S. 117; *Piechaczek*, S. 95.

796 *Piechaczek*, S. 98, nach dem ein Abgeordneter, der seine parlamentarischen Handlungen von der Gewährung von Vorteilen abhängig und das Mandat damit zum Gegenstand eines Geschäfts macht, die Belange des zahlenden Interessenten bevorzuge, ohne in einen fairen Prozess der Abwägung der widerstreitenden Interessen eingetreten zu sein, und damit dem Anspruch „Vertreter des ganzen Volkes" nicht gerecht werde.

797 *Heisz*, S. 32.

798 Schneider/Zeh-*Badura*, § 15 Rn. 11. Ähnlich auch *Krause*, DÖV 1974, 325 (331), und *Hilp*, S. 165.

799 Maunz/Dürig-*Klein*, Art. 38 Rn. 197; von Münch/Kunig-*Trute*, Art. 38 Rn. 74.

Regierungssystems gerecht werden zu können und den Ablauf der Parlamentsarbeit zu sichern, ist eine kooperative Fraktionsdisziplin als Ausdruck von Solidarität und Gleichheit der einzelnen Abgeordneten bei der Willensbildung in einer Fraktion sinnvoll und als eine verfassungsrechtlich zulässige Beschränkung des freien Mandats anzusehen.[800] Das BVerfG geht von einem besonderen Spannungsverhältnis zwischen Art. 21 und Art. 38 GG aus, in dem die *„Doppelstellung des Abgeordneten als Vertreter des gesamten Volkes und zugleich als Exponent einer konkreten Parteiorganisation"* zum Ausdruck kommt.[801] Die Gewichtung zwischen diesen beiden Eckpunkten eigenverantwortlich vorzunehmen, ist Teil der Wahrnehmung des öffentlichen Amts und Ausdruck des freien Mandats des Abgeordneten. Ein Wesenszug des modernen Parlamentarismus ist es, dass der Abgeordnete nicht als Einzelkämpfer auftritt, sondern nur in Gemeinschaft mit anderen seine politischen Ziele zu verfolgen vermag, wobei eigene, unter Umständen auch weitgehende Kompromissbereitschaft in die Diskussion und Entscheidungsfindung eingebracht werden muss.[802] Wo der Abgeordnete die Grenze seiner Kompromissbereitschaft zieht, bleibt ihm allein überlassen und wird durch sein freies Mandat geschützt.[803]

e) Verfassungsrechtliche Absicherung der garantierten Freiheit

Damit ein Abgeordneter seine Aufgabe, in der demokratischen Auseinandersetzung das Gemeinwohl zu formen und mitzugestalten, tatsächlich, wie von der Verfassung garantiert, unabhängig erfüllen kann, müssen die wirtschaftlichen Voraussetzungen dafür gegeben sein.

Die Abgeordneten des Bundestages und der Landtage haben deshalb einen verfassungsrechtlichen Anspruch auf eine Entschädigung.[804] Seine inhaltliche

---

800 Sachs-*Magiera*, Art. 38 Rn. 50; *Stern,* StaatsR I, S. 1075 f. Schmidt-Bleibtreu/Hofmann/Henneke-*Kluth*, Art. 38 Rn. 95 f., betont die Notwendigkeit des geschlossenen Auftretens einer Fraktion im Parlament. Einschränkend von Mangoldt/Klein/Starck-*Achterberg/Schulte*, Art. 38 Rn. 41, die betonen, dass ein Abgeordneter einem divergierenden Mehrheitsbeschluss der Fraktion nur zustimmen darf, wenn dieser mit seinem Gewissen übereinstimmt.

801 Vgl. BVerfGE 2, 1 (72); 95, 335 (352 f.); 118, 277 (329). *Stern,* StaatsR I, S. 1073, sieht diese Spannung nicht auf normativer, verfassungsrechtlicher Ebene verankert, sondern im Rahmen der politischen Wirklichkeit.

802 HdbStR III-*Klein*, § 51 Rn. 6.

803 HdbStR III-*Klein*, § 51 Rn. 6.

804 Für Bundestagsabgeordnete bestimmt dies Art. 48 Abs. 3 S. 1 GG. Nach BVerfGE 40, 296 (319) handelt es sich um Essentialien des demokratischen Prinzips, sodass gemäß Art. 28 Abs. 1 GG die landesrechtlichen Regelungen an Art. 48 Abs. 3 GG gemessen

Ausgestaltung dem Grunde und der Höhe nach erfährt der Entschädigungsanspruch in den jeweiligen Abgeordnetengesetzen. Der Begriff der Entschädigung knüpft an das verfassungsgeschichtliche Leitbild eines ehrenamtlichen Mandatsträgers an, der seine wirtschaftliche Existenz durch die Berufsausübung außerhalb des Parlaments sicherstellen musste und deshalb für seine parlamentarische Tätigkeit entschädigt werden musste.[805] Mit dem ersten Diätenurteil hat das BVerfG festgestellt, dass in der parlamentarischen Demokratie das Abgeordnetenmandat keine ehrenamtliche Tätigkeit mehr ist, sondern die Entschädigung faktisch als Entgelt für die Inanspruchnahme des Abgeordneten durch sein zur Hauptbeschäftigung gewordenes Mandat gewährt wird.[806] Für die Dauer des Mandats handelt es sich um eine volle Alimentation aus der Staatskasse zur Sicherung der Unabhängigkeit und wirtschaftlichen Existenzgrundlage der Abgeordneten.[807] Zusätzlich wird den Abgeordneten regelmäßig eine steuerfreie Aufwandsentschädigung gezahlt, die Geld- oder Sachleistungen umfasst (z. B. Kosten für die Betreuung des Wahlkreises, Fahrt- und Reisekosten). Die Mitglieder des Europäischen Parlaments haben gemäß Art. 9 Abs. 1 des Abgeordnetenstatuts[808] einen Anspruch auf eine angemessene Entschädigung, die ihre Unabhängigkeit sichert, sowie auf Kostenerstattung für Büro, Reisen und Mitarbeiter (Art. 20, 21 des Abgeordnetenstatuts). Die erforderlichen finanziellen Mittel stellt die Europäische Union zur Verfügung (Art. 23 Abs. 1 des Abgeordnetenstatuts).

Die Entschädigung dient dazu, die Entschließungsfreiheit des Abgeordneten auch gegenüber seiner Partei und seiner Fraktion zu sichern und ihn in die Lage zu versetzen, die sich aus seinem repräsentativen verfassungsrechtlichen Status

---

werden müssen. Die Verfassungen der Bundesländer sehen deshalb entsprechende Regelungen vor: Art. 40 S. 1 LVerf BW; Art. 31 BayVerf; Art. 53 BlnVerf; Art. 60 BraVerf; Art. 82 Abs. 2 BremVerf; Art. 13 Abs. 1 Hmb Verf; Art. 98 Abs. 1 HessVerf; Art. 22 Abs. 3 MVVerf; Art. 13 Abs. 3 NdsVerf; Art. 50 NRW Verf; Art. 97 Abs. 1 RP Verf; Art. 42 Abs. 3 SaVerf; Art. 56 Abs. 5 LSA Verf; Art. 17 Abs. 3 SHVerf; Art. 54 ThürVerf. Eine Ausnahme bildet nur das Saarland, wo der Entschädigungsanspruch ausschließlich einfachgesetzlich in § 5 AbgG Saarland geregelt ist.

805 Schmidt-Bleibtreu/Hofmann/Henneke-*Kluth*, Art. 48 Rn. 13; von Münch/Kunig-*Trute*, Art. 48 Rn. 17.

806 BVerfGE 40, 296 (313 f.); Schmidt-Bleibtreu/Hofmann/Henneke-*Kluth*, Art. 48 Rn. 13.

807 BVerfGE 40, 296 (315). Mit der Einschränkung, dass Art. 48 Abs. 3 GG keinen Anspruch des Abgeordneten auf eine beamtenähnliche Vollalimentation enthält, auch BVerfGE 76, 256 (341 f.).

808 Beschluss Nr. 2005/684/EG des Europäischen Parlaments vom 28.09.2005, ABl. Nr. L 262 vom 07.10.2005, S. 1 ff.

ergebenden Rechte und Pflichten in Freiheit auszuüben.[809] Sie ist eine Umlage der Repräsentierten, die damit die Repräsentanten von Belastungen befreien, die ihnen wegen ihrer Mitwirkung an Gemeinschaftsaufgaben entstehen.[810]

Ebenso Teil der Absicherung der freien Mandatsausübung ist das Behinderungsverbot des Art. 48 Abs. 2 GG, wonach niemand daran gehindert werden darf, das Amt eines Abgeordneten zu übernehmen oder auszuüben. Die Ausübung eines Berufs neben dem Mandat bleibt danach zulässig, denn wirtschaftliche Unvereinbarkeitsbestimmungen oder ein allgemeines Berufsverbot sind mit der in Rede stehenden Verfassungsnorm nicht in Einklang zu bringen.[811] Eine Verwurzelung im Berufsleben ermöglicht es dem Abgeordneten, seine wirtschaftliche und soziale Existenz unabhängig vom Mandat aufzubauen und zu erhalten. Auf diese Weise soll es ihm möglich sein, die nötige Distanz zu seiner Fraktion und Partei zu halten und, sofern es seiner eigenen Überzeugung entspricht, sein Mandat unabhängig von Parteibeschlüssen oder gar abweichend von parteiinternen Positionen auszuüben, ohne die Konsequenz fürchten zu müssen, dass der Verlust des Mandats seine wirtschaftliche Existenz bedrohen könnte.

2) Gelockerte Unrechtsvereinbarung als Verkürzung der von Art. 38 Abs. 1 S. 2 GG garantierten verfassungsrechtlichen Stellung des Abgeordneten?

Die Freiheit des Mandats ist Grundelement des Abgeordnetenstatus und ein tragender Pfeiler des auf Freiheit und Transparenz gegründeten repräsentativen demokratischen Verfassungsstaates.[812] Sie schützt den Abgeordneten vor jeder Beeinflussung in seinem höchstpersönlichen Willensbildungs- und Willensentschließungsprozess. Die Vorgabe, das Mandat frei von Weisungen und Aufträgen wahrzunehmen, bedeutet nicht, dass ein Abgeordneter tatsächlich frei von allen Bindungen sein muss. Eine Beeinflussbarkeit und Beeinflussung von Abgeordneten ist in jedem Fall zulässig, wenn nicht sogar gewollt.[813] Dies ist Ausdruck seiner repräsentativen Stellung. Es ist für einen Abgeordneten legitim und notwendig, wenn er bei seinen politischen Entscheidungen die Vorstellungen seiner

---

809 BVerfGE 20, 56 (103); 40, 296 (315 f.).

810 Schmidt-Bleibtreu/Hofmann/Henneke-*Kluth*, Art. 48 Rn. 9.

811 Maunz/Dürig-*Klein*, Art. 48 Rn 94 f. Zurückhaltender („*zweifelhaft*"): Sachs-*Magiera*, Art. 48 Rn. 15. A. A.: *Richter*, S. 191 ff.

812 BerlKGG-*Schreiber*, Art. 38 Rn. 171; von Münch/Kunig-*Trute*, Art. 38 Rn. 73; *Stern*, StaatsR I, S. 1070; *Hartmann*, S. 107.

813 *Kerner/Rixen*, GA 1996, 355 (372); *Schmitz*, in: FS Szwarc, 367 (375).

Partei, Fraktion und Wählerschaft berücksichtigt, nicht zuletzt im Hinblick auf seine eigene politische Karriere und eine mögliche Wiederwahl ins Parlament.[814] Die verfassungsrechtlich geschützte Freiheit des Mandats verbietet es schließlich nicht, dass ein Abgeordneter bestimmten Interessen unter Umständen sogar rechtlich verbunden ist, sondern ermöglicht es ihm, diese Interessen auch wieder fallen zu lassen, wenn es sein Wille ist.[815] Zugleich richtet Art. 38 Abs. 1 S. 2 GG aber auch einen Appell an den Abgeordneten, sich nicht selbst freiwillig oder auch nur aus Unachtsamkeit der Möglichkeit zu berauben, sich von einzelnen Interessen wieder zu lösen.

Wenn § 108e StGB n.F. also die Entgegennahme eines Vorteils für eine konkrete Handlung oder ein konkretes Unterlassen in Wahrnehmung des Mandats unter Strafe stellt, dann ist das keine Beschränkung der Freiheit des Abgeordneten, sein Mandat auf diese Weise auszuüben, sondern gerade Ausdruck dafür, dass er dabei seine verfassungsmäßige Position als Vertreter des ganzen Volkes aufgibt und egoistische, finanzielle Motive über das eigentliche Ziel, das Gemeinwohl mitzugestalten, stellt.[816] In dieser Situation übt der Abgeordnete sein Mandat also nicht mehr in Freiheit aus, sondern bewegt sich außerhalb des von der Verfassung geschützten Raumes. Wird der Vorteil hingegen allgemein für die Mandatsausübung hingegeben bzw. vom Mandatsträger angenommen – so wie es im Falle einer Lockerung der Unrechtsvereinbarung und des Verzichts auf ein konkretes Beziehungsverhältnis erfolgen würde –, so widerspricht das selbst dann nicht der verfassungsrechtlichen Stellung des Abgeordneten aus Art. 38 Abs. 1 S. 2 GG, wenn Vorteilsgeber und empfangender Mandatsträger im Bewusstsein handeln, dass das künftige politische Handeln des Abgeordneten – in seiner allgemeinen Ausrichtung und nicht bezogen auf einzelne, konkrete politische Vorhaben – im Sinne des Vorteilsgebers erfolgen soll und wird. Solche Spenden ermöglichen einem Abgeordneten eine auch wirtschaftliche Position, aus der heraus er sein Mandat wahrnehmen und politisch agieren kann, unter Umständen auch unabhängig von der politischen Gruppierung, der er angehört (Fraktion, Partei). Die Strafbarkeit der Bestechung und Bestechlichkeit von Mandatsträgern auf diese Weise auszudehnen, hat zur Konsequenz, ein Verhalten unter Strafe zu stellen, das mit der Verfassung im Einklang steht. Dem Grundgesetz

814 *Dölling*, C 82; *Schmitz*, in: FS Szwarc, 367 (375).
815 *Streit*, S. 99.
816 Ähnlich auch *Piechaczek*, S. 106.

ist nicht zu entnehmen, dass es einem Mandatsträger verboten ist, Vorteile in welcher Form auch immer für die Mandatsausübung entgegenzunehmen.[817]

Dem kann auch nicht entgegengehalten werden, dass durch das „Anfüttern" und die „politische Klimapflege" derart auf den Abgeordneten eingewirkt wird, dass dieser sich in einer psychischen Zwangssituation wiederfindet. Durch unspezifische, kleinere Zuwendungen wird bei diesen Erscheinungsformen von Vorteilsgewährungen zu Beginn eine Basis geschaffen, von der aus Zuwendungen mit der Zeit gesteigert werden, bis der Empfänger sich so weit in dem gesponnenen Netz verfangen hat, dass er nicht mehr anders kann, als dem Vorteilsgewährenden mit oder ohne ausdrückliche Aufforderung gefällig zu werden.[818] Es ist schließlich Ausdruck der aus der Mandatsfreiheit folgenden Verantwortung eines Mandatsträgers, dass er sich dieser versuchten Einflussnahme bewusst ist und eine entsprechend mögliche psychologische Zwangslage gar nicht erst entstehen lässt. Die abstrakte Bedrohung, dass eine solche Zwangssituation entstehen könnte, rechtfertigt es aber noch nicht, jede Zuwendung für die Mandatsausübung mit der Situation gleichzusetzen, in der ein Mandatsträger für eine konkrete Handlung oder Unterlassung einen Vorteil entgegennimmt, und darin ein Handeln außerhalb der verfassungsgemäßen Mandatsfreiheit zu erkennen.

3) Zwischenergebnis

Art. 38 Abs. 1 S. 2 GG garantiert dem Abgeordneten umfassende individuelle Gestaltungsmöglichkeiten seines Mandats. Teil davon – und damit verfassungsrechtlich geschützt – ist grundsätzlich auch die Möglichkeit, für seine Mandatsausübung Vorteile entgegenzunehmen. Die Lockerung der Unrechtsvereinbarung als Tatbestandsmerkmal der Bestechung und Bestechlichkeit eines Mandatsträgers – ohne weitere Einschränkungen des Straftatbestandes – würde hingegen ein universelles sowie strafrechtlich sanktioniertes Verbot der Entgegennahme von Vorteilen bedeuten und damit einen Eingriff in die Freiheit des Mandats darstellen.

---

817 Für *Heisz*, S. 125–127, 136, hingegen widerspricht die Entgegennahme von Vorteilen gerade der verfassungsgemäßen Wahrnehmung des Mandats, die Entschädigung nach Art. 48 Abs. 3 GG sichere die Unabhängigkeit der Mandatsträger in ausreichendem Maße ab. Auch *Schaller*, S. 116, spricht von einem Grundsatz, „*dass die Gewährung und Annahme von Vorteilen grundsätzlich verboten ist*".

818 *König*, DRiZ 1996, 357 (360); *Hoven*, ZIS 2013, 33 (42); *Vahlenkamp/Knauß*, S. 298. *Kerner/Rixen*, GA 1996, 355 (381), sprechen von einer später drohenden Manipulierbarkeit.

II) Verfassungsrechtliche Schranken der Mandatsfreiheit

Die sich aus der verfassungsrechtlich garantierten Freiheit des Mandats ergebende Rechtsstellung eines Abgeordneten ist indes einschränkbar. Doch nur insoweit, wie Güter von Verfassungsrang den Eingriff in die Mandatsfreiheit rechtfertigen.[819] Als solches ist von der verfassungsgerichtlichen Rechtsprechung die Repräsentations- und Funktionsfähigkeit des Parlaments[820] anerkannt.

1) Repräsentationsfähigkeit des Parlaments

Die Repräsentationsfunktion des Parlaments beschreibt, zusammengefasst und losgelöst von unterschiedlichen Modellen oder Konzeptionen, Handeln für und anstelle des Volkes, sodass die große Anzahl an Staatsbürgern erst auf diese Weise handlungsfähig wird.[821] Das Parlament bildet den Raum für die Darstellung unterschiedlicher Interessen, ihren Ausgleich sowie Umformung und schließlich die Verkörperung in parlamentarischen Handlungen, überwiegend in Form von Gesetzen, um das gesellschaftliche Zusammenleben zu ordnen. Dabei ist das Handeln so beschaffen, dass die einzelnen Bürger und das gesamte Volk sich in diesem Handeln wiederfinden können.[822] Auf diese Weise kann den Bürgern eines Staates das Handeln des Staates zugerechnet werden.[823]

Das Zurechnungselement bedeutet jedoch nicht, dass der vom Parlament formulierte Staatswille zuvor mit durch Umfragen ermittelten aktuellen Willensregungen der Bürger abgeglichen und somit eine ständige Übereinstimmung gefunden werden muss.[824] Dies würde zum einen die Handlungsfähigkeit des Parlaments deutlich einschränken, zum anderen der rechtlichen Stellung als eigenständiges Organ[825] des Staates nicht gerecht werden. Bei dem Staats- oder Volkswillen handelt es sich nicht um eine gedankliche Zusammenfassung aller existenten Einzelvorstellungen, sondern um das Ergebnis des Durchlaufens eines politischen Prozesses, in dem sich unterschiedliche und teilweise gegenläufige

---

819 Maunz/Dürig-*Klein*, Art. 38 Rn. 218; von Münch/Kunig-*Trute*, Art. 38 Rn. 76.

820 BVerfGE 80, 188 (218); 84, 304 (321 f.); 96, 264 (278 f.); 99, 19 (32); 118, 277 (325). BVerfGE 94, 351 (367) nimmt ergänzend auch auf die Integrität und politische Vertrauenswürdigkeit des Parlaments Bezug.

821 Maunz/Dürig-*Klein*, Art. 38 Rn. 41; von Münch/Kunig-*Trute*, Art. 38 Rn. 8; *Piechaczek*, S. 121; Sachs-*Magiera*, Art. 38 Rn. 8 f.

822 HdbStR III-*Böckenförde*, § 34 Rn. 29.

823 Sachs-*Magiera*, Art. 38 Rn. 9; *Piechaczek*, S. 121.

824 Maunz/Dürig-*Klein*, Art. 38 Rn. 41; *Piechaczek*, S. 123.

825 Vgl. für den Deutschen Bundestag: Sachs-*Magiera*, Art. 38 Rn. 12.

Einzelinteressen in einer pluralistischen Gesellschaft begegnen und gegenseitig befruchten.[826]

Voraussetzung für die Repräsentation durch das Parlament ist dabei dessen Legitimation durch die Bevölkerung, damit im Sinne von Art. 20 Abs. 2 S. 1 GG alle Macht vom Volk ausgeht. Diese Legitimation findet einerseits Ausdruck in dem formalen Akt der Wahl der Repräsentanten durch die Repräsentierten. In periodisch stattfindenden Wahlen bringt das Volk damit seinen Willen über die Zusammensetzung des Parlaments verbindlich zum Ausdruck und legitimiert den Staatsapparat.[827] Andererseits muss das durch den Wahlakt geknüpfte Band zwischen Repräsentanten und Repräsentierten[828] im parlamentarischen Willensbildungsprozess beständig erneuert werden. Das bedeutet, dass die Abgeordneten für Zustimmung zu ihren Entscheidungen werben müssen, um eine größtmögliche Übereinstimmung mit den Interessen der Wähler zu erreichen.[829] Gleichzeitig sind die Bürger, auch in organisierten Interessengruppen oder Verbänden, dazu berechtigt, auf die Mitglieder des Parlaments einzuwirken,[830] um das Augenmerk auf Individualinteressen oder eine spezifische Thematik zu lenken und zu versuchen, die Abgeordneten für die Verwirklichung dieses Interesses zu gewinnen. Das durch Art. 38 Abs. 1 S. 1 GG geschützte Recht, durch Wahlen an der Willensbildung des Volkes teilzuhaben und Einfluss auf die Bildung des politischen Willens auszuüben, ist Kern des demokratischen Teilhaberechts.[831] Im außerparlamentarischen Bereich wird der subjektive Anspruch eines jeden Bürgers auf Teilhabe an der demokratischen Selbstbestimmung[832] durch die Grundrechte der Meinungs- und Versammlungsfreiheit (Art. 5 Abs. 1, Art. 8 Abs. 1 GG) ergänzt.

---

826 *Piechaczek*, S. 123; HdbStR III-*Böckenförde*, § 34 Rn. 4.

827 HdbStR III-*Meyer*, § 45 Rn. 1, 4; *Piechaczek*, S. 122. Ähnlich auch *Meessen*, in: FS Scheuner, 431 (450), der im Wahlakt die Grundlage der Zurechnung des Handelns des Vertreters (Parlament) für die Vertretenen (Bürger) erkennt.

828 Schneider/Zeh-*Hofmann/Dreier*, § 5 Rn. 28.

829 *Piechaczek*, S. 122 f.

830 BVerfGE 5, 85 (232); *Epp*, S. 98.

831 BVerfGE 123, 267 (340 f.).

832 BVerfGE 8, 47 (69); *Heisz*, S. 36.

2) *Vertrauen als Grundlage der Funktionsfähigkeit des Parlaments und das Problem des „bösen Scheins“*

Grundlage für den repräsentativen Status des Parlaments ist das Vertrauen der Repräsentierten in die Repräsentanten.[833] Nur dieses Vertrauen kann Zustimmung zu staatlichen Entscheidungen schaffen und Legitimation für die staatliche Herrschaft sein.[834] Die freiwillige Akzeptanz, getroffene Entscheidungen als verbindlich zu erachten, basiert auf einem vertrauensvollen Umgang mit der staatlichen Macht durch die Repräsentanten und schwindet, sobald der Eindruck entsteht, dass die Repräsentanten ihr Verhalten nicht am Wohle der Allgemeinheit, sondern an ihren eigenen Interessen ausrichten.[835] Der „böse Schein“ eines eigennützigen und durch den Erhalt individueller Vorteile motivierten Handelns der Repräsentanten muss deshalb vermieden werden, damit das Vertrauen der Bürger in die Integrität des Staats nicht beschädigt wird.[836]

Auch wenn ein aus der Verfassung abgeleiteter, allgemeiner Grundsatz der Vermeidung des „bösen Scheins“ nicht angenommen wird,[837] ist dieser Gedanke doch Ursprung etwa für Normen über wirtschaftliche Inkompatibilitäten, die kommunalrechtlichen Vorschriften über den Ausschluss befangener Mitglieder der Gemeindevertretungen oder für die Verhaltensregeln für Mitglieder des Deutschen Bundestages, nach denen Nebentätigkeiten und -einkünfte angezeigt und offengelegt werden müssen. In allen Fällen soll verhindert bzw. vermieden werden, dass durch eine zusätzlich bestehende persönliche Verbindung des Repräsentanten mit dem Entscheidungsgegenstand der Eindruck entsteht, eigene Interessen könnten die Gemeinwohlorientierung des Handelns überlagern. Letztlich liegt er auch einem Straftatbestand zur Regelung der Abgeordnetenbestechung zugrunde. Nur weil ein Abgeordneter etwa für die Abgabe seiner Stimme bei einer Abstimmung im Parlament eine Geldzahlung erhalten hat, bedeutet das noch nicht, dass seine Entscheidung damit dem Gemeinwohl abträglich sein muss. Es ist grundsätzlich auch der Fall denkbar, dass eine „gekaufte Handlung“

833 *Piechaczek*, S. 168; *Malessa*, S. 36. Zuvor auch schon *Krause*, DÖV 1974, 325 (326), der im Vertrauen eine äußere Bedingung für den Erhalt des politischen Systems erkannte.

834 *Hilp*, S. 95; *Piechaczek*, S. 168.

835 HdbStR III-*Depenheuer*, § 36 Rn. 84; *Piechaczek*, S. 168.

836 HdbStR III-*Depenheuer*, § 36 Rn. 84; *Krause*, DÖV 1974, 325 (325). *Hilp*, S. 115, erkennt in der Vermeidung des „bösen Scheins“ einen genuinen Bestandteil des modernen Staates.

837 Nach *Hilp*, S. 167, „*bleibt diese Verpflichtung* [den „bösen Schein“ zu vermeiden] *im wesentlichen ethischer Natur*“.

eines Abgeordneten zum Wohl der gesamten Bevölkerung beiträgt. Als strafwürdig wird ein solcher Fall nur deshalb empfunden, weil der Anschein entsteht, es würde sich anders verhalten und der Abgeordnete würde nur zum eigenen Vorteil agieren.

III) Verhältnismäßigkeit eines geänderten § 108e StGB n. F. unter Verzicht auf ein konkretes Beziehungsverhältnis?

Eine Ausdehnung der Strafbarkeit durch Verzicht auf ein konkretes Beziehungsverhältnis beim Straftatbestand der Bestechlichkeit und Bestechung von Mandatsträgern ist angesichts des Rechtsstaatsprinzips am Grundsatz der Verhältnismäßigkeit zu messen. Eine erweiterte Strafvorschrift muss dabei zum Rechtsgüterschutz geeignet, erforderlich und angemessen sein.

1) Geeignetheit: Beitrag zum Rechtsgüterschutz?

Geeignet ist ein Strafgesetz dann, wenn dadurch der Eintritt des angestrebten Erfolgs gefördert wird.[838] Der Verzicht auf ein konkretes Beziehungsverhältnis zwischen Vorteil und Mandatswahrnehmung würde darauf abzielen, den Anschein eines am eigenen Vorteil orientierten Handelns der Abgeordneten weitestgehend auszuschließen und damit die Repräsentations- und Funktionsfähigkeit des Parlaments zu stärken.[839] Der Schutz der Sachbezogenheit politischer Entscheidungen und das Vertrauen der Bürger darin als Legitimität für Machtausübung in der repräsentativen Demokratie würden durch die Lockerung des Beziehungsverhältnisses intensiviert, weil damit auch subtilere Formen der Einflussnahme auf Abgeordnete sanktioniert werden können. Der Verzicht auf ein einschränkendes Tatbestandsmerkmal bedeutet, dass der Rechtsgüterschutz durch die geänderte und erweiterte Strafnorm besser gewährleistet wäre.

2) Erforderlichkeit: Strafrecht als ultima ratio

Eine vom Grundsatz her sehr weit gefasste Strafbarkeit der Bestechlichkeit und Bestechung von Mandatsträgern könnte jedoch im Widerspruch stehen zum Charakter des Strafrechts als *ultima ratio*. Der Gesetzgeber darf vom

---

838 BVerfGE 120, 224 (240). In der bisherigen verfassungsgerichtlichen Rechtsprechung wurde dem Gesetzgeber eine sehr weite Einschätzungsprärogative zugebilligt, sodass die Verfassungsrichter ihren Prüfungsmaßstab regelmäßig darauf beschränkten, ob die Prognose des Gesetzgebers (noch) als vertretbar erscheint, vgl. BVerfGE 30, 250 (263 f.); 39, 210 (230).

839 *Hoven*, ZIS 2013, 33 (42); *Richter*, S. 123.

Instrumentarium der Strafnorm nur behutsam und zurückhaltend Gebrauch machen.[840] Die tief in die Grundrechte des Bürgers eingreifenden strafrechtlichen Sanktionen dürfen nur dort zur Anwendung kommen, wo sie zum Schutz des gefährdeten Rechtsguts erforderlich sind, weil andere – auch außerstrafrechtliche – Mittel nicht in gleicher Weise zur Konfliktbewältigung und zum Rechtsgüterschutz geeignet sind.[841]

Das bedeutet zunächst, dass ein Vergleich zwischen § 108e StGB n.F. und einem geänderten Straftatbestand, der auf das konkrete Beziehungsverhältnis zwischen Vorteil und Wahrnehmung des Mandats verzichtet, nicht erfolgen muss. Ein erweiterter Tatbestand würde, wie beschrieben, umfassender zum Rechtsgüterschutz beitragen, sodass es sich bei den beiden hypothetisch zu vergleichenden Normen nicht um gleich geeignete Mittel handeln würde. Für die Frage der Erforderlichkeit als Teil der Verhältnismäßigkeitsprüfung ist deshalb lediglich zu ermitteln, ob ein – dem erweiterten Tatbestand der Bestechlichkeit und Bestechung von Mandatsträgern – vergleichbares Schutzniveau auch ohne eine Ausdehnung des Strafrechts erreicht werden könnte.

Im politischen System sind bisher nur wenige Strafvorschriften existent, da in diesem Bereich verstärkt auf Sanktionsmechanismen durch das System selbst gesetzt wurde, insbesondere mittels Wahlzettel und Entscheidung des Bürgers.[842] Dieses nicht normative System politischer Verantwortlichkeit mit seiner „systemimmanente Bestrafung" in Form einer möglichen Abwahl eines durch Fehlverhalten auffällig gewordenen Abgeordneten soll lediglich durch flankierende rechtliche Maßnahmen gefördert werden.[843] Für Formen der versuchten Einflussnahme auf Abgeordnete, die über eine inhaltliche Auseinandersetzung mit Einzelinteressen hinausgehend mit individuellen Vorteilen verbunden werden, können außerstrafrechtliche Regelungssysteme (Abgeordnetengesetze, Verhaltensregeln, Ehrenkodizes) nicht in einer Weise Wirkung erzielen, die mit Strafnormen vergleichbar ist. Dies liegt einerseits daran, dass diese Vorschriften den präventiven Ansatz verfolgen, Korruption im politischen Bereich einzudämmen. Durch Offenlegungs- und Anzeigepflichten sollen dabei bereits im Vorfeld unzulässige Einflussnahmen verhindert und das Vertrauen der Bürger in eine von finanziellen Anreizen unabhängige Mandatsausübung geschaffen werden.[844] Ein

840 BVerfGE 39, 1 (47); *Peek*, ZStW 120 (2008), 785 (786).

841 BVerfGE 120, 224 (240); *Richter*, S. 135 f.; *Becker*, S. 183; *Schaller*, S. 113.

842 *Streit*, MIP 2007, 28 (31). Ähnlich auch *Kühn*, S. 269.

843 Auf diese Möglichkeit weisen *Peek*, ZStW 120 (2008), 785 (787), und *Kühn*, S. 269, hin.

844 *Becker*, S. 184.

Straftatbestand hingegen weist zwar durch seine Abschreckungsfunktion auch ein präventives Element auf, dient jedoch in erster Linie dazu, tatsächlich begangenes Unrecht zu ahnden. Andererseits richten sich Verhaltensregeln, Kodizes oder Leitlinien als parlamentarisches Innenrecht ausschließlich an die Abgeordneten und lassen zwangsläufig die Person des Bestechenden außer Acht. Selbst wenn man die Auffassung vertritt, dass außerstrafrechtliche Vorschiften ebenso geeignet sein können, Bestechlichkeit von Mandatsträgern zu verhindern, ist zu konstatieren, dass ein Rechtsgüterschutz durch Unterbindung der (aktiven) Bestechung damit nicht möglich ist.[845]

Auch der Erlass von Befangenheitsvorschriften für Abgeordnete, wie sie etwa im Kommunalrecht für die Gemeinderatsmitglieder existieren, stellt keine wirksame Alternative zu einem Straftatbestand dar, um die Sachbezogenheit politischer Entscheidungen zu schützen. Durch solche gesetzlichen Mitwirkungsverbote werden diejenigen Abgeordneten von einer Entscheidung ausgeschlossen, die für sie selbst oder Personen ihres nahen Umfelds unmittelbar einen Vorteil zur Folge haben. Während die Arbeit in den Gemeindevertretungen überwiegend in der Erledigung praktischer Verwaltungstätigkeiten besteht sowie die gelegentliche Rechtssetzung in Form von kommunalen Satzungen infolge der Beschränkung auf die örtlichen Angelegenheiten nur das unmittelbare kommunale Umfeld erfasst und damit Beschlüsse des Gemeinderates oft nur wenige Personen betreffen, besteht die Arbeit in Bundestag und Länderparlamenten im Erlass abstrakter Normen, die für das gesamte Bundes- bzw. Landesgebiet gelten und durch die die Abgeordneten und diejenigen Personen, die ihnen wirtschaftlich nahestehen, regelmäßig nur insoweit betroffen sind wie andere Bürger auch.[846] Das Risiko einer unmittelbaren Sonderbetroffenheit eines Gemeinderatsmitglieds ist aufgrund der räumlichen Begrenztheit deutlich höher und damit auch die Wahrscheinlichkeit eines Eigeninteresses am Entscheidungsgegenstand.[847] Zudem sind Regelungen zum Ausschluss von Parlamentsmitgliedern bei Befangenheit durch die Anknüpfung an eine einzelne, konkrete Entscheidung in den Parlamenten von ihrem Schutzumfang enger gefasst, als es der Straftatbestand wäre, wenn für die Strafbarkeit die Gewährung eines ungerechtfertigten Vorteils für eine Handlung oder ein Unterlassen in Wahrnehmung des Mandats und damit für die gesamte Tätigkeit des Abgeordneten in Betracht kommt. Der Schutzumfang des Strafrechts ist in dieser Konstellation umfassender.

845 Im Ergebnis so auch *Kühn*, S. 269.

846 *Käßner*, S. 238 f.

847 *Käßner*, S. 239; *Nolte*, DVBl. 2005, 870 (877).

Insgesamt können außerstrafrechtliche Regelungen das Rechtsgut der Sachbezogenheit politischer Entscheidungen nicht im gleichen Umfang schützen, wie es ein Straftatbestand der Bestechlichkeit und Bestechung von Mandatsträgern vermag, der auf ein konkretes Beziehungsverhältnis zwischen Vorteil und Wahrnehmung des Mandats verzichtet. Der Charakter des Strafrechts als *ultima ratio* staatlichen Handelns steht einer Lockerung der Unrechtsvereinbarung nicht entgegen.

3) Angemessenheit: verhältnismäßige Einschränkung der Mandatsausübung aufgrund von § 108e Abs. 4 StGB n. F.?

Die Antwort auf die Frage nach der Angemessenheit einer Strafvorschrift ist eine Zweck-Mittel-Relation. Abzuwägen und zueinander in Beziehung zu setzen sind dabei die Beeinträchtigung (hier: Eingriff in die Mandatsfreiheit durch eine Strafbarkeit der Gewährung bzw. Entgegennahme von Vorteilen für die Mandatsausübung) und der damit verfolgte Zweck (hier: Schutz der Sachbezogenheit politischer Entscheidungen und Stärkung des Vertrauens der Bürger darin).

Die Hingabe einer Zuwendung erfolgt im menschlichen Miteinander regelmäßig in einem Austauschverhältnis. Dass ein Abgeordneter sich verpflichtet fühlt, der gesellschaftlichen Konvention entsprechend eine Gegenleistung für einen erhaltenen Vorteil zu erbringen, ist deshalb eine natürliche Reaktion.[848] Die Gewissensfreiheit des Art. 38 Abs. 1 S. 2 GG darf ebenso als Auftrag verstanden werden, dass sich der Abgeordnete bei seinem Handeln von solchen Motiven löst, die ihn an einer unbefangenen Entscheidung hindern.[849] Darf ein Abgeordneter keinerlei Zuwendungen mehr entgegennehmen, auch wenn sie unspezifisch für die allgemeine Mandatsausübung gewährt werden, ist dies auch als präventiver Ansatz zu verstehen, den Abgeordneten vor dem Entstehen einer psychischen Zwangssituation als Folge der kontinuierlichen „Klimapflege" zu schützen und die Freiheit des Mandats zu stärken. Die Freiheit des Mandats einseitig als Freiheit von Einflüssen aus der Wirtschaft oder Interessengruppen zu verstehen, bedeutet jedoch eine Übergewichtung gegenüber dem Erfordernis einer wirtschaftlichen Unabhängigkeit des einzelnen Abgeordneten gegenüber seiner Fraktion und Partei. Solange die Entschädigung gemäß Art. 48 Abs. 3 GG die einzige finanzielle Grundlage für Mandat und Person des Abgeordneten ist, droht eine Bindung an die „Parteimeinung" und Abhängigkeit der „politischen Existenz" des einzelnen Abgeordneten, die vergleichbar ist mit der drohenden

848 *Hoven*, ZIS 2013, 33 (42).
849 *Krause*, DÖV 1974, 325 (327).

Einflussnahme seitens wirtschaftlicher Interessen durch „Anfüttern“ und „Klimapflege“. Dem Abgeordneten muss es deshalb möglich sein, seine persönliche Existenz wirtschaftlich unabhängig von der Mandatsführung zu erhalten – weshalb eine Nebentätigkeit zum Mandat, aus der auch finanzielle Vorteile gezogen werden, möglich bleiben muss – und für seine Mandatsausübung eigene finanzielle Mittel zu akquirieren – weshalb Direktspenden an Abgeordnete zulässig bleiben müssen. In der rechtstechnischen Umsetzung müsste der Verzicht auf das Erfordernis einer konkreten Unrechtsvereinbarung deshalb mit der Herausnahme von Direktspenden sowie Zuwendungen im Rahmen von Nebentätigkeiten aus dem Bereich des strafbaren Verhaltens einhergehen. Entsprechendes gilt auch für immaterielle Vorteile, die als Teil der politischen Spielregeln im Rahmen einer Kompromissfindung anerkannt sind, etwa die Vergabe politischer Ämter oder Funktionen.

Diese notwendige Herausnahme einzelner Zuwendungen ist mit der Novellierung von § 108e StGB bereits durch das Einfügen von § 108e Abs. 4 StGB n. F. erfolgt. Durch den Verweis auf die für die Rechtsstellung maßgeblichen Vorschriften besteht zugleich die Möglichkeit, den infolge der gelockerten Unrechtsvereinbarung bestehenden Eingriff in die Mandatsfreiheit des Art. 38 Abs. 1 S. 2 GG abzuschwächen: In den Abgeordnetengesetzen oder Verhaltensregeln können zusätzlich zu Nebentätigkeiten und Direktspenden noch weitere Formen von Zuwendungen aufgenommen werden, deren Entgegennahme zulässig ist, und so der Bereich strafbarer Zuwendungen für die Mandatsausübung eines Abgeordneten reduziert werden.

Dieser Ansatz, grundsätzlich jede unspezifische Vorteilszuwendung für die Mandatsausübung unter Strafe zu stellen und nur in Ausnahmefällen typisierte Zuwendungsformen zu erlauben, stellt eine Umkehr des bisherigen vom Freiheitscharakter des Art. 38 Abs. 1 S. 2 GG geprägten Regel-Ausnahme-Verhältnisses dar. Im Hinblick auf das der Mandatsfreiheit ebenfalls innewohnende Element der Verantwortung gegenüber den repräsentierten Bürgern sowie dem Schutz des Vertrauens in eine am Gemeinwohl orientierte Mandatsausübung und zur Vermeidung des „bösen Scheins“ eines am eigenen Vorteil ausgerichteten Verhaltens lässt sich diese Umkehr aber durchaus rechtfertigen.

Auch die festgestellte Notwendigkeit einer fortlaufenden Kommunikation zwischen Abgeordneten und Bürgern, um eine Rückbindung des politischen Handelns an die Interessen der Bevölkerung zu erreichen, kann als Argument für eine stärkere Betonung des Freiheitselements von Art. 38 Abs. 1 S. 2 GG und gegen eine Aufgabe des Konkretisierungserfordernisses bei der Unrechtsvereinbarung nicht überzeugen. Organisierte Interessenverbände, Wirtschaftsunternehmen und Lobbyisten[850] versuchen, im ständigen Dialog mit Abgeordneten den eigenen Interessen möglichst viel Geltung und Berücksichtigung bei politischen Entscheidungen zu verschaffen. Sowohl bei parlamentsinternen Veranstaltungen, die durch die Teilnahme von Medienvertretern ein Stück weit öffentlich sind, als auch bei Gelegenheit von Kommunikationsformen, die sich außerhalb eines formalisierten und öffentlichen Raumes abspielen, sind Vorteilszuwendungen an Abgeordnete nicht ungewöhnlich. Sie jedoch als notwendigen Bestandteil des gesellschaftlichen Dialogs zu begreifen,[851] verkennt, dass eine Kommunikation mit Einzelinteressen auch ohne die Gewährung von Vorteilen funktioniert und erfolgreich sein kann.[852] Eine Abkehr von der teilweise als selbstverständlich erachteten Verbindung von Interessenvertretung und Vorteilsgewährung im politischen Raum würde zudem rechtlich eindeutig klarstellen, dass das Wesen der zulässigen Einflussnahme auf Abgeordnete in einem inhaltlichen Gedankenaustausch und der Überzeugungskraft von Sachargumenten besteht.

Bedenken dergestalt, dass eine gelockerte Unrechtsvereinbarung zu einer Lähmung politischer Interaktion führen würde,[853] können gegen einen Tatbestand der Bestechlichkeit und Bestechung von Mandatsträgern, der kein konkretes Beziehungsverhältnis von Vorteil und Gegenleistung voraussetzt, den Verweis in § 108e Abs. 4 StGB n. F. enthält und von konkretisierenden Abgeordnetengesetzen und Verhaltensregeln flankiert wird, nicht durchgreifen. Wegen der Möglichkeit, zulässige Konstellationen und Verfahrensweisen der unspezifischen Zuwendungen für die Mandatsausübung eindeutig zu regeln und damit straflos zu stellen, kann von einem hohen Maß an Rechtssicherheit ausgegangen werden. Eine Unsicherheit bei den Abgeordneten, ob sich ein bestimmtes Verhalten im strafbaren Bereich bewegt oder nicht, kann auf diese Weise ausgeschlossen werden.

4) Zwischenergebnis

Eine weitere Änderung von § 108e StGB, bei der auf die Konkretheit der Unrechtsvereinbarung verzichtet werden würde, ist ein geeignetes sowie erforderliches Mittel, um den strafrechtlichen Schutz parlamentarischer Entscheidungsprozesse vor unlauterer Einflussnahme durch weniger offensichtliche

850 Zu einer knappen Unterscheidung *Richter*, S. 14 ff. Zu Grundlagen des Lobbyismus auch *Eckert*, in: Dimensionen politischer Korruption, 267 (268 ff.).

851 So etwa *Überhofen*, S. 209, nach dem *„der Pluralismus diese Bedingungen erfordert"*.

852 So auch *Hoven*, ZIS 2013, 33 (42).

853 *Heinrich*, Protokoll der Sachverständigenanhörung vom 17. Februar 2014 (Protokoll-Nr. 18/7), S. 87; *Hartmann*, S. 153.

Erscheinungsformen zu erweitern. Damit gleichzeitig die Freiheit des Mandats, bei der es sich um eine Freiheit sowohl von wirtschaftlichen Einflüssen als auch von parteipolitischen Interessen handelt, angemessen gewahrt bliebe, müssten einzelne unspezifische Vorteilszuwendungen für die Mandatsausübung (Direktspenden, Nebentätigkeit, politische Ämter bzw. Funktionen) ausdrücklich aus dem strafbaren Bereich herausgenommen werden.

IV) Ergebnis

Die während der Reformdiskussion zu § 108e StGB a.F. vorgebrachte Argumentation gegen eine gelockerte Unrechtsvereinbarung hält einer genaueren verfassungsrechtlichen Überprüfung nicht stand. Ein Straftatbestand der Bestechlichkeit und Bestechung von Mandatsträgern unter Verzicht auf eine konkrete Unrechtsvereinbarung ist auch und gerade im Licht der in Art. 38 Abs. 1 S. 2 GG beschriebenen Freiheit des Mandats möglich.[854] Die rechtstechnische Gestaltung, den „ungerechtfertigten Vorteil" über § 108e Abs. 4 StGB einzuschränken und unspezifische Zuwendungen für die Mandatsausübung (Direktspenden, Nebentätigkeiten) ebenso wie Parteispenden, politische Mandate und Funktionen (§ 108e Abs. 2 S. 2 StGB n.F.) aus der Strafbarkeit herauszunehmen, eröffnet dem Gesetzgeber ausreichend Gelegenheit, der Mandatsfreiheit Geltung zu verschaffen. Gleichzeitig wird damit ein strafrechtliches Instrument geschaffen, das durch seinen umfassenderen Ansatz subtilere Formen der Einflussnahme auf Mandatsträger ahndet. Die Entscheidung für eine weitere Ausdehnung der Strafbarkeit würde die Repräsentationsfunktion des Parlaments mehr in den Fokus rücken, wodurch das Vertrauen der Bürger in die Sachbezogenheit politischer Entscheidungen und in die Integrität des politischen Entscheidungsprozesses gestärkt würde.

---

854 Ähnlich konstatiert auch *Satzger*, Jura 2014, 1022 (1028), dass „*das freie Mandat* […] *nicht gänzlich gegen eine solche Lockerung der Unrechtsvereinbarung*" spreche.

5. Abschnitt – Schlussbetrachtung

Die Notwendigkeit der Novellierung der Abgeordnetenbestechung war in der rechtspolitischen Diskussion insbesondere durch die aus der Unterzeichnung der völkerrechtlichen Verträge entstandene politische Verpflichtung weithin anerkannt. Über das „Wie" der Reform wurde in der vergangenen Dekade ausführlich diskutiert. Letztlich hat der Gesetzgeber mit § 108e StGB n. F. die Strafbarkeit gegenüber § 108e StGB a.F. deutlich erweitert und eine Norm geschaffen, mit der die Anforderungen des Strafrechtsübereinkommens des Europarats sowie der VN-Konvention gegen Korruption erfüllt werden. Die Untersuchung hat gezeigt, dass im Zentrum der gesetzgeberischen Bemühungen jedoch nicht der Wille stand, alle denkbaren Formen unzulässiger Einflussnahme auf Abgeordnete strafrechtlich sanktionieren zu können, sondern die verfassungsrechtlich garantierte Freiheit des Mandats weitestgehend zu schützen und politisch übliche Verhaltensweisen nicht versehentlich zu kriminalisieren.

§ 108e StGB n. F. schützt das öffentliche Interesse an der Integrität parlamentarischer Prozesse und an der Unabhängigkeit der Mandatsausübung sowie der Sachbezogenheit parlamentarischer Entscheidungen.

Während Täter der Bestechung gemäß § 108e Abs. 2 StGB n. F. jedermann sein kann, ist die Bestechlichkeit nach § 108e Abs. 1 StGB n. F. ein Sonderdelikt, das nur von Mandatsträgern des Bundestages und der Länderparlamente sowie von den nach Abs. 3 gleichgestellten Mitgliedern der genannten parlamentarischen Versammlungen verwirklicht werden kann. Die Erweiterung im Vergleich zu § 108e StGB a.F. um die Mitglieder der Bundesversammlung, einer parlamentarischen Versammlung einer internationalen Organisation sowie eines Gesetzgebungsorgans eines ausländischen Staates dient der Umsetzung völkerrechtlicher Vorgaben. In Bezug auf die Abgeordneten des Europäischen Parlaments ist deren Nationalität für die tatbestandliche Verwirklichung von § 108e StGB n. F. ohne Bedeutung. Hinsichtlich der kommunalen Mandatsträger (§ 108e Abs. 3 Nr. 1 und 2 StGB n. F.) ist unter Beachtung der Rechtsprechung des BGH im Einzelfall zu prüfen, ob eine Wahrnehmung des Mandats oder von konkreten Verwaltungsaufgaben erfolgte. Ist Letzteres der Fall, beurteilt sich die Strafbarkeit nicht nach § 108e StGB n. F., sondern nach den §§ 331 ff. StGB. Um eine gleichheitswidrige Benachteiligung von Mandatsinhabern zu vermeiden, sollten Personen, die sich um ein Mandat für die in Abs. 1 bis 3 genannten Versammlungen bewerben, in den Tatbestand aufgenommen werden.

Gegenüber der Abgeordnetenbestechung gemäß § 108e StGB a.F. wurde das vom Tatbestand erfasste Verhalten durch § 108e StGB n.F. deutlich erweitert. Über den Kauf bzw. Verkauf einer Abgeordnetenstimme bei einer Wahl oder Abstimmung innerhalb der Volksvertretung hinaus ist künftig jede Vereinbarung eines ungerechtfertigten Vorteils für eine Handlung oder ein Unterlassen bei Wahrnehmung des Mandats strafbar. Die spiegelbildlichen Handlungsvarianten (Fordern, Sich-versprechen-Lassen, Annehmen bzw. Anbieten, Versprechen, Gewähren) sind aus den übrigen Bestechungstatbeständen des StGB bekannt, zielen darauf ab, korruptes Verhalten bereits im Ansatz zu unterbinden, und setzen deshalb für den Schutz des Rechtsguts frühzeitig an. Strukturell handelt es sich bei der – in den Handlungsvarianten des Forderns und Anbietens auch nur beabsichtigten – Übereinkunft zwischen Vorteilsgeber und Mandatsträger um eine konkrete Unrechtsvereinbarung. Konkret ist das Gegenseitigkeitsverhältnis dergestalt, dass der Mandatsträger in Zukunft innerhalb eines bestimmten Bereichs oder Kreises von Lebensbeziehungen in eine gewisse Richtung tätig werden soll und die einvernehmlich ins Auge gefasste Handlung nach ihrem sachlichen Gehalt zumindest in groben Umrissen erkennbar und festgelegt ist. Bei einer Absprache, dass der Mandatsträger ganz allgemein bei Gelegenheit die Interessen des Vorteilsgebers fördern soll, ist die vom Mandatsträger zu erbringende Gegenleistung noch nicht konkret genug bestimmt.

Die konkrete Unrechtsvereinbarung beinhaltet kein Kausalitätserfordernis zwischen Vorteil und Mandatsausübung, sondern beschreibt einen bloßen Motivationszusammenhang. Der Bereich strafbaren Verhaltens ist erreicht, wenn eine Vorteilszuwendung objektiv geeignet erscheint, den Mandatsträger unter Handlungsdruck zu setzen. Vorsätzlich handelt damit ein Mandatsträger, wenn er die mit der Gewährung eines Vorteils verbundene Erwartungshaltung erkennt und sein Handeln oder Unterlassen tatsächlich im Sinne des Weisungs- bzw. Auftraggebers erfolgt. Vorbehalte, ohnehin im Sinne des Vorteilsgebers handeln zu wollen oder sich nicht von dem versprochenen Vorteil beeinflussen zu lassen, sind für die Verwirklichung des Tatbestands ohne Bedeutung. Auf Seiten des Vorteilsgebers bedarf es nicht mehr als der Erkenntnis (oder billigenden Inkaufnahme) des Umstands, dass der Mandatsträger sich durch den Vorteil bei der jeweiligen Bezugshandlung beeinflussen lassen könnte.

Der Bereich möglicher Handlungen oder Unterlassungen in Wahrnehmung des Mandats als Gegenleistung für einen ungerechtfertigten Vorteil ist aufgrund der aus der Mandatsfreiheit folgenden Vielgestaltigkeit des politischen Handels weit zu verstehen. Die Grenzen sind erst dort erreicht, wo der Mandatsträger erkennbar in Ausübung einer Nebentätigkeit oder als Parteifunktionär auftritt oder seine ihm durch das Mandat verliehene Autorität nutzt, um eindeutig außerhalb der Zuständigkeit des Mandats liegende Vorgänge zu beeinflussen. Die Formulierung, dass eine Handlung *„im Auftrag oder auf Weisung“* vorgenommen oder unterlassen werden müsse, weist keine über die Merkmale der Unrechtsvereinbarung hinausgehende Bedeutung auf und stellt lediglich eine sprachliche Rückbindung an Art. 38 Abs. 1 S. 2 GG dar, die zur Stärkung der Normenklarheit gestrichen werden sollte.

Der aus den übrigen Bestechungstatbeständen bekannte Vorteilsbegriff umfasst materielle wie immaterielle Besserstellungen. Die einschränkende Beschreibung des Vorteils als „ungerechtfertigt“ ist die Stellschraube, mit deren Hilfe verfassungsrechtlich zulässige und politisch übliche Verhaltensweisen aus dem strafbaren Bereich ausgenommen werden sollen. Das normative Tatbestandsmerkmal erfüllt dabei die verfassungsrechtlichen Anforderungen des Bestimmtheitsgebots, auch weil es durch die Negativdefinition des § 108e Abs. 3 StGB n.F. inhaltlich konkretisiert wird.

Die Verweisung auf die parteiengesetzlichen Spendenregelungen birgt infolge der unklaren Reichweite des Spendenannahmeverbots aus § 25 Abs. 2 Nr. 7 PartG jedoch die Gefahr einer nicht unerheblichen Strafbarkeitslücke, sodass der Gesetzgeber diesbezüglich dringend eine klarstellende Änderung des PartG vornehmen sollte. Ein Verstoß gegen die für die Rechtsstellung eines Mandatsträgers maßgeblichen Vorschriften (z. B. Anzeige- und Veröffentlichungspflichten in den Verhaltensregeln) führt zwar noch nicht dazu, dass ein grundsätzlich zulässiger Vorteil, wie etwa eine Abgeordnetenspende, ungerechtfertigt im Sinne von § 108e StGB n.F. wird, jedoch ist darin zumindest ein Indiz für das Vorliegen einer Unrechtsvereinbarung zu erkennen.

Sowohl Mandatsträger als auch Vorteilsgeber müssen zumindest bedingt vorsätzlich handeln, wobei das Gegenseitigkeitsverhältnis zwischen ungerechtfertigtem Vorteil und Wahrnehmung des Mandats nicht rechtlich zutreffend als Unrechtsvereinbarung erkannt werden muss. Erkennt ein Mandatsträger das Beziehungsverhältnis von Vorteil und Mandatsausübung und hält er die Annahme des Vorteils irrtümlich für zulässig, liegt ein vorsatzausschließender Tatbestandsirrtum nach § 16 StGB nur dann vor, wenn er dabei nicht erkannt hat, dass er mit seinem Verhalten das Rechtsgut des öffentlichen Interesses an einem ohne unlautere Einflussnahme erfolgtem parlamentarischen Prozess gefährdet hat. Hat der Mandatsträger die Rechtsgutgefährdung seines Handelns hingegen erkannt, unterliegt er einem Verbotsirrtum, der nach § 17 StGB zu behandeln ist.

§ 108e StGB n.F. ist ein abstraktes Gefährdungsdelikt, sodass es auf die tatsächliche Vornahme der Handlung oder Unterlassung in Wahrnehmung des

Mandats nicht ankommt. Die Tat ist bereits mit Zugang der auf den Abschluss der Unrechtsvereinbarung gerichteten Erklärung vollendet.

Der Strafrahmen wurde im Vergleich zu § 108e StGB a.F. nicht verändert und entspricht im Höchstmaß der Strafe weiterhin dem der Bestechlichkeit und Bestechung von Amtsträgern gemäß den §§ 332 Abs. 1, 334 Abs. 1 StGB. Durch Anhebung der Mindeststrafe für die Bestechlichkeit gemäß § 108e Abs. 1 StGB n.F. auf das Strafmaß des § 332 Abs. 1 StGB sollte die Privilegierung von Mandats- gegenüber Amtsträgern aufgehoben werden.

Mit der vorgeschlagenen Anpassung empfiehlt sich die folgende Tatbestandsfassung:

(1) *Wer als Mitglied einer Volksvertretung des Bundes oder der Länder einen ungerechtfertigten Vorteil für sich oder einen Dritten als Gegenleistung dafür fordert, sich versprechen lässt oder annimmt, dass er bei der Wahrnehmung seines Mandates eine Handlung ~~im Auftrag oder auf Weisung~~ vornehme oder unterlasse, wird mit Freiheitsstrafe von sechs Monaten bis zu fünf Jahren ~~oder mit Geldstrafe~~ bestraft.*

(2) *~~Ebenso~~ Mit Freiheitsstrafe bis zu fünf Jahren oder mit Geldstrafe wird bestraft, wer einem Mitglied einer Volksvertretung des Bundes oder der Länder einen ungerechtfertigten Vorteil für dieses Mitglied oder einen Dritten als Gegenleistung dafür anbietet, verspricht oder gewährt, dass es bei der Wahrnehmung seines Mandates eine Handlung im Auftrag oder auf Weisung vornehme oder unterlasse.*

(3) *Den in den Absätzen 1 und 2 genannten Mitgliedern gleich stehen Mitglieder*
   1. *einer Volksvertretung einer kommunalen Gebietskörperschaft,*
   2. *eines in unmittelbarer und allgemeiner Wahl gewählten Gremiums einer für ein Teilgebiet eines Landes oder einer kommunalen Gebietskörperschaft gebildeten Verwaltungseinheit,*
   3. *der Bundesversammlung,*
   4. *des Europäischen Parlaments,*
   5. *einer parlamentarischen Versammlung einer internationalen Organisation und*
   6. *eines Gesetzgebungsorgans eines ausländischen Staates.*

Mitgliedern im Sinne der Absätze 1 und 2 stehen Personen gleich, die sich um ein Mandat in einer der in den Absätzen 1 bis 3 genannten Versammlungen bewerben.

(4) *Ein ungerechtfertigter Vorteil liegt insbesondere nicht vor, wenn die Annahme des Vorteils im Einklang mit den für die Rechtsstellung des Mitglieds maßgeblichen Vorschriften steht. Keinen ungerechtfertigten Vorteil stellen dar*
   1. *ein politisches Mandat oder eine politische Funktion sowie*
   2. *eine nach dem Parteiengesetz oder entsprechenden Gesetzen zulässige Spende.*

(5) *Neben einer Freiheitsstrafe von mindestens 6 Monaten kann das Gericht die Fähigkeit, Rechte aus öffentlichen Wahlen zu erlangen, und das Recht, in öffentlichen Angelegenheiten zu wählen oder zu stimmen, aberkennen.*

Sofern eine erneute Änderung von § 108e StGB und eine Erweiterung der Strafbarkeit durch den Verzicht auf das konkrete Beziehungsverhältnis im Rahmen der Unrechtsvereinbarung – insofern, als etwa auch die „politische Klimapflege“ als Korruptionserscheinungsform vom Tatbestand erfasst würde – eine politische Mehrheit finden würden, stünde eine entsprechende Ausdehnung des Tatbestands nicht im Widerspruch zu der verfassungsrechtlich garantierten Mandatsfreiheit des Art. 38 Abs. 1 S. 2 GG. Eine Lockerung der Unrechtsvereinbarung würde eine stärkere Betonung des öffentlichen Vertrauens in die Unabhängigkeit der Mandatsträger als Funktionsbedingung der repräsentativen Demokratie bedeuten. Zugleich wäre über § 108e StGB n.F. und die Zulässigkeit von Nebentätigkeiten und Direktspenden in den außerstrafrechtlichen Regelungssystemen (Abgeordnetengesetze, Verhaltensregeln etc.) der Freiheit des Mandats ausreichend Beachtung geschenkt.

Anlage zum 3. Abschnitt (1/6)

	Bund	Europa	Baden-Württemberg
Maßgebliche Vorschriften	§ 44a Abs. 2 AbgG § 44b AbgG i. V. m. § 4 („Spenden“) der VerhR (Anlage 1 zur GOBT)	Art. 4, 5 des Verhaltenskodex (Anlage I zu GOEP)	§ 4a Abs. 1 AbgG BW § 4a Abs. 2 AbgG BW i. V. m. II. der VerhR (Anlage 1 zur GOLT BW)
Zulässiges Verhalten	• Tätigkeiten beruflicher oder anderer Art neben dem Mandat • Annahme von Geldspenden und geldwerte Zuwendungen aller Art (Spenden) • Annahme geldwerter Zuwendungen aus Anlass der Wahrnehmung interparlamentarischer oder internationaler Beziehungen, zur Teilnahme an Veranstaltungen zur politischen Information, zur Darstellung der Standpunkte des Deutschen Bundestages oder seiner Fraktionen oder als Repräsentant des Deutschen Bundestages • Annahme geldwerter Zuwendungen als Gastgeschenk in Bezug auf sein Mandat	• Jegliche finanzielle, personelle oder materielle Unterstützung im Rahmen der politischen Tätigkeit • Annahme von Geschenken oder ähnlichen Zuwendungen mit ungefährem Wert von unter 150 € bei Ausübung des Mandats, die nach den Gepflogenheiten der Höflichkeit überreicht werden • Direkte Begleichung oder Erstattung von Reise-, Unterkunfts- und Aufenthaltskosten von Mitgliedern des EP, wenn sie aufgrund einer Einladung und im Rahmen der Ausübung ihres Mandats an von Dritten organisierten Veranstaltungen teilnehmen	• Vergütung aus einem Dienst- oder Werkvertrag, soweit sie sich nicht auf die Ausübung des Mandats bezieht • Entgeltliche Tätigkeiten der Beratung, Vertretung fremder Interessen, Erstattung von Gutachten, publizistische und Vortragstätigkeit • Zuwendungen, die dem Kandidat für eine Landtagswahl oder als Mitglied des Landtags für die Tätigkeit zur Verfügung gestellt werden

	Bund	Europa	Baden-Württemberg
Unzulässige Zuwendungen	• Geld oder geldwerte Zuwendungen, die nur deshalb gewährt werden, weil dafür die Vertretung oder Durchsetzung der Interessen des Leistenden im Bundestag erwartet wird • Geld oder geldwerte Zuwendungen, wenn diese Leistung ohne angemessene Gegenleistung des MdB gewährt wird		• Geld oder geldwerte Zuwendungen, die nur deshalb gewährt werden, weil die Vertretung oder Durchsetzung der Interessen des Leistenden im Landtag erwartet wird • Geld oder geldwerte Zuwendungen, wenn diese Leistung ohne angemessene Gegenleistung gewährt wird • Annahme von Entgelten oder Gegenleistungen für ein bestimmtes Verhalten als Abgeordneter

Anlage zum 3. Abschnitt (2/6)

	Bayern	Berlin	Brandenburg
Maßgebliche Vorschriften	§ 4a Bayrisches AbgG i. V. m. IV. / V. der VerhR BayLT	§ 5a Berliner AbgG („Verhaltensregeln“)	§ 26 Brandenburgisches AbgG („Verhaltensregeln“)
Zulässiges Verhalten	• Annahme von Geldspenden und geldwerte Zuwendungen aller Art (Spenden) • Annahme geldwerter Zuwendungen aus Anlass der Wahrnehmung interparlamentarischer oder internationaler Beziehungen, zur Teilnahme an Veranstaltungen zur politischen Information, zur Darstellung der Standpunkte des Landtages oder seiner Fraktionen oder als Repräsentantin oder Repräsentant des Landtags • Annahme geldwerter Zuwendungen als Gastgeschenk in Bezug auf sein Mandat	• Entgeltliche Tätigkeiten der Beratung, Vertretung fremder Interessen, Erstattung von Gutachten, publizistische und Vortragstätigkeit • Geldspenden und geldwerte Zuwendungen aller Art (Spenden), die für die politische Tätigkeit zur Verfügung gestellt werden • Annahme geldwerter Zuwendungen aus Anlass der Wahrnehmung interparlamentarischer oder internationaler Beziehungen, zur Teilnahme an Veranstaltungen zur politischen Information, zur Darstellung der Standpunkte des Abgeordnetenhauses oder seiner Fraktionen • Geldwerte Zuwendungen, deren Annahme der gesellschaftlichen Anstandspflicht entspricht sowie freier Eintritt zu Veranstaltungen, wenn Teilnahme eine repräsentative Verpflichtung darstellt oder der Ausübung des Mandats dient • Annahme geldwerter Zuwendungen als Gastgeschenk in Bezug auf sein Mandat	• Entgeltliche Tätigkeit, soweit diese Tätigkeit nicht im Rahmen des ausgeübten Berufs liegt • Vergütete Funktion in Berufsverbänden, Wirtschaftsvereinigungen, sonstigen Interessenverbänden oder ähnlichen Organisationen mit Bedeutung auf Bundes- oder Landesebene • Entgeltliche Tätigkeiten der Beratung, Vertretung fremder Interessen, Erstattung von Gutachten, publizistische und Vortragstätigkeit • Zuwendungen, die für die politische Tätigkeit gewährt werden

	Bayern	Berlin	Brandenburg
Unzulässige Zuwendungen	• Geld oder geldwerte Zuwendungen, die nur deshalb gewährt werden, weil die Vertretung oder Durchsetzung der Interessen des Leistenden im Landtag erwartet wird • Geld oder geldwerte Zuwendungen, wenn diese Leistung ohne angemessene Gegenleistung gewährt wird	• Vergütung aus einem Dienst- oder Werkvertrag, soweit sie sich auf die Ausübung des Mandats bezieht • Zuwendungen, weil erwartet wird, dass im Abgeordnetenhaus die Interessen des Zahlenden vertreten und nach Möglichkeit durchgesetzt werden	

Anlage zum 3. Abschnitt (3/6)

	Bremen	Hamburg	Hessen
Maßgebliche Vorschriften	§46 Bremisches AbgG § 46b Bremisches AbgG i. V. m. I. der VerhR (Anlage 1 zur GO BremBürgerschaft)	§ 26 Hamburger AbgG („Verhaltensregeln“)	§ 4a Abs. 2 Hessisches AbgG § 4b Hessisches AbgG i. V. m. §§ 1, 4 der VerhR HessLT
Zulässiges Verhalten	• Vergütete Funktion in Berufsverbänden, Wirtschaftsvereinigungen, sonstigen Interessenverbänden oder ähnlichen Organisationen • Entgeltliche Tätigkeiten der Beratung, Vertretung fremder Interessen, Erstattung von Gutachten, publizistische und Vortragstätigkeit • Zuwendungen und Vergünstigungen, die für die politische Tätigkeit gewährt werden	• Vergütete Funktion in Berufsverbänden, Wirtschaftsvereinigungen, sonstigen Interessenverbänden oder ähnlichen Organisationen • Entgeltliche Tätigkeiten der Beratung, Vertretung fremder Interessen, Erstattung von Gutachten, publizistische und Vortragstätigkeit • Abschluss von Vereinbarungen, wonach dem Mitglied während oder nach Beendigung der Mitgliedschaft in der Bürgerschaft bestimmte Tätigkeiten übertragen oder Vermögensvorteile zugewendet werden • Geldspenden und geldwerte Zuwendungen aller Art (Spenden), die für die politische Tätigkeit zur Verfügung gestellt werden	• Vergütete Funktion in Berufsverbänden, Wirtschaftsvereinigungen, sonstigen Interessenverbänden oder ähnlichen Organisationen • Geldspenden und geldwerte Zuwendungen aller Art (Spenden), die für die politische Tätigkeit zur Verfügung gestellt werden • Annahme geldwerter Zuwendungen aus Anlass der Wahrnehmung interparlamentarischer oder internationaler Beziehungen, zur Teilnahme an Veranstaltungen zur politischen Information, zur Darstellung der Standpunkte des Landtags oder seiner Fraktionen oder als Repräsentant des Landtags

	Bremen	Hamburg	Hessen
Unzulässige Zuwendungen	• Vergütung aus einem Dienst- oder Werkverhältnis, soweit sie einer mit seinem Mandat zusammenhängenden Tätigkeit entspricht	• Entgelte oder Gegenleistungen für ein bestimmtes Verhalten als Mitglied der Bürgerschaft	• Geld oder geldwerte Zuwendungen, die nur deshalb gewährt werden, weil die Vertretung oder Durchsetzung der Interessen des Leistenden im Landtag erwartet wird • Geld oder geldwerte Zuwendungen, wenn diese Leistung ohne angemessene Gegenleistung gewährt wird

Anlage zum 3. Abschnitt (4/6)

	Mecklenburg-Vorpommern	Niedersachsen	Nordrhein-Westfalen
Maßgebliche Vorschriften	§ 47 Abs. 1 AbgG Mecklenburg-Vorpommern § 47 Abs. 2 AbgG Mecklenburg-Vorpommern i. V. m. I. / II. der VerhR (Anlage 2 zur GOLT)	§ 27 Abs. 3, 4 Niedersächsisches AbgG § 27a Niedersächsisches AbgG i. V. m. I. der VerhR (Anlage zu GOLT)	§§ 16, 16a, 16c Nordrhein-Westfälisches AbgG § 3 („Spenden") der VerhR (Anlage 3 zur GOLT)
Zulässiges Verhalten	• Vergütete Funktion in Berufsverbänden, Wirtschaftsvereinigungen, sonstigen Interessenverbänden oder ähnlichen Organisationen • Entgeltliche Tätigkeiten der Beratung, Vertretung fremder Interessen, Erstattung von Gutachten, publizistische und Vortragstätigkeit • Zuwendungen und Vergünstigungen, die für die politische Tätigkeit als Landtagsabgeordnete gewährt werden	• Annahme von Sachzuwendungen, durch die einer auf den Anstand zu nehmenden Rücksicht entsprochen wird • Gewährung freien Eintritts zu Veranstaltungen, wenn die Teilnahme der Ausübung des Mandats dient oder der Abgeordnete damit lediglich einer repräsentativen Verpflichtung nachkommt • Vergütete Funktion in Berufsverbänden, Wirtschaftsvereinigungen, sonstigen Interessenverbänden oder ähnlichen Organisationen mit Bedeutung auf Bundes- oder Landesebene	• Vergütung aus einem Dienst- oder Werkverhältnis, wenn diese sich nicht auf die Ausübung des Mandats bezieht • Vergütete Funktion in Berufsverbänden, Wirtschaftsvereinigungen, sonstigen Interessenverbänden oder ähnlichen Organisationen mit Bedeutung auf Bundes- oder Landesebene • Entgeltliche Tätigkeiten der Beratung, Vertretung fremder Interessen, Erstattung von Gutachten, publizistische und Vortragstätigkeit • Geldspenden und geldwerte Zuwendungen aller Art (Spenden), die für die politische Tätigkeit zur Verfügung gestellt werden

	Mecklenburg-Vorpommern	Niedersachsen	Nordrhein-Westfalen
Zulässiges Verhalten		• Entgeltliche Tätigkeiten neben dem Mandat (z.B. Beratungs-, Vertretungs-, Gutachter, publizistische und Vortragstätigkeiten) • Abschluss von Vereinbarungen, wonach dem Mitglied während oder nach Beendigung der Mitgliedschaft in der Bürgerschaft bestimmte Tätigkeiten übertragen oder Vermögensvorteile zugewendet werden	
Unzulässige Zuwendungen	• Zuwendungen oder Einkünfte, die das MdL nur in der Erwartung erhält, dass im Landtag die Interessen des Zahlenden vertreten werden	• Vergütung aus einem Dienst- oder Werkverhältnis, soweit sie nicht dem Wert der tatsächlich erbrachten oder mit seinem Mandat zusammenhängenden Tätigkeit entspricht	• Zuwendungen, die nur deshalb gewährt werden, weil die Vertretung oder Durchsetzung der Interessen des Leistenden im Landtag erwartet wird

Anlage zum 3. Abschnitt (5/6)

	Rheinland-Pfalz	Saarland	Sachsen
Maßgebliche Vorschriften	§ 1a Rheinland-Pfälzisches AbgG i. V. m. I. / IV. / V. der VerhR (Anlage zur GOLT)	§ 22 Abs. 1 Saarländisches AbgG § 23 Saarländisches AbgG i. V. m. I. / II. / III. / VI. der VerhR (Anlage 1 zur GOLT)	§ 4a Abs. 2 Sächsisches AbgG § 4b Sächsisches AbgG i. V. m. A. / C. / H. der VerhR (Anlage 1 zur GOLT)
Zulässiges Verhalten	• Vergütete Funktion in Berufsverbänden, Wirtschaftsvereinigungen, sonstigen Interessenverbänden oder ähnlichen Organisationen auf Landes- oder Bundesebene • Vergütete Nebentätigkeiten • Spenden, die für die Kandidatur zur Landtagswahl oder für die politische Tätigkeit als MdL zur Verfügung gestellt werden	• Vergütung aus einem Dienst- oder Werkverhältnis, wenn diese sich nicht auf die Ausübung des Mandats bezieht • Zuwendungen, die als Kandidat für eine Landtagswahl oder als Mitglied des Landtags für die Tätigkeit zur Verfügung gestellt werden • Vergütete Funktion in Berufsverbänden, Wirtschaftsvereinigungen, sonstigen Interessenverbänden oder ähnlichen Organisationen auf Landes- oder Bundesebene • Entgeltliche Tätigkeiten der Beratung, Vertretung fremder Interessen, Erstattung von Gutachten, publizistische und Vortragstätigkeit • Entgeltliche Nebentätigkeiten	• Vergütete Funktion in Berufsverbänden, Wirtschaftsvereinigungen, sonstigen Interessenverbänden oder ähnlichen Organisationen auf Landes- oder Bundesebene • Entgeltliche Tätigkeiten der Beratung, Vertretung fremder Interessen, Erstattung von Gutachten, publizistische und Vortragstätigkeit • Abschluss von Vereinbarungen, wonach dem Mitglied während oder nach Beendigung der Mitgliedschaft in der Bürgerschaft bestimmte Tätigkeiten übertragen oder Vermögensvorteile zugewendet werden • Annahme von Spenden und geldwerten Leistungen zur Förderung der Mandatsausübung

	Rheinland-Pfalz	Saarland	Sachsen
Zulässiges Verhalten		• Zuwendungen (Spenden), die für die politische Tätigkeit als MdL oder als Kandidat für eine Landtagswahl gezahlt werden	• Annahme geldwerter Zuwendungen aus Anlass der Wahrnehmung interparlamentarischer oder internationaler Beziehungen, zur Teilnahme an Veranstaltungen zur politischen Information, zur Darstellung der Standpunkte des Landtages oder seiner Fraktionen • Annahme geldwerter Zuwendungen als Gastgeschenk in Bezug auf sein Mandat
Unzulässige Zuwendungen	• Bezüge aus einem Rechtsverhältnis, die nur deshalb gewährt werden, weil die Vertretung der Interessen des Leistenden im Landtag erwartet wird	• Geld oder geldwerte Zuwendungen, die nur deshalb gewährt werden, weil die Vertretung oder Durchsetzung der Interessen des Leistenden im Landtag erwartet wird oder wenn diese Leistung ohne angemessene Gegenleistung gewährt wird • Vergütung aus Dients-, Werk-, Beratervertrag o.Ä., wenn nur in der Erwartung gezahlt wird, dass im Landtag die Interesse des Zahlenden vertreten werden	• Geld oder andere geldwerte Zuwendungen, die nur deshalb gewährt werden, weil die Vertretung oder Durchsetzung der Interessen des Leistenden im Landtag erwartet wird • Geld oder anderen geldwerten Zuwendungen, wenn diese Leistung ohne angemessene Gegenleistung gewährt wird

Anlage zum 3. Abschnitt (6/6)

	Sachsen-Anhalt	Schleswig-Holstein	Thüringen
Maßgebliche Vorschriften	§ 45 Abs. 2 AbgG Sachsen-Anhalt § 46 AbgG Sachsen-Anhalt i. V. m. § 2 der VerhR (Anlage GOLT)	§ 47 AbgG Schleswig-Holstein i. V. m. I. / II. / IX. der VerhR (Anlage zur GOLT)	§§ 42, 42a, 42d, Thüringisches AbgG
Zulässiges Verhalten	• Entgeltliche Tätigkeiten der Beratung, Vertretung fremder Interessen, Erstattung von Gutachten, publizistische und Vortragstätigkeit • Spenden und andere unentgeltlichen Zuwendungen, die für die politische Tätigkeit zur Verfügung gestellt werden • Abschluss von Vereinbarungen, wonach dem Mitglied während oder nach Beendigung der Mitgliedschaft in der Bürgerschaft bestimmte Tätigkeiten übertragen oder Vermögensvorteile zugewendet werden	• Vergütete Funktion in Berufsverbänden, Wirtschaftsvereinigungen, sonstigen Interessenverbänden oder ähnlichen Organisationen • Entgeltliche Tätigkeiten der Beratung, Vertretung fremder Interessen, Erstattung von Gutachten, publizistische und Vortragstätigkeit • Geldspenden und geldwerte Zuwendungen aller Art (Spenden), die für die politische Tätigkeit zur Verfügung gestellt werden	• Vergütete Funktion in Berufsverbänden, Wirtschaftsvereinigungen, sonstigen Interessenverbänden oder ähnlichen Organisationen auf Landes- oder Bundesebene • Entgeltliche Tätigkeiten der Beratung, Vertretung fremder Interessen, Erstattung von Gutachten, publizistische und Vortragstätigkeit • Vergütete Nebentätigkeiten • Abschluss von Vereinbarungen, wonach dem Mitglied während oder nach Beendigung der Mitgliedschaft in der Bürgerschaft bestimmte Tätigkeiten übertragen oder Vermögensvorteile zugewendet werden • Geldspenden und geldwerte Zuwendungen aller Art (Spenden), die für die politische Tätigkeit zur Verfügung gestellt werden

	Sachsen-Anhalt	Schleswig-Holstein	Thüringen
Zulässiges Verhalten		• Annahme geldwerter Zuwendungen aus Anlass der Wahrnehmung interparlamentarischer oder internationaler Beziehungen, zur Teilnahme an Veranstaltungen zur politischen Information, zur Darstellung der Standpunkte des Landtages oder seiner Fraktionen	• Annahme geldwerter Zuwendungen aus Anlass der Wahrnehmung interparlamentarischer oder internationaler Beziehungen, zur Teilnahme an Veranstaltungen zur Darstellung der Standpunkte des Landtages oder seiner Fraktionen • Annahme geldwerter Zuwendungen als Gastgeschenk in Bezug auf sein Mandat
Unzulässige Zuwendungen	• Geld oder geldwerte Zuwendungen, die nur deshalb gewährt werden, weil dafür die Vertretung oder Durchsetzung der Interessen des Leistenden im Bundestag erwartet wird • Geld oder geldwerte Zuwendungen, wenn diese Leistung ohne angemessene Gegenleistung des MdL gewährt wird		• Geld oder anderen geldwerten Zuwendungen, die nur deshalb gewährt werden, weil die Vertretung oder Durchsetzung der Interessen des Leistenden im Landtag erwartet wird • Geld oder anderen geldwerten Zuwendungen, wenn diese Leistung ohne angemessene Gegenleistung gewährt wird

www.ingramcontent.com/pod-product-compliance
Ingram Content Group UK Ltd.
Pitfield, Milton Keynes, MK11 3LW, UK
UKHW021819051026
15588UKWH00010B/96

9 783631 676127